Anlegerschutz in der GmbH & Co. KGaA

Europäische Hochschulschriften
Publications Universitaires Européennes
European University Studies

Reihe II
Rechtswissenschaft

Série II Series II
Droit
Law

Bd./Vol. 4437

PETER LANG
Frankfurt am Main · Berlin · Bern · Bruxelles · New York · Oxford · Wien

Richard Friedrich

Anlegerschutz in der GmbH & Co. KGaA

PETER LANG
Europäischer Verlag der Wissenschaften

Bibliografische Information der Deutschen Nationalbibliothek
Die Deutsche Nationalbibliothek verzeichnet diese Publikation in der Deutschen Nationalbibliografie; detaillierte bibliografische Daten sind im Internet über <http://www.d-nb.de> abrufbar.

Zugl.: Tübingen, Univ., Diss., 2005

D 21
ISSN 0531-7312
ISBN 3-631-55461-3

www.peterlang.de

Meinen Eltern

Kann Anlegerschutz in der GmbH & Co. KGaA durch eine Inhaltskontrolle der Satzung hinreichend gewährleistet werden?

Vorwort

Durch den Beschluss des Bundesgerichtshofes vom 24. Februar 1997 (BGHZ 134, 1392) ist die Zulässigkeit der GmbH & Co. KGaA anerkannt worden. Damit steht Unternehmen eine weitere börsenfähige Rechtsform zur Verfügung, deren (zukünftige) Verwendung entscheidend davon abhängt, dass der Rechtsverkehr einerseits Gewissheit über das anzuwendende Recht und die Möglichkeiten seiner Einschränkung hat und andererseits das Niveau des Anlegerschutzes qualitativ nicht hinter dem zurückbleibt, was insbesondere institutionelle Anleger von einer Beteiligung an einer börsennotierten Gesellschaft an Informations- und Einwirkungsmöglichkeiten erwarten.

Die vorliegende Arbeit hat eine Bestandsaufnahme des gesellschaftsrechtlichen Anlegerschutzes in der börsennotierten GmbH & Co. KGaA systematisch und anhand praktischer Fragestellungen bei Bewertung der im Einzelfall schon ergangenen Rechtsprechung vorgenommen. Dabei werden auch die einer Regelung durch den Gesetzgeber bedürftigen Fragen herausgearbeitet. Der Verfasser bestimmt den Anwendungsbereich einer Inhaltskontrolle dispositiver Regelungen in den Satzungen börsennotierter GmbH & Co. KGaA sowie erfasst die Achillesferse des Anlegerschutzes in der GmbH & Co. KGaA und nimmt eine vergleichende Bewertung mit dem Anlegerschutz in der AG vor. Für ungeklärte Fragestellungen werden praktische Lösungsvorschläge unterbreitet.

Die vorliegende Arbeit wurde im Sommersemester 2004 von der rechtswissenschaftlichen Fakultät der Universität Tübingen als Dissertation angenommen. Für die Drucklegung sind die bis Mai 2006 erschienene Rechtsprechung und die Änderungen in Satzungen börsennotierter KGaA berücksichtigt sowie die neue Literatur im Wesentlichen eingearbeitet worden.

Mein zuvörderster Dank gilt meinem Doktorvater Prof. Dr. Harm Peter Westermann für die Anregung des Themas und die Betreuung der Arbeit. Ebenfalls danken möchte ich Prof. Dr. Heinz-Dieter Assmann für die Erstattung des Zweitgutachtens. Zu danken habe ich auch dem Verlag Peter Lang GmbH für die Aufnahme der Arbeit in die Reihe „Europäischer Hochschulschriften". Danken möchte ich zudem Frau Petra Harres für Ihre Ratschläge und Korrekturhinweise. Ein besonderer Dank gilt meinen Eltern, insbesondere meiner Mutter, die mir meinen Ausbildungsweg ermöglicht haben. Ihnen widme ich diese Arbeit.

Stuttgart, im Juni 2006 Richard Friedrich

INHALTSVERZEICHNIS

1. Teil

A. Einführung

I. Zielsetzung dieser Arbeit

Ziel dieser Arbeit ist die Bestimmung des Umfanges an Anlegerschutz in einer börsennotierten oder einem breiten Anlegerpublikum offen stehenden GmbH & Co. Kommanditgesellschaft auf Aktien (GmbH & Co. KGaA). Auf die GmbH & Co. KGaA ist in Teilbereichen dispositives Personengesellschaftsrecht anzuwenden, wodurch die Gesellschafter im Rahmen ihrer Vertragsfreiheit den Inhalt des Vertrages grundsätzlich selbst bestimmen können. Über den Umfang der Gestaltungsfreiheit und die Möglichkeiten seiner Einschränkung besteht bei einer Vielzahl von Fragestellungen bisher keine Einigkeit.

Für den zukünftigen Erfolg der GmbH & Co. KGaA ist es zunächst erforderlich, dass die bestehenden Unsicherheiten im Hinblick auf das anzuwendende Recht schnell beseitigt werden. Die Untersuchung muss daher zunächst das anzuwendende Recht sowohl für die zwingenden als auch nach dem Willen der Gesellschafter zu regelnden Sachverhalte herausarbeiten. Soweit hiernach der betreffende Sachverhalt der Gestaltungsfreiheit unterliegt und damit einer Regelung in der Satzung zugänglich ist, müssen mögliche Schranken der Gestaltungsfreiheit sowie deren möglicher Anwendungsbereich bestimmt werden. Im Kern geht es dabei um die Voraussetzungen und die Reichweite eines auf die GmbH & Co. KGaA anzuwendenden oder für diese zu entwickelnden Sonderrechts.

Die GmbH & Co. KGaA befindet sich am Kapitalmarkt in Konkurrenz zur AG. Der zukünftige Erfolg des Gesellschaftstyps wird deshalb auch maßgeblich davon abhängen, ob das Niveau des Anlegerschutzes hinter dem zurückbleibt, was insbesondere institutionelle Anleger von einer Beteiligung an einer börsennotierten Gesellschaft an Informations- und Einwirkungsmöglichkeiten erwarten. Mögliche Abweichungen zu den einem Aktionär in der AG zustehenden Rechten können insbesondere bei einer freien Gestaltung der Satzung der KGaA entstehen. Weitere Abweichungen zum Recht der AG, aber auch der KGaA, können daraus resultieren, dass die Geschäftsführung in der GmbH & Co. KGaA rechtlich verselbständigt ist. Die damit ggf. verbundenen Konsequenzen sind durch die publik gewordenen Vorgänge bei der Borussia Dortmund GmbH & Co. KGaA einem breiteren Anlegerkreis ins Bewusstsein gelangt.

Jede Gesellschaftsform, deren Statut einer Regelung durch die Vertragsparteien zugänglich ist, erzeugt in einem bei der GmbH & Co. KGaA noch zu bestimmenden Ausmaß Unsicherheiten in der Frage des ob und ggf. des wie einer Korrektur des anzuwendenden Rechtes. Die Untersuchung muss demzufolge auch klären, inwieweit Unsicherheiten in der Rechtsanwendung durch eine ausgefeilte Rechtsprechung beseitigt worden sind oder der gesetzgeberischen Initiative bedürfen.

Die Untersuchung geht insbesondere auf die KGaA mit einer GmbH als einziger Komplementärgesellschaft ein. Eine einheitliche Bezeichnung für die Rechtsform einer KGaA, in der nicht oder nicht nur natürliche Personen die Komplementärfunktion ausüben, hat sich dabei bislang noch nicht herausgebildet. In der Literatur werden dafür häufig die Begriffe „GmbH & Co. KGaA" oder „Kapitalgesellschaft & Co. KGaA"[1] verwandt. Gelegentlich wird hierfür auch der Typus „atypische KGaA" benutzt[2]. Bei letzterer Begriffsbildung bleibt gelegentlich unklar, ob unter diesen Begriff auch die KGaA mit einer juristischen Person fällt, die sich an ein breites Anlegerpublikum richtet und in der von einer bestehenden Gestaltungsfreiheit in weitem Umfang Gebrauch gemacht wird. In die Untersuchung sind jedoch auch KGaA mit einer natürlichen Person und die wenigen Gesellschaften mit einer OHG/KG als persönlich haftendem Gesellschafter einbezogen. Die Darstellung wird sich dabei auf die KGaA konzentrieren, die einem weiten Anlegerpublikum offen steht und deshalb in aller Regel börsennotiert ist.

---

[1] Graf, KGaA, S. 11 ff.; K. Schmidt, ZHR 160 (1996), 265 ff., 282 ff.

[2] Semler/Perlitt in MünchKomm/AktG, 2. Aufl., § 278 Rdnr. 275 f.; Schütz/Reger in Schütz/Bürgers/Riotte (Hrsg.), Hdb/KGaA, § 5 Rdnr. 25.

1. Bedarf nach einer börsenfähigen Rechtsform für den expandierenden Mittelstand

Die rechtstheoretische Diskussion über den Bedarf nach dieser Rechtsform flammte seit Ende der 80er Jahre des 20. Jahrhunderts wieder verstärkt auf[3]. Grund hierfür ist die unzureichende Eigenkapitalausstattung mittelständischer, meist in der Form der GmbH & Co. KG organisierter Familienunternehmen. Konsequenzen aus einer unzureichenden Kapitalausstattung sind verminderte Wachstumsaussichten, eine stärkere Abhängigkeit von Fremdkapitalgebern und eine erhöhte Krisenanfälligkeit[4].

Als börsenfähige Gesellschaftsform kommt zwar die Umwandlung in eine AG in Betracht. Gegen diese Gesellschaftsform werden jedoch vom Mittelstand erhebliche Bedenken geltend gemacht[5]. Durch die Umwandlung in eine AG verliert der mittelständische Unternehmer seine Flexibilität und – verursacht durch den verstärkten Kapitalbedarf und eine Unternehmensmitbestimmung[6] – den Einfluss auf sein Unternehmen. An diesem Befund hat sich auch durch das Gesetz für kleine Aktiengesellschaften und zur Deregulierung des Aktienrechtes[7] nichts geändert, da hierdurch nur unwesentliche Erleichterungen vorgenommen worden sind, die überdies auf börsennotierten Gesellschaften nicht anwendbar sind[8].

2. Definition und Zulässigkeit der GmbH & Co. KGaA

Die KGaA ist nach der gesetzlichen Definition des § 278 Abs. 1 AktG eine Gesellschaft mit eigener Rechtspersönlichkeit, bei der mindestens ein Gesellschafter den Gesellschaftsgläubigern unbeschränkt haftet und die übrigen Gesellschafter an dem in Aktien zerlegten Grundkapital beteiligt sind, ohne persönlich für die Verbindlichkeiten der Gesellschaft zu haften (= Kommanditaktionäre). Die KGaA hat drei obligatorische Organe: die

---

[3] Ausgangspunkt waren die eingehenden Darstellungen von Hennerkes/May, DB 1988, 537, 539 ff. und in BB 1988, 2341 ff.; Hesselmann, GmbHR 1988, 472 ff.; später die Überlegungen von Hartel, Unternehmer-AG, 1996.

[4] Vgl. hierzu näher Graf, KGaA, S. 19; Hennerkes/May, BB 1988, 2393, 2394; später Claussen, GmbHR 1996, 73 f.; Hartel, Unternehmer-AG, S. VII f..

[5] Vgl. zu den Argumenten insbesondere Binz/Sorg, BB 1988, 2041 f.; Hennerkes/May, BB 1988, 2393, 2394 f.; Hartel, Unternehmer-AG, S. 9 ff..

[6] Vgl. Hennerkes/May, BB 1988, 2393, 2394 f.; Hartel, Unternehmer-AG, S. 31 ff.

[7] BGBl. 1994 I, S. 1961 f.

[8] Priester, BB 1996, 333 ff.; Hoffmann-Becking, ZIP 1995, 1 ff.; Lutter, Festschrift Vieregge, S. 603 ff..

Geschäftsführung, den Aufsichtsrat und die Gesamtheit der Kommanditaktionäre, die ihre Rechte in der Hauptversammlung ausüben.

Die KGaA verfügt über zwei verschiedene Möglichkeiten einer Beteiligung. Zunächst besteht gleich den Aktionären einer AG die Möglichkeit, Kommanditaktien zu zeichnen und zu übernehmen, die das Grundkapital bilden, vgl. §§ 278 Abs. 1, 2. Alt. AktG. Die persönlich haftenden Gesellschafter sind dagegen nicht am Grundkapital beteiligt, es sei denn sie zeichnen gleichzeitig Kommanditaktien. Sofern die persönlich haftenden Gesellschafter eine Vermögenseinlage erbringen, erfolgt die Einlageleistung nicht auf das Grundkapital, sondern gegen Übernahme eines Kapitalanteils, der in der Satzung auszuweisen ist, § 281 Abs. 2 AktG. Diese Sondereinlage der persönlich haftenden Gesellschafter ist Teil des Gesellschaftsvermögens der KGaA. Das Eigenkapital der KGaA wird demnach aus der Summe von Grundkapital und Sondereinlage ermittelt.

Ungeklärt war dagegen bis in die 90-er Jahre die Frage der Zulässigkeit einer Kapitalgesellschaft als alleiniger Komplementärin. Die ganz überwiegende Ansicht im gesellschaftsrechtlichen Schrifttum lehnte eine juristische Person als einzige Komplementärin ab[9].

3. Entscheidung des BGH zur Zulässigkeit einer GmbH & Co. KGaA

Die erste obergerichtliche Entscheidung zur Frage der Zulässigkeit datiert aus dem Jahre 1968 vom OLG Hamburg, das über die Eintragung einer GmbH & Co. KG als weiterer Komplementärin einer KGaA neben einer bereits vorhandenen natürlichen Person als persönlich haftender Gesellschafterin zu entscheiden hatte[10]. Das Gericht hielt zunächst die Eintragung der Gesellschaft als Komplementärin für zulässig. Aus der Begründung konnte man zudem entnehmen, dass das Gericht keine Bedenken gegen die Registereintragung einer KGaA mit einer GmbH & Co. KG oder einer Kapitalgesellschaft als einziger Komplementärin hatte. In der Folge-

---

[9] Aus dem Schrifttum insbes. Elschenbroich, KGaA, S. 130; K. Schmidt eingehend in ZHR 160(1996), 265 ff, 282 ff.; Binz/Sorg, BB 1988, 2041 ff.; Barz in GroßKomm/AktG, 3. Aufl., § 278 Rdnr. 9; vgl. auch die umfangreichen Nachweise bei Sethe, KGaA, S. 155 in Fn. 3.
[10] OLG Hamburg NJW 1969, 1030 ff. „Eurokai-Entscheidung".

zeit wurden durch einzelne Registergerichte KGaA mit einer Kapitalgesellschaft als einzigem Komplementär eingetragen[11].

Der BGH konnte den Streit mangels einer Vorlage erst 1997 für die Praxis beenden. Prüfungsgegenstand der Entscheidung des BGH war die Satzung der Schuhkraft Spezialtiefbau KGaA, in der die Schuhkraft Beteiligungs-GmbH zur alleinigen Komplementärin bestimmt worden war. Das Registergericht[12] hatte den Eintragungsantrag der Antragstellerin auf Eintragung einer GmbH als alleiniger Komplementärin zurückgewiesen. Auf die Beschwerde der Schuhkraft Spezialtiefbau KGaA hin hatte das Beschwerdegericht diese zurückgewiesen. Das OLG Karlsruhe[13] wollte der Vorinstanz folgen, hatte aber wegen der gegenteiligen Entscheidung des OLG Hamburg[14] die Sache dem BGH zur Entscheidung vorgelegt. Dieser schaffte durch seine Entscheidung vom 24. Februar 1997[15] eine eindeutige Rechtslage. Er stellte hierin fest:

1. Eine Gesellschaft mit beschränkter Haftung kann grundsätzlich persönlich haftende Gesellschafterin einer Kommanditgesellschaft auf Aktien sein.

2. Dazu ist aber unabdingbar erforderlich, dass das Fehlen einer natürlichen Person in der Eigenschaft des Komplementärs in der Firma der Gesellschaft kenntlich gemacht wird. § 19 Abs. 5 HGB[16] findet insoweit sinngemäß Anwendung.

---

[11] Ein bekanntes Beispiel ist die Holzmüller-KGaA, die ausweislich des Tatbestandes der „Holzmüller-Entscheidung" am 27.12.1972 in das Handelsregister eingetragen wurde und eine GmbH als Komplementärin hatte, vgl. BGHZ 83, 122 ff..

[12] AG Tauberbischofsheim, LG Mosbach.

[13] OLG Karlsruhe, DB 1996, 1767 = BB 1996, 1793 = ZIP 1996, 1787.

[14] OLG Hamburg, AG 1969, 259; GmbHR 1969, 135 m.Anm. Hesselmann.

[15] BGH, Beschl. v. 24.2.1997 – II ZB 11/96, BGHZ 134, 392 =ZIP 1997, 1027 = AG 1997, 370 =BB 1997, 1220 = DStR 1997, 1012 (Goette); LM AktG 1965 § 278 Nr. 1 (Roth); WiB 1997, 695.

[16] Geändert durch Art. 3 HRefG v. 22.06.1998, BGBl. I 1998, S. 123.

II. Bedeutung der Feststellungen des BGH in seiner Entscheidung vom 24. Februar 1997[17] für die weitere Untersuchung

Nachfolgend soll untersucht werden, in welchem Umfang die Entscheidung des BGH Feststellungen oder Hinweise für die weitere Untersuchung enthält.

1. Wille und Leitbild des Gesetzgebers

Der BGH stellt zunächst fest, dass das Aktienrecht keine Bestimmung enthält, die eine KGaA mit einer GmbH als alleiniger Komplementärin ausdrücklich untersagt[18]. Gleichwohl konzediert er, dass der Gesetzgeber (in seinem Leitbild) von einer natürlichen Person als persönlich haftendem Gesellschafter ausgegangen ist.

Dieses Leitbild rechtfertigt nach dem BGH zwar nicht die Annahme der Unzulässigkeit einer KGaA mit einer Kapitalgesellschaft als Komplementärin. Vielmehr müsse „innerhalb der durch zwingende gesetzliche Regelungen gezogenen Grenzen, die im wesentlichen durch die Notwendigkeiten des Gläubiger- und Anlegerschutzes bestimmt sind, Freiheit zu privatautonomer Gestaltung bestehen, die auch vom Gesetz nicht vorgesehene Mischformen und atypische Lösungen zulässt“[19].

Das in der Literatur verbreitete Argument, der Gesetzgeber habe nur deshalb von einer klarstellenden Regelung abgesehen, weil er im Hinblick auf den damaligen Meinungsstand von der Unzulässigkeit der Konstruktion ausgegangen sei, wird vom BGH zurückgewiesen[20]. Ob man jedoch wie der BGH das Untätigbleiben im Sinne der Zulässigkeit der Gesellschaftsform auszulegen vermag, erscheint zweifelhaft. Vorzugswürdig ist es vielmehr, aus der Nichtaufnahme einer im Gesetzgebungsverfahren ge-

[17] BGH, Beschl. v. 24.2.1997 – II ZB 11/96, BGHZ 134, 392 =ZIP 1997, 1027 = AG 1997, 370 =BB 1997, 1220 = DStR 1997, 1012 (Goette); LM AktG 1965 § 278 Nr. 1 (Roth); WiB 1997, 695.

[18] BGHZ 134, 392, 393 = BGH ZIP 1997, 1027 = AG 1997, 370 = NJW 1997, 1923, 1924 = GmbHR 1997, 595, 596.

[19] BGHZ 134, 392, 393 = BGH ZIP 1997, 1027 = AG 1997, 370 = NJW 1997, 1923, 1924 = GmbHR 1997, 595, 596 - unter Verweis auf die entsprechenden Arbeiten von Priester ZHR 160 (1996), 250 ff.; insbesondere aus rechtssystematischer Sicht Mertens, Festschrift Ritter, S. 731 ff.; a.A. insbesondere K. Schmidt ZHR 160 (1996), 265 ff., jeweils mwN. zum Meinungsstand.

[20] Binz/Sorg, BB 1988, 2041, 2047.

planten Regelung den Willen des Gesetzgebers zu entnehmen, die Frage der Zulässigkeit der GmbH & Co. KGaA der Rechtsprechung und dem Schrifttum zu überlassen[21].

Der BGH stellt in seiner Begründung für die Zulässigkeit einer Gesellschaftsform zudem auf Vorschriften aus dem Gewerbesteuerrecht und dem Umwandlungsrecht ab. Durch das Kultur- und Stiftungsfördergesetz von 1990[22] waren die §§ 9 Nr. 2b, 12 Abs. 3 Nr. 2b GewStG in das Gewerbesteuergesetz eingefügt und hierdurch die Gesellschaftsform der GmbH & Co. KGaA ausdrücklich Rechtsfolgen unterworfen worden. Regelungsgegenstand war die Vermeidung einer gewerbesteuerlichen und gewerbekapitalsteuerlichen Doppelbelastung beim Vorhandensein eines gewerbesteuerpflichtigen Komplementärs, konkret also einer GmbH oder AG. Die vom BGH angeführte Schlussfolgerung, dass diese und Regelungen im Umwandlungsrecht für den Gesetzgeber die ideale Gelegenheit gegeben hätten festzuschreiben, dass die Stellung als persönlich haftender Gesellschafter zwingend von einer natürlichen Person einzunehmen ist[23], erscheint jedoch nicht zwingend.

Die vom BGH in diesem Zusammenhang thematisierte Frage, dass man dem Gesetzgeber bei seinen Regelungen unterstellen könne, er handele durchweg in voller Kenntnis der sich stellenden Fragen und mit vollständiger Regelungsabsicht, wird im Rahmen dieser Untersuchung insbesondere im Rahmen der Anwendung mitbestimmungsrechtlicher Normen Bedeutung erlangen.

2. Rechtliche Eigenständigkeit der KGaA

Der BGH verneint einen Vorrang des Aktienrechts und damit auch den Grundsatz der Satzungsstrenge, § 23 Abs. 5 AktG, gegenüber der KGaA. Dieser gelte kraft ausdrücklicher gesetzlicher Regelung in § 278 Abs. 3 AktG nur für die Kapitalstruktur der Gesellschaft, während sich ihre

---

[21] Arnold, GmbH & Co. KGaA, S. 14 und insbesondere S. 115 zur Problematik der Anwendung mitbestimmungsrechtlicher Regelungen.

[22] Gesetz zur steuerlichen Förderung von Kunst, Kultur und Stiftungen sowie zur Änderung steuerrechtlicher Vorschriften, BGBl. I 1990, S. 2775.

[23] BGHZ 134, 392, 395 f. = NJW 1997, 1923, 1924 = GmbHR 1997, 595, 597; nicht abgedruckt in AG 1997, 370.

Führungsstruktur nach dem Personengesellschaftsrecht richtet. Damit steht die KGaA, wie die Kommanditgesellschaft, zunächst grundsätzlich der Beteiligung einer GmbH als persönlich haftender Gesellschafterin offen[24].

In diesem Zusammenhang hat es der BGH darüber hinaus abgelehnt, Neu- oder Weiterentwicklungen von gesellschaftsrechtlichen Gestaltungsformen anhand einer vorgegebenen Typologie von Rechtsformen zu untersuchen[25]. Er stellt diese Gesellschaftsformen vielmehr auf den Prüfstand insbesondere eines angemessenen Gläubiger- und Anlegerschutzes.

Diese Richtung hatte das Reichsgericht bereits in seiner Grundsatzentscheidung zur Frage der Zulässigkeit der GmbH & Co. KG[26] vorgegeben. Es hatte hierin ausgeführt, dass Gerichte nur dann in der Lage sind, einer neuen Entwicklung entgegenzutreten, wenn diese aus Gründen des Gemeinwohls zu verwerfen wäre oder mit dem geltenden Recht in Widerspruch steht. Trotz dieser Entscheidung des Reichsgerichts war die Doktrin des Typenzwangs noch nicht erledigt. Es bedurfte vielmehr der Schriften von Nitschke[27], Reuter[28], Teichmann[29] und H.P. Westermann[30] und der in der Folgezeit ergangenen Rektorfall-Entscheidung, um das Personengesellschaftsrecht von dieser Doktrin letztlich zu befreien[31].

Nimmt man die Absage an die Typenlehre ernst, müssen auch alle Versuche, bei der Frage der Bestimmung des anzuwendenden Rechtes und

---

[24] BGHZ 134, 392, 396 = BGH ZIP 1997, 1027, 1028 = NJW 1997, 1923, 1924 = AG 1997, 370, 371 = GmbHR 1997, 595, 597 unter Verweis auf die entsprechenden Vorarbeiten von Hennerkes/May, DB 1988, 537, 540; Strieder/Habel, DB 1994, 1557, 1558 f.

[25] BGHZ 134, 392, 393 = BGH ZIP 1997, 1027 = AG 1997, 370 = NJW 1997, 1923, 1924 = GmbHR 1997, 595, 596, seine Haltung nochmals verdeutlichend (der Vorsitzende Richter des II. Zivilsenats) Röhricht, RWS Forum 10, S. 276; zu dieser Haltung der Rechtsprechung vgl. bereits Claussen, Festschrift Heinsius, 1991, S. 61, 70.

[26] RGZ 105, 1201 ff.

[27] Nitschke, Die körperschaftlich strukturierte Personengesellschaft, 1970.

[28] Reuter, Grenzen der Perpetuierung von Unternehmen, 1973.

[29] Teichmann, Gestaltungsfreiheit in Gesellschaftsverträgen, 1970.

[30] H.P. Westermann, Vertragsfreiheit und Typengesetzlichkeit im Recht der Personengesellschaften, 1970.

[31] Vgl. zur Würdigung dieser Entwicklung Flume, Die Personengesellschaft, 1977, § 13 I; K. Schmidt, GesR, 4. Aufl., § 5 II 4, ders., ZHR 160 (1996), 265, 271.

den Möglichkeiten seiner Einschränkung über die im Gesetz enthaltenen Verweisungen hinaus das Recht der AG ohne nähere Begründung anwenden zu wollen, Ablehnung erfahren.

3. Instrumente zur Einschränkung der Gestaltungsfreiheit

Die Ausführungen des BGH im Hinblick auf die Frage der Zulässigkeit der GmbH & Co. KGaA können im Hinblick auf die Frage der Einschränkung des dispositiven Rechts Bedeutung erlangen.

3.1. Disziplinierungsfunktion der persönlichen Haftung

Nach Ansicht des BGH führt eine persönliche Haftung des Komplementärs nicht zu einer besonderen Disziplinierung im Handeln des Komplementärs und taugt damit nicht als Rechtfertigung der Unzulässigkeit einer KGaA mit einer juristischen Person als einzigem Komplementär.

Der BGH führt vielmehr aus, dass „auch die selbständigere und unabhängigere Stellung des Komplementärs einer KGaA im Vergleich zu derjenigen des Vorstandes einer Aktiengesellschaft als Ausgleich nicht zwingend die persönliche Haftung einer natürlichen Person“[32] erfordert. Hiernach „ist mit den Realitäten des Wirtschaftslebens die Annahme nicht vereinbar, ein für die Gesellschaftsverbindlichkeiten persönlich haftender Geschäftsführer werde die Geschäfte der Gesellschaft mit größerer Sorgfalt, Vorsicht und Umsicht führen, als ein nicht persönlich haftender Fremdgeschäftsführer. Die im modernen Wirtschaftsleben unumgängliche Bereitschaft, auch wirtschaftliche Wagnisse einzugehen, und die Fähigkeit, die mit geschäftlichen Unternehmen verbundenen Chancen und Risiken zutreffend einzuschätzen, wird hiernach weit mehr durch die Persönlichkeit des individuellen Unternehmensleiters und seine unternehmerischen Kompetenzen bestimmt als durch Erwägungen haftungsrechtlicher Art“[33].

---

[32] BGHZ 134, 392, 398 = BGH ZIP 1997, 1027, 1029 = NJW 1997, 1923, 1925, AG 1997, 370, 371 = GmbHR 1997, 595, 597.

[33] BGHZ 134, 392, 398 = BGH ZIP 1997, 1027, 1029 = NJW 1997, 1923, 1925, AG 1997, 370, 371 = GmbHR 1997, 595, 597.

Der BGH erachtet zudem die persönliche Haftung als für den Rechtsverkehr nicht mehr ausschlaggebend. Dieses veränderte Verständnis ist allgemein von Larenz unter dem Begriff des Wandels der Normsituation erfasst worden[34]. Hierbei geht es darum, dass sich die tatsächlichen Verhältnisse oder Gepflogenheiten, die der historische Gesetzgeber vor Augen hatte und aufgrund derer er seine Regelung entworfen hatte, in einer solchen Weise geändert haben, dass die vorhandene Norm zu den tatsächlichen Verhältnissen nicht mehr passt[35].

Nach Ansicht des BGH hat sich die Bedeutung der unbeschränkten persönlichen Haftung des Komplementärs in dieser Weise geändert. Der BGH nimmt in der Entscheidung eine inzwischen eingeschränkte praktische Bedeutung der persönlichen Haftung für das Außenverhältnis an. Diese Entwicklung ist bereits früher von Niederlag analysiert worden[36]. Dieser hat die Bedeutung der unbeschränkten Haftung des Komplementärs mit dem Anschluss der KGaA an die AG und der Zuerkennung eigener Rechtspersönlichkeit als abnehmend angesehen[37]. Hiernach übernimmt nunmehr das Grundkapital der Gesellschaft die Garantiefunktion für die Forderungen der Gläubiger. Das Privatvermögen der Komplementäre habe demgegenüber als Haftungsobjekt seine Bedeutung eingebüßt. Der BGH folgt dieser Außenperspektive, ohne in dieser Entscheidung darauf einzugehen, inwieweit das Grundkapital überhaupt ein effizientes Haftungsobjekt[38] darstellt.

Die These des BGH, wonach es schlechthin nicht einsichtig sein soll, dass ein persönlich haftender Gesellschafter mit größerer Sorgfalt handelt als

---

[34] Larenz, Methodenlehre, 3. Aufl., S.166, 170.

[35] Larenz, Methodenlehre, 3. Aufl., S. 170 f.

[36] Niederlag, Juristische Person, S. 95 ff..

[37] Niederlag, Juristische Person, S. 103.

[38] Der BGH zeigt in seiner Rechtsprechung selbst, dass er das Grundkapital nicht als ausreichendes Haftungsobjekt ansieht. Dies wird beispielsweise dadurch deutlich, dass er komplementäre, die Haftung aus fehlender Einzahlung des Stammkapitals ergänzenden Institute wie jüngst den existenzvernichtenden Eingriff entwickelt hat, vgl. hierzu BGH, Urt. v. 17.09.2001 – II ZR 178/99, BGHZ 149,10 = ZIP 2001, 1874 „BVV"; BGH, Urt. v. 25.02.2002 – II ZR 196/00, BGHZ 150, 61 = ZIP 2002, 848; BGH Urt.v.24.06.2002 – II ZR 300/00, BGHZ 151, 181 = ZIP 2002, 1578 „KVB"; vgl. zur Kritik in der Literatur an der Eignung des Eigenkapitals als effizientes Haftungsobjekt, Escher-Weingart, Deregulierung, S. 119 ff. mwN. und ihr Vorschlag eines Mindestgarantiekapitals, S. 236 ff..

ein Fremdgeschäftsführer und an den Realitäten des modernen Geschäftslebens vorbeigehen soll, ist nicht recht ersichtlich[39].

Die persönliche Haftung ist für den Komplementär niemals wirtschaftlich uninteressant. Denn es bedeutet für den Komplementär eine erhebliche persönliche Belastung, für die Gesellschaftsschulden einstehen zu müssen. Die Realisierung dieser Haftung kann ihn die gesamte wirtschaftliche Existenz kosten. Diese Gefahr wird den Komplementär dazu veranlassen, die Geschäfte der Gesellschaft ordentlich zu führen[40]. Zur gesetzlichen Begründung kann auf die Erfolgshaftung des Gesellschafters nach § 128 HGB, die in den meisten Fällen erst in der Insolvenz realisiert wird, verwiesen werden. Auch das von manchen Stimmen in der Literatur angeführte Argument, dass die persönliche Haftung neben der Haftung als Geschäftsführer nach den §§ 283 Nr. 3, 93 AktG nicht gesondert ins Gewicht falle, verfängt nicht, weil die Erfolgshaftung nach § 128 Abs. 1 HGB geringere Voraussetzungen im Hinblick auf das Verschulden stellt und deshalb auch einfacher durchzusetzen ist[41]

Die Reichweite der Ausführungen des BGH ist sicher diskussionsbedürftig[42]. Sie sollten jedoch im Kontext mit dem zur Entscheidung anstehenden Sachverhalt gesehen werden. Der BGH hatte vorliegend über die Zulässigkeit der GmbH & Co. KGaA zu entscheiden, wobei er einen Disziplinierungseffekt der persönlichen Haftung neben den gläubigerschützenden Vorschriften jedenfalls als nicht so dominant ansieht, dass man hieraus auf eine Unzulässigkeit der Gesellschaftsform folgern müsse[43]. Mit der Frage der Zulässigkeit einer juristischen Person als einziger Komplementärin und dem damit verbundenen Wegfall der persönlichen Haftung ist jedoch noch nicht automatisch die Frage entschieden, ob die nach der gesetzlichen Lage bestehende begünstigte Stellung des Komplementärs in einer atypischen KGaA weiterhin besteht.

---

[39] So auch Kessler, Einwirkungsrechte der Kommanditaktionäre, S. 70 ff., 73.
[40] Vgl. hierzu Elschenbroich, KGaA, S. 82; Pflug NJW 1971, 345, 349.
[41] Vgl. hierzu Wiesner, ZHR 184 (1984) 56, 69.
[42] Vgl. Kessler, Einwirkungsrechte der Kommanditaktionäre, S. 70 ff., insbes. 72 ff..
[43] In diese Richtung auch Kessler, Einwirkungsrechte der Kommanditaktionäre, S. 72.

3.2. Gefahr einer möglichen Minderheitenherrschaft

Der BGH setzt sich zudem mit dem Argument auseinander, dass aufgrund der Gestaltungsfreiheit die gesellschaftsrechtliche Dominanz einer Gesellschaftergruppe, eine sog. Minderheitenherrschaft möglich ist. Eine Minderheitenherrschaft ist in rechtlicher Hinsicht zunächst dadurch denkbar, dass die Alt-Gesellschafter die Geschicke der KGaA über die Komplementärgesellschaft steuern. Nach Ansicht des BGH sind die Bedenken gegen eine Minderheitenherrschaft bei zutreffender Rechtsausübung jedenfalls ausräumbar[44].

Der BGH führt exemplarisch den Fall der Bestellung und Abberufung der Geschäftsführer der Komplementär-GmbH an, der allein Sache der Gesellschafter der GmbH und nicht der Gesellschafter der KGaA ist. Er sieht dabei in der gesellschaftsrechtlichen Treuepflicht der Komplementär-GmbH, die bei der Auswahl der Geschäftsführer auf die Belange der Kommanditaktionäre Rücksicht zu nehmen hat, ein ausreichendes Schutzinstrument zur Berücksichtigung der Interessen der Gesamtheit der Kommanditaktionäre[45].

Zudem geht der BGH auf atypische Ausgestaltungen dieser Gesellschaftsform ein. Diese sind dadurch gekennzeichnet, dass von den dispositiven Normen zugunsten des Komplementärs und zu Lasten der Kommanditaktionäre abgewichen wird. Dies betrifft beispielsweise die Einschränkung der diesen nach dem Gesetz zustehenden Mitwirkungsbefugnisse bei außergewöhnlichen Geschäften. Der Atypizität ist dabei zunächst mit den Mitteln der Publizität Rechnung zu tragen[46]. Denkbar ist zudem der Rückgriff auf die Rechtsprechungsgrundsätze zu den Publikums-Kommanditgesellschaften[47]. Die Frage nach der Erforderlichkeit und

---

[44] BGHZ 134, 392, 399 = BGH ZIP 1997, 1027, 1029 = NJW 1997, 1923, 1925 = AG 1997, 370, 371 = GmbHR 1997, 598.
[45] BGHZ 134, 392, 399 = BGH ZIP 1997, 1027, 1029 = NJW 1997, 1923, 1925 = AG 1997, 370, 371 = GmbHR 1997, 598.
[46] BGHZ 134, 392, 399 f. = BGH ZIP 1997, 1027, 1030 = NJW 1997, 1923, 1925 = AG 1997, 370, 372 = GmbHR 1997, 595, 598.
[47] BGHZ 134, 392, 399 f. = BGH ZIP 1997, 1027, 1029 = NJW 1997, 1923, 1925 = AG 1997, 370, 371 f. = GmbHR 1997, 595, 598.

dem Umfang derartiger Korrekturen stellte sich im konkreten Fall mangels Entscheidungserheblichkeit nicht[48].

4. Bewertung der Ausführungen des BGH

Der BGH hat zunächst nur über die Frage der Zulässigkeit der Kapitalgesellschaft & Co. KGaA entscheiden müssen. Aus der Ablehnung der Typenlehre folgt zunächst konsequent, dass die GmbH & Co. KGaA neben der AG eine eigenständige Rechtsform darstellt und für die Frage der Bestimmung des anzuwendenden Rechtes bzw. seiner Einschränkung eine pauschale Anwendung des Rechts der AG ausscheidet.

Darüber hinaus hat der BGH eine Reihe von Folgefragen angesprochen, ohne dass er mangels Entscheidungserheblichkeit letztlich darüber entscheiden musste.

Dabei konzediert er, dass die besondere Ausgestaltung einer Gesellschaft als GmbH & Co. KGaA nicht dem Leitbild des Gesetzgebers entsprochen hat und die damit für die Kommanditaktionäre verbundenen Nachteile nicht gesehen worden sind. Die Anerkennung der GmbH & Co. KGaA macht somit nicht per se die Frage einer Überprüfung von Satzungsregelungen und einer im Einzelfall korrigierenden oder ergänzenden Gesetzesanwendung erforderlich. Der BGH verweist in diesem Zusammenhang explizit auf die Auswahl der Geschäftsführer der Komplementärgesellschaft sowie die Anwendung mitbestimmungsrechtlicher Regelungen auf die GmbH & Co. KGaA.

Die nachfolgende Untersuchung soll dabei klären, ob und in welchen Fällen eine gesellschaftsrechtliche Kontrolle wichtig und unentbehrlich ist. Eine solche Inhaltskontrolle könnte dabei insbesondere bei GmbH & Co. KGaA, die einem größeren Anlegerpublikum offen stehen, durch die Anwendung der für die Publikums-KG entwickelten Rechtsprechungsgrundsätze über die Inhaltskontrolle von Gesellschaftsverträgen in Betracht kommen. Der BGH klärt mangels Entscheidungserheblichkeit

---

[48] BGHZ 134, 392, 399 f. = BGH ZIP 1997, 1027, 1029 = NJW 1997, 1923, 1925 = AG 1997, 370, 371 f. = GmbHR 1997, 595, 598.

jedoch nicht, für welche Ausgestaltungen der KGaA und aufgrund welcher Legitimationsgrundlage eine solche Inhaltskontrolle erfolgen soll.

5. Gang der Untersuchung

Die Prüfung des Anlegerschutzes in der GmbH & Co. KGaA macht zunächst eine Bestimmung des Prüfungsgegenstandes erforderlich. Diese wird durch die besondere Struktur der GmbH & Co. KGaA erschwert. Die nachfolgende Untersuchung muss deshalb zunächst die Struktur der GmbH & Co. KGaA und die hieraus folgenden möglichen Konsequenzen herausarbeiten. Dabei besteht die erste bereits angesprochene Besonderheit einer GmbH & Co. KGaA darin, dass die Komplementärgesellschaft und die KGaA zwei voneinander getrennte juristische Personen sind. Es wird deshalb zu klären sein, ob und welche Besonderheiten gegenüber einer KGaA mit einer natürlichen Person als Komplementär auftreten können (unter B).

In einem zweiten Schritt sind das anwendbare Recht, der Prüfungsgegenstand, und die Möglichkeiten seiner Einschränkung, der Prüfungsmaßstab, zu bestimmen. Dabei wird sich mit dem Einwand auseinander zu setzen sein, die KGaA sei eine undurchsichtige und schwer fassbare Rechtsform[49]. Im Ergebnis soll als Voraussetzung für die Prüfung des Anlegerschutzes das anzuwendende Recht abstrakt und anhand konkreter Zweifelsfälle herausgearbeitet und die Instrumente zur Einschränkung des dispositiven Rechts im Hinblick auf ihre praktische Bedeutung überprüft worden sein (unter C.).

Die praktische Bedeutung der im Rahmen der Bestimmung des anwendbaren Rechtes abstrakt dargestellten Sachverhalte lässt sich nur unter Berücksichtigung der konkreten Interessen der Beteiligten erklären. Dabei ist von der Tatsache auszugehen, dass die Diskussion über die Zulässigkeit einer juristischen Person als einziger Komplementärgesellschaft insbesondere vor dem Hintergrund einer Rechtsformoptimierung für expan-

[49] Dieses Argument wird insbesondere gegen die Platzierungsfähigkeit oder die Begründung eines Sicherheitsabschlages für Aktien einer KGaA vorgebracht, vgl. zu diesen Einwänden die Darstellung von Wieneke/Fett in Schütz/Bürgers/Riotte (Hrsg.), Hdb/KGaA, § 10 Rdnr. 27 ff.; Assmann/Sethe in GroßKomm/AktG, 4. Aufl., Vor § 278 Rdnr. 52.

dierende Unternehmen des Mittelstandes geführt worden ist. Ziel dieser Untersuchung ist die Bestimmung praktisch relevanter Satzungsbestimmungen (unter D.), die in einem Zweiten Teil auf ihre Wirksamkeit hin untersucht werden sollen.

Auf der Grundlage der gefundenen konkreten Ausgestaltungen der GmbH & Co. KGaA sind in einem letzten Abschnitt des Ersten Teils (unter E.) der rechtliche Rahmen und die Kriterien des Anlegerschutzes zu bestimmen.

B. Struktur und Besonderheiten der GmbH & Co. KGaA

In einem ersten Schritt sind die besondere Struktur der GmbH & Co. KGaA (unter I) sowie die daraus resultierenden Besonderheiten gegenüber der KGaA darzustellen (unter II.).

I. Juristische Trennung zwischen Komplementär- und Kommanditgesellschaft

Nachfolgend sollen die Grundsätze der rechtlichen Eigenständigkeit der Komplementärgesellschaft und die anerkannten Ausnahmen dieses Grundsatzes dargestellt werden, um im Zweiten Teil praktische Anwendungsfälle einer rechtlichen Lösung zuführen zu können.

1. Grundsatz der rechtlichen Eigenständigkeit der Komplementärgesellschaft

Grundsätzlich besteht eine strikte Trennung zwischen der Ebene der GmbH & Co. KGaA einerseits und den internen Angelegenheiten der GmbH andererseits. Innerhalb der GmbH & Co. KGaA existieren gesellschaftsrechtliche Beziehungen zwischen den Kommanditaktionären und der GmbH als einziger Komplementärin. Der GmbH fallen durch ihre Stellung als Komplementärin kraft Gesetzes die Geschäftsführung und Vertretung in der Kommanditgesellschaft zu[50]. Als juristische Person kann die GmbH diese Tätigkeiten jedoch nicht persönlich ausüben. Sie ist vielmehr

[50] §§ 114, 125, 161 Abs. 2, 164, 170 HGB.

auf das Handeln durch einen oder mehrere ihrer Geschäftsführer angewiesen, §§ 6, 35 ff. GmbH, die damit notwendige Organe der GmbH sind. Dagegen bestehen zwischen den Geschäftsführern der Komplementär- und der Kommanditgesellschaft keine direkten gesellschaftsrechtlichen Beziehungen. Daraus folgert die überwiegende Auffassung, dass die Bestellung der GmbH-Geschäftsführer wie auch ihre Abberufung ausschließlich Sache der GmbH-Gesellschafter sei[51]. Die Kommanditaktionäre haben demnach auf die innere Organisation der GmbH keinen Einfluss.

2. Einheitsbetrachtung in Einzelfällen

Das Gesetz hält den Trennungsgrundsatz jedoch nicht strikt durch. So hat es für Handelsgesellschaften, bei denen kein Gesellschafter eine natürliche Person ist, den organschaftlichen Vertretern der vertretungsbefugten Gesellschaft unmittelbare Handlungspflichten für die Handelsgesellschaft auferlegt. So ist der GmbH-Geschäftsführer im Fall der Zahlungsunfähigkeit oder Überschuldung der KG gemäß §§ 130 a Abs. 3, 177a HGB zur Stellung des Insolvenzantrages verpflichtet. Diese gesetzlichen Bestimmungen sind ein Beleg für die Verbundenheit beider Gesellschaften, die sich auch auf die Pflichten des Geschäftsführers der Komplementär-GmbH auswirken. Der Gesetzgeber geht demnach in einem Teilbereich von einer Einheitsbetrachtung aus, nach der Geschäftsführer der Komplementärgesellschaft wie Geschäftsführer des Unternehmens KG behandelt werden. Diese partielle Einheitsbetrachtung führt zu der Frage, inwieweit dieser partiell geregelte Einheitsgedanke auf andere Sachverhalte übertragen werden kann[52].

3. Weitere praktische Anwendungsfälle für eine Einheitsbetrachtung?

Neben der Frage einer den Kommanditaktionären zustehenden Beschneidung der Rechtsmacht der Komplementärgesellschaft stellen der Umfang der Inkompatibilitätsregelung des § 287 Abs. 3 AktG, die Zulässigkeit von Entsendungsrechten[53], die Reichweite der Stimmverbote des § 285 Abs. 1

---

[51] Vgl. zu dieser Trennungstheorie Hesselmann/Tillmann, Handbuch GmbH & Co. KG, Rdnr. 156, 160; Westermann, Hdb/PersG, Bd. I, Rdnr. 195.
[52] Für eine Übertragungsfähigkeit Hennerkes/Lorz, DB 1997, 1388, 1391; Overlack, RWS-Forum 10, S. 237, 254; gegen eine Übertragungsfähigkeit zu Recht Arnold, GmbH & Co. KGaA, S. 84.
[53] Vgl. Zweiter Teil A. V., S. 218 ff..

Satz 2 AktG[54] sowie die Reichweite des Auskunftsrechtes des einzelnen Kommanditaktionärs[55] weitere mögliche Anwendungsfälle für eine Einheitsbetrachtung dar.

II. KGaA als Mischform zwischen Kapital- und Personengesellschaftsrecht

Der BGH hat in seiner Entscheidung vom 24. Februar 1997[56] festgestellt, dass die organisationsrechtliche Struktur der KGaA durch das Kommanditrecht und die Kapitalstruktur durch das Aktienrecht bestimmt wird. Die GmbH & Co. KGaA wird somit durch zwei unterschiedliche Regelungssysteme normiert.

Die Trennung zwischen dem Personen- und dem Kapitalgesellschaftsrecht mit ihren teilweise unterschiedlichen Rechtsfolgen führt zunächst zu der Frage, inwieweit die Materien sauber zugeordnet werden können[57].

Sofern die gesellschaftsvertragliche Regelung dem Kommanditrecht unterliegt, ist für die Frage der Einschränkung der Gestaltungsfreiheit neben den wenigen zwingenden Rechten auf die ungeschriebenen Schranken der Gestaltungsfreiheit abzustellen. Die herrschende Lehre bestimmt diese ungeschriebenen Schranken durch eine Abgrenzung zwischen Sachverhalten, die in die Zuständigkeit der Gesellschafterversammlung oder jedes einzelnen Gesellschafters fallen, und solchen, die grundsätzlich Gegenstand der Geschäftsführungsbefugnis sind. Entsprechend dieser Qualifikation wird eine Unterscheidung nach dem Kernbereich, den Grundlagengeschäften und den außergewöhnlichen Geschäftsführungsmaßnahmen vorgenommen. Der nachfolgenden Untersuchung bleibt es vorbehalten, die praktische Relevanz dieser Instrumente im Bereich der Kapitalgesellschaft & Co. KGaA zu klären[58].

---

[54] Vgl. Zweiter Teil B. I. 3., S. 257 f..
[55] Vgl. Zweiter Teil C. I., S. 303 f..
[56] BGHZ 134, 392, 399 = BGH ZIP 1997, 1027, 1029 = NJW 1997, 1923, 1925 = AG 1997, 370, 371 = GmbHR 1997, 595, 598.
[57] Cahn, AG 2001, 579, 580.
[58] Mit dieser Frage hat sich weitgehend nur die Kommentarliteratur beschäftigt, vgl. die entsprechenden Hinweise bei Assmann/Sethe in GroßKomm/AktG, 4. Aufl., Vor § 278 Rdnr. 58 ff., § 281 Rdnr. 11; Semler/Perlitt in MünchKomm/AktG, 2. Aufl., § 281 Rdnr. 61 ff., im Ansatz auch Mertens/Cahn in

C. Bestimmung des anwendbaren Rechts und die Einschränkungen des Gestaltungsspielraumes

Im ersten Abschnitt ist eine abstrakte Bestimmung und anhand konkreter Einzelfälle zu erfolgende Bestimmung des anzuwendenden Rechtes vorzunehmen (unter I.). Dabei soll für das der Gestaltungsfreiheit unterliegende Binnenrecht der KGaA die einschränkenden Instrumente und deren praktischer Anwendungsbereich für die KGaA herausgearbeitet werden (unter II).

I. Bestimmung des anwendbaren Rechtes

Der Gesetzgeber hat sich zur Bestimmung des auf die KGaA anzuwendenden Rechtes der Verweisungstechnik bedient. Zwar ist ein solches System im Vergleich zur bloßen Wiederholung der Normen, auf die bei der Verweisung Bezug genommen wird, eleganter. Die Verwendung der Verweisungstechnik birgt jedoch die Gefahr in sich, dass die Verweisung zu undifferenziert erfolgt. Deshalb bedarf es jeweils sorgfältiger Prüfung, ob die Materie, die der Rechtsbereich regelt, auf den verwiesen wird, in gleicher Weise der Materie entspricht, für die die Verweisung gelten soll[59]. Aufgrund dieser Komplexität und der häufig mehrfachen Anknüpfungspunkte einer Zuordnung des anzuwendenden Rechtes der KGaA ist die Frage gestellt worden, ob die Verweisungstechnik in § 278 f. AktG ein geeignetes Mittel zur Bestimmung des anzuwendenden Rechtes darstellt[60].

1. Verweisungstechnik zur Abgrenzung von Kommandit- und Aktienrecht

In einem ersten Schritt sind die normativen Kriterien der Abgrenzung zwischen Kommandit- und Aktienrecht herauszuarbeiten.

KölnKomm/AktG, 2. Aufl., § 278 Rdnr. 87, die in jüngerer Zeit erschienenen Dissertationen zur KGaA von Arnold, Kiefer und Heineke problematisieren dies nicht.

[59] Kessler, Einwirkungsrechte der Kommanditaktionäre, S. 5 f.

[60] Assmann/Sethe in GroßKomm/AktG, 4. Aufl., Vor § 278 Rdnr. 158.

1.1. Anwendung der §§ 279 ff. AktG

§ 278 AktG bestimmt, dass soweit sich nicht aus den §§ 279 ff. AktG etwas anders ergibt, nach den in § 278 AktG genannten Personengruppen zu differenzieren ist. Dies bedeutet, dass die §§ 279 ff. AktG zunächst daraufhin durchzuschauen sind, ob sie den rechtlich zu bewertenden Fall regeln.

Die §§ 279 ff. AktG enthalten beispielsweise in § 283 AktG besondere Vorschriften über die Pflichten für die persönlich haftenden Gesellschafter, die denen des Vorstandes einer Aktiengesellschaft entsprechen. Hierdurch wird das einschlägige Personengesellschaftsrecht überlagert. Dadurch wird den Interessen der Öffentlichkeit und der Aktionäre in diesen für die Leitung der Gesellschaft wesentlichen Fragen auch für die KGaA Rechnung getragen. Das Verhältnis der Gesamtheit der Komplementäre zu den Kommanditaktionären wird für Fragen der Beschlussfassung in der Hauptversammlung mit § 285 AktG näher geregelt. In § 285 Abs. 2 Satz 1 AktG wird ein genereller Zustimmungsvorbehalt der persönlich haftenden Gesellschafter für die Angelegenheiten, bei denen in einer Kommanditgesellschaft das Einverständnis der Komplementäre und der Kommanditisten erforderlich ist, normiert. § 288 AktG enthält besondere Bestimmungen für Entnahmen und die Kreditgewährung der persönlich haftenden Gesellschafter. Schließlich enthalten die §§ 289, 290 AktG Sonderregelungen für die Auflösung und Liquidation der KGaA und für das Ausscheiden von persönlich haftenden Gesellschaftern. Diese Sachverhalte sind, soweit sie das Außenverhältnis betreffend, durchweg zwingend.

Sofern dagegen ein konkreter Sachverhalt nicht vom Anwendungsbereich einer der Regelungen der §§ 279 ff. AktG erfasst wird, finden die nachfolgend dargestellten Kriterien Anwendung.

1.2. Bestimmung nach den in § 278 Abs. 2 AktG und § 278 Abs. 3 AktG genannten Rechtsverhältnissen

Im Vergleich zur AG, die in weiten Bereichen dem Grundsatz der Satzungsstrenge unterliegt, bietet die rechtliche Regelung zur KGaA durch § 278 Abs. 2 AktG einen grundsätzlichen Gestaltungsspielraum für Satzungsbestimmungen. § 278 Abs. 2 AktG bestimmt, dass das Rechtsverhältnis der persönlich haftenden Gesellschafter untereinander und gegenüber der Gesamtheit der Kommanditaktionäre sowie gegenüber Dritten nach den Vorschriften des Handelsgesetzbuches über die Kommanditgesellschaft bestimmt wird, soweit sich aus den §§ 279 ff. AktG keine abweichenden Regelungen ergeben. Im Übrigen gelten für die Kommanditgesellschaft auf Aktien die Vorschriften des Ersten Buchs über die Aktiengesellschaft sinngemäß, § 278 Abs. 3 AktG. Nach dem Wortlaut sind somit alle von § 278 Abs. 2 AktG erfasste Rechtsverhältnisse insoweit als auf das Recht der Handelsgesellschaften verwiesen wird, durch die Satzung autonom regelbar.

Das anwendbare Recht ist aufgrund der komplizierten Abgrenzung zwischen den Regelungsbereichen der Verweisungsnorm des § 278 AktG jedenfalls nicht leicht zu bestimmen[61]. Nach einer verbreiteten Ansicht sind darüber hinaus klare Kriterien für die Definition der Tatbestandsmerkmale bis heute nicht entwickelt und kaum Versuche unternommen worden, das Verhältnis von § 278 Abs. 2 AktG und § 278 Abs. 3 AktG in allgemeiner Form zu klären[62].

Zudem ist in vielen Ansätzen im Schrifttum nicht immer klar, ob die umfassenden Normierungen des Ersten Buchs des Aktiengesetzes Einfluss auf das anzuwendende Recht haben. Die dargestellten Schwierigkeiten bei der Bestimmung des anzuwendenden Rechtes werden von einigen zum Anlass genommen, die aktienrechtlichen Normen als Grundregel anzusehen[63]. Dieser Weg ist aber aufgrund des klaren Wortlautes von § 278 Abs. 3 AktG, der das Erste Buch des AktG nur „im Übrigen" für anwendbar erklärt, nicht möglich[64].

1.3. Die erfassten Rechtsverhältnisse nach § 278 Abs. 2 AktG

Nachfolgend sollen die von § 278 Abs. 2 AktG erfassten Rechtsverhält-

---

[61] Sethe, KGaA, S. 109.

[62] Sethe, KGaA, S. 112; Ähnlich Assmann/Sethe in GroßKomm/AktG, 4. Aufl., Vor § 278 Rdnr. 54; Martens, AG 1982, 113, 114.

[63] Diesen Weg schlägt offenbar Barz in GroßKomm/AktG, 3. Auflage, § 278 Rdnr. 26 vor. Ebenso in diese Richtung gehend Steindorff, Festschrift Ballerstedt, S. 137. Die Autoren wollen die aktienrechtlichen Normen als Grundregel ansehen und die Vorschriften zur KG nur ergänzend heranziehen.

[64] So explizit auch Sethe, KGaA, S. 111.

nisse kurz dargestellt und auf einige klärungsbedürftige Probleme aufmerksam gemacht werden.

1.3.1. Verhältnis der Komplementäre untereinander

Der erste Fall betrifft das Rechtsverhältnis der persönlich haftenden Gesellschafter untereinander, § 278 Abs. 2, Alt. 1 AktG. Diese Regelung lässt sich durch die bestehende Nähe der KGaA zur KG erklären. Für das Recht der Personengesellschaften ist seit langem anerkannt, dass die persönlich haftenden Gesellschafter auch untereinander einem gesellschaftsrechtlichen Rechtsverhältnis unterliegen, dessen Inhalt auch durch die gesellschaftsrechtliche Treuepflicht bestimmt wird[65]. Diese Auffassung ist auch auf die persönlich haftenden Gesellschafter der KGaA, beschränkt auf ihre Gesellschaftereigenschaft zu übertragen[66].

Dagegen sind die Verhältnisse der Kommanditaktionäre untereinander und das Verhältnis des Einzelaktionärs gegenüber der Gesellschaft § 278 Abs. 3 AktG und damit dem Aktienrecht zuzuordnen.

1.3.2. Verhältnis der Gesamtheit der Kommanditaktionäre zu den Komplementären

Das Rechtsverhältnis der Gesamtheit der Kommanditaktionäre zu den Komplementären, § 278 Abs. 2 Alt. 2 AktG ist Gegenstand umfangreicher Erörterungen geworden. Dabei ist zunächst fraglich, wen das Gesetz mit der „Gesamtheit der Kommanditaktionäre“ erfassen will und ggf. welche Konsequenzen aus einer korrigierenden Gesetzesauslegung zu ziehen sind.

Nach einer älteren Ansicht sind die Gesamtheit der Kommanditaktionäre Zuordnungsobjekt von Rechten und Pflichten. Hiernach besteht zwischen den Komplementären und der Gesamtheit der Kommanditaktionäre ein Gesellschaftsverhältnis[67] mit gesonderten Rechten und Pflichten, die sich nach Kommanditrecht richten. Zur Begründung wird auf den Wortlaut von

---

[65] Vgl. hierzu insbesondere Gerkan in Röhricht/v. Westphalen, Komm/HGB, § 161 Rdnr. 17 mwN..

[66] Niederlag, Juristische Person, S. 86 mwN.; auch Kessler, Einwirkungsrechte der Kommanditaktionäre, S. 14.

[67] OLG Hamm, AG 1969, 295; Elschenbroich, KGaA, S. 115 ff.; Schreiber, KGaA, S. 90 ff. 171 ff.; in der Sache auch Barz in GroßKomm/AktG, 3. Auflage, §§ 278 Rdnr. 15, 286 Rdnr. 5 ff.

§ 278 Abs. 2 AktG verwiesen, in dem ausdrücklich von dem sich nach Kommanditrecht bestimmenden „Rechtsverhältnis“ zwischen der „Gesamtheit der Kommanditaktionäre“ und den Komplementären die Rede ist[68]. Auftretende Streitigkeiten unter den Gesellschaftergruppen werden zwischen diesen gerichtlich ausgetragen[69]. Die Gesamtheit der Kommanditaktionäre könnte somit von den Komplementären verklagt werden oder ihrerseits die Komplementäre verklagen. Unabhängig von diesem personengesellschaftsrechtlichen Verhältnis zwischen den Komplementären und der Gesamtheit der Kommanditaktionäre besteht die KGaA als verselbständigte juristische Person. Das ist in § 278 Abs. 1 AktG festgelegt und allgemein anerkannt[70]. Auch auf der Ebene der KGaA kann es demnach zu gerichtlichen Auseinandersetzungen kommen. Im Ergebnis gelangt die überkommene Ansicht daher zu einer zweistöckigen gesellschaftsrechtlichen Konstruktion, der Gesamtheit der Kommanditaktionäre und der KGaA[71].

Diese zweistöckige gesellschaftsrechtliche Konstruktion lässt sich nur im zeitlichen Kontext erklären. Bis zur Einordnung der KGaA als juristischer Person durch das AktG im Jahre 1937 war die Zulässigkeit eines Prozesses zwischen der Gesamtheit der Kommanditaktionäre und den Komplementären im Gesetz aufgeführt gewesen. Die ältere Ansicht hat daraus gefolgert, dass die Gesamtheit der Kommanditaktionäre parteifähig sein muss, da eine Prozessvertretung nur dann Sinn macht, wenn der Vertretene rechtlich auch als eigenständige Einheit anzusehen ist[72]. Diese Auffassung ist mit der Einordnung der KGaA als juristischer Person durch das AktG von 1937 eigentlich hinfällig geworden.

Im jüngeren Schrifttum sind aus der Ablehnung der Rechtsfähigkeit der Gesamtheit der Kommanditaktionäre unterschiedliche Schlussfolgerungen gezogen worden. Eine Ansicht erfasst den Begriff der Gesamtheit der Kommanditaktionäre als Zuordnung von Kompetenzen und will ihn durch

---

[68] So auch Wichert, Finanzen der KGaA, S. 43.
[69] So im Ausgangspunkt RGZ 74, 297; 82, 369; Barz in Großkomm/AktG, 3. Aufl., § 278 Rdnr. 8.
[70] Vgl. nur Mertens in KölnKomm/AktG, 1. Aufl., Vor. § 278 Rdnr. 2; Semler in MünchKomm/AktG, 1. Aufl., Vor § 278 Rdnr. 23.
[71] Die Begrifflichkeit wird explizit von Wichert, Finanzen der KGaA, S. 45 verwandt.
[72] Barz in GroßKomm/AktG, 3. Auflage, § 287 Rdnr. 8.

den Begriff der Hauptversammlung ersetzen[73]. Demgegenüber will eine andere Meinung den Wortlaut des § 278 Abs. 2 Alt. 2 AktG ernst nehmen und die Gesamtheit der Kommanditaktionäre durch die Gesellschaft ersetzen[74]. Eine weitere Ansicht differenziert danach, ob dem Organ „Hauptversammlung", wie bei allen durch das Erste Buch des Aktienrechtes geregelten Sachverhalten, die Kompetenz selbst zusteht, oder ob die Gesellschaftergruppe der Gesamtheit der Kommanditaktionäre ihre Rechte nur in der Hauptversammlung wahrnimmt[75].

Einen dezidiert anderen Ansatz vertritt diesbezüglich Cahn. Er lehnt eine Anwendung von § 278 Abs. 2 AktG auf das Verhältnis der persönlich haftenden Gesellschafter zur KGaA ab[76]. Cahn begründet dies damit, dass aus den Regelungen des Verhältnisses in den § 279 ff. AktG abgeleitet werden kann, dass der Gesetzgeber einen Rückgriff auf das KG-Recht ausschließen wollte. So richten sich die organschaftlichen Pflichten der persönlich haftenden Gesellschafter gemäß § 283 AktG durchweg nach aktienrechtlichen Regeln[77]. Auch hinsichtlich des Wettbewerbsverbotes und der Möglichkeit des Ausscheidens und damit zugleich der Übertragung der Gesellschafterstellung hält das Recht der KGaA in §§ 284, 289 Abs. 5 AktG spezielle Regelungen bereit, die einen Rückgriff auf das Recht der Kommanditgesellschaft entbehrlich machen. Aus diesen Regelungen lasse sich die Wertung entnehmen, dass ein Rückgriff auf das Kommanditrecht ausscheidet und Aktienrecht anwendbar sein soll.

Cahns Begründung vermag im Ergebnis nicht zu überzeugen. Er versucht aus einzelnen speziellen Regelungen in den §§ 279 ff. AktG eine allgemeine Wertung abzuleiten. Die von Cahn aufgeführten Regelungen sind jedoch punktuell und lassen keinen Rückschluss auf die übrigen Regelungskomplexe zu. Der herrschenden Meinung ist darin zu folgen, dass auf das Verhältnis der Gesamtheit der Kommanditaktionäre zu den Kom-

---

[73] Sethe, AG 1996, 289, 300, im Ergebnis ebenso Assmann/Sethe in GroßKomm/AktG, 4. Aufl., Vor § 278 Rdnr. 67, 95; Semler/Perlitt in MünchKomm/AktG, 2. Aufl., Vor § 278 Rdnr. 56, § 278 Rdnr. 232, im Ergebnis auch Mertens/Cahn in KölnKomm/AktG, 2. Aufl., § 278 Rdnr. 46 ff..

[74] Kessler, Einwirkungsrechte der Kommanditaktionäre, S. 15 ff., 17.

[75] Reger in Schütz/Bürgers/Riotte (Hrsg.), Hdb/KGaA, § 5 Rdnr. 611.

[76] Cahn, AG 2001, 579, 581, anders dagegen Mertens/Cahn in KölnKomm/AktG, 2. Aufl., § 278 Rdnr. 46 ff..

[77] Cahn, AG 2001, 579, 581.

plementären Personengesellschaftsrecht anzuwenden ist. Die hier vertretene Auffassung führt jedoch nicht zu einer Gleichsetzung der Begriffe Hauptversammlung und Gesamtheit der Kommanditaktionäre. Die Rechte der Hauptversammlung als Organ können vielmehr entweder der Gesamtheit der Kommanditaktionäre als Gesellschaftergruppe oder aber dem Organ selbst zustehen, je nachdem ob der Sachverhalt seine Wurzeln im Personengesellschaftsrecht oder im Aktienrecht hat[78]. Deshalb wird der Begriff der Hauptversammlung fortan immer dann verwendet, wenn der Sachverhalt durch das Aktienrecht geregelt wird. Dagegen wird von den Rechten der Gesamtheit der Kommanditaktionäre, die in der Hauptversammlung ausgeübt werden, immer dann gesprochen, wenn der Sachverhalt dem Personengesellschaftsrecht unterliegt. Auswirkungen hat diese Unterscheidung jedoch keineswegs nur in begrifflicher Hinsicht. Bedeutung kann diese Unterscheidung jedoch bspw. für die Zulässigkeit von Satzungsbestimmungen erlangen, die eine Verpflichtung der Kommanditaktionäre enthalten. Nach dem Aktienrecht sind Verpflichtungen auf die Vornahme bestimmter Handlungen nach § 187 Abs. 2 AktG nichtig. Eine andere rechtliche Betrachtungsweise kann sich jedoch bei Sachverhalten ergeben, die dem Personengesellschaftsrecht unterfallen und die Gesamtheit der Kommanditaktionäre verpflichten.

1.3.3. Verhältnis der persönlich haftenden Gesellschafter zu Dritten

Der dritte Fall von § 278 Abs. 2 AktG behandelt das Verhältnis der persönlich haftenden Gesellschafter zu Dritten. Namentlich sind die Geschäftsführung und Vertretung aufgeführt. Die Geschäftsführung der KGaA ist Aufgabe der persönlich haftenden Gesellschafter. Diese bilden kraft ihrer Gesellschafterstellung das Geschäftsführungsorgan der KGaA. Die nähere Ausgestaltung der Geschäftsführung der KGaA richtet sich gemäß § 278 Abs. 2 AktG nach Personengesellschaftsrecht und unterliegt damit personengesellschaftsrechtlicher Satzungsautonomie und deren Grenzen[79]. Damit sind insbesondere die Vorschriften der §§ 164, 161 Abs. 2, 114 bis 118 HGB anwendbar. Zur Geschäftsführung gehört dagegen

---

[78] Reger in Schütz/Bürgers/Riotte (Hrsg.), Hdb/KGaA, § 5 Rdnr. 611, S. 269.

[79] Semler/Perlitt in MünchKomm/AktG, 2. Aufl., Vor § 278 Rdnr. 40, § 278 Rdnr. 219 ff.; Assmann/Sethe in GroßKomm/AktG, 4. Aufl., § 278 Rdnr. 103; Schütz/Reger in Bürgers/Schütz/Riotte, Hdb/KGaA, Rdnr. 76 f.; S. 111.

nicht die Befugnis des Aufsichtsrates, bestimmte Rechtsgeschäfte von seiner Zustimmung abhängig zu machen[80]. Das auf die Geschäftsführung in der KGaA anwendbare Recht lässt sich demnach zwanglos aus der verweisenden Norm gewinnen.

Dagegen ist das Schrifttum im Hinblick auf das für die Vertretung der Gesellschaft anwendbare Recht von einem einheitlichen Meinungsbild weit entfernt. Dabei wird die Diskussion insbesondere von der pauschalen Annahme der herrschenden Meinung bestimmt, wonach § 112 AktG, der das Vertretungsverhältnis der Gesellschaft zu den Vorstandsmitgliedern normiert, auf die KGaA sowohl für die rechtsgeschäftliche als auch die gerichtliche Vertretung anwendbar sein soll[81].

Diese Ansicht ist im Hinblick auf die rechtsgeschäftliche Vertretungsbefugnis des Aufsichtsrates durchgreifenden Bedenken ausgesetzt. Bürgers hat nachgewiesen, dass eine rechtsgeschäftliche Vertretung der Gesellschaft gegenüber den Komplementären grundsätzlich nur dann erfolgt, wenn dies durch die §§ 279 ff. und die Satzung eröffnet ist. Ein Rückgriff auf §§ 278 Abs. 3, 112 AktG scheidet vorbehaltlich dieser Regelungen aus[82]. Für die rechtsgeschäftliche Vertretung der Gesellschaft gilt durch den Verweis in das Personengesellschaftsrecht, dass grundsätzlich die Komplementäre die Gesellschaft vertreten. Soweit die Komplementäre und die Gesellschaft vom selben Geschäftsführer vertreten werden, ist somit eine Befreiung von § 181 BGB für ein wirksames Rechtsgeschäft erforderlich. Die Satzung kann jedoch durch eine ausdrückliche Regelung die Vertretungsbefugnis dem Aufsichtsrat zuweisen.

Die gerichtliche Vertretungsbefugnis des Aufsichtsrates ergibt sich, soweit es um Ansprüche der Gesamtheit der Kommanditaktionäre geht, die im Personengesellschaftsrecht wurzeln, aus § 287 Abs. 2 Satz 1 AktG. Dabei werden durch § 287 Abs. 2 Satz 1 AktG drei Dinge klargestellt. Die Gesamtheit der Kommanditaktionäre muss in der Hauptversammlung ent-

[80] Vgl. hierzu nur Assmann/Sethe in GroßKomm/AktG, 4. Aufl., § 278 Rdnr. 108 mwN..
[81] Vgl. aus der Rechtsprechung OLG München, Urteil vom 26.07.1995, AG 1996, 86; Ammenwerth, KGaA, S. 32; Arnold, GmbH & Co. KGaA, S. 44 f.; auch Assmann/Sethe in GroßKomm/AktG, 4. Aufl., § 278 Rdnr. 76, 157.
[82] Bürgers in Schütz/Bürgers/Riotte, Hdb/KGaA, Rdnr. 496 ff., S. 239 ff..

scheiden, ob Klage erhoben wird. Zweitens ist die Prozessführungsbefugnis von der parteiunfähigen Hauptversammlung auf die Gesellschaft übertragen, die wiederum durch den Aufsichtsrat vertreten wird, § 287 Abs. 2 Satz 1 AktG[83]. Liegt im Ergebnis ein Hauptversammlungsbeschluss vor, so ist es Aufgabe des Aufsichtsrates, die Klage zu erheben. Der von der herrschenden Meinung empfohlene Rückgriff auf § 112 verbleibt nur bei einer entsprechenden Verweisung in den §§ 279 ff. AktG, die der allgemeinen Regel des § 278 Abs. 2 3. Alt. AktG vorgehen. Soweit bspw. die Gesellschafter hiernach Ersatzansprüche gegen einen Komplementär geltend machen, ergibt sich die Vertretungsbefugnis des Aufsichtsrates aus der speziellen Verweisung des § 283 Nr. 8 auf § 112 AktG. Nach § 283 Nr. 8 AktG gelten für die persönlich haftenden Gesellschafter sinngemäß die für den Vorstand geltenden Vorschriften über die Geltendmachung von Ersatzansprüchen wegen pflichtwidriger Geschäftsführung.

2. Bestimmung des anzuwendenden Rechtes in Zweifelsfällen

Nachdem vorstehend das anwendbare Recht im Allgemeinen aufgrund der Verweisungstechnik der §§ 278 Abs. 2 und Abs. 3 AktG bestimmt werden konnte, soll nachfolgend anhand von Problemfällen untersucht werden, ob sich die genaue Zuordnung eines Sachverhaltes zum Personen- und Kapitalgesellschaftsrecht auch bei komplexeren Einzelfällen durchweg durchhalten lässt. Zum einen ist überprüfungsbedürftig, ob für die Bestimmung des anzuwendenden Rechtes nicht nur auf den konkreten Sachverhalt abzustellen, sondern bei der Rechtswahl auch die Auswirkungen zu berücksichtigen sind. Praktisch relevant wird dies beispielsweise bei Satzungsänderungen durch Erhöhung der Sondereinlage der Komplementärgesellschaft, bei Kapitalerhöhungen aus genehmigtem Kapital und damit verbundenen Änderungen in der Struktur der Gesellschaft oder bei der nach § 289 Abs. 4 AktG bestehenden Kündigungsmöglichkeit der Gesamtheit der Kommanditaktionäre. Neben einer Konkurrenz des materiell anzuwendenden Rechtes stellt sich insbesondere bei Satzungsänderungen die Möglichkeit der Konkurrenz von materiellen und formellen Rechtsnormen.

---

[83] Reger in Schütz/Bürgers/Riotte, Hdb/KGaA, Rdnr. 622, S. 272.

2.1. Anzuwendendes Recht bei Kapitalerhöhungen

2.1.1. Anzuwendendes Recht bei Erhöhungen der Sondereinlage nach § 281 AktG

Nach § 281 AktG müssen neben dem Namen, Vornamen und dem Wohnort eines jeden persönlich haftenden Gesellschafters die Sondereinlagen, soweit sie geleistet worden sind, nach Höhe und Art in der Satzung festgelegt werden. Eine Änderung in der Komplementärsstellung durch Übertragung, Aufnahme eines weiteren Gesellschafters oder eine Veränderung der Sondereinlagen bedarf somit der Satzungsänderung. Dabei besteht im Ausgangspunkt insoweit Einigkeit, als die Satzung die Beschlussfassung über diese Fragen auch auf Dritte übertragen kann bzw. in die Satzung eine antizipierte Zustimmung aufgenommen wird. Dies ist grundsätzlich möglich, da die Beschlussgegenstände dem Personengesellschaftsrecht zuzuordnen sind. Begründet wird die Anwendung damit, dass alle diese Maßnahmen nach § 281 AktG eng mit der Stellung als Komplementär verknüpft sind und weder die §§ 279 ff. AktG noch das Erste Buch über das Aktienrecht Regeln über die Komplementärsstellung in der KGaA enthalten[84].

Gleichwohl haben einzelne Maßnahmen nach § 281 AktG auch Auswirkungen auf das Rechtsverhältnis der Gesellschaftergruppen zueinander. So wird durch die Erbringung einer Sondereinlage regelmäßig auch der Gewinnverteilungsschlüssel verändert. Diese Auswirkungen werfen die Frage auf, ob in diesen Fällen Personengesellschaftsrecht oder das Recht der Aktiengesellschaften anzuwenden ist.

Cahn zieht am Beispiel der tatsächlichen Auswirkungen der Veränderung der Sondereinlage auf den Gewinnverteilungsschlüssel den Schluss, dass insoweit auch das Aktienrecht anzuwenden ist. Er führt an, dass dies zu einem Nebeneinander von Aktien- und Personengesellschaftsrecht führen[85]. Ein solches Nebeneinander der aktien- und der kommanditrechtlichen Regelungen würde aufgrund des formelleren Rechts der AG die Unterschiede zwischen KGaA und AG bis auf wenige Ausnahmen redu-

---

[84] Fett in Schütz/Bürgers/Riotte (Hrsg.), Hdb/KGaA, § 3 Rdnr. 25, S. 31.

[85] Cahn, AG 2001, 579, 582, ebenso Mertens/Cahn in KölnKomm/AktG, 2. Aufl., Vor § 278 Rdnr. 13.

zieren, was dem Charakter der KGaA als eigenständiger Rechtsform widersprechen würde.

Deshalb könne Anwendungskriterium für das Aktienrecht nicht die bloße Auswirkung der satzungsmäßigen Bestimmung auf aktienrechtlich geregelte Bereiche sein. Auch nach der Ansicht von Cahn scheidet eine Anwendung des § 278 Abs. 3 AktG in den Fällen aus, in denen die Auswirkungen auf einen von § 278 Abs. 3 AktG erfassten Sachverhalt rein wirtschaftlichen Charakter haben.

Cahn möchte in den übrigen Fällen auf den Schwerpunkt der Regelung abstellen. Hiernach rechtfertigt der Einfluss der Satzungsgestaltung auf die Organisation der Gesellschaft und ihr Rechtsverhältnis zu den Komplementären nur dann die Anwendung des § 278 Abs. 3 AktG, wenn der Einfluss der in § 278 Abs. 2 AktG genannten Rechtsverhältnisse dahinter bei wertender Betrachtung zurücktritt. Davon kann bei den Satzungsbestimmungen nach § 281 AktG nicht gesprochen werden[86]. Deshalb ist bei ihnen allein auf die kommanditrechtlichen Regelungen abzustellen.

Zweifelhaft erscheint, ob es eines Rückgriffs auf eine solche Schwerpunktbetrachtung bedarf bzw. ob dieser im Einzelfall überhaupt zulässig ist. Vorzugswürdig erscheint, ein Nebeneinander von Personengesellschafts- und Aktienrecht dann auszuschließen, wenn die personengesellschaftsrechtliche Regelung bloße Auswirkungen auf das Aktienrecht hat. Exemplarisch kann dies am Fall der Geschäftsführung und Vertretung in der KGaA belegt werden. Sofern diese sorgfaltswidrig erfolgt, erhält die Gesellschaft einen Ersatzanspruch gegen die fehlerhaft handelnden Komplementäre, §§ 283 Nr. 3, 93 AktG. Eine solche mittelbare Auswirkung reicht für die Anwendung der aktienrechtlichen Regelungen des Ersten Buches nicht aus.

Denkbar ist jedoch eine Konkurrenz materiellrechtlicher Regelungen dann, wenn eine Maßnahme sowohl aktienrechtlich als auch nach Perso-

---

[86] Cahn, AG 2001, 579, 582; ebenso Mertens/Cahn in KölnKomm/AktG, 2. Aufl., Vor § 278 Rdnr. 13.

nengesellschaftsrecht geregelt und die beiden Normierungen von unterschiedlichen Voraussetzungen ausgehen.

2.1.2. Deklaratorische oder konstitutive Eintragung von Satzungsänderungen nach § 281 AktG ?

Nachdem vorstehend geklärt worden ist, dass es für eine Anwendung aktienrechtlicher Vorschriften neben personengesellschaftsrechtlichen Regelungen nicht ausreichend ist, dass die personengesellschaftsrechtliche Regelung Auswirkungen auf aktienrechtlich geregelte Bereiche hat, bleibt nachfolgend die schon aufgeworfene Frage zu beantworten, ob Satzungsänderungen erst mit ihrer Eintragung oder bereits mit ihrer Beschlussfassung wirksam sind und die nachfolgende Eintragung nur deklaratorisch wirkt.

Cahn ist der Ansicht, dass auch bei Sachverhalten, die durch das Personengesellschaftsrecht geregelt werden, grundsätzlich die formellen Voraussetzungen der §§ 278 Abs. 3, 181 AktG anzuwenden sind[87]. Folgt man dieser Ansicht, dann würden Satzungsänderungen nach § 281 AktG erst dann wirksam, wenn sie im Handelsregister eingetragen werden. Eine Durchbrechung dieses Grundsatzes müsste dagegen ausdrücklich angeordnet werden. Cahn versucht die Problematik eines Auseinanderfallens der Kompetenzen in materieller und formeller Hinsicht zwar dadurch vermeiden, dass er in der Satzungsermächtigung zur Beschlussfassung gleichzeitig eine Ermächtigung erblickt, anstelle der Hauptversammlung auch die Änderung zum Handelsregister anzumelden[88]. Einzelne Satzungen börsennotierter KGaA enthalten entsprechende Regelungen[89].

Damit sind jedoch nach der Ansicht von Cahn die Probleme jedoch solange noch nicht gelöst, als die Registergerichte dem zur Satzungsänderung Ermächtigten kein eigenes Anmelderecht geben. Solange dies je-

[87] Cahn, AG 2001, 579, 582 f.; ebenso Mertens/Cahn in KölnKomm/AktG, 2. Aufl., Vor § 278 Rdnr. 13.
[88] Cahn, AG 2001, 579, 584; ebenso Mertens/Cahn in KölnKomm/AktG, 2. Aufl., Vor § 278 Rdnr. 13.
[89] Vgl. bspw. § 14 Abs. 3 der Satzung der Merck KGaA vom 15. Februar 2006, www.merck.de/servlet/PB /show/1330390/Satzung_170504.pdf.; § 14 Abs. 4 der Satzung der Heliad Equity GmbH & Co. KGaA vom 13. April 2006, www.heliad.de/investor-relations/satzung.php4.

doch nicht erfolgt ist, soll der Eintragung der Satzungsänderung nur deklaratorische Bedeutung zukommen[90].

Gegen diese Ansicht wird eingewandt, dass eine Aufteilung in formelle und materielle Wirksamkeitsvoraussetzungen für Satzungsänderungen, deren Regelungsinhalte dem Personengesellschaftsrecht entstammen, dem Gesetz nicht zu entnehmen ist. Sofern der Gesetzgeber die Absicht hatte, auf Sachverhalte, die materiell durch das Personengesellschaftsrecht geregelt werden, die formellen Voraussetzungen für Satzungsänderungen der AG anwenden zu wollen, hätte er dies anordnen müssen. Eine derartige Trennung der materiellen von den formellen Wirksamkeitsvoraussetzungen von Satzungen ist jedoch in den §§ 278 ff. AktG nicht erfolgt. Deshalb gelangt die Kommentarliteratur in den Fällen des § 281 AktG dazu, dass diesbezüglich nur Fassungsänderungen vorzunehmen sind, die vom Aufsichtsrat der Gesellschaft vorgenommen werden können[91].

2.2. Nebeneinander von aktienrechtlichen- und personengesellschaftsrechtlichen Regeln am Beispiel der Kapitalerhöhungen zur Durchführung von Großfusionen?

Die Bestimmung des auf die GmbH & Co. KGaA anwendbaren Rechtes hat auch ergeben, dass ein Nebeneinander einer aktienrechtlichen und einer Regelung nach Personengesellschaftsrecht dann denkbar ist, wenn eine Maßnahme sowohl ein nach Aktienrecht als auch ein vom Personengesellschaftsrecht erfasstes Geschäft darstellt.

So können bspw. dem Aktienrecht unterliegende Finanzierungsentscheidungen Auswirkungen auf die Struktur der Gesellschaft haben und deshalb auch personengesellschaftsrechtliche Relevanz besitzen. Praktisch relevant wird dies solange nicht, als die konkrete Maßnahme sowohl nach Aktien- als auch nach Personengesellschaftsrecht in die Zuständigkeit desselben Organs fällt oder durch Satzung auf dieses übertragen werden kann.

---

[90] Cahn, AG 2001, 579, 585; ebenso Mertens/Cahn in KölnKomm/AktG, 2. Aufl., Vor § 278 Rdnr. 13.

[91] Assmann/Sethe in GroßKomm/AktG, 4. Aufl., § 281 Rdnr. 9; Mertens in KölnKomm/AktG, 1. Aufl., § 281 Rdnr. 2; Semler/Perlitt in MünchKomm/AktG, 2. Aufl., § 281 Rdnr. 61.

Etwas anderes gilt jedoch dann, wenn die Zuständigkeiten für die Finanzierungsentscheidung und nach Personengesellschaftsrecht auseinander gehen (können). Praktisch relevant werden kann dies bei bedeutenden Fusionen zweier Unternehmen, die mit Hilfe eines Aktientausches durchgeführt und bei der aufnehmenden Gesellschaft durch eine Kapitalerhöhung unter Ausnutzung eines vorher geschaffenen genehmigten Kapitals finanziert werden. Solche Fusionen können die Struktur der aufnehmenden Gesellschaft verändern und aus diesem Grunde eine Zustimmungspflicht der Gesamtheit der Kommanditaktionäre auslösen.

Die Bestimmung des anwendbaren Rechtes hat dabei unmittelbare Auswirkungen für den Anlegerschutz und soll im Zweiten Teil anhand von praktischen Fällen überprüft werden.

2.3. Kündigung der Gesellschaft durch die Gesamtheit der Kommanditaktionäre nach § 289 Abs. 4 AktG ?

Die Frage des Bestehens eines Kündigungsrechtes der Gesamtheit der Kommanditaktionäre sowie das hierauf ggf. anzuwendende Recht sind in der Literatur nicht abschließend geklärt.

Einigkeit besteht zunächst darin, dass eine Kündigungsmöglichkeit des einzelnen Kommanditaktionärs nicht besteht. Dies folgt schon daraus, dass § 289 Abs. 4 Satz 3 AktG gemäß § 23 Abs. 5 AktG als zwingende und vorbehaltlich des § 289 Abs. 4 Satz 4 AktG auch als abschließende Regelung anzusehen ist, mit der sich eine Kündigung durch einzelne Kommanditisten nicht vereinbaren lässt[92].

Für eine Kündigung der KGaA durch die Gesamtheit der Kommanditaktionäre wäre zunächst daran zu denken, § 289 Abs. 4 AktG als Spezialnorm der §§ 279 ff. AktG aufzufassen[93]. Dieser bestimmt, dass eine qualifizierte Mehrheit von Kommanditaktionären das Recht hat, die KGaA aufzulösen. Diese Vorschrift steht somit im Widerspruch zur dispositiven Regelung des § 131 Abs. 3 Nr. 3 HGB. Hiernach hat eine Kündigung der

[92] Vgl. dazu etwa Assmann/Sethe in GroßKomm/AktG, 4. Aufl., § 289 Rdnr. 92.
[93] Assmann/Sethe in GroßKomm/AktG, 4. Aufl., § 289 Rdnr. 73 f.; Veil, NZG 2000, 72, 73 f.

Kommanditisten nur noch das Ausscheiden des Kündigenden, nicht aber die Auflösung der Gesellschaft zur Kündigungsfolge.

Die wohl herrschende Meinung im Schrifttum wendet über § 278 Abs. 2 AktG ausschließlich personengesellschaftsrechtliche Regelungen an. Hiernach sei die personengesellschaftsrechtliche Ersetzung der Kündigungsfolge des Ausscheidens des Gesellschafters in § 131 Abs. 3 Nr. 3 HGB auch für das Recht der KGaA maßgeblich. Demnach besteht grundsätzlich kein Kündigungsrecht der Kommanditisten, das in der Satzung abbedungen werden müsste[94].

Einzelne Autoren bejahen demgegenüber ein Kündigungsrecht der Gesamtheit der Kommanditaktionäre bei Vorliegen eines wichtigen Grundes[95]. Unter den Vertretern der herrschenden Meinung besteht jedoch keine Einigkeit über die Anwendbarkeit des § 289 Abs. 4 AktG. Einzelne Kommentatoren argumentieren, dass § 289 Abs. 4 AktG nicht leer laufen würde, vielmehr in Anlehnung an das Handelsrechtsreformgesetz nunmehr so zu interpretieren sei, dass die Kündigung durch die Gesamtheit der Kommanditaktionäre zu dem Ausscheiden dieser Gesamtheit – und damit aller Kommanditaktionäre führt, denen in diesem Fall ein Abfindungsanspruch nach § 738 BGB gegen den oder die verbleibenden Komplementäre zustehen müsste[96].

Die Diskussion um die Rechtsfolgen der Neufassung des Handelsrechtsreformgesetzes ist in neuerer Zeit durch Mertens neu belebt worden[97]. Er präferiert im Ergebnis die Einordnung von § 289 Abs. 4 AktG als eine genuine aktienrechtliche Auflösungsregelung und will § 278 Abs. 2 AktG auf diesen Fall nicht anwenden. Er führt aus, dass sich die Frage der Beendigung der Gesellschaft sowie seiner Abwicklungsregelungen nicht dem Personengesellschaftsrecht entnehmen lasse. Mertens behauptet, dass

---

[94] Assmann/Sethe in GroßKomm/AktG, 4. Aufl., § 289 Rdnr. 72 ff.; Herfs in MünchHdb/AG, 2. Aufl., § 75 Rdnr. 40; Hüffer, Komm/AktG, 6. Aufl., § 289 Rdnr. 6; Schütz in Schütz/Bürgers/Riotte, Hdb/KGaA, § 8 Rdnr. 52; Veil, NZG 2000, 72, 73 f..

[95] Schlitt, Satzung der KGaA, S. 232 f.; Semler/Perlitt in MünchKomm/AktG, 2. Aufl., § 289 Rdnr. 37.

[96] Assmann/Sethe in GroßKomm/AktG, 4. Aufl., § 289 Rdnr. 75; Herfs in MünchHdb/GesR, AG, 2. Aufl., § 75 Rdnr. 40; Schmidt-Hern in BeckHdb/AG, § 17 Rdnr. 89.

[97] Mertens, AG 2004, 333 ff..

sich weder die Kündigung noch die Auflösung dem Verhältnis der Gesamtheit der Kommanditaktionäre zu den Komplementären zuordnen lasse, da sich die Auflösung als eine Umgestaltung und Bestandsveränderung der juristischen Person in ihrer Gesamtheit darstelle. Der Eintritt in das Liquidationsstadium berühre sowohl die Rechtsstellung der Gesellschafter wie auch der Organe der Gesellschaft[98]. Die von Mertens gezogene Konsequenz dieses Ansatzes besteht darin, § 289 Abs. 4 AktG gleich den Regelungen des Umwandlungsgesetzes für Umgestaltungen der KGaA durch Verschmelzung, Spaltung und Formwechsel als zwingende Vorschrift der § 279 ff. aufzufassen, die für eine Geltung des Personengesellschaftsrechtes keinen Raum lasse[99].

Gegen diese Einordnung führt Mertens selbst einige Einwände an. So lässt sich gegen die vergleichende Betrachtung mit der Verschmelzung, Spaltung oder dem Formwechsel anführen, dass die Auflösung mit einer Umwandlung insofern nicht ohne weiteres vergleichbar ist, als es dabei um die Desinvestition des von den Anteilseignern zur Verfügung gestellten Kapitals geht. Gegen die wörtliche Anwendung von § 289 Abs. 4 AktG lässt sich darüber hinaus auch einwenden, dass keine Gesellschaftermehrheit, auch nicht die qualifizierte Mehrheit des § 289 Abs. 4 AktG, den Minderheitsgesellschaftern ihr Mitgliedschaftsrecht nehmen kann, soweit nicht die Voraussetzungen für den in § 327 a AktG vorgesehenen Squeeze-out vorliegen. Ein Beschluss über das Ausscheiden aller Kommanditaktionäre würde somit in den Fällen des § 327 a AktG einer 95%igen Mehrheit und in anderen Fällen sogar der Zustimmung aller Kommanditaktionäre bedürfen, einschließlich derjenigen, die sich an der Hauptversammlung nicht beteiligen[100].

Diese eingehenden Überlegungen von Mertens zeigen, dass eine zwanglose Anwendung des Personengesellschaftsrechtes über § 278 Abs. 2 AktG auf den Fall der Kündigung der Gesellschaft durch die Gesamtheit der Kommanditaktionäre ausscheidet. Es bestehen hiernach gute Gründe dafür, § 289 Abs. 4 AktG als Sonderregelung der § 279 f. AktG aufzufas-

---

[98] Mertens, AG 2004, 333, 336.
[99] Mertens, AG 2004, 333, 334.
[100] Vgl. hierzu Mertens, AG 2004, 333, 335 f..

sen. Eine Klärung dieser Frage müsste durch den Gesetzgeber oder die Rechtsprechung erfolgen.

Der Gesetzgeber wollte sich dieser Frage im Gesetz zur Unternehmensintegrität und Modernisierung des Anfechtungsrechtes annehmen. Die im Gesetzesentwurf zu § 289 Abs. 4 AktG enthaltene Formulierung, wonach für die Zustimmung der Kommanditaktionäre zur Auflösung der Gesellschaft ein Beschluss der Hauptversammlung nötig ist[101], ist jedoch im Gesetzgebungsverfahren aufgegeben worden[102].

3. Bedeutung der „entsprechenden Verweisung“ in § 278 Abs. 3 AktG

Für das Verhältnis der Kommanditaktionäre zur KGaA wird auf das Recht der AG in entsprechender Anwendung verwiesen[103]. Zu klären ist der Inhalt der in § 278 Abs. 3 AktG normierten „entsprechenden Anwendung“ des Ersten Buches des Aktiengesetzes.

Für das Recht des Aufsichtsrates der KGaA finden sich im Aktiengesetz sowohl in § 278 Abs. 3 AktG als auch in § 283 Ziffer 4 AktG zwar Verweisungen auf das Recht der AG. Problematisch ist, inwieweit die Anwendung aktienrechtlicher Normen der eigenen Struktur der KGaA im Verhältnis zur AG gerecht wird. Da die Struktur von AG und KGaA voneinander verschieden ist, erscheint eine strikte Übertragung der gesetzlichen Vorschriften der AG auf die KGaA bedenklich.

Martens hat darauf hingewiesen, dass es weder einen allgemeinen Grundsatz noch eine Vermutung gibt, dass mittels einer Verweisung das Verweisungsobjekt ohne jede Einschränkung übernommen werden soll[104]. Diese Auffassung könnte durch die Verwendung des Zusatzes „sinngemäß“ noch verstärkt sein. Der Zusatz „sinngemäß“ kann zwar zunächst

---

[101] Vgl. hierzu den Gesetzesentwurf der Bundesregierung vom Januar 2004, bspw. unter www.bmj.bund.de/media/archive/362.pdf, S. 12, 53.
[102] Vgl. hierzu das BGBl. I 2005, S. 2802, 2807; www.bmj.bund.de/media/archive/1035.pdf.
[103] Die Frage wird erörtert von Kallmeyer, ZGR 1983, 57, 61 ff.; Mertens, Festschrift Barz, S. 253, Wiesner, ZHR (148) 1984, 56 – Erörterung unter dem besonderen Blickwinkel der Enthaftung ausgeschiedener persönlich haftender Gesellschafter einer KGaA.
[104] Kallmeyer, ZGR 1983, 57, 61 unter Verweis auf Martens in Fn. 16.

eine vorwiegend begriffliche Bedeutung haben in dem Sinn, dass die Anwendung mit den notwendigen Entsprechungen vorzunehmen ist, also eine Ersetzung des Wortes „Aktionäre" durch „Kommanditaktionäre" oder eine Ersetzung des Wortes „Vorstand" durch „persönlich haftende Gesellschafter" zu erfolgen hat[105]. Die sinngemäße Anwendung kann jedoch auch in dem Sinn verstanden werden, dass die Vorschriften, auf die verwiesen wird, nicht vollständig und unverändert übernommen werden sollen, sondern erforderlichenfalls, im Hinblick auf den anderen Sinnzusammenhang bei der KGaA, anzupassen sind. Für das letztere spricht der Vergleich mit der Verweisung in § 278 Abs. 2 AktG auf das Recht der KG. Diese Verweisung enthält keinen Zusatz sinngemäßer oder entsprechender Geltung. Aus diesem Umkehrschluss und dem im Anschluss stehenden Wort „im übrigen" kann man schließen, dass das Recht der KG für die Organisation der KGaA einen Vorrang haben soll. Die Anordnung „sinngemäßer" Geltung der aktiengesetzlichen Vorschriften enthält somit einen Vorbehalt hinsichtlich der Vereinbarkeit mit den personengesellschaftsrechtlichen Strukturelementen in der KGaA[106].

Eine der Konsequenzen dieses Ansatzes besteht in der Nichtanwendung des § 111 Abs. 4 Satz 2 AktG. Hiernach hat die Satzung oder der Aufsichtsrat zu bestimmen, dass bestimmte Arten von Geschäften nur mit seiner Zustimmung vorgenommen werden[107]. Die praktische Bedeutung der „entsprechenden Verweisung" erschöpft sich jedoch nicht in der Tatsache der Nichtanwendbarkeit des § 111 Abs. 4 Satz 2 AktG. Vielmehr ist anhand der konkreten Befugnisse zu fragen, ob die Struktur der KGaA einer Anwendung der für den Aufsichtsrat der AG einschlägigen Normen entgegensteht.

4. Ergebnis

Die Bestimmung des anwendbaren Rechts hat ausschließlich anhand der im Gesetz erfassten Verhältnisse zu erfolgen unabhängig davon, ob die im Gesetz aufgeführten Verhältnisse als Rechtsverhältnisse oder bloße

---

[105] Vgl. Kallmeyer, ZGR 1983, 57, 62.

[106] Martens, Gruppenabgrenzung, S. 34; Kallmeyer, ZGR 1983, 57, 62.

[107] Eine Nichtanwendung von § 111 Abs. 4 Satz 2 AktG bei der KGaA bejaht die Kommentarliteratur, vgl. Assmann/Sethe in GroßKomm/AktG, 4. Aufl., § 287 Rdnr. 39 mwN.; Sethe, AG 1996, 289, 297 mwN. in Fn. 64; Semler/Perlitt in MünchKomm/AktG, 2. Aufl., § 287 Rdnr. 43.

Kompetenzverteilungsnormen einzustufen sind. Entsprechend dem Wortlaut von § 278 Abs. 2 AktG unterfallen dem Kommanditrecht Sachverhalte, die dem Verhältnis der Komplementäre untereinander, gegenüber der Gesamtheit der Kommanditaktionäre und gegenüber Dritten zuzuordnen sind. Dem Aktienrecht unterfallen gemäß § 278 Abs. 3 AktG die Verhältnisse im Übrigen, d.h. die Verhältnisse der Kommanditaktionäre untereinander und das Verhältnis des Einzelaktionärs gegenüber den Komplementären.

Der Gesetzgeber hat durch die Verwendung der Verweisungstechnik zu erkennen gegeben, dass jeder Sachverhalt einem der Regelungsbereiche zuzuordnen ist. Dieser Grundsatz lässt sich zwar ganz überwiegend durchhalten, wirft aber bei einzelnen Fragestellungen zumindest Probleme auf.

Zunächst ist das in der Literatur häufig geäußerte Bedenken aufgegriffen worden, dass bei einer Vielzahl von Sachverhalten Auswirkungen auf mehrere der durch die Verweisungstechnik erfassten Rechtsverhältnisse vorliegen. Richtig daran ist zwar, dass bei einer Reihe von Sachverhalten, die durch das Personengesellschaftsrecht geregelt werden, tatsächliche Auswirkungen auf aktienrechtlich geregelte Sachverhalte eintreten. Solche denkbaren tatsächlichen Auswirkungen reichen jedoch nicht aus, um neben der personengesellschaftsrechtlichen auch die aktienrechtliche Regelung anzuwenden. So scheidet ein Rückgriff auf das Aktienrecht bei Satzungsänderungen nach § 281 AktG wie bspw. der Erhöhung der Sondereinlage der Komplementärgesellschaft jedenfalls aus, obwohl die Veränderung der Sondereinlage auch Auswirkungen auf das Gewinnverhältnis und den Gewinnanteil der Kommanditaktionäre hat. Darüber hinaus scheidet ein Nebeneinander von formellem Aktienrecht und materiellem auf die Satzungsänderungen anwendbaren Personengesellschaftsrecht aus. Im Ergebnis wird deshalb auch im Hinblick auf die formellen Voraussetzungen solcher Satzungsänderungen Personengesellschaftsrecht angewendet.

Gleichwohl lassen sich nicht alle Sachverhalte entweder dem Aktien- oder dem Personengesellschaftsrecht zuordnen. So ist ein Nebeneinander dieser Regelungen bspw. bei der Fusion zweier Unternehmen denkbar, die bei der aufnehmenden KGaA durch eine Kapitalerhöhung unter Ausnutzung des genehmigten Kapitals zu erfolgen hat und bei der aufnehmenden KGaA zu einer Strukturänderung führt.

Neben dem im Einzelfall möglichen Nebeneinander von aktien- und personengesellschaftsrechtlichen Regelungen lässt sich für die Frage, ob für ein Kündigungsrecht der Gesamtheit der Kommanditaktionäre auf die Spezialregelung des § 289 Abs. 4 AktG zurückgegriffen werden soll oder ob der Sachverhalt durch die Verweisungsnorm des § 278 Abs. 2 AktG abschließend durch das Personengesellschaftsrecht geregelt wird, keine abschließende Bewertung vornehmen, so dass diesbezüglich bis zu einer Regelung durch den Gesetzgeber oder die Rechtsprechung eine Normierung in der Satzung erfolgen sollte.

Geklärt worden ist darüber hinaus die Bedeutung der in § 278 Abs. 3 AktG enthaltenen „entsprechenden“ Verweisung auf das Aktienrecht. Diese enthält den Grundsatz der Anwendung aktienrechtlicher Normen unter dem Vorbehalt, dass die spezifische Struktur der KGaA einer Anwendung aktienrechtlicher Vorschriften im Einzelfall entgegensteht. Dabei konnte festgestellt werden, dass sich die Diskussion in der Literatur im Wesentlichen auf die Frage der Nichtanwendung des § 111 Abs. 4 Satz 2 AktG konzentriert. Die praktische Relevanz ist gleichwohl nicht auf diese Frage beschränkt. Es bleibt deshalb grundsätzlich anhand der konkreten Einzelfälle überprüfungsbedürftig, ob die Struktur der KGaA einer Anwendung der auf den Aufsichtsrat der AG anzuwendenden Regeln entgegensteht.

II. Grenzen der Satzungsautonomie im Verhältnis der Gesamtheit der Kommanditaktionäre zu den Komplementären

Im vorstehenden Abschnitt konnte geklärt werden, dass das Verhältnis der Gesamtheit der Kommanditaktionäre zu den Komplementären durch das Recht der Personengesellschaften geregelt wird und damit grundsätzlich der Gestaltungsfreiheit unterliegt. Im Folgenden soll überprüft werden, durch welche Instrumente dieser Bereich abstrakt eingeschränkt werden kann und ob und inwieweit diese Instrumente einen praktischen Anwendungsbereich im Recht der KGaA haben.

Die Schranken der Gestaltungsfreiheit werden in ungeschriebene Schranken, in eine Inhaltskontrolle und eine Ausübungskontrolle unterteilt[108]. Dabei sind als ungeschriebene Grenzen der Satzungsautonomie grundsätzlich der Bestimmtheitsgrundsatz, die Kernbereichslehre, der Grundsatz der Verbandssouveränität und die Selbstorganschaft anerkannt[109]. Die nachfolgende Untersuchung soll sich darauf beschränken, einen möglichen Anwendungsbereich des Bestimmtheitsgrundsatzes, der Kernbereichslehre, der Inhaltskontrolle und der Ausübungskontrolle herauszuarbeiten. Insbesondere soll geklärt werden, ob der Kernbereichslehre im Rahmen einer Untersuchung zum Anlegerschutz in der KGaA praktische Bedeutung zukommt.

1. Einschränkung der Gestaltungsfreiheit durch den Bestimmtheitsgrundsatz

Die Gründungsgesellschafter sind bestrebt, bereits im Gesellschaftsvertrag bestimmte, zum Zeitpunkt der Abfassung denkbare, praktisch aber noch nicht anstehende Sachverhalte zu regeln. Dies kann zunächst dadurch geschehen, dass man auf diese Sachverhalte bestimmte Verfahrensvorschriften anwendet. Zum anderen ist denkbar, von den beitretenden Gesellschaftern im Gesellschaftsvertrag eine antizipierte Zustimmung zu bestimmten Maßnahmen zu verlangen. Klärungsbedürftig sind dabei der Umfang bestimmter Klauseln und die Bedeutung des Bestimmtheitsgrundsatzes.

Soweit zunächst in Gesellschaftsverträgen ganz allgemein für Gesellschafterbeschlüsse die einfache Mehrheit als ausreichend angesehen wird, wendet die herrschende Meinung diese Klausel nur auf Angelegenheiten der Geschäftsführung an. Auch für den Fall, dass im Gesellschafts-

---

108 Die Abgrenzungen zwischen den Bereichen sind zuweilen nicht sauber. Vgl. Ulmer in Großkomm/HGB, 4. Aufl., § 109 Rdnr. 31 ff.. § 109 Rdnr. 19 ff., Röttger, Kernbereich, S. 23 ff.. Eine genaue Analyse zu den methodischen Problemen eines gesellschaftsrechtlichen Anlegerschutzes in der Personengesellschaft enthält die Dissertation von Wawrzinek, Unternehmensinterner Anlegerschutz, insbes. S. 77 ff.

109 Vgl. Ulmer in GroßKomm/HGB, 4. Aufl., § 109 Rdnr. 31 ff.; Sethe, KGaA, S. 115 f.

vertrag Klauseln enthalten sind, die das Mehrheitsprinzip für Vertragsänderungen einführen, beschränkt die Rechtsprechung deren Anwendungsbereich im Rahmen der Auslegung auf übliche Vertragsänderungen[110]. Bei einer Erweiterung des Mehrheitsprinzips auch für ungewöhnliche Vertragsänderungen – etwa die Aufnahme neuer Gesellschafter[111], die Änderung der Gewinnverteilung[112], Bildung von Rücklagen[113] - ist dagegen eine genaue Bezeichnung des Gegenstandes erforderlich[114].

Den vorstehenden Ausführungen kann der allgemeine Gedanke entnommen werden, dass sich der Bestimmtheitsgrundsatz nicht absolut definieren lässt. Dies hat auch Auswirkungen für die antizipierte Zustimmung zu verschiedenen Beschlussgegenständen. Die wohl herrschende Meinung bestimmt die aus der Anwendung des Bestimmtheitsgrundsatzes zu ziehenden Folgerungen nach dem jeweiligen Beschlussgegenstand[115].

Der Anwendungsbereich des Bestimmtheitsgrundsatzes ist in der Literatur nicht unumstritten[116]. Angeführt wird zunächst, dass der BGH den Bestimmtheitsgrundsatz in einer mitgliederstarken KG selbst nicht mehr anwendet[117]. Dem ist insbesondere der (nunmehr) Vorsitzende Richter des II. Zivilsenates des BGH, Goette entgegengetreten[118]. Zwar hat die Rechtsprechung die Diskussion im Schrifttum mehrfach aufgenommen und in den neueren Entscheidungen die Frage aufgeworfen, ob an dem Bestimmtheitsgrundsatz festzuhalten oder ob er nicht wenigstens zu modifizieren sei[119]. Der II. Zivilsenat des BGH hat jedoch im Gegensatz zu dem in der Literatur anzutreffenden Verständnis der Judikatur[120] eine Abkehr

---

[110] BGHZ 8, 35, 41 f.; 85, 330, 356.
[111] Baumbach/Hopt, Komm/HGB, Aufl. 32, § 119 Rdnr. 38 f..
[112] BGH, BB 1976, 948.
[113] BGH, BB 1976, 948, 949.
[114] Vgl. zur Bezeichnung Sethe, KGaA, S. 119 f..
[115] Zu den Voraussetzungen vgl. Wichert, AG 1999, 362, 364, und sogleich unter 2.3..
[116] Vgl. zur Kritik Brändel, Festschrift Stimpel, S. 95, 101 ff.; Ulmer in GroßKomm/HGB, 4. Aufl., § 105 Rdnr. 190.
[117] Ulmer in MünchKomm/BGB, 4. Aufl., § 709 Rdnr. 86; Grunewald in MünchKomm/HGB, § 161 Rdnr. 112 mwN. in Fn. 238.
[118] Goette in Ebenroth u.a./KommHGB, § 119 Rdnr. 54 ff..
[119] Vgl. BGH NJW 1978, 1382; BGHZ 85, 350, 356 (In dieser Entscheidung wird ein „Verzicht" auf den Bestimmtheitsgrundsatz geprüft); vgl. auch BGH NJW 1995, 194.
[120] Vgl. Grunewald in MünchKomm/HGB, 2. Aufl., § 161Rdnr. 112; Ulmer in MünchKomm/BGB, 4. Aufl., § 109 Rdnr. 76.

vom Bestimmtheitsgrundsatz nicht vollzogen[121]. Er hat vielmehr seine neueren Entscheidungen jeweils doppelspurig, d.h. durch Bezugnahme auf den Bestimmtheitsgrundsatz und die (inhaltlichen Schranken, wie bspw. die) Kernbereichslehre, begründet[122].

Der zweite Einwand in der Literatur[123] setzt an der mangelnden Eignung des Bestimmtheitsgrundsatzes für den Minderheitenschutz an. Die Vertragspraxis kann den formalen Schutzgedanken durch entsprechende Schutzkataloge ohne weiteres unterlaufen. Deshalb wird vorgeschlagen, den Bestimmtheitsgrundsatz durch die Kernbereichslehre zu ersetzen, nach der mehrheitliche Eingriffe in den Kernbereich der Mitgliedschaft nur zugelassen werden, wenn ihnen der betreffende Gesellschafter zugestimmt hat. Soweit diese Zustimmung antizipiert bereits im Gesellschaftsvertrag erteilt wird, muss in der Satzung auch der Umfang des Eingriffs deutlich geworden sein[124].

Der Kritik der Literatur ist insoweit zuzugeben, als sie geltend macht, dass durch den Bestimmtheitsgrundsatz nicht sichergestellt wird, dass der betroffene Gesellschafter davor bewahrt wird, sich im Voraus der Entschließung der Mehrheit über jedweden Beschlussgegenstand zu unterwerfen[125]. Der Kritik ist insoweit die Gefolgschaft zu versagen, als sie die Bedeutung des Bestimmtheitsgrundsatzes zu stark auf den Schutz der Minderheitenrechte einengt und die besondere Funktion des Grundsatzes, der einen Selbstschutz der Gesellschafter vor übereilter Aufgabe von Regelungsbefugnissen gewährleisten soll, die in ihren Auswirkungen nicht ohne weiteres überschaubar sind, außer Betracht lässt[126]. Der Bestimmtheitsgrundsatz ist demnach weiterhin anzuwenden.

---

[121] Vgl. hierzu eingehend Goette in Ebenroth u.a./KommHGB, § 119 Rdnr. 54; gegen eine Abkehr vom Bestimmtheitsgrundsatz auch H.P.Westermann in Hdb/PersG I, Rdnr. 523.

[122] BGH NJW 1995, 194 f.; BGHZ 132, 263, 268 = NJW 1996, 1678.

[123] Vgl. Grunewald in MünchKomm/HGB, § 161Rdnr. 112; Ulmer in MünchKomm/BGB, 4. Aufl., § 109 Rdnr. 98.

[124] Vgl. Ulmer in MünchKomm/BGB, 4. Aufl., § 709 Rdnr. 98.

[125] So auch Goette in Ebenroth u.a./KommHGB, § 119 Rdnr. 50.

[126] Aus diesen Gründen befürworten die Anwendung des Bestimmtheitsgrundsatzes Goette in Ebenroth u.a./KommHGB, § 119 Rdnr. 52 f.; Mayen in Ebenroth u.a./KommHGB, § 109 Rdnr. 19; Schlegelberger/Martens, 5. Aufl., § 119 HGB, Rdnr. 17 ff.; K. Schmidt, ZHR 158 (1994), 205 ff.; H.P. Westermann in Hdb/PersG I, Rdnr. 521 ff..

Dabei wird in der Literatur gelegentlich übersehen, dass sich die praktische Relevanz des Bestimmtheitsgrundsatzes im Hinblick auf die im Gesellschaftsvertrag enthaltenen antizipierten Zustimmungen nicht nur aus dem Zusammenspiel mit der Kernbereichslehre ergibt. Vielmehr ist der Bestimmtheitsgrundsatz auch bei Grundlagengeschäften oder außergewöhnlichen Geschäftsführungsmaßnahmen anzuwenden[127].

2. Einschränkung der Gestaltungsfreiheit durch die Kernbereichslehre

Im Folgenden soll die praktische Relevanz der Kernbereichslehre im Recht der KGaA herausgearbeitet werden. Dafür sind zunächst Umfang und Inhalt des Kernbereichsschutzes festzulegen. In einem zweiten Schritt ist die praktische Relevanz der Kernbereichsrechte in der KGaA zu bestimmen.

2.1. Entwicklung der Kernbereichslehre – Elemente des Kernbereiches

Ausgangspunkt für die Kernbereichslehre war eine Entscheidung des BGH aus dem Jahre 1956: Danach konnte das Stimmrecht eines Kommanditisten durch den Gesellschaftsvertrag nicht ausgeschlossen werden, soweit es sich um Beschlüsse handelt, die in die Rechtsstellung des Gesellschafters als solche eingreifen, indem sie z.B. seine Gewinnbeteiligung oder die Höhe seines Auseinandersetzungsguthabens schmälern[128].

Garantiert sein sollte nach Ansicht des BGH aber zunächst nur das Stimmrecht, d.h. die Mitwirkung, nicht die Zustimmung des betroffenen Gesellschafters. Einer Analogie zu den § 53 Abs. 3 GmbHG, § 35 BGB, in denen für die Beseitigung von Sonderrechten oder die Vermehrung der den Gesellschaftern nach dem Gesellschaftsvertrag obliegenden Leistungen die Zustimmung der betroffenen Gesellschafter verlangt wird, stand der BGH ablehnend gegenüber. Sie wurde in dieser Entscheidung ausdrücklich abgelehnt[129].

---

[127] Vgl. zu den Grundlagengeschäften die Ausführungen im Zweiten Teil, B. I. 1.4., S. 251 ff..
[128] BGHZ 20, 363, 369 = NJW 1956, 1198.
[129] BGHZ 20, 363, 369 = NJW 1956, 1198.

Zwei Entscheidungen des BGH aus dem Jahre 1984 enthalten eine entscheidende Weiterentwicklung in der Rechtsprechung des BGH zur Zulässigkeit von Mehrheitsentscheidungen bei Personengesellschaften. In diesen Entscheidungen wird erstmals herausgearbeitet und ausdrücklich anerkannt, dass den Mitgliedern einer Personengesellschaft neben einem stimmrechtsfesten ein unentziehbarer Kernbereich von Mitgliedschaftsrechten zusteht, der durch Mehrheitsentscheidungen grundsätzlich nicht beeinträchtigt werden kann[130].

Die Rechtsprechung hat in der Folgezeit Kernbereichsrechte herausgearbeitet, die einen absoluten Schutz gewährleisten. In anderen Fällen erschöpft sich der Schutzbereich der Kernbereichslehre darin, dass in dessen Rechtspositionen nur mit seiner Zustimmung eingegriffen werden kann. Eine abschließende Klärung der dem Kernbereich zuzuordnenden Rechtspositionen kann nicht abstrakt und ohne Berücksichtigung der konkreten Struktur der jeweiligen Personengesellschaft erfolgen[131]. Die Literatur unterscheidet jedoch zur Bestimmung des Kernbereichs herkömmlich zwischen unverzichtbaren und mehrheitsfesten (unentziehbaren) Gesellschafterrechten sowie stimmrechtsfesten Beschlussgegenständen[132].

2.2. Praktische Relevanz der Kernbereichslehre im Recht der KGaA

Weitgehend ungeklärt und unangesprochen ist in der Literatur die praktische Relevanz der Kernbereichslehre im Recht der KGaA. Für eine Klärung ist eine Untersuchung anhand der dem Kernbereich unterfallenden Rechte erforderlich. Die Kernbereichslehre dient im Personengesellschaftsrecht dem Minderheitenschutz. Bestimmte mitgliedschaftsrechtliche Rechtspositionen sollen nicht der Mehrheitsherrschaft unterfallen. Der Satzungsautonomie wird insofern eine Grenze gesetzt. Eine Übertragung dieser Grundsätze auf Sachverhalte, die durch das Personengesell-

---

[130] BGH NJW 1985, 972 und BGH NJW 1985, 974.

[131] Kritisch zu den Kategorisierungsversuchen, Röttger, Kernbereich, S. 95 ff., zum Bedeutungswandel und der Entwicklung, Ulmer in GroßKomm/HGB, 4. Aufl., § 109 Rdnr. 36, einen Überblick gibt H.P.Westermann in Hdb/PersG I, Rdnr. 525.

[132] Schmidt, GesR, 4. Aufl., § 16 III 3 (S. 470); Göbel, Mehrheitsentscheidungen, S. 178 ff.; Schilling in GroßKomm/HGB, 4. Aufl., § 163 Rdnr. 6 f., 10; Schlegelberger/Martens, HGB, 5. Aufl., § 119 Rdnr. 25 ff.; Sethe, KGaA, S. 117 f.; Ulmer in GroßKomm/HGB, 4. Aufl., § 109 HGB, Rdnr. 36 ff. Diese Unterteilung ist von BGH NJW 1995, 194, 195 = GmbHR 1995, 55, 56 übernommen worden.

schaftsrecht geregelt werden, ist dabei grundsätzlich denkbar. Dagegen gelangt die Kernbereichslehre insoweit als aktienrechtliche Rechtspositionen des einzelnen Aktionärs betroffen sind, von vornherein nicht zur Anwendung[133]. Das geschriebene Aktienrecht hat insoweit Vorrang vor den ungeschriebenen Grundsätzen der Kernbereichslehre.

Danach ergibt sich für die Untersuchung der praktischen Relevanz der Kernbereichslehre im Recht der KGaA das Folgende: Soweit der dem Kernbereich unterfallende Sachverhalt durch das Aktienrecht geregelt wird, scheidet ein Rückgriff auf die allgemeinen Kernbereichsrechte aus. Soweit der dem Kernbereich unterfallende Sachverhalt durch das Personengesellschaftsrecht geregelt wird, ist ein Rückgriff auf die allgemeinen Grundsätze der Kernbereichslehre denkbar. Demnach ist nachfolgend der gegebenenfalls verbleibende Anwendungsbereich der Kernbereichslehre im Recht der KGaA zu bestimmen.

2.2.1. Keine Relevanz der Kernbereichslehre bei Anwendung des Aktienrechts

a) Unverzichtbare Rechte, die durch das Aktienrecht geregelt werden

Der BGH hat durch zwei Entscheidungen aus dem Jahre 1984[134] einen absoluten Kernbereich anerkannt. Der Kreis der danach durch einen Mehrheitsbeschluss nicht ohne weiteres entziehbaren Rechte lässt sich nicht abstrakt und ohne Berücksichtigung der konkreten Struktur der jeweiligen Personengesellschaft und der besonderen Stellung des betroffenen Gesellschafters umschreiben[135]. Es existieren gleichwohl anerkannte Rechte des Kernbereiches.

Die erste Stufe der im Kernbereich angesiedelten Rechte sind die wenigen überhaupt unverzichtbaren und damit schon deshalb unentziehbaren Rechte des einzelnen Kommanditaktionärs. Der Gesetzgeber hat im Personengesellschaftsrecht ausdrücklich das außerordentliche Informationsrecht der persönlich haftenden Gesellschafter (§ 716 Abs. 2 BGB, 118

[133] Wichert, AG 1999, 362, 366; Sethe, KGaA, S. 114.
[134] BGH NJW 1985, 972 und BGH NJW 1985, 974.
[135] BGH NJW 1995, 194, 195 = GmbHR 1995, 55, 56; ähnlich Ulmer, NJW 1990, 73, 80.

Abs. 2 HGB), die Auflösungsklage (§ 133 Abs. 3 HGB), und – wenn auch in Grenzen – das Kündigungsrecht (§ 723 Abs. 3 BGB) für unentziehbar erklärt[136]. Als allgemein anerkannt gelten darf auch, dass der KG-Gesellschaftsvertrag das außerordentliche Kontrollrecht des Kommanditisten nach § 166 Abs. 3 HGB nicht beeinträchtigen kann (analog § 716 Abs. 2 BGB, § 118 Abs. 2 HGB)[137]. Diese unentziehbaren Rechte sind somit einer vertragsändernden Mehrheitsentscheidung nicht zugänglich.

Diese Rechte sind in der KGaA dem Rechtsverhältnis des einzelnen Kommanditaktionärs gegenüber der Gesellschaft zuzuordnen, das grundsätzlich über § 278 Abs. 3 durch das Erste Buch des Aktienrechtes geregelt wird. In der AG steht jedoch dem einzelnen Kommanditaktionär ein Kündigungsrecht nicht zu. Inhalt und Umfang des Informationsrechtes des einzelnen Gesellschafters werden durch § 131 AktG geregelt. Im Ergebnis scheidet somit ein Rückgriff auf die allgemeinen Kernbereichsrechte bei unverfügbaren Rechten des einzelnen Aktionärs aus.

b) Unentziehbare Rechte, die durch das Aktienrecht geregelt werden

Nachdem vorstehend geklärt worden ist, dass die unverzichtbaren Rechte in der KGaA dem Verhältnis des einzelnen Kommanditaktionärs gegenüber der Gesellschaft zuzuordnen und durch das Recht der AG geregelt werden, sind nachfolgend die auf der nächsten Stufe angesiedelten mehrheitsfesten, mithin den Kommanditaktionären unentziehbaren Rechte, die in Gesellschaftsverträgen oder Satzungen gegen den Willen des Berechtigten grundsätzlich nicht abbedungen oder eingeschränkt werden können, zu besprechen. Die unentziehbaren Rechte werden nur teilweise durch das Aktienrecht geregelt. Zu bestimmen sind nachfolgend die durch §§ 279 ff. oder das Erste Buch des Aktiengesetzes geregelten unentziehbaren Rechte.

---

[136] H.P.Westermann in Hdb/PersG I, Rdnr. 535; Goette in Ebenroth u.a./KommHGB, § 119 Rdnr. 53 a.E.; Schilling in GroßKomm/HGB, 4. Aufl., § 116 Rdnr. 15 ff.; Schlegelberger/Martens, HGB, 5. Aufl., § 119 Rdnr. 25; Ulmer in MünchKomm/BGB, 3. Aufl., § 709 Rdnr. 78.

[137] Schilling in Großkomm/HGB, 4. Aufl., § 116 Rdnr. 15 ff.; Schlegelberger/Martens, HGB, 5. Aufl., § 166 Rdnr. 46, ausführlich hierzu auch Veltins/Hikel, DB 1989, 465.

(1) Belastungsverbot

Zu prüfen ist zunächst, ob das Belastungsverbot im Personengesellschaftsrecht einen absoluten Schutz darstellt. Das Belastungsverbot besagt, dass eine Vermehrung der den Gesellschaftern nach dem Gesellschaftsvertrag obliegenden Leistungen nach § 53 Abs. 3 GmbHG nur mit der Zustimmung „sämtlicher beteiligter Gesellschafter“ beschlossen werden kann. Nach der überwiegenden Ansicht ist damit die Zustimmung aller von der Leistungsvermehrung betroffenen Gesellschafter gemeint[138]. Diese Normierung im GmbH-Recht wirft die Frage auf, inwieweit diese Bestimmung eine für das GmbH-Recht typische Sonderregelung oder vielmehr Ausdruck eines allgemeinen gesellschaftsrechtlichen Prinzips ist, das als Belastungsverbot bezeichnet werden kann. Der Rechtsgedanke, dass keinem Mitglied ohne seine Zustimmung zusätzliche Belastungen auferlegt werden können, kommt auch in § 180 Abs. 1 AktG zum Ausdruck. Hiernach bedarf die Auferlegung von Nebenpflichten der Zustimmung der betroffenen Aktionäre. Als Zwischenergebnis kann somit festgehalten werden, dass das Belastungsverbot im Kapitalgesellschaftsrecht anerkannt ist[139].

Der BGH hat dagegen in einer frühen Entscheidung die Übertragung des in § 53 Abs. 3 GmbHG zum Ausdruck kommenden Belastungsverbots auf die Personengesellschaften abgelehnt[140]. Die Begründung bestand darin, dass es im Personengesellschaftsrecht ohne weiteres möglich sei, durch einen Beschluss der Gesellschafter eine Erhöhung der Pflichten der Gesellschafter herbeizuführen[141]. Diese Ansicht wird vom BGH mittlerweile nicht mehr vertreten[142]. Die Begründung hierfür liegt in einem Erst-recht Schluss. Aus Gründen des Minderheitenschutzes findet der gesellschaftsrechtliche Grundsatz, dass keinem Mitglied durch Mehrheitsbeschluss ohne seine Zustimmung zusätzliche Pflichten auferlegt werden dürfen, gerade wegen der fehlenden gesetzlichen Vorschriften über den Minder-

---

[138] Lutter/Hommelhoff/Bayer, Komm/GmbHG, 16. Aufl., § 53 Rdnr. 17.

[139] Vgl. allgemein zum Belastungsverbot K. Schmidt, GesR, S. 473 mwN..

[140] BGHZ 20, 363, 369 = BGH NJW 1956, 1198.

[141] BGHZ 20, 363, 369 = BGH NJW 1956, 1198.

[142] BGH NJW 1985, 974; Löffler, NJW 1989, 2656, 2658; Ulmer in GroßKomm/HGB, 4. Aufl., § 109 Rdnr. 38; nur auf die Entscheidung in BGHZ 20, 363, 369 nimmt Bezug K. Schmidt, GesR, 4. Aufl., S. 473; differenzierend Goette in Ebenroth u.a./KommHGB, § 119 Rdnr. 49.

heitenschutz in der Personengesellschaft zwingend Anwendung. Insoweit enthalte § 707 BGB zwingendes Recht[143]. Das Belastungsverbot wird daher zum Kernbereich der Mitgliedschaftsrechte gezählt.

Die praktische Relevanz des Belastungsverbotes in der KGaA in den durch das Kommanditrecht geregelten Bereichen ist jedoch zumindest sehr eingeschränkt. Eine Anwendung des auch im Recht der Kommanditgesellschaften anwendbaren Belastungsverbotes scheidet in allen Fragen, welche die Kapitalstruktur der Gesellschaft betreffen, deshalb aus, weil sie durch das Aktienrecht geregelt werden. Insbesondere wird der praktisch häufige Fall der Nachschusspflichten durch das Aktienrecht geregelt. Die Grundsätze der Kernbereichslehre finden deshalb auf die vermögensmäßige Rechtsstellung der Gesellschafter keine Anwendung.

(2) Eingriffe in die vermögensmäßige Rechtsstellung der Gesellschafter

Für die Gewinnverteilung ist über die Verweisung des §§ 278 Abs. 2 AktG, §§ 168, 121 Abs. 1 und Abs. 2 HGB anwendbar. Die vermögensmäßige Position eines Kommanditaktionärs wird gekennzeichnet durch seinen Anteil am laufenden Gewinn und am Liquidationserlös[144]. Eingriffe in die vermögensmäßige Position der Gesellschafter gehören zwar grundsätzlich zum Kernbereich[145], ein Rückgriff auf die allgemeinen Kernbereichsgrundsätze scheidet aufgrund der positiven Regelung im Aktienrecht aus. So wird durch eine Änderung der Gewinnverteilung auf das Gewinnbezugsrecht des einzelnen Aktionärs, beispielsweise auch durch den Wegfall eines erhöhten Gewinnanteils des Gesellschafters, eingewirkt. Das Gewinnbezugsrecht ist jedoch als solches über §§ 278 Abs. 3 durch das Erste Buch des Aktienrechtes, konkret §§ 186, 187 AktG geregelt.

---

[143] BGH NJW 1985, 974; Ulmer in GroßKomm/HGB, § 109 Rdnr. 38; differenzierend Goette in Ebenroth u.a./KommHGB, § 119 Rdnr. 61 f..

[144] BGH NJW 1985, 972, 973.

[145] BGH NJW 1985, 972, 973.

2.2.2. Unentziehbare Rechte, die (auch) durch das Kommanditrecht geregelt werden

Die vorstehenden Überlegungen haben ergeben, dass unverzichtbare Rechte des Kommanditaktionärs durch das Erste Buch des Aktiengesetzes geregelt werden, wodurch ein Rückgriff auf die Kernbereichslehre ausscheidet. Nachfolgend soll untersucht werden, ob ein praktischer Anwendungsbereich der Kernbereichslehre im Recht der KGaA bei unentziehbaren Rechten angenommen werden kann. Die nachfolgende Darstellung wird insbesondere durch den Umstand erschwert, dass der Bereich der unentziehbaren Gesellschafterrechte in der Literatur über einige eingehende Vorarbeiten hinaus noch nicht anschließend bestimmt werden konnte.

a) Entzug und Begründung von Sonderrechten

Denkbar ist eine Anwendung der Grundsätze der Kernbereichslehre bei Sonderrechten. Sie gewähren dem Begünstigten ein Mehr im Verhältnis zu anderen Gesellschaftern. Dieses Mehr kann sich dabei sowohl auf vermögens- als auch mitgliedschaftliche Herrschaftsrechte beziehen[146]. Die praktische Bedeutung der Einräumung vermögensrechtlicher Sonderrechte ist bei der börsennotierten KGaA gleichwohl dadurch eingeschränkt, dass eine Ungleichbehandlung der Gesellschafter einer GmbH & Co. KGaA hinsichtlich ihrer Gewinnbeteiligungsquote am Markt (wohl) nicht durchsetzbar ist[147]. Die praktischen Beispiele beschränken sich daher auf die den Gesellschaftern der Komplementärgesellschaft eingeräumten Erhöhungsrechte hinsichtlich ihres Komplementäranteils. Soweit in der Satzung solche Erhöhungsrechte geregelt sind, werden sie jedoch von § 281 Abs. 2 AktG erfasst. Klärungsbedürftig ist dabei noch die Zulässigkeit einer solchen Regelung.

Eine andere rechtliche Beurteilung kann sich für Entsendungsrechte zugunsten von Gesellschaftern bzw. Geschäftsführern der Komplementärgesellschaft ergeben. Entsendungsrechte stellen sog. verwaltungsrechtli-

---

[146] Vgl. zum Meinungsstand, Sagasser, Sonderrechte, S. 107 ff..

[147] Vgl. zur Begründung und den Entzug von Sonderrechten Göbel, Mehrheitsentscheidungen, S. 196.; Löffler, NJW 1989, 2656, 2659; K. Schmidt, GesR, 4. Aufl., S. 471; H.P.Westermann in Hdb/PersG I, Rdnr. 526, Röttger, Kernbereich, S. 173; Lockowandt, Kernbereich, thematisiert die Sonderrechte als Bestandteil der Kernbereichlehre nicht.

che Sonderrechte dar. Soweit die Einräumung von Entsendungsrechten zulässig ist, ergibt sich bei angestrebtem Wegfall dieses Rechtes die Notwendigkeit der Zustimmung der von diesem Recht Begünstigten aus der Definition des Sonderrechts[148]. Praktisch relevant werden solche Sonderrechte jedoch nur für die Unternehmer-Gesellschafter. Da sich die Untersuchung auf den Schutz der Anleger beschränkt, kommt diesem Anwendungsbereich der Kernbereichslehre keine Bedeutung bei.

Sonderrechte gehören demnach zwar zu den Kernbereichsrechten. Soweit sie jedoch als vermögensrechtliche Sonderrechte durch das Aktienrecht geregelt werden, ist ein Rückgriff auf die ungeschriebenen Grundsätze ausgeschlossen. Sofern sie dagegen, wie insbesondere Entsendungsrecht von Mitgliedern des Aufsichtsrates grundsätzlich dem kommanditrechtlichen Bereich zuzuordnen sind, werden sie überwiegend zur Einflusssicherung durch die Unternehmer-Gesellschafter verwendet werden.

b) Änderung des Gesellschaftszwecks als Anwendungsfall der Kernbereichslehre?

Denkbar ist darüber hinaus die Anwendung der Kernbereichslehre bei der Änderung des Gesellschaftszwecks. Diese ist von der Änderung des Unternehmensgegenstandes streng zu trennen[149]. Die bloße Änderung des Unternehmensgegenstandes, beispielsweise die Entscheidung über die Herstellung und den Vertrieb anderer Produkte, lässt nämlich den Gesellschaftszweck unberührt. Eine Änderung des Gesellschaftszwecks liegt z.B. in der Aufgabe der Gewinnerzielungsabsicht oder in der Verpachtung des einzigen Geschäftsbetriebes der KG. In letzterem Fall wurde die KG nach früherer Rechtslage aufgrund der Tatsache, dass sie kein Gewerbe mehr betrieben hat, überdies zur BGB-Gesellschaft[150]. Praktische Relevanz besitzt die Änderung des Gesellschaftszweckes weiterhin im Falle der Einbeziehung der Personengesellschaft in einen Konzern, da hierdurch der Gesellschaftszweck geändert wird[151].

[148] Vgl. Röttger, Kernbereich, S. 173.
[149] Vgl. zu dieser Abgrenzung K. Schmidt, GesR, 4. Aufl., S. 64 ff..
[150] BGHZ 32, 307, 312 = NJW 1960, 1664. Nach heutiger Rechtslage wird die eingetragene KG trotz der Aufgabe des Geschäftsbetriebes und seiner Verpachtung nicht (automatisch) zur GbR.
[151] Löffler, NJW 1989, 2656, 2659 mwN.; K. Schmidt, GesR, 4. Aufl., S. 65 f..

Durch die Änderung des Gesellschaftszwecks wird die Rechtstellung der Anleger regelmäßig erheblich beeinträchtigt, ohne dass eine Rechtfertigung dieses Eingriffs durch das aus dem bisherigen Gesellschaftszweck abgeleitete Gesellschaftsinteresse möglich wäre. Die Diskussion darüber, ob Änderungen des Gesellschaftszwecks zum Kernbereich der Mitgliedschaftsrechte gehören, ist noch nicht zu einer abschließenden Klärung gelangt. Das ist nicht zuletzt auch darin begründet, dass die Frage teilweise überhaupt nicht angesprochen wird[152]. Soweit sich die Autoren mit dieser Frage beschäftigen, wird der Fall der Zweckänderung zum Kernbereich gezählt[153]. Begründet wird dies damit, dass im Personengesellschaftsrecht der gemeinsame Zweck das schlechthin konstituierende Element der Personengesellschaften darstellt[154].

c) Veräußerung der einzigen Beteiligung bzw. Übertragung der gesamten Vermögensgegenstände (Assets) als Anwendungsfall der Kernbereichslehre?

Nicht abschließend geklärt ist zudem, ob bei einer reinen Holdinggesellschaft der Verkauf der einzigen Beteiligung der Gesellschaft oder der Verkauf der gesamten Assets einer operativ tätigen Gesellschaft den sachlichen Kernbereich der Mitgliedschaftsrechte berühren. Dies wird von einer wohl überwiegenden Ansicht in der Literatur abgelehnt, die diesen Fall den Grundlagengeschäften zuordnet[155].

d) Actio pro socio als Kernbereichsrecht ?

Die actio pro socio ist im Recht der Personengesellschaften anerkannt[156]. Sie umfasst die Befugnis jedes Gesellschafters, Ansprüche aus dem Gesellschaftsverhältnis im eigenen Namen geltend zu machen. Der BGH hat die Frage, ob die actio pro socio dem unentziehbaren Kernbereich der Mitgliedschaftsrechte zuzuordnen ist, in seinen bisherigen Entscheidungen offen gelassen[157]. Für die Unverfügbarkeit der Gesellschafterklage

---

[152] Bspw. beschäftigt sich Röttger, Kernbereich mit dieser Frage erkennbar gar nicht.

[153] Bejahend Löffler, NJW 1989, 2656, 2659; Lockowandt, Kernbereich, S. 188; ohne Begründung Göbel, Mehrheitsentscheidungen, S. 197.

[154] Ulmer in GroßKomm/HGB, 4. Aufl., § 709 Rdnr. 7; Mecke, ZHR 153 (1989), 44.

[155] Vgl. zur Definition der Grundlagengeschäfte, Assmann/Sethe in GroßKomm/AktG, 4. Aufl., § 278 Rdnr. 124; Schütz/Reger in Schütz/Bürgers/Riotte (Hrsg.), Hdb/KGaA, § 5 Rdnr. 90.

[156] Vgl. zur actio pro socio die Wiedergabe des Diskussionsstandes bei Röttger, Kernbereich, S. 193 ff..

[157] Vgl. hierzu BGH, ZIP 1985, 1137, 1138; ebenso im Ergebnis BGH, WM 1973, 1291.

kann in erster Linie die Erwägung angeführt werden, dass dieses Rechtsinstitut aus schuldrechtlichen Anfängen zu einer allgemeinen Regel des Minderheitenschutzes im Personengesellschaftsrecht weiterentwickelt wurde[158]. Dieser Funktion würde es zuwiderlaufen, wenn die actio pro socio zur Disposition der Gesellschafter oder der Gesellschaftermehrheit gestellt wird. Streitig ist dabei lediglich, ob die actio pro socio generell unentziehbar ist oder nur bis zur Grenze des § 118 Abs. 2 HGB[159].

Hinsichtlich der Anwendung der actio pro socio im Recht der KGaA ist zu unterscheiden. Es besteht zunächst darüber Einigkeit, dass die dem einzelnen Kommanditaktionär nach §§ 278 Abs. 3 i.V.m. § 147 AktG eingeräumte Befugnis der Geltendmachung von Ersatzansprüchen die actio pro socio ausschließt[160] . Anders stellt sich die Situation bei der Erhebung einer Klage der Gesamtheit der Kommanditaktionäre, vertreten durch den Aufsichtsrat, dann dar, wenn der Anspruch dem Verhältnis zwischen der Gesamtheit der Kommanditaktionäre und den Komplementären zuzurechnen ist. In diesem Fall bestehen gegen die Erhebung der actio pro socio keine Bedenken[161].

2.2.3. Stimmrechtsfeste Satzungsregelungen und Abgrenzung

Stimmrechtsfeste Satzungsregelungen sind dadurch gekennzeichnet, dass es – anders als bei unentziehbaren Rechten – grundsätzlich nicht der Zustimmung des betroffenen Gesellschafters bedarf, sondern ihm lediglich die Möglichkeit zur Einflussnahme eingeräumt werden muss. Anerkannt ist, dass das Recht zur Abstimmung über die Auflösung der Gesellschaft stimmrechtsfest ist[162].

---

[158] Vgl. zu den rechtstheoretischen Grundlagen der actio pro socio: Ulmer in Großkomm/HGB, 4. Aufl., § 105 HGB Rdnr. 264; Lutter, AcP 180 (1980), 132 ff..

[159] Sethe, KGaA, S. 117 mwN. in Fn. 37.

[160] Vgl. Assmann/Sethe in GroßKomm/AktG, 4. Aufl., § 278 Rdnr. 86; Semler/Perlitt in MünchKomm/AktG, 2. Aufl., § 278 Rdnr. 107; Mertens in KölnKomm/AktG, 1. Aufl., § 278 Rdnr. 36, vgl. allgemein zur actio pro socio in der AG Zöllner, ZGR 1988, 392, 408.

[161] Assmann/Sethe in GroßKomm/AktG, 4. Aufl., § 278 Rdnr. 86; hiergegen Semler/Perlitt in MünchKomm/AktG, 2. Aufl., § 278 Rdnr 80.

[162] Sethe, KGaA, S. 119 mwN.

In der Literatur bleibt in der Diskussion zuweilen unangesprochen, ob diese Regelungen zwingend dem Kernbereich zuzuordnen sind[163]. Dies ist zu verneinen. Vielmehr gibt es auch außerhalb des Kernbereichs stimmrechtsfeste Rechte der Kommanditisten. Eine Zuordnung von Regelungen zum Kernbereich bzw. deren Abgrenzung von diesem ist jedoch im Hinblick auf die für eine antizipierte Zustimmung einzuhaltenden Voraussetzungen relevant. Insoweit ist den Bestrebungen in der Literatur, Kernbereichslehre und Stimmrechtsausschluss von ihrem Anwendungsbereich aufeinander abzustimmen[164], die Gefolgschaft zu verwehren.

Der weiteren Untersuchung bleibt somit die Beantwortung vorbehalten, ob es in der börsennotierten bzw. einem breiteren Anlegerpublikum offen stehenden Publikum außerhalb des Kernbereichs stimmrechtsfeste Mitgliedschaftsrechte bei Sachverhalten, die durch das Kommanditrecht geregelt werden, bestehen[165].

2.3. Voraussetzungen eines zulässigen Eingriffs in den Kernbereich der Mitgliedschaftsrechte

Nach den vorstehenden Betrachtungen kommt ein Abbedingen von Kernbereichsrechten in der KGaA nur bei den unentziehbaren Kernbereichsrechten und nur dann in Betracht, wenn diese durch das Personengesellschaftsrecht geregelt werden. In der Praxis sind solche Kernbereichsrechte bis auf die actio pro socio nicht anerkannt. Für die weitere Betrachtung wird jedoch einmal unterstellt, dass die actio pro socio und die Änderung des Gesellschaftszwecks als Kernbereichsrecht aufgefasst werden kann. Da diese Kernbereichsrechte nicht unverzichtbar sind und somit einer Zustimmung durch den Gesellschafter offen stehen, sollen nachfolgend die Voraussetzungen einer solchen Zustimmung kurz dargestellt werden.

2.3.1. Zustimmung der betroffenen Gesellschafter

Die notwendige Zustimmung der betroffenen Gesellschafter zu den Eingriffen in den Kernbereich ist eine empfangsbedürftige Willenserklä-

---

[163] Vgl. Nur Schütz/Reger in Schütz/Bürgers/Riotte, Hdb/KGaA, § 5 Rdnr. 14, S. 93, wobei deren Ausführungen immerhin über die Benennung der bloßen Begrifflichkeit hinausgehen.

[164] Vgl. zum Diskussionsstand Lockowandt, Kernbereich, S. 114 ff.; Göbel, Mehrheitsentscheidungen, S. 201 ff.

[165] Vgl. hierzu Zweiter Teil B. I., S. 238 ff..

rung[166]. Das Einverständnis der betroffenen Gesellschafter geht dabei auch in einem unter Wahrung des Bestimmtheitsgrundsatzes gefassten Gesellschafterbeschluss nicht auf. Es stellt vielmehr ein besonderes Erfordernis neben ihm dar[167]. Hat ein Gesellschafter gegen den Beschluss gestimmt und ist überstimmt worden, dann kann der Gesellschafter dennoch durch seine nachträgliche Zustimmung dem Beschluss zur Wirksamkeit verhelfen, wenn er inzwischen anderer Ansicht ist[168].

2.3.2. Antizipierte Zustimmung zu Eingriffen in den Kernbereich

Eine verbreitete Ansicht hält bei Eingriffen in den Kernbereich jeweils das aktuelle Einverständnis der betroffenen Gesellschafter für erforderlich. Eine im Voraus erklärte Zustimmung wäre somit nicht zulässig[169]. Diese Ansicht lässt sich jedoch nicht mit dem sachlichen Anwendungsbereich des Kernbereichs vereinbaren, der nur die Rechtsausübung durch die betroffenen Gesellschafter regelt, nicht aber deren antizipierte Zustimmung verbietet[170]. Von der Gegenmeinung wird zudem darauf verwiesen, dass es im Recht der Kapitalgesellschaften, normiert in den §§ 53 Abs. 3 GmbHG, 180 Abs. 1 AktG, allgemein anerkannt ist, dass die nach diesen Vorschriften notwendige Zustimmung der Gesellschafter auch vorab erteilt werden kann[171]. Eine antizipierte Zustimmung zu den Eingriffen in den Kernbereich ist deshalb möglich.

Klärungsbedürftig sind die inhaltlichen Voraussetzungen einer antizipierten Zustimmung. Man könnte zunächst argumentieren, dass in dem vorab erteilten Einverständnis Ausmaß und Umfang bzw. Folgen des Eingriffs erkennbar sein müssen[172]. Diese Ansicht ist im Hinblick darauf, dass an die vorab erteilte Zustimmung der betroffenen Gesellschafter inhaltlich die gleichen Anforderungen zu stellen sind wie an die aktuelle Einwilligung, durchgreifenden Bedenken ausgesetzt. Die Einwilligung muss sich auf einen nach Art, Umfang und Folgen konkret bezeichneten Eingriff bezie-

---

[166] Löffler, NJW 1989, 2656, 2661 mwN..
[167] BGHZ 20, 363, 368 = NJW 1956, 1198.
[168] Löffler, NJW 1989, 2656, 2661.
[169] Immenga, ZGR 1974, 385, 425, vgl. zum Meinungsstand Ulmer in GroßKomm/HGB, 4. Aufl., § 109 Rdnr. 36 a.E..
[170] Löffler, NJW 1989, 2656, 2661.
[171] Löffler, NJW 1989, 2656, 2661 mwN..
[172] Löffler, NJW 1989, 2656, 2661.

hen[173]. Die bloße Bezeichnung des Beschlussgegenstandes genügt diesen Anforderungen nicht. Erforderlich ist vielmehr darüber hinaus die Angabe des Beschlussinhalts.

Aus diesen Anforderungen ergeben sich letztlich auch die Grenzen einer antizipierten Zustimmung im Bereich der Kernbereichsrechte. So wird eine bspw. aufgrund von Änderungen des Wettbewerbs erforderlich gewordene Änderung des Gesellschaftszwecks nicht schon bei Abfassung des Vertrages bekannt oder durch bestimmte Klauseln im Vertrag aufzufangen sein, so dass in vielen Fällen schon die Bestimmung des Beschlussgegenstandes schwierig werden dürfte. Aber selbst wenn die Gründergesellschafter bereits eine Einbeziehung der Gesellschaft in einen Konzern in Betracht ziehen, wird eine Bestimmung des Beschlussinhalts im Voraus ausscheiden. Darüber hinaus darf in den Fällen, in denen eine Zustimmung zu einer konkreten Maßnahme zweifelhaft ist, das Einverständnis des betroffenen Gesellschafters zu Eingriffen in den Kernbereich der Mitgliedschaftsrechte im Hinblick auf deren weitreichende Funktion im Zweifel nicht angenommen werden[174].

2.4. Ergebnis: Geringe praktische Bedeutung der Kernbereichslehre in der KGaA

Die vorstehenden Ausführungen haben gezeigt, dass die Rechtsprechung einen absoluten Kernbereich der Mitgliedschaftsrechte herausgearbeitet hat. Der Kernbereich lässt sich in unverzichtbare, unentziehbare und stimmrechtsfeste Gesellschafterrechte unterteilen.

Zunächst ist herausgearbeitet worden, dass ein Rückgriff auf die von der Rechtsprechung herausgearbeiteten absoluten Kernbereichsrechte ausgeschlossen ist, wenn das betreffende Recht aufgrund der Verweisung in § 278 Abs. 3 AktG durch das Erste Buch des Aktienrechtes erfasst wird. So werden die Informationsrechte des einzelnen Aktionärs und Eingriffe in seine vermögensrechtliche Position durch das Aktienrecht geregelt. Der Rückgriff auf die allgemeinen Grundsätze der Kernbereichslehre scheidet

[173] Exemplarisch Ulmer in MünchKomm/BGB, 3. Aufl., § 709 Rdnr. 77; Löffler, NJW 1989, 2656, 2661; ähnlich Mecke, BB 1988, 2258, 2261 ff..
[174] So auch Löffler, NJW 1989, 2656, 2661.

als subsidiär zudem aus, soweit der Sachverhalt durch die §§ 279 ff. AktG oder durch ausnahmsweise zwingendes Kommanditrecht geregelt ist.

Deshalb besitzt die Kernbereichslehre im Recht der KGaA nur eine geringe praktische Bedeutung. Es sprechen gute Gründe dafür, den Fall der Änderung des Gesellschaftszwecks sowie die actio pro socio als unentziehbare Kernbereichsrechte aufzufassen, bei deren Änderung oder Ausschluss der Gesellschafter zustimmen muss. Denkbar bleibt darüber hinaus eine antizipierte Zustimmung zu diesen Maßnahmen. Dies setzt jedoch bei der Änderung des Gesellschaftszwecks eine genaue Bestimmung von Beschlussgegenstand und Beschlussinhalt voraus, die schwerlich antizipiert erfolgen kann.

Für diese beiden Anwendungsfälle bleibt die Kernbereichslehre auch im Recht der KGaA praktisch relevant. Im Übrigen hat die Kernbereichslehre im Recht der KGaA nach dem gesicherten Stand der Dogmatik keinen praktischen Anwendungsbereich.

3. Inhaltskontrolle von Satzungsbestimmungen als Einschränkung der Gestaltungsfreiheit

Eine weitere Möglichkeit zur Einschränkung eines Bereichs der Gestaltungsfreiheit ist eine Inhaltskontrolle von Bestimmungen des Gesellschaftsvertrages bzw. der Satzung. Im Recht der Publikumspersonengesellschaften hat der BGH eine solche Inhaltskontrolle unter Voraussetzungen angenommen, die er in seiner grundlegenden Entscheidung vom 14. 4. 1975 bestimmt hat[175].

Er hat hiernach den Gesellschaftsvertrag einer sog. Publikumspersonengesellschaft einer an den Maßstäben von Treu und Glauben (§ 242 BGB) ausgerichteten Inhaltskontrolle unterworfen. Zur Legitimation der Inhaltskontrolle führte der BGH aus, dass „die Anlagegesellschafter untereinander und zu den eigentlichen Unternehmensgesellschaftern in keinerlei persönlichen Beziehungen stehen, vielmehr werden die Gesellschafter meist in der Öffentlichkeit geworben und können nur durch Unterzeich-

---

[175] BGHZ 64, 238 ff.

nung eines fertig formulierten Gesellschaftsvertrages, auf dessen Inhalt sie keinen irgendwie gearteten mitgestaltenden, ihre Interessen wahrenden Einfluss hätten, der Gesellschaft beitreten. Ähnlich wie bei der Verwendung vorformulierter Allgemeiner Geschäftsbedingungen stellt in diesen Fällen der Gesellschaftsvertrag keinen Kompromiss dar, in dem die Interessen aller Beteiligten berücksichtigt sind. Einem unter diesen Umständen leicht möglichen Missbrauch der Vertragsfreiheit ist mit Hilfe einer an den Maßstäben von Treu und Glauben (§ 242 BGB) ausgerichteten Inhaltskontrolle durch die Gerichte zu begegnen"[176]. Das Gericht stellt somit für die Legitimation der Inhaltskontrolle auf die fehlende Vertragsparität ab.

In der Rechtsprechung zum Recht der KGaA ist die Frage, unter welchen Voraussetzungen und für welche Erscheinungsformen von KGaA ein den Publikumsgesellschaften entsprechenden Sonderrecht angewendet oder ein spezifisches Sonderrecht für die KGaA ausgestaltet werden soll, bisher nicht entschieden worden. Der BGH hat in seiner Entscheidung vom 24. Februar 1997 für die GmbH & Co. KGaA die Inhaltskontrolle gedanklich als eine denkbare Möglichkeit der Einschränkung der Vertragsfreiheit angesehen[177]. Das OLG Stuttgart hat die Frage der Anwendung der zur Publikumspersonengesellschaft anzuwendenden Rechtsprechungsgrundsätze nur in versteckter Form aufgeworfen und letztlich offen gelassen[178]. Die Entscheidung ist mit der Revision angegriffen worden und noch beim BGH anhängig[179].

Der BGH hat darüber hinaus die Anwendung der Inhaltskontrolle bei einer GmbH & Co. KGaA auch davon abhängig gemacht, ob kapitalmarktrechtliche Instrumente zum Schutz der Anleger bestehen. Damit hat er die Frage eines Konkurrenzverhältnisses zwischen Gesellschafts- und Kapitalmarktrecht aufgeworfen, die an späterer Stelle untersucht werden soll[180]. Unabhängig von der Frage einer solchen Konkurrenz verschiedener

---

[176] BGHZ 64, 238, 241.

[177] BGHZ 134, 392, 399 f.(unter Punkt 5.) = BGH ZIP 1997, 1027, 1029 = NJW 1997, 1923, 1925 = AG 1997, 370, 371 f. = GmbHR 1997, 595, 598.

[178] OLG Stuttgart, ZIP 2003, 1981, 1986.

[179] Die Revision ist beim BGH anhängig unter dem AZ II ZR 186/03.

[180] Vgl. hierzu Erster Teil E. I., S. 132 ff..

Schutzinstrumente bleibt jedoch zu überprüfen, ob und ggf. auf welche Gesellschaftstypen von KGaA die vom BGH im Rahmen seiner Rechtsprechung zu den sog. Publikumspersonengesellschaften angenommene Inhaltskontrolle übertragen werden kann.

Zur Klärung dieser Frage muss die Legitimnationsgrundlage und der Überprüfungsmaßstab bestimmt, die praktische Bedeutung analysiert, das Verhältnis zu anderen Instituten geklärt und die Übertragbarkeit dieser Grundsätze auf die unterschiedlichen Erscheinungsformen einer KGaA überprüft werden.

3.1. Legitimationsgrundlage einer Inhaltskontrolle

Die Einführung eines Sonderrechts auf ein bestimmtes Untersuchungsobjekt ist insbesondere dann, wenn dies unter Anwendung ungeschriebener Rechtssätze erfolgt, nur bei Vorliegen einer besonderen Rechtfertigung erlaubt. Dieser Rechtfertigungsgesichtspunkt wird verschiedentlich unter dem Begriff der Legitimationsgrundlage erfasst[181]. Einigkeit besteht darüber, dass für eine Inhaltskontrolle eine Publikumsgesellschaft vorliegen muss. Der Begriff der Publikumsgesellschaft ist zwar nicht abschließend geklärt. Gleichwohl bestehen genaue Vorstellungen für die Annahme eine solchen Gesellschaftstypus. Es muss sich dabei jedenfalls um eine Gesellschaft handeln, die auf die Aufnahme einer unbestimmten Vielzahl von Gesellschaftern gerichtet ist. Darüber hinaus wird gefordert, dass die aufzunehmenden Gesellschafter auf die Gestaltung des Gesellschaftsvertrages keinen Einfluss nehmen können, also durch einen vorformulierten Vertrag an der Gesellschaft beteiligt werden sollen[182].

Nicht hinreichend geklärt ist dagegen, ob der Wegfall der Disziplinierungsfunktion der persönlichen Haftung bei der GmbH & Co. KGaA eine weitere Voraussetzung für die Inhaltskontrolle darstellt. Im Ergebnis geht es letztlich darum, ob auch eine börsennotierte KGaA, bei der die Gesellschafter nur aufgrund eines vorformulierten Gesellschaftsvertrages der Gesellschaft durch Erwerb von Kommanditaktien beitreten können, der Inhaltskontrolle zu unterwerfen ist. Soweit diese Frage im Schrifttum angespro-

---

[181] Der Begriff wird bspw. Von Ihrig/Schlitt, ZHR-Beiheft 67, 1998, S. 33, 41.

[182] Vgl. hierzu Ihrig/Schlitt, ZHR-Beiheft 67 (1998), S. 33, 60; Schilling, BB 1998, 1905, 1907.

chen wird, wird sie von den Formulierungen der Entscheidung des BGH geprägt, wonach die GmbH & Co. KGaA einer Inhaltskontrolle zu unterziehen ist[183]. Die Ausführungen sind insoweit eindeutig, als er sich nicht auch auf eine KGaA mit vorformuliertem Gesellschaftsvertrag bezogen hat[184]. Entgegen dieser Ansicht kann jedoch aus diesen Äußerungen allein nicht darauf geschlossen werden, dass eine Inhaltskontrolle bei einer KGaA, die einem unbestimmtem Publikum zu im vorhinein bestimmten Bedingungen offen steht, nicht erfolgt.

Trotz des eindeutigen Wortlautes ist es gleichwohl denkbar, die Äußerungen des BGH im Kontext mit den sonstigen Ausführungen des BGH zu sehen. Wie bereits ausgeführt, war Entscheidungsgegenstand eine GmbH & Co. KGaA, und formal betrachtet sollen sich die Entscheidungsgründe nur auf den Entscheidungsgegenstand beziehen. Soweit der BGH darüber hinaus darauf abgehoben hat, dass die Kommanditaktionäre in der GmbH & Co. KGaA die Auswahl der Person des Geschäftsleiters nicht beeinflussen können[185], so beschreibt der BGH hiermit eine besondere Gefahrenlage für die Kommanditaktionäre, die aus der juristischen Eigenständigkeit der Komplementärin folgt. Daraus lässt sich jedoch noch nicht auf eine zusätzliche Legitimationsgrundlage für eine Inhaltskontrolle schließen und der BGH hat dies auch nicht in Form einer vergleichenden Betrachtung angestellt.

Gegen eine Beschränkung der Inhaltskontrolle auf die GmbH & Co. KGaA spricht zunächst, dass die Gefährdung der Kommanditaktionäre einer GmbH & Co. KGaA gegenüber der Gefährdung der Kommanditaktionäre einer KGaA keine andere Qualität aufweist. Vielmehr ist sowohl das Verhalten des Geschäftsführers als auch das Verhalten der Gesellschafterversammlung der GmbH zuzurechnen und darüber hinaus bestehen trotz der juristischen Trennung beider Gesellschaften gleichwohl Einwirkungs-

[183] BGHZ 134, 392, 399 f.(unter Punkt 5.) = BGH ZIP 1997, 1027, 1029 = NJW 1997, 1923, 1925 = AG 1997, 370, 371 f. = GmbHR 1997, 595, 598.
[184] Vgl. hierzu Kessler, Einwirkungsrechte der Kommanditaktionäre auf die Geschäftsführung, S. 69 f..
[185] BGHZ 134, 392, 399 f.(unter Punkt 5.) = BGH ZIP 1997, 1027, 1029 = NJW 1997, 1923, 1925 = AG 1997, 370, 371 f. = GmbHR 1997, 595, 598.

möglichkeiten der Kommanditaktionäre in einem noch zu bestimmenden Umfang[186].

Auch der Wegfall der Steuerungsfunktion der persönlichen Haftung taugt nicht als weiterer Gesichtspunkt einer Begrenzung der Inhaltskontrolle auf eine GmbH & Co. KGaA. Dieser erhöht zwar die Schutzbedürftigkeit der Kommanditaktionäre, vermag jedoch eine Inhaltskontrolle auch nicht zu legitimieren. Vielmehr ist es nicht zu beanstanden, wenn die Kommanditaktionäre im Rahmen ihrer Vertragsfreiheit sich hierauf einlassen[187].

Im Ergebnis kommt eine Inhaltskontrolle dann in Betracht, wenn eine KGaA sich an ein unbestimmtes Anlegerpublikum richtet, deren Beitritt und die sich hieran anschließenden vertraglichen Bestimmungen vorformuliert sind. Demnach kommt eine Inhaltskontrolle nicht nur bei der KGaA ohne natürlicher Person als Komplementär, sondern auch bei einer KGaA mit einer natürlichen Person als haftendem Komplementär unter der Voraussetzung in Betracht, dass das mögliche Anlegerpublikum nicht bestimmt und zu vorher festgelegten Vertragsbestimmungen geworben werden soll[188].

Letztlich kann es für die Frage der Inhaltskontrolle auf die Disziplinierungsfunktion der persönlichen Haftung dann nicht ankommen, wenn durch die Inhaltskontrolle das Initiativrecht der Geschäftsführung nicht

---

186 Hierzu auch Kessler, Einwirkungsmöglichkeiten der Kommanditaktionäre auf die Geschäftsführung, S. 69.

187 Vgl. Kessler, Einwirkungsmöglichkeiten der Kommanditaktionäre auf die Geschäftsführung, S. 86.

188 Für eine Inhaltskontrolle bei sämtlichen Erscheinungsformen von Publikums-KGaA: Semler/Perlitt in MünchKomm/AktG, 2. Aufl., § 278 Rdnr. 349; Kessler, Einwirkungsmöglichkeiten der Kommanditaktionäre auf die Geschäftsführung, S. 87 ff.; Ladwig/Motte, DStR 1997, 1539, 1541; Heineke, Anlegerschutz in der KGaA, S. 210 ff.; für eine Beschränkung der Inhaltskontrolle auf die GmbH & Co. KGaA dagegen Schlitt, Satzung der KGaA, S. 17; Arnold, GmbH & Co. KGaA, S. 56 f.; in diese Richtung auch Herfs in: VGR Bd. 1 (1999), S. 23, 36 f.; Vorbehalte gegen eine Inhaltskontrolle bei W.U: Schilling, BB 1998, 1905, 1906; Hüffer, Komm/AktG, 6. Aufl., § 278 Rdnr. 9 a; gegen eine Inhaltskontrolle sprechen sich dagegen insbesondere Assmann/Sethe in GroßKomm/AktG, 4. Aufl., § 278 Rdnr. 7; Mertens/Cahn, KölnKomm/AktG, 2. Aufl., Vor § 278 Rdnr. 15 aus, wobei beide Kommentierungen im Einzelfall für die Korrektur auf Begründungsmuster zurückgreifen, die für die Inhaltskontrolle von Satzungsgestaltungen verwendet werden. Gegen eine Inhaltskontrolle auch Schütz/Reger in Schütz/Bürgers/Riotte, Hdb/KGaA, § 5 Rdnr. 26 ff.; Assmann/Sethe wollen zur Absicherung der Kommanditaktionäre insbesondere auf kapitalmarktrechtliche Schutzinstrumente abstellen, vgl. hierzu die Ausführungen unter E. I 2., S. 132 ff..

beseitigt wird und eine Mitwirkung der Kommanditaktionäre auf Fragen beschränkt werden, die die Grundlagen der Gesellschaft betreffen. Dem persönlich für die Verbindlichkeiten der KGaA Haftenden soll jedenfalls nicht zugemutet werden, die Geschäftsführung in einer von ihm nicht zu verantwortenden Weise ausüben und dadurch sehenden Auges die Gesellschaft und sein eigenes Vermögen zu verlieren.

3.2. Richtigkeit des Maßstabes von § 242 BGB ?

Systematisch kann eine an Treu und Glauben orientierte Inhaltskontrolle von mehreren verschiedenen Ansätzen ausgehen: Zunächst kann erwogen werden, eine bestimmte gesellschaftsvertragliche Klausel gar nicht als vereinbart anzusehen, weil die Anlagegesellschafter mit dieser Klausel billiger- und gerechterweise nicht haben zu rechnen brauchten und die Klausel sich daher als überraschend darstellt[189]. Einen vergleichbaren Ansatz hat die Rechtsprechung für die Kontrolle von Allgemeinen Geschäftsbedingungen (AGB) entwickelt. Dieser war früher in § 3 AGBG normiert gewesen und wird nach geltender Rechtslage durch § 305 c BGB erfasst. Diesen Regelungen liegt dabei die Überlegung zugrunde, dass die Möglichkeit der Kenntnisnahme von AGB durch den Kunden oft nicht genutzt worden ist, weil er die Geschäftsbedingungen im Grunde genommen gar nicht liest. Ähnliche Erwägungen hat der BGH zu Klauseln von Publikumspersonengesellschaftsverträgen bislang nicht angestellt[190]. Der Grund hierfür dürfte in der mangelnden Übertragbarkeit dieser Argumentation auf Gesellschaftsverträge sein[191]. Vielmehr geht der Rechtsverkehr (wohl) davon aus, dass ein Kapitalanleger wegen der weitreichenden Folgen vor dem Beitritt zu einer Gesellschaft den Gesellschaftsvertrag durchliest und zwar auch dann, wenn der Vertrag bereits vorformuliert ist[192]. Gegen eine besondere Kontrolle von Publikumspersonengesellschaftsverträgen spricht zudem, dass die Abgrenzung zwischen überraschenden und inhaltlich nach § 242 BGB unangemessenen Klauseln außerordentlich schwierig ist. Deshalb hat auch die Rechtsprechung zu den Allgemei-

---

189 Wawrzinek, Unternehmensinterner Anlegerschutz, S. 99.

190 Wawrzinek, Unternehmensinterner Anlegerschutz, S. 99.

191 Möglich wäre dies insbesondere in den Fällen zur Anordnung von Nachschussklauseln gewesen, vgl. hierzu BGH, NJW 1979, 419; NJW 1979, 2102.

192 Wawrzinek, Unternehmensinterner Anlegerschutz, S. 100.

nen Geschäftsbedingungen diese Unterscheidung bis zum Inkrafttreten des AGB-Gesetzes nicht vorgenommen[193].

Kessler hat neuerdings versucht, die gesellschaftsrechtliche Inhaltskontrolle aufgrund ihres Tatbestandes und ihrer Rechtsfolge in die Nähe zu § 307 Abs. S. 1 BGB zu rücken[194]. Er führt aus, dass die Klausel nach der Rechtsprechung auf ihre Angemessenheit zu überprüfen sei. Hieran werde deutlich, dass die überkommene Aussage des Instituts der gesellschaftsrechtlichen Inhaltskontrolle auffällige Ähnlichkeiten mit § 307 Abs. 1 Satz 1 BGB (vormals § 9 Abs. 1 Satz 1 AGBG) aufweist[195]. Kessler konzediert jedoch im Anschluss selbst, dass diese Parallele aufgrund der Bereichsaunahme des § 310 Abs. 4 Satz 1 3. Fall BGB (vormals § 23 Abs. 1 4. Fall AGBG) nur selten gezogen wird. Der von Kessler angeführte Maßstab des § 307 Abs. 1 Satz 1 BGB mit seiner Angemessenheitsprüfung entspricht der von der Rechtsprechung zu Publikumspersonengesellschaften vorgenommenen Angemessenheitsprüfung nach § 242 BGB. Einer Verortung der Angemessenheitsprüfung in § 307 Abs. 1 Satz 1 BGB steht jedoch die gesetzliche Bereichsausnahme für das Gesellschaftsrecht entgegen.

Denkbar wäre auch, die Inhaltskontrolle von Publikumspersonengesellschaften ausschließlich am Maßstab des § 138 BGB zu orientieren und die Verträge lediglich auf ein kollusives sittenwidriges Zusammenwirken der Gründungsgesellschafter zu Lasten der Anlagegesellschafter zu untersuchen[196]. Dies hätte jedoch zwangsläufig einen kleineren Wirkungsbereich der Inhaltskontrolle zur Folge. Da nach § 138 BGB nicht schlechthin jeder Verstoß gegen ein ethisches Gerechtigkeitsempfinden als sittenwidrig angesehen werden kann, könnten nur die eklatanten Fälle eines Missbrauchs der Vertragsfreiheit erfasst werden[197]. Der Maßstab des § 242 BGB ist daher vorzugswürdig.

---

[193] Vgl. hierzu z.B. BGHZ 60, 243 = NJW 1973, 1990.
[194] Kessler, Einwirkungsrechte der Kommanditaktionäre, S. 77 ff..
[195] Kessler, Einwirkungsrechte der Kommanditaktionäre, S. 77.
[196] Kraft, Festschrift Fischer, S. 321, 336 f..
[197] Wawrzinek, Unternehmensinterner Anlegerschutz, S. 82 ff. mwN., S. 98.

Bei einem Verstoß gegen den Grundsatz von Treu und Glauben ist die entsprechende Bestimmung unwirksam[198]. Anstelle der unwirksamen Norm kommt danach das dispositive Recht zur Anwendung. Zur genaueren Bezeichnung des Maßstabes führt der BGH aus, dass „ein Missbrauch der Vertragsfreiheit unter Berücksichtigung der miteinander verflochtenen Interessen und Rechtsbeziehungen dann gegeben ist, wenn eine Klausel ohne sachlichen Grund einseitig die Belange der Gesellschaft, einzelner Gesellschafter, der Gründungsgesellschafter oder sonstiger Gesellschaftergruppen verfolgt und die berechtigten Interessen der Anlagegesellschafter unangemessen und unbillig beeinträchtigt“[199].

3.3. Einwände gegen die Übertragbarkeit der Grundsätze der Inhaltskontrolle

Der nachfolgenden Untersuchung bleibt die Klärung vorbehalten, ob der Übertragung der bei Publikumspersonengesellschaften anwendbaren Grundsätze der Inhaltskontrolle auf die Publikums-KGaA durchgreifende Einwände entgegenstehen.

Heermann wendet ein, dass die Gefahr eines Subsumtionsmechanismus besteht, sofern man die vom Gesetzgeber bei der Rechtsform der KGaA gewährten Gestaltungsspielräume unberücksichtigt lässt[200]. Er führt hierzu aus, dass es nicht die Grundform einer KGaA gebe, die wie die Aktiengesellschaft über § 23 Abs. 5 AktG in ein vergleichbar enges rechtliches Korsett gezwängt werden könne. Vielmehr habe man die vier verschiedenen Grundformen der KGaA zu unterscheiden, je nachdem, ob die Gesellschaft nach der Ausgestaltung der Satzung von den Kommanditaktionären, dem Aufsichtsrat, einem eventuell errichteten Beirat oder aber – wie Heermann selbst ausführt – typischerweise von einem Komplementär dominiert werden soll[201]. Diese Variationsbreite sollte durch eine unreflektierte Übertragung des Meinungsstandes zu Publikums-KG nicht eingeeb-

[198] Grunewald in MünchKomm/HGB, § 161 Rdnr. 20 mN zur Gegenansicht in Fn. 286; Stimpel, Festschrift Fischer, S. 771, 775.
[199] So die Ausführungen in BGH BB 1982, 1196.
[200] Heermann, ZGR 2000, 61, 78.
[201] Heermann, ZGR 2000, 61, 78.

net werden. Nach seiner Ansicht ist eine Parallelwertung nur bei einer strukturellen Vergleichbarkeit gegeben[202].

Der zweite vorgebrachte Einwand bezieht sich auf die bewusst getroffene Entscheidung des Gesetzgebers, der offenbar neben der KG und der AG eine andere Rechtsform zur Verfügung stellen wollte, welche die Vorteile von Personengesellschaft und Kapitalgesellschaft vereinigt[203].

Der dritte Einwand ist im Kapitalmarktrecht begründet. Es wird darauf verweisen, dass sich der Anleger aufgrund des Emissionsprospektes, insbes. § 18 Nr. 3 ZulVO, und gestützt auf die Kapitalmarktinstitutionen ggf. unter Heranziehung eigener Berater selbst ein Bild über die Angemessenheit seiner Rechte machen kann[204]. Im Unterschied zu dem Gesellschafter der Publikums-KG habe der Gesellschafter einer börsennotierten GmbH & Co KGaA jederzeit die Möglichkeit, sich durch Verkauf von seiner Anlage zu trennen. Ob diese kapitalmarktrechtlichen Instrumente einen gesellschaftsrechtlichen Anlegerschutz ersetzen oder ihn nur ergänzen können und inwieweit auf kapitalmarktrechtliche Instrumente im Rahmen dieser Untersuchung zurückzugreifen ist, wird an späterer Stelle erörtert[205].

Bedenken werden zudem im Hinblick auf die sich unterscheidenden Anlageziele geltend gemacht. Angeführt wird, dass es problematisch ist, Rechtsprechungsgrundsätze, die vorwiegend für Steuerspargesellschaften entwickelt worden sind, auf Gesellschaften zu übertragen, die primär mit Gewinnerzielungsabsicht betrieben werden[206]. Letztlich wird von Gestaltungspraktikern eingewandt, dass eine Inhaltskontrolle einen erheb-

---

[202] Heermann, ZGR 2000, 61, 78.

[203] Dies wird insbesondere von den Vertretern, die eine Inhaltskontrolle verneinen, als (eine) Begründung angeführt, vgl. Herfs in MünchHdb/GesR, AG, 2. Aufl., § 76 Rdnr. 49.

[204] Diese Ansicht wird insbesondere von Assmann/Sethe in GroßKomm/AktG, 4. Aufl., § 278 Rdnr. 7; Fett in Schütz/Bürgers/Riotte (Hrsg.), Hdb/KGaA, § 3 Rdnr. 13, S. 23 f.; Herfs in MünchHdb/AG, 2. Aufl., § 76 Rdnr. 49; Wichert, AG 2000, 268 ff..

[205] Siehe hierzu im Ersten Teil unter E. I., S. 132 ff..

[206] Schilling BB 1998, 1905 ff..

lichen Unsicherheitsfaktor und Nachteil für die GmbH & Co. KGaA darstelle[207].

Heermanns Einwand gegen den Subsumtionsmechanismus geht letztlich fehl. Für eine Anwendung der Grundsätze über die Publikumsgesellschaften ist neben der Struktur der Gesellschaft als Publikumsgesellschaft eine unverhältnismäßige Benachteiligung der Kommanditgesellschafter erforderlich. Soweit eine Klausel keine Benachteiligung enthält, kann sie auch bei einer Publikums-KGaA nicht kassiert werden.

Der kapitalmarktrechtlichen Betrachtungsweise ist zwar zuzugeben, dass bei einer börsennotierten GmbH & Co KGaA eine zusätzliche Ausstiegsmöglichkeit besteht. Unabhängig von der tatsächlich vorhandenen Liquidität eines Handels in den Aktien der jeweiligen Gesellschaft ist der Exit ein Weniger gegenüber der Teilhabe an Gesellschaftsentscheidungen und der Einwirkungsmöglichkeit auf die Geschäftsführung. Zudem sind Fälle denkbar, in denen ein Ausstieg aus steuerlichen Gründen uninteressant[208] oder faktisch zu spät erfolgen würde[209].

Das Argument der Unterschiedlichkeit der Anlageziele ist im Ergebnis nicht tragfähig. Auch wenn man unterstellt, dass die Gesellschafter einer Publikumskommanditgesellschaft nur an einer steuerlichen Verlustzuweisung interessiert sind, den Gesellschaftern einer börsennotierten GmbH & Co. KGaA es letztlich nur auf die Rendite ankommt, ist ein Hinderungsgrund für eine Übertragung der Grundsätze nicht ersichtlich. Die Gesellschafter einer Verlustzuweisungsgesellschaft müssen im Sinne einer steuerlichen Anerkennung als Mitunternehmerschaft an einem erforderlichen Umfang an Mitverwaltungsrechten interessiert sein[210]. Dies gilt aus

---

[207] Ladewig/Motte, DStR 1997, 1539, 1540 f.; Schilling, BB 1998, 1905 ff.; Geck, NZG 1998, 586, 588. Dagegen sehen insbesondere Strieder/Habel, BB 1997, 1375, 1377; Hennerkes/Lorz, DB 1997, 1388, 1391 in der vom BGH angedeuteten Inhaltskontrolle keinen Nachteil für die GmbH & Co KGaA.

[208] Steuerlich ist eine Trennung möglicherweise beim Halten einer wesentlichen Beteiligung, bei einem Spekulationsgeschäft nach § 23 EStG.

[209] Bsw. dann, wenn die Aktie aufgrund einer Hauptversammlungsentscheidung im Anschluss an die Entscheidung sinkt.

[210] Zu den Voraussetzungen der Mitunternehmerschaft Binz/Sorg, GmbH & Co. KG, 9. Aufl., § 16 Rdnr. 60 ff., insbes. 73 ff.

tatsächlichen Gründen auch für die Gesellschafter einer börsennotierten GmbH & Co. KGaA.

Soweit darüber hinaus eingewandt wird, dass eine Inhaltskontrolle der Satzung einer tatsächlichen Verbreitung der Kapitalgesellschaft & Co. KGaA abträglich ist, so muss zunächst geklärt werden, worin dieser Nachteil bestehen soll. Durch die Inhaltskontrolle sollen aus der Sicht der Kommanditaktionäre unangemessene Satzungsklauseln kassiert werden können. Somit erhöhen sich die Einwirkungsmöglichkeiten der Kommanditaktionäre. Die Anwendung einer Inhaltskontrolle am Maßstab des § 242 BGB führt jedoch, wie die Verwendung jeder Generalklausel zu einem vorläufigen Maß an Rechtsunsicherheit insoweit als diese Frage durch die Rechtsprechung noch nicht entschieden und bei der Rechtsanwendung die Möglichkeit mehrerer rechtlicher Ergebnisse besteht. Diese Rechtsunsicherheit kann jedoch letztlich nicht als Argument gegen eine Inhaltskontrolle herangezogen werden.

Durchgreifend sind dagegen die Argumente der die Übertragbarkeit der Rechtsprechungsgrundsätze zur Publikums-KG befürwortenden Ansichten. Die Übertragung geht dabei über eine bloße Heranziehung im Sinne einer Indizwirkung hinaus. Geprüft werden muss bei der Übertragung im Einzelfall jedoch, ob Tatsachen im Einzelfall der Anwendung entgegenstehen.

3.4. Beispielsfälle für eine Inhaltskontrolle in der Publikums-KG

Die Inhaltskontrolle von Klauseln einer Satzung einer Publikums-KG soll einen Machtmissbrauch durch die Initiatoren einer Publikums-KG ausgleichen. Eine Klausel ist hiernach dann unwirksam, wenn sie ohne einen ausreichenden sachlichen Grund einseitig die Belange der Komplementär-GmbH verfolgt und unangemessen und unbillig die berechtigten Interessen der Anlagegesellschafter beeinträchtigt[211].

Die Rechtsprechung konnte die Generalklausel bisher nur anhand einiger praktischer Fälle konkretisieren. So hat der BGH eine Regelung im

[211] Vgl. BGHZ 104, 50 ff..

Gesellschaftsvertrag für unwirksam erklärt, nach der der Geschäftsführer nur mit qualifizierter Mehrheit[212] bzw. mit Zustimmung aller Gesellschafter[213] abberufen werden kann. Die Rechtsprechung hat in diesen Fällen die einfache Mehrheit genügen lassen[214]. Eine Inhaltskontrolle ist darüberhinaus erfolgt bei Vertragsbestimmungen, die den Gründungsgesellschaftern eine Sperrminorität sichern, wenn der von ihnen bestellte Geschäftsführer ersetzt bzw. der den Geschäftsführer kontrollierende Aufsichtsrat (Beirat) gewählt werden soll[215]. Die Rechtsprechung hat darüber hinaus Klauseln für nichtig erklärt, in denen sich der persönlich haftende Gesellschafter – eine GmbH – eine für ihn ausschließlich günstige Option auf Kommanditanteile einräumen lässt, da auch dieses Recht zu einer ausschließlichen Benachteiligung der Kommanditisten führen kann[216]. Die Begründung hierfür besteht darin, dass der persönlich haftende Gesellschafter diese Option nur ausübt, wenn die Gesellschaft Gewinne macht oder solche für ihn erkennbar in der Zukunft machen wird. Die Klausel bewirkt, dass die Initiatoren die Risiken einseitig auf die Kommanditisten verlagern können, gleichzeitig die Kommanditisten bei erfolgreicher Geschäftstätigkeit aber von diesem Erfolg ausschließen[217]. Nach der ständigen Rechtsprechung scheidet zudem eine Rechtfertigung derartiger Klauseln durch eine angemessene Abfindung aus[218]. Unwirksam sind darüber hinaus Klauseln, durch die im Rahmen einer Gesamtbetrachtung dem Kommanditisten einseitig Nachschusspflichten auferlegt wurden[219].

Die Rechtsprechung hat dagegen noch nicht über die Frage der Abbedingung der Zustimmungskompetenzen der Kommanditisten bei Grundlagengeschäften, außergewöhnlichen Geschäftsführungsmaßnahmen und ggf. der Ausschluss von Informationsrechten. Die Diskussion in der Literatur kreist dabei im Wesentlichen um die Frage der Abbedingung des Zu-

---

[212] BGH NJW 1982, 2495, 2496.
[213] BGHZ 102, 172, 178 = BGH NJW 1988, 969 f..
[214] Henze in Ebenroth u.a./KommHGB, § 177 a Anh. B, Rdnr. 28.
[215] BGH WM 1983, 1407, 1408.
[216] BGHZ 84, 11, 15 = NJW 1982, 2303, 2304; BGHZ 104, 50, 57 = NJW 1988, 1903.
[217] Vgl. zur Chancen-Risiken Verteilung Henze in Ebenroth u.a./KommHGB, § 177 a Anh. B; zu dieser Klausel auch Grunewald in MünchKomm/HGB, 161 Rdnr. 118.
[218] BGHZ 81, 263, 268 = NJW 1981, 2565 f.; BGHZ 104, 50, 58 f. = NJW 1988, 1903 f; BGHZ 125, 74, 80 = NJW 1994, 1156 f..
[219] BGH NJW 1979, 419; BGH ZIP 1982, 1442.

stimmungsrechtes der Kommanditisten nach § 164 Satz 2 HGB. Über diesen diskutierten Fall hinaus wird jedoch die grundsätzliche Anwendung der Inhaltskontrolle zu klären sein.

3.5. Nichtigkeit der Klausel als Rechtsfolge der Inhaltskontrolle

Ergibt die Überprüfung einer Klausel im Gesellschaftsvertrag am Maßstab des § 242 BGB deren Unangemessenheit, so folgt hieraus grundsätzlich die Nichtigkeit der betreffenden Regelung[220]. Gegen diese Rechtsfolge sind von einer verbreiteten Meinung Einwände vorgetragen worden[221]. Die Vertreter dieser Ansicht führen an, dass die Parteien durch die Vereinbarung von mit dem dispositiven Recht abweichenden Klauseln zu verstehen gegeben haben, dass die gesetzlichen Bestimmungen gerade nicht ihren Vorstellungen entsprechen[222]. Ein Rückgriff auf das dispositive Recht wäre deshalb regelmäßig als interessenwidrig angesehen werden.

Die Rechtsprechung hat diesen Einwand gesehen und war im Einzelfall bestrebt, auf komplementäre Institute zurückzugreifen. So vermeiden die Institute der ergänzenden Vertragsauslegung[223] und der Analogie den Rückgriff auf das abbedungene dispositive Recht. Deshalb soll nachfolgend geklärt werden, in welchem Rahmen auf diese Institute zurückgegriffen werden kann.

4. Ergänzende Vertragsauslegung als komplementäres Institut zur Einschränkung der Gestaltungsfreiheit?

Die ergänzende Vertragsauslegung bezweckt, Regelungen für die in einem Rechtsgeschäft enthaltenen Lücken zu finden. Für das Instrument der ergänzenden Vertragsauslegung muss zunächst das Vorliegen einer Vertragslücke festgestellt werden. In einem zweiten Schritt ist dann der hypothetische Parteiwille zu ermitteln[224].

---

[220] Grunewald in MünchKomm/HGB, § 161 Rdnr. 20 mN zur Gegenansicht in Fn. 286; Stimpel, Festschrift Fischer, S. 771, 775.
[221] Vgl. zum damaligen Diskussionsstand Stimpel, Festschrift Fischer, S. 771, 775 ff..
[222] Wawrzinek, Unternehmensinterner Anlegerschutz, S. 110.
[223] Das Institut dient im Ausgangspunkt der Lückenfüllung, vgl. nur Larenz, NJW 1963, 737.
[224] Vgl. allgemein zur ergänzenden Vertragsauslegung Mayer-Maly/Busche in MünchKomm/BGB, 4. Aufl., § 157 Rdnr. 25 ff – zum hypothetischen Parteiwillen allgemein Rdnr. 38 ff.; Wawrzinek, Unternehmensinterner Anlegerschutz, S. 108.

Erste Voraussetzung für die Vornahme einer ergänzenden Vertragsauslegung ist die Feststellung einer Vertragslücke[225]. Bei Gesellschaftsverträgen, die für einen längeren Zeitraum gelten sollen, geschieht es vielfach, dass sich die Verhältnisse im Laufe der Zeit in einer Weise entwickeln, mit der die Gründer beim Abschluss des Vertrages weder gerechnet haben, noch rechnen konnten. Allerdings stellt nicht jeder im Vertrag ungeregelte Punkt eine Lücke dar. Vielmehr muss es sich stets um planwidrige Unvollständigkeiten handeln[226]. Eine solche planwidrige Unvollständigkeit liegt vor, wenn eine Vereinbarung über eine Frage unterlassen worden ist, deren Regelung durch den Vertragszweck gefordert wird, so dass die Regelungsbedürftigkeit aus dem Vertrag ersichtlich ist. Das kann auch bei bewusst offen gelassenen Fragen der Fall sein, sofern sich entgegen der ursprünglichen Vorstellung der Parteien später ein Regelungsbedürfnis ergibt[227]. Bei Vorhandensein einer solchen Lücke ergibt sich, soweit eine Pflicht zur Mitwirkung an einer von der Rechtsprechung in Einzelfällen angenommenen Vertragsanpassung nicht in Betracht kommt[228], das Problem, ob die Lückenfüllung primär mit dispositivem Recht vorgenommen werden muss[229]. Bedeutung gewinnt dies unter dem Aspekt, dass die Parteien durch das Abbedingen der gesetzlichen Bestimmungen diese gerade als für sie nicht ihren Vorstellungen entsprechend eingestuft haben[230].

Im Gegensatz zur Regelung des § 306 BGB – früher § 6 Abs. 2 AGBG - existiert kein gesetzlich normierter Grundsatz des Vorrangs bei der Lückenfüllung zwischen ergänzender Vertragsauslegung und Lückenfüllung nach dispositivem Recht. Die Lösung dieses Konkurrenzproblems hängt von der dogmatischen Einordnung der ergänzenden Auslegung ab. Diese stellt nach zutreffender Ansicht eine echte Form der Auslegung dar[231]. Sie

[225] Mayer-Maly/Busche in MünchKomm/BGB, 4. Aufl., § 157 Rdnr. 27 ff..
[226] Larenz, NJW 1963, 737, 738.
[227] Mayer-Maly/Busche in MünchKomm/BGB, 4. Aufl., § 157 Rdnr. 29.
[228] Aus der Rechtsprechung vgl. BGH NJW 1961, 724; BGH BB 1986, 421, 422; K. Schmidt in MünchKomm/HGB, Band 2, § 105 Rdnr. 164 ff.; Grunewald in MünchKomm/HGB, Band 3, § 161 Rdnr. 26.
[229] Vgl. zum Streitstand Mayer-Maly/Busche in MünchKomm/BGB, 4. Aufl., § 157 Rdnr. 28 mwN. in Fn. 75 f..
[230] Wawrzinek, Unternehmensinterner Anlegerschutz, S. 110.
[231] Mayer-Maly in MünchKomm/BGB, 4. Aufl., § 157 Rdnr. 24; anders dagegen Mayer-Maly/Busche in MünchKomm/BGB, 4. Aufl., § 157 Rdnr. 25 f.; Flume, AT-BGB, Das Rechtsgeschäft, § 16, 46.

wird insbesondere in den Fällen, in denen der von den Beteiligten vereinbarte konkrete Vertrag vom gesetzlichen Leitbild dieses Vertrages deutlich abweicht, relevant. Müsste man die Lücken in diesen atypisch ausgestalteten Verträgen mit einzelnen gesetzestypischen Regeln auffüllen, besteht die Gefahr, dass die Regelungen des Vertragswerkes nicht mehr zueinander passen und dass das Vertragswerk nicht mehr stimmig ist. Gerade durch die Vereinbarung von den dispositiven Normen abweichenden Regeln geben die Beteiligten zu erkennen, dass sie jedenfalls die Regelung des dispositiven Rechts nicht gewollt haben. Dieser erkennbare tatsächliche Wille der Gesellschafter führt dazu, dass man die ergänzende Vertragsauslegung vor der dispositiven Rechtslage berücksichtigt[232][233]. Im Ergebnis hat deshalb die an der spezifischen Interessenlage ausgerichtete ergänzende Vertragsauslegung Vorrang vor der Lückenfüllung durch dispositives Recht[234].

Der Sinngehalt des durch Auslegung zu ergänzenden Vertrages ist dadurch zu finden, dass unter Berücksichtigung aller Umstände zu untersuchen ist, wie die Beteiligten redlicherweise den offen gebliebenen Punkt geregelt hätten[235]. Dies bedeutet im Ergebnis, dass ein Richter den Beteiligten nicht seine eigenen Maßstäbe aufdrängen darf, sondern lediglich die von den Parteien nach dem Vertragszweck oder sonst erkennbar zugrunde gelegten Wertungen zu Ende denken darf. Problematisch könnte insoweit sein, dass die Parteiautonomie für den Vertragsinhalt nahezu ausschließlich bei den Gründergesellschaftern liegt. Sie konzipieren die Vertragsbestimmungen und schließen den ersten Gesellschaftsvertrag. Demgegenüber nehmen die späteren Erwerber der Kommanditaktien auf den Inhalt des Vertrages keinen Einfluss mehr. Deshalb stellt sich die Frage, ob bei der Ermittlung des hypothetischen Parteiwillens in erster Linie der von den Gründergesellschaftern zugrundegelegte Vertragszweck

---

232 So die frühere Rechtsprechung des BGH, vgl. zu dieser Grundsatzfrage allgemein Mayer-Maly/Busche in MünchKomm/BGB, 4. Aufl., § 157 Rdnr. 25; aus der Rechtsprechung BGH NJW 1997, 2592, 2593 (BGB-Gesellschaft): der Rückgriff auf das Gesetzesrecht kommt nur als letzter Notbehelf in Frage; BGHZ 123, 281 = NJW 1993 = WM 1993, 2008 = ZIP 1993, 1611; BGH NJW 1989, 2681, 2682.

233 Dies entspricht auch der bisherigen h.M. im Schrifttum, vgl. nur Grunewald in MünchKomm/HGB, § 163 Rdnr. 3; K. Schmidt, GesR, 4. Aufl., § 5 I 4 d.

234 Wawrzinek, Unternehmensinterner Anlegerschutz, S. 110.

235 BGHZ 9, 273; 16, 71, 76.

und deren Wertungen maßgebend sind. Es besteht jedoch im Ergebnis Einigkeit darüber, dass bei der Auslegung der Bestimmungen des Vertragsinhalts nicht von den Verhältnissen und Anschauungen zum Zeitpunkt des Vertragsschlusses, sondern vom Zeitpunkt der Auslegung auszugehen ist[236]. Dies kann dazu führen, dass sich die Verhältnisse geändert haben. Die ergänzende Vertragsauslegung scheidet jedoch aus, wenn sie sich in Widerspruch zum erkennbaren tatsächlichen Parteiwillen stellt[237]. Sie scheidet zudem dann aus, wenn verschiedene rechtliche Gestaltungsmöglichkeiten in Betracht kommen. Deshalb bedarf die ergänzende Vertragsauslegung eines irgendwie gearteten Anhaltspunktes im Vertragswerk, von dem aus der Wille der Beteiligten zu Ende gedacht werden kann[238].

Ein Rückgriff auf die ergänzende Vertragsauslegung ist zudem dann ausgeschlossen, wenn die Parteien die Geltung der ergänzenden Vertragsauslegung abbedungen haben. Die ergänzende Vertragsauslegung versagt darüber hinaus bei einem nicht feststellbaren tatsächlichen Willen der Beteiligten bzw. wenn verschiedene rechtliche Gestaltungsmöglichkeiten in Betracht kommen. Deshalb bedarf die ergänzende Vertragsauslegung eines irgendwie gearteten Anhaltspunktes im Vertragswerk, von dem aus der Wille der Beteiligten zu Ende gedacht werden kann[239].

In den Fällen, in denen die Rechtsprechung die Regeln der ergänzenden Vertragsauslegung angenommen hat, wurden die klassischen Grenzen der Vertragsauslegung jedenfalls gestreift, wenn nicht sogar überschritten[240]. Die Vertragsauslegung erfolgte bisweilen unter Rückgriff auf die Regeln des Aktienrechtes, bisweilen auch nur mit Blick auf die übrigen Vertragsklauseln[241]. Die Grundzüge des Vertrages sollen dabei soweit

---

[236] BGHZ 12, 337, 343; 23, 282, 285, zur Problematik bei der Publikums-KG Wawrzinek, Unternehmensinterner Anlegerschutz, S. 113.
[237] Mayer-Maly/Busche in MünchKomm/BGB, 4. Aufl., § 157 Rdnr. 29.
[238] Mayer-Maly/Busche in MünchKomm/BGB, 4. Aufl., §§ 157 Rdnr. 39 f., 139 Rdnr. 28 f..
[239] Mayer-Maly/Busche in MünchKomm/BGB, 4. Aufl., §§ 157 Rdnr. 39 f., 139 Rdnr. 28 f..
[240] Vgl. zu diesem Befund Kraft, Festschrift Fischer, S. 321, 327 ff., 333; Wawrzinek, Unternehmensinterner Anlegerschutz, S. 116; vgl. auch Grunewald in MünchKomm/HGB, § 161 Rdnr. 120.
[241] Vgl. hierzu die eingehenden Darstellungen von Kraft, Festschrift Fischer, S. 321, 328; Wawrzinek, Unternehmensinterner Anlegerschutz, S. 115 f.

irgend möglich weitergedacht werden[242]. Abzuwarten bleibt, ob der II. Zivilsenat des BGH seine früher extensive Anwendung des Grundsatzes der ergänzenden Vertragsauslegung zukünftig in Einzelfällen korrigieren wird[243].

Soweit man das Institut der ergänzenden Vertragsauslegung innerhalb seiner anerkannten Grenzen anwendet, dürfte es auf wenige Anwendungsfälle beschränkt sein. Zudem liegt es in der Hand der den Satzungsinhalt bestimmenden Unternehmer-Gesellschafter, durch eine entsprechend klare Sprache die Möglichkeit von nicht gewollten Auslegungen praktisch zu beseitigen.

5. Analogie zu aktienrechtlichen Normen als komplementäres Instrument zur Einschränkung der Gestaltungsfreiheit

Nachdem vorstehend der Anwendungsbereich der ergänzenden Vertragsauslegung herausgearbeitet worden ist, bleibt nachfolgend die Frage zu klären, ob und in welchen Fällen auf die Analogie als komplementäres Institut zurückgegriffen werden kann. Dafür ist zunächst zu untersuchen, ob und in welchen Fällen die Rechtsprechung bei der Inhaltskontrolle von Satzungen der Publikums-KG auf dieses komplementäre Instrument zurückgegriffen hat. Daneben wird im Schrifttum zur KGaA zudem eine Übertragung der „Holzmüller-Grundsätze“ angedacht.

5.1. Konkurrenz zwischen ergänzender Vertragsauslegung und Analogie

Festzustellen ist zunächst die Konkurrenz zu den dargestellten Instrumenten der Inhaltskontrolle und der ergänzenden Vertragsauslegung. Das Verhältnis ist gemeinhin unklar. Verbreitete Auffassung scheint es zu sein, die Analogie als subsidiäres Instrument heranzuziehen[244]. Gleichzeitig wird aber betont, dass es für den Bereich der Publikumspersonengesellschaften nahe liegen würde, einzelne Regelungen des Kapitalgesellschaftsrechtes, insbesondere des Aktiengesellschaftsrechtes, durch ana-

---

[242] BGH NJW 1993, 3163, 3164.

[243] Vorsichtiger bereits die Ausführungen des früheren Vorsitzenden des II. Zivilsenats des BGH, Boujong in Ebenroth u.a./KommHGB, § 105 Rdnr. 63.

[244] Wawrzinek, Unternehmensinterner Anlegerschutz, S. 116.

loge Anwendung zu übernehmen, da Publikumspersonen- und Kapitalgesellschaften funktionell einander vielfach ähnlich sind und das Kapitalgesellschaftsrecht bereits einen ausgeprägten Anlegerschutz regelt[245]. Dies heißt im Ergebnis, dass man auf das Instrument der Analogie neben oder anstelle der Inhaltskontrolle oder der ergänzenden Vertragsauslegung zurückgreift.

Der BGH hat in einigen Entscheidungen an Regelungen des Kapitalgesellschaftsrechtes, insbesondere des Aktienrechtes, angeknüpft. Eine erste Bezugnahme enthält die Grundsatzentscheidung zur Inhaltskontrolle von Publikumspersonengesellschaften[246]. In dem der Entscheidung zugrunde liegenden Gesellschaftsvertrag war die Haftung der Gesellschafter, die Mitglied des in einer Publikumskommanditgesellschaft eingerichteten Kontrollorgans waren, von ihrem Umfang begrenzt, und die Verjährung der Ersatzansprüche sollte bereits im Jahre nach der jeweiligen ordentlichen Gesellschafterversammlung eintreten. Der BGH hat dieser Regelung die Wirksamkeit versagt und die Lücke durch die Heranziehung der Regelung über die Verjährung von Ersatzansprüchen im Aktienrecht geschlossen[247]. Darüber hinaus schließt der BGH die Anwendung des in § 708 BGB vorgesehenen privilegierenden Haftungsmaßstabes auf Gesellschafter, die Mitglied des in einer Publikumspersonengesellschaft gebildeten Kontrollorgans sind, aus und wendet im Einzelfall den (strengeren) Haftungsmaßstab des §§ 116, 93 AktG, wonach die im Verkehr erforderliche Sorgfalt zu beachten ist, an[248].

Bei diesen genannten Entscheidungen ist jedoch auffällig, dass der BGH nicht ausdrücklich von einer Analogie zu den entsprechenden kapitalgesellschaftsrechtlichen Regelungen spricht. Hierfür wären Feststellungen hinsichtlich einer planwidrigen Gesetzeslücke erforderlich gewesen. Deren Vorliegen dürfte in den meisten Fällen jedoch schwerlich zu beja-

---

[245] Für den Bereich der kapitalistischen Kommanditgesellschaft haben eine Analogie befürwortet, z.B. Teichmann, Gestaltungsfreiheit in Gesellschaftsverträgen, S. 101 ff.; Kraft, Festschrift Fischer, S. 321, 334.

[246] BGHZ 64, 238 = BGH NJW 1975, 1318.

[247] Das Aktienrecht in der Fassung aus dem Jahre 1965 enthält eine fünfjährige Verjährungsfrist, §§ 93 VI, 116 AktG 1965.

[248] BGHZ 69, 207; BGH NJW 1977, 2311.

hen sein[249]. Eine Analogie bleibt gleichwohl hinsichtlich der Rechte denkbar, die in der KG nur sehr rudimentär ausgestaltet sind. Überprüfungsbedürftig ist dies insbesondere im Hinblick auf die Informationsrechte der Gesamtheit der Kommanditaktionäre[250].

5.2. Übertragung ungeschriebener aktienrechtlicher Mitwirkungskompetenzen auf die KGaA?

Neben der Übertragung der Grundsätze zur Inhaltskontrolle ist in der Literatur zur KGaA verschiedentlich an die Anwendung der „Holzmüller-Rechtsprechung" gedacht worden[251]. Klärungsbedürftig ist dabei, ob es sich bei der „Holzmüller-Rechtsprechung" um eine an aktienrechtlichen Normen angelehnte Rechtsprechung oder um einen allgemeinen Grundsatz handelt, der Mitwirkungskompetenzen bei allen Maßnahmen der Konzernbildungs- und -leitungskontrolle zum Gegenstand hat. Nachfolgend soll die Rechtsprechung eingeordnet und deren praktischer Anwendungsbereich herausgearbeitet werden.

In der „Holzmüller-Entscheidung" des BGH ging es um die Ausgliederung des wertvollsten, etwa 80% des Gesellschaftsvermögens ausmachenden Betriebsteils[252] einer AG auf eine 100%ige Tochtergesellschaft, eine KGaA. Der BGH formulierte damals, dass es in einer AG grundlegende Entscheidungen gebe, die zwar formal durch die Vertretungs- und Geschäftsführungsbefugnis des Vorstandes und den Satzungswortlaut gedeckt sind, gleichwohl aber so tief in die „Mitgliedschaftsrechte der Aktionäre und deren im Anteilseigentum verkörpertem Vermögensinteresse" eingreifen, dass der Vorstand vernünftigerweise nicht annehmen könne, er dürfe sie ausschließlich in eigener Verantwortung treffen, ohne die Hauptversammlung zu beteiligen[253]. Diese Voraussetzungen waren nach

---

[249] Die Analyse von Wawrzinek, Unternehmensinterner Anlegerschutz, S. 120 geht zu Recht davon aus, dass eine Analogie von ihren Voraussetzungen in den entschiedenen Fällen nicht vorgelegen hat.

[250] Die Bedeutung aktienrechtlicher Normen für die Inhaltskontrolle der Publikums-KG wird in der Bewertung eher überschätzt, vgl. selbst die Einschätzung von Henze in Ebenroth u.a./KommHGB, § 177 a Anh. B Rdnr. 26.

[251] BGHZ 83, 122 = NJW 1982, 1703.

[252] Diese Zahl wird in der Entscheidung des BGH selbst nicht genannt, sie ergibt sich aber aus den Entscheidungsgründen der Vorinstanz, des OLG Hamburg, Urt. v. 5.9.1980 - 11 U 1/80, DB 1981, 74 ff..

[253] BGHZ 83, 122, 131 = NJW 1982, 1703, 1705.

Auffassung des BGH im damals zu entscheidenden Fall auch erfüllt, weil die Ausgliederung den „Kernbereich der Unternehmenstätigkeit" betraf, den „wertvollsten Betriebszweig" erfasste und die „Unternehmensstruktur von Grund auf" änderte. Die Ausgliederung hatte nach der Erkenntnis des Gerichts nicht nur die Mitwirkungsrechte der Aktionäre hinsichtlich des nunmehr rechtlich verselbständigten Betriebsteils verkürzt, sondern angesichts der überragenden wirtschaftlichen Bedeutung dieses Betriebsteils für das Gesamtunternehmen auch eine erhebliche Gefährdung ihrer Vermögensinteressen verursacht[254].

Der BGH hatte mit dieser Entscheidung zunächst geklärt, dass es ungeschriebene Zuständigkeiten der Hauptversammlung bei tiefen Eingriffen in die Mitgliedschaft der Aktionäre und deren im Anteilseigentum verkörperten Vermögensinteresse gibt. Die mangelnde Bestimmtheit der vom BGH verwandten Kriterien, deren Verhältnis zueinander sowie die bestehenden Schwierigkeiten bei der Bestimmung des Schutzzwecks und der dogmatischen Verankerung der vom BGH geforderten Beteiligung der Hauptversammlung haben in der Folgezeit umfangreiche literarische Stellungnahmen über die Begründung und die Reichweite der „Holzmüller-Rechtsprechung" verursacht[255]. Die Ungewissheiten über die Reichweite dieser Rechtsprechungsgrundsätze führten in der Vergangenheit dazu, dass Hauptversammlungen immer wieder aus Vorsichtsgründen einberufen worden sind, um das Risiko von Unterlassungs-, Rückabwicklungs- oder Schadensersatzansprüchen zu begrenzen[256].

Gegenstand der beiden fast identisch begründeten „Gelatine-Entscheidungen"[257][258], die beklagte AG war in der Herstellung und dem Vertrieb von Gelatine und Gelatine-Erzeugnissen sowohl selbst als auch

---

[254] BGHZ 83, 122, 132, 136 ff..

[255] Eine Übersicht zum Meinungsstand geben bspw. Koppensteiner, KölnKomm/AktG, 2. Aufl., Vorb. § 291 Rdnr. 43 ff..; Kubis in MünchKomm/AktG, 2. Aufl., § 119 Rdnr. 31 ff.; Habersack in MünchKomm/KonzernR, 3. Aufl., Vorb. § 311 Rdnr. 33 ff..

[256] Vgl. zu dieser Praxis Mülbert in MünchKomm/AktG, 2. Aufl., § 119 Rdnr. 30.

[257] BGH v. 26.04.2004, II ZR 154/02, ZIP 2004, 1001 = NZG 2004, 575 = Der Konzern 2004, 421 = WM 2004, 1085.

[258] BGH v. 26.04.2004, II ZR 155/02, BGHZ 159, 30 = ZIP 2004, 993 = DB 2004, 1200 = DStR 2004, 922 = BB 2004, 1182 = NJW 1860 = Der Konzern 2004, 427 = NZG 2004, 571 = WM 2004, 1090 = AG 2004, 384.

über in- und ausländische Tochtergesellschaften tätig, war die Einbringung von Beteiligungen an Gesellschaften in Tochtergesellschaften. Zwar wurde in der Hauptversammlung des Jahres 2002 von den Aktionären der Plan zur Umgestaltung der Beklagten zu einer (reinen) Holdinggesellschaft abgelehnt.

In derselben Hauptversammlung wurde aber zunächst mit gut 66 % der Stimmen ein den Vorstand der AG ermächtigender Beschluss gefasst, mit Zustimmung des Aufsichtsrates eine 49%ige Beteiligung an einer GmbH & Co. KG und deren Komplementärin in eine 100%ige Tochtergesellschaft einzubringen. Zwischen der beklagten AG und der besagten GmbH & Co. KG bestanden vielfältige Geschäftsbeziehungen. Sie machte je nach Bezugsgröße (Umsatz, Gewinn, Bilanzsumme, Mitarbeiterzahl) zwischen 30 % und 50 % des Gesamtkonzerns aus, „Gelatine I“[259].

Darüber hinaus wurde ein Genehmigungsbeschluss gefasst, mit dem die im Jahre 1998 durch den Vorstand der beklagten AG im Wege einer Sachkapitalerhöhung erfolgte Einbringung sämtlicher Anteile an einer schwedischen Gesellschaft in eine 100%ige Tochtergesellschaft genehmigt worden ist. Die schwedische Gesellschaft machte dabei, je nach betrachteter Bezugsgröße, zwischen 8 % und 22 % des Gesamtkonzerns aus. Der die Einbringung genehmigende Hauptversammlungsbeschluss wurde mit 70 % der Stimmen beschlossen, „Gelatine II“[260].

Gegen beide Beschlüsse erhoben Aktionäre Anfechtungsklage, die im Ergebnis erfolglos geblieben sind. Der BGH stellte zunächst fest, dass sich entgegen der von Lutter entwickelten Konzernrechtslehre[261] weder aus dem Aktienrecht noch aus dem vom BGH zugrunde gelegten Verständnis der „Holzmüller-Entscheidung“ eine allgemeine Konzernbildungs- und Konzernleitungskontrolle durch die Hauptversammlung ableiten lässt. Damit wird die von der herrschenden Meinung im Schrifttum angenomme-

---

[259] BGH v. 26.04.2004, II ZR 154/02, ZIP 2004, 1001 = NZG 2004, 575 = Der Konzern 2004, 421 = WM 2004, 1085.

[260] BGH v. 26.04.2004, II ZR 155/02, BGHZ 159, 30 = ZIP 2004, 993 = DB 2004, 1200 = DStR 2004, 922 = BB 2004, 1182 = NJW 1860 = Der Konzern 2004, 427 = NZG 2004, 571 = WM 2004, 1090 = AG 2004, 384.

[261] Grundlegend hierzu Lutter, Festschrift Stimpel, 1985, S. 825, 833 ff., insbes. 841 f..

ne Verortung der „Holzmüller-Kompetenz“ als Grundlagenzuständigkeit abgelehnt und auf die Fälle beschränkt, die eine Nähe zu einer Satzungsänderung aufweisen[262].

Der BGH begründet seine Auffassung mit der aktienrechtlich festgelegten Kompetenzverteilung, nach der der Vorstand in eigener Verantwortung die Geschäfte der Gesellschaft führt und dabei vom Aufsichtsrat kontrolliert werde. Die Aktionäre bestimmten nach dem gesetzlichen Leitbild allein über Inhalt und Änderungen der Satzung und geben damit den Rahmen vor, innerhalb dessen sich der Vorstand bei seiner Leitungstätigkeit zu bewegen habe. Dieses ausbalancierte Verhältnis dürfe nicht durch zusätzliche Mitwirkungsbefugnisse zugunsten der Aktionäre aus dem Gleichgewicht gebracht werden. Eine Zustimmungspflicht der Hauptversammlung komme hiernach nur ausnahmsweise und nur dann in Betracht, wenn eine vom Vorstand in Aussicht genommene Umstrukturierung der Gesellschaft die Kernkompetenz der Hauptversammlung, über die Verfassung der Gesellschaft zu bestimmen, tangiere, weil die angedachten Veränderungen von ihrer Intensität nahezu einem satzungsändernden Eingriff entsprechen[263].

Fest steht damit zunächst, dass im Hinblick auf die geforderten qualitativen Kriterien die in der Literatur angedachten Schwellenwerte zwischen 10 % und 50 %, unabhängig von den jeweils konkreten Parametern, nicht ausreichen, um zu Gunsten der Hauptversammlung die vom Gesetz vorgesehene Kompetenz- und Arbeitsteilung zu durchbrechen. Die beschriebenen Voraussetzungen werden vielmehr regelmäßig erst dann erfüllt sein, wenn der Bereich, auf den sich die Maßnahme erstreckt, in seiner Bedeutung für die Gesellschaft die Ausmaße der Ausgliederung in dem vom BGH entschiedenen „Holzmüller-Fall“ erreicht[264]. Daraus folgert die Praxis bereits teilweise, dass unterhalb von 75 % kaum noch eine unge-

[262] BGH II ZR 155/02, BGHZ 159, 30, 39; ZIP 2004, 993, 996; DStR 2004, 922, 924; NZG 2004, 571, 574; BGH II ZR 154/=2; NZG 575, 579; Dies wird bspw. von Weißhaupt, NZG 2005, 585, 589 klar herausgearbeitet.

[263] Vgl. BGH II ZR 155/02 BGHZ 159, 30, 40; DStR 2004, 922, 925; NZG 2004, 571, 574.

[264] Diese Passage findet sich in beiden „Gelatine-Entscheidungen“, Vgl. nur BGH, II ZR 155/02, BGHZ 159, 30, 39 f.; BGH, II. ZS 154/02, NZG 2004, 575, 579; ZIP 1001, 1002 unter Verweis auf ZIP 993, 995 ff..

schriebene zwingende Zuständigkeit der Hauptversammlung angenommen werden kann[265].

Daneben hat der BGH festgestellt, dass bei Überschreiten quantitativer Kriterien zwingend qualitative Kriterien hinzutreten müssen. Bei der angedachten Maßnahme muss es sich hiernach um den Kernbereich der unternehmerischen Tätigkeit handeln[266]. Welche Maßnahmen dies im Einzelnen sein können, hat der BGH ausdrücklich offen gelassen. Der BGH hat vielmehr in „Gelatine II“ positiv entschieden, dass ein Mediatisierungseffekt auch bei Einbringungen von Unternehmensbeteiligungen auf eine dazu gegründete Tochtergesellschaft bestehen kann, weil in diesem Fall eine (weitere) Machtverschiebung zu Lasten der Aktionäre der Muttergesellschaft eintreten kann[267]. Der BGH äußert sich in der Entscheidung zur Frage einer möglichen Zustimmungspflicht bei weiteren Umstrukturierungsmaßnahmen nicht. Soweit man jedoch für die Betrachtung der weiteren Umstrukturierungsfälle auf die beiden vom BGH anerkannten Schutzzwecke ungeschriebener Kompetenzzuständigkeiten abstellt, die Mediatisierung des Einflusses der Aktionäre[268] bzw. den Schutz der Anteilseigner vor einer durch grundlegende Entscheidungen des Vorstandes eintretenden nachhaltigen Schwächung des Werts ihrer Beteiligung, so wird auch im Falle der Beteiligungsveräußerung, dem Beteiligungserwerb und bei Maßnahmen in Tochtergesellschaften eine ungeschriebene Hauptversammlungskompetenz, sofern die quantitativen Voraussetzungen gegeben sind, möglich sein[269].

---

[265] Vgl. nur Arnold, ZIP 2005, 1573, 1575 Fn. 23 unter Verweis auf den (zum Zeitpunkt der Entscheidung noch) Vorsitzenden Richter des II.ZS, Röhricht.

[266] Auslegung entspricht der allgemeinen Meinung im Schrifttum zu den „Gelatine-Entscheidungen“: Vgl. Arnold, ZIP 2005, 1573, 1575; Bungert, BB 2004, 1345, 1347; Fuhrmann, AG 2004, 339, 341; Götze, NZG 2004, 585, 587; Simon, DStR 2004, 1482, 1485; Weißhaupt AG 2004, 585, 587; kritisch hierzu Koppensteiner, Der Konzern 2004, 381, 382 f..

[267] BGH II ZR 155/02, BGHZ 159, 30, 41; ZIP 2004, 993, 996 f.; AG 2004, 585, 587; BB 2004, 1182, 1184 f.; DStR 2004, 922, 925; NZG 2004, 571, 573., hierzu kritisch Arnold, ZIP 2005, 1573, 1576, Simon, DStR 2004, 1482, 1485.

[268] BGH II ZR 155/02, BGHZ 159, 30, 40 unter Verweis auf BGHZ 153, 47, 54 mwN, vgl. auch Arnold, ZIP 2005, 1573, 1576, der den BGH lediglich auf den Mediatisierungseffekt als Schutzzeck festlegen möchte.

[269] So im Ergebnis Fuhrmann, AG 2004, 339, 341, differenzierend und im Einzelfall abweichend Arnold, ZIP 2005, 1573, 1577; Bungert, BB 2004, 1345, 1349 ff.; Götze, NZG 2004, 585, 588.

Der BGH stellt darüber hinaus nochmals klar, dass unter Verstoß gegen das Zustimmungserfordernis durchgeführte Strukturmaßnahmen des Vorstandes im Außenverhältnis nicht nichtig sind, sondern rein innenrechtlichen Charakter haben[270]. Soweit hiernach die Hauptversammlung ausnahmsweise zur Mitwirkung berufen ist, bedarf ihre Zustimmung wegen der Bedeutung für die Aktionäre einer Dreiviertel-Mehrheit[271].

Diese Rechtsprechung hat überwiegend Zustimmung[272], teilweise auch Kritik erfahren[273], wobei bei einer Durchsicht der die Rechtsprechung bejahenden Ansichten auffällt, dass diese Stellungnahmen überwiegend von der Erleichterung geprägt sind, dass der BGH die ungeschriebenen Hauptversammlungskompetenzen zwar ausdrücklich weiterhin anerkennt, aber auf Ausnahmefälle beschränkt hat[274].

Gegen den BGH wird insbesondere von Koppensteiner eingewendet, dessen Annahme, wonach die ungeschriebenen Hauptversammlungszuständigkeiten Ergebnis einer offenen Rechtsfortbildung[275] seien, neben ihrer dogmatischen Haltlosigkeit dazu führt, dass eine strikt juristische Diskussion von Einzelheiten letzten Endes nicht mehr möglich ist[276]. Koppensteiner konzediert zwar im Hinblick auf die vom BGH früher vorgenommene Verortung der ungeschriebenen Hauptversammlungskompetenzen in § 119 Abs. 2 AktG, dass niemand von der Argumentation des BGH voll überzeugt war, aber auch niemand etwas Besseres gefunden hat[277]. Die vom BGH vorgenommene offene Rechtsfortbildung sei in Wirklichkeit eine freie Rechtsfortbildung. Hierbei sei der Wunsch der Vater des Gedanken. Der Wunsch besteht hiernach darin, zu einer Regel zu gelangen, die die Notwendigkeit eines Hauptversammlungsbeschlusses mit

---

270 BGH II ZR 155/02, BGHZ 30, 41; ZIP 2004, 993, 997; AG 2004, 384, 387; DStR 2004, 922, 925.
271 BGHZ 30, 42; ZIP 2004, 993, 998; AG 2004, 384, 388.
272 Bungert, BB 2004, 1345, 1347; Fuhrmann, AG 2004, 339, 341; Götze, NZG 2004, 585, 587; Simon, DStR 2004, 1482, 1485; Weißhaupt AG 2004, 585, 587.
273 Arnold, ZIP 2005, 1573, 1576; Koppensteiner, Der Konzern 2004, 381, 383 ff..
274 Beispielhaft die Überschrift von Fuhrmann, „Gelatine" und die Holzmüller-Doktrin: Ende einer juristischen Irrfahrt?, AG 2004, 339.
275 BGH II ZR 155/02, BGHZ 30, 41; ZIP 2004, 993, 997; AG 2004, 384, 387; DStR 2004, 922, 925; dem BGH im Ergebnis zustimmend Götze, NZG 2004, 585, 587; Simon, DStR 2004, 1482, 1484; kritisch Koppensteiner, Der Konzern 2004, 381 Fn. 7, 383; Weißhaupt, AG 2004, 585, 586.
276 Koppensteiner, Der Konzern 2004, 381, 385.
277 Koppensteiner, Der Konzern 2004, 381, 384 mit Verweis auf Hüffer.

qualifizierter Mehrheit beinhaltet, die Vertretungsmacht des Vorstandes aber gleichwohl untangiert lässt[278].

Koppensteiner hat mit seinen Einwänden auf Schwachpunkte der dogmatischen Verortung der ungeschriebenen Hauptversammlungskompetenzen verwiesen. Auch von ihm wird jedoch die Entscheidung des BGH, die auf der Lehre von den Grundlagengeschäften basierende Konzernrechtskontrolle als dogmatische Grundlage der ungeschriebenen Hauptversammlungskompetenzen abzulehnen, nicht angegriffen.

Für die Frage des Anlegerschutzes in der GmbH & Co. KGaA ergibt sich nach den „Gelatine-Entscheidungen", dass eine Übertragung der „Holzmüller-Grundsätze" überhaupt nur in Fällen in Betracht kommt, die dem nunmehr durch § 179 a AktG geregelten Fall der Verpflichtung zur Übertragung des gesamten Gesellschaftsvermögens vergleichbar sind. Für alle anderen denkbaren Fälle von Umstrukturierungen, die nicht mit einer Satzungsänderung verbunden sind, sind die „Holzmüller-Grundsätze" nicht anzuwenden. Im Zweiten Teil der Untersuchung muss jedoch noch die Frage geklärt werden, ob in der KGaA überhaupt eine Regelungslücke mit der Möglichkeit der Anwendbarkeit der „Holzmüller-Grundsätze" besteht[279].

5.3. Übertragung beschlussbegleitender Informationsrechte auf die KGaA?

Eine soweit ersichtlich noch nicht angedachte Möglichkeit der Analogie zu den Regelungen des Aktienrechtes muss im Bereich der beschlussbegleitenden Informationsrechte in Betracht gezogen werden. Die Informationsrechte der Kommanditaktionäre sind in § 166 HGB nur unzureichend geregelt. Das Kontrollrecht des Kommanditisten ist von Gesetzes wegen auf die Prüfung des Jahresabschlusses begrenzt, § 166 Abs. 1 HGB. Ein darüber hinausgehendes Recht des Gesellschafters auf Einsicht in die Bücher und Schriften der Gesellschaft steht dem Kommanditisten nur zu, wenn er den Verdacht begründen kann, dass geschäftsführende Gesellschafter in einer Weise pflichtwidrig gehandelt haben, die außerordentli-

[278] Koppensteiner, Der Konzern 2004, 381, 384; kritisch auch Arnold, ZIP 2005, 1573, 1575 f..
[279] Vgl. hierzu im Zweiten Teil unter B. I. 1., insbes. 1.2.3., S. 246 ff..

che Kontrollmaßnahmen rechtfertigen[280]. Aufgrund dieser punktuellen Ausgestaltung der Informationsrechte der Kommanditisten im Recht der KG wird geschlossen, dass § 166 HGB aufgrund der weitergehenden aktienrechtlichen Minderheiten- und Auskunftsrechte der Kommanditaktionäre in der Hauptversammlung – §§ 131, 142 ff., 147 AktG – kaum praktische Bedeutung erlangt[281]. Diese Einschätzung übersieht jedoch, dass neben dem allgemeinen, während der Hauptversammlung geltend zu machenden Auskunftsrecht des einzelnen Kommanditaktionärs aus § 131 AktG im Aktienrecht bei verschiedenen Einzelmaßnahmen, sog. beschlussbegleitende Informationsrechte, bestehen[282]. Diese Rechte sind im Recht der KG nicht geregelt. Zudem hat der Gesetzgeber derartige Informationsrechte nicht gekannt, so dass diesbezüglich von einer planwidrigen Lücke auszugehen ist. Zu klären ist deshalb die im Wege der Einzel- oder Gesamtanalogie zu erfolgende Übertragung dieser Informationsrechte auf die börsennotierte GmbH & Co. KGaA.[283]

5.4. Nebeneinander von aktien- und personengesellschaftsrechtlichen Zuständigkeiten bei der Durchführung von Großfusionen ?

Nach den vorstehenden Ausführungen ist eine Anwendung der Grundsätze einer Inhaltskontrolle von Publikumspersonengesellschaften im Bereich von strukturverändernden Maßnahmen möglich. Eine strukturverändernde Maßnahme kann beispielsweise auch bei einer Fusion zweier Unternehmen vorliegen, die bei der aufnehmenden Gesellschaft durch eine Kapitalerhöhung unter Ausnutzung des genehmigten Kapitals bei gleichzeitigem Bezugsrechtsausschluss durchgeführt wird.

Die insbesondere von Tröger[284] belebte Diskussion einer Konkurrenz zwischen der „Holzmüller-Rechtsprechung“ und der Rechtsprechung zu „Siemens-Nold“[285] ist zwar durch die „Gelatine-Entscheidungen“ des BGH für

[280] Vgl. zum Kontrollrecht des Kommanditisten Grunewald in MünchKomm/HGB, § 166 Rdnr. 2 ff.; Weipert in Ebenroth u.a./KommHGB, § 166 Rdnr. 18 ff.

[281] Assmann/Sethe in GroßKomm/AktG, 4. Aufl., §§ 278 Rdnr. 140; 285 Rdnr. 15, anders dagegen Ihrig/Schlitt in ZHR-Beiheft 67, 1998, S. 33, 50, der dem Kommanditaktionär die Informationsrechte eines Kommanditisten nach § 166 HGB nicht zugestehen will.

[282] Vgl. hierzu Tröger, ZIP 2001, 2029, 2030 ff..

[283] Vgl. hierzu Zweiter Teil, C. II., S. 307 ff..

[284] Tröger, ZIP 2001, 2029 ff.

[285] Vgl. zu „Siemens-Nold“ die Ausführungen unter E. III. 2.3., S. 154 ff..

den Bereich der Aktiengesellschaft erledigt. Eine andere rechtliche Bewertung bleibt jedoch für die GmbH & Co. KGaA möglich. Hiernach können größere Unternehmenstransaktionen, die bei der aufnehmenden KGaA durch eine Kapitalerhöhung unter Ausnutzung des genehmigten Kapitals bei gleichzeitigem Ausschluss des Bezugsrechtes der Kommanditaktionäre durchgeführt werden, Grundlagengeschäfte darstellen, für deren Abschluss nach der gesetzlichen Wertung die Gesamtheit der Kommanditaktionäre zustimmungspflichtig sind. Demnach ist zu klären, ob sich der Anwendungsbereich des Aktien- und des Personengesellschaftsrechtes bei derartigen Sachverhalten überschneidet.

6. Die Ausübungskontrolle als Instrument der Einschränkung der Gestaltungsfreiheit

Von den Beschränkungen der gesellschaftsvertraglichen Gestaltungsfreiheit in Form der Inhaltskontrolle ist die sog. Ausübungskontrolle abzuheben[286]. Durch dieses Verfahren wird der Schutz der Individual- und Minderheitsinteressen der Gesellschafter in der Weise verwirklicht, dass die Ausübung bestimmter vertraglich ausbedungener Rechte oder Kompetenzen auf die Einhaltung von Treu und Glauben im Einzelfall hin überprüft wird. Soweit sich diese Ausübungskontrolle auf die Stimmabgabe erstreckt, stellt sie zugleich eine Kontrolle des Beschlusses dar und wird als Beschlussinhaltskontrolle bezeichnet. Eine solche Ausübungskontrolle berührt somit nicht die Wirksamkeit bestimmter Klauseln und stellt damit keinen Fall der Einschränkung gesellschaftsvertraglicher Gestaltungsfreiheit dar. Deshalb sollte sie, entgegen einiger Stimmen in der Literatur[287], terminologisch auch deutlich von der vertraglichen Inhaltskontrolle unterschieden werden. Die inhaltlichen Maßstäbe, an denen die Kompetenzausübung zu messen und insbesondere die Kontrolle des Mehrheitsbeschlusses auszurichten ist, sind im Einzelnen umstritten. Überwiegend werden als Kontrollmaßstäbe die Bindung an den Gesellschaftszweck[288],

---

[286] Allgemein zur Unterscheidung zwischen Rechts- und Inhaltskontrolle als Vertragskontrolle einerseits und der Ausübungskontrolle (vornehmlich als Beschlusskontrolle) andererseits Immenga, ZGR 1974, 420 f.; H.P. Westermann, Vertragsfreiheit, S. 160; ders., AcP 175 (1975), S. 414, 419; Wiedemann, ZGR 1980, 155; Zöllner, Schranken, S. 287.

[287] Herfs in: VGR Bd. 1(1999), 23, 31 behandelt das Problem unter dem Gesichtspunkt der Inhaltskontrolle.

[288] Zöllner, Schranken, S. 318 ff..

die Geltung des Gleichbehandlungsgrundsatzes[289] und die gesellschafterliche Treuepflicht angesehen.

Besondere praktische Bedeutung erlangt in der KGaA dabei das Verhältnis zwischen den geschäftsführenden Komplementären gegenüber der Gesamtheit der Kommanditaktionäre und im Übrigen auch gegenüber den nicht geschäftsführenden Komplementären. Nach heutigem Stand der Dogmatik besteht dabei insoweit Einigkeit, als die im Recht der AG bestehende Beschränkung der Treuepflichten auf das Verhältnis zwischen der AG und den Aktionären einerseits und zwischen den Aktionären untereinander andererseits[290], nicht auf die KGaA übertragen werden kann. Vielmehr unterliegen die geschäftsführungsbefugten Komplementäre der KGaA über § 278 Abs. 2 AktG der im Personengesellschaftsrecht wurzelnden gesellschafterlichen Treuepflicht[291] gegenüber der Gesamtheit der Kommanditaktionäre und gegenüber den nicht geschäftsführungsbefugten Komplementären[292]. Konsequenz dieser Treuepflicht ist bspw. das in § 284 AktG positiv normierte Wettbewerbsverbot. Eine verbreitete Ansicht greift auf das Institut der Treuepflicht ausnahmsweise auch bei Geschäftsführungsmaßnahmen zurück, die nach Gesetz oder Satzung nicht zu den zustimmungspflichtigen Geschäften gehören, bei denen jedoch die Treuepflicht eine Vorlage der konkreten Maßnahme und deren Zustimmung durch die Hauptversammlung verlangt[293]. Die Verletzung von Treueeinzelpflichten kann darüber hinaus zu Schadensersatz- und Unterlassungsansprüchen führen[294]. Die Details der Ausübungskontrolle können in dieser Arbeit nicht vertieft werden.

7. Ergebnis

Legitimationsgrundlage für die Einschränkung der Satzungsgestaltungs-

---

[289] Zöllner, Schranken, S. 301 ff..

[290] Vgl. hierzu nur Hüffer, Komm/AktG, 6. Aufl., § 53 a Rdnr. 2, 13 ff..

[291] Assmann/Sethe in GroßKomm/AktG, 4. Aufl., § 278 Rdnr. 58; Fett in Schütz/Bürgers/Riotte (Hrsg.), Hdb/KGaA, § 3 Rdnr. 20 ff.; Fett/Förl, NZG 2004, 210, 215.

[292] Assmann/Sethe in GroßKomm/AktG, 4. Aufl., § 278 Rdnr.58 f.; Mertens/Cahn in KölnKomm/AktG, 2. Aufl., § 278 Rdnr. 29; Semler/Perlitt in MünchKomm/AktG, 2. Aufl., § 278 Rdnr. 90.

[293] Vgl. für den Fall des OLG Stuttgart, NZG 2003, 778 die Besprechung von Fett/Förl, NZG 2004, 210, 215; allgemein Assmann/Sethe in GroßKomm/AktG, 4. Aufl., § 278 Rdnr. 120; Heermann, ZGR 2000, 61, 83 f.; Schütz/Reger in Schütz/Bürgers/Riotte (Hrsg.), Hdb/KGaA, § 5 Rdnr. 73 f., S. 110.

[294] Vgl. die eingehende Betrachtung bei Kessler, Einwirkungsrechte der Kommanditaktionäre auf die Geschäftsführung, S. 120 ff.; Schütz/Reger in Schütz/Bürgers/Riotte (Hrsg.), § 5 Rdnr. 71 ff..

freiheit durch eine Inhaltskontrolle stellt die bei Publikumsgesellschaften fehlende Vertragsparität dar. Demnach findet eine Inhaltskontrolle bei allen Gesellschaften statt, in denen die beitretenden Gesellschafter aufgrund des Gesellschafterkreises keine Möglichkeit haben, auf Regelungen der Satzung Einfluss zu nehmen. Eine solche Situation ist grundsätzlich bei börsennotierten Gesellschaften in der Rechtsform der KGaA gegeben. Die Disziplinierungsfunktion der persönlichen Haftung vermag dagegen keine zusätzliche Voraussetzung für eine Inhaltskontrolle zu begründen. Daraus folgt, dass auch KGaA mit einer natürlichen Person dann einer Inhaltskontrolle zu unterwerfen sind, wenn die Vertragsparität zwischen den Parteien gestört ist. Soweit hiernach eine Inhaltskontrolle von Satzungsbestimmungen zu erfolgen hat, ist diese am Maßstab des § 242 BGB vorzunehmen. Dieser Maßstab ist von der Rechtsprechung bei der Überprüfung von Klauseln in Gesellschaftsverträgen von Publikumspersonengesellschaften angewendet worden und ist grundsätzlich auf die Publikums-KGaA zu übertragen. Eine Klausel widerspricht hiernach dann § 242 BGB und ist in der Rechtsfolge nichtig, wenn sie die Kommanditisten in unangemessener Weise benachteiligt.

Die Rechtsprechung zu den Publikums-KG hat bereits eine Reihe von Sachverhalten einer Inhaltskontrolle unterzogen und deshalb in einigen Punkten bereits für Rechtssicherheit gesorgt. Dagegen existiert in anderen das Binnenrecht der KGaA betreffenden Fragestellungen keine auf die Publikums-KGaA übertragbare Rechtsprechung. So hatte sich die Rechtsprechung bspw. noch nicht mit der Frage auseinander zu setzen, ob die Zustimmungskompetenzen der Kommanditisten bei Grundlagengeschäften, außergewöhnlichen Geschäftsführungsmaßnahmen und ihnen zustehenden Informationsrechten auch in der Publikums-KGaA abbedungen werden können.

Beachtliche Einwände werden gegen die Rechtsfolge des Verstoßes gegen § 242 BGB – die Nichtigkeit der Bestimmung - geltend gemacht. Die Einwände sind darin begründet, dass die Parteien durch die Abbedingung der dispositiven Normen zu erkennen gegeben haben, dass sie eine Anwendung jedenfalls des dispositiven Rechts nicht wünschen. Die Rechtsprechung versuchte dem dadurch zu begegnen, dass sie in einigen Fällen auf die komplementären Institute der ergänzenden Vertragsauslegung und faktisch auch der Analogie ausgewichen ist.

Dagegen wird die von einem Teil der Literatur erwogene Übertragung der „Holzmüller-Rechtsprechung" im Hinblick auf die Stimmrechte der Gesamtheit der Kommanditaktionäre nur in wenigen praktischen Fällen überhaupt in Betracht kommen. Der Anwendungsbereich ist durch die „Gelatine-Entscheidungen" derart präzisiert worden, dass eine Zustimmungspflicht der Hauptversammlung nur ausnahmsweise und nur dann in Betracht kommt, wenn eine vom Vorstand in Aussicht genommene Umstrukturierung der Gesellschaft die Kernkompetenz der Hauptversammlung tangiert, weil die angedachten Veränderungen von ihrer Intensität nahezu einem satzungsändernden Eingriff entsprechen[295].

Soweit hiernach festgestellt werden konnte, dass eine Analogie aktienrechtlicher Vorschriften bzw. der „Holzmüller-Grundsätze" im Bereich der Mitwirkungskompetenzen in der KGaA insoweit, als Personengesellschaftrecht einschlägig ist, sich nicht aufdrängt, erscheint deren Anwendung im Hinblick auf die beschlussbegleitenden Informationsrechte möglich.

D. Komplementärdominierte GmbH & Co. KGaA als typische Erscheinungsform der KGaA

Durch die vorstehenden Ausführungen sind der Bereich der Gestaltungsfreiheit und die Möglichkeiten seiner Einschränkung jedenfalls abstrakt bestimmt worden. Soweit hiernach ein Sachverhalt der Gestaltungsfreiheit unterliegt, bestimmen die konkreten Interessen der Beteiligten darüber, ob und in welcher Form von ihr Gebrauch gemacht wird. Die konkreten Interessen bestimmen somit die Ausgestaltung der Satzungen börsennotierter Gesellschaften und damit den Prüfungsgegenstand des im Zweiten Teil zu untersuchenden Anlegerschutzes. Deshalb ist es erforderlich, typische

295 Vgl. BGH II ZR 155/02 BGHZ 159, 30, 40; DStR 2004, 922, 925; NZG 2004, 571, 574.

Interessenlagen der den Gesellschaftstypus GmbH & Co. KGaA wählenden Gründungs- bzw. Mehrheitsgesellschafter kurz herauszuarbeiten.

In der Literatur werden abstrakt vier Formen der Ausgestaltung einer KGaA unterschieden. Hiernach ist die „komplementärdominierte KGaA“[296] dadurch gekennzeichnet, dass die Rechte und Kompetenzen der persönlich haftenden Gesellschafter gegenüber den Kommanditaktionären betont und verstärkt werden[297]. Die entgegengesetzte Zielrichtung wird in der „kapitalistischen KGaA“ verfolgt. In einer solchen KGaA werden die Rechte der Kommanditaktionäre auf Mitsprache bei Maßnahmen der Geschäftsführung und auf Kontrolle der persönlich haftenden Gesellschafter in der Satzung gestärkt[298]. Sofern die Rechte hierbei unmittelbar der Hauptversammlung zustehen, wird von einer „hauptversammlungsorientierten“ KGaA gesprochen. Daneben ist es aber auch denkbar bzw. im Hinblick auf die konkrete Struktur der Gesellschaft erforderlich, Zustimmungsrechte der Kommanditaktionäre auf den Aufsichtsrat oder einen hierfür errichteten Beirat zu übertragen.

Die GmbH & Co. KGaA findet zunächst bei den schon angesprochenen unternehmergeführten Gesellschaften expandierender, meist mittelständischer Unternehmen Anwendung. Einem größeren Anlegerpublikum ist darüber hinaus der Fall des Börsenganges der Borussia Dortmund GmbH & Co. KGaA bekannt, bei dem der Fußballverein seinen lizenzpflichtigen Geschäftsbetrieb zuvor in eine GmbH & Co. KGaA eingebracht hatte. Zudem sind in letzter Zeit eine Reihe von Beteiligungsgesellschaften in der Rechtsform der GmbH & Co. KGaA an die Börse gegangen. Nachfolgend sollen die Interessen bestimmt werden, die durch die Gestaltungsfreiheit in einer GmbH & Co. KGaA ggf. besser als in der AG abgesichert werden können (unter I).

---

296 Von manchen wird dieser Typ auch als komplementärdominierte KGaA bezeichnet, vgl. Semler/Perlitt in MünchKomm/AktG, 2. Aufl., § 278 Rdnr. 31; Schütz/Reger in Schütz/Bürgers/Riotte (Hrsg.), Hdb/KGaA, § 5 Rdnr. 22. Für die nachfolgende Untersuchung wird ausschließlich der Begriff der komplementärdominerten KGaA verwendet.

297 Vgl. hierzu Herfs in MünchHdb/GesR, AG, 2. Aufl., § 74 Rdnr. 13; Semler/Perlitt in MünchKomm/AktG, 2. Aufl., § 278 Rdnr. 31; Schütz/Reger in Schütz/Bürgers/Riotte (Hrsg.), Hdb/KGaA, § 5 Rdnr. 22.

298 Herfs in MünchHdb/GesR, AG, 2. Aufl., § 74 Rdnr. 13; Semler/Perlitt in MünchKomm/AktG, 2. Aufl., § 278 Rdnr. 31; Schütz/Reger in Schütz/Bürgers/Riotte (Hrsg.), Hdb/KGaA, § 5 Rdnr. 23.

Die Gründungsgesellschafter konnten sich direkt an der GmbH & Co. KGaA durch Übernahme von Kommanditaktien oder indirekt über die Sondereinlage der GmbH an der KGaA beteiligen. Die Beteiligung über die Sondereinlage kann wie im Fall der BVB Borussia 09 Dortmund aufgrund der Statuten des DFB letztlich vorgegeben sein. In allen anderen Fällen spielen neben gesellschaftsrechtlichen Gründen auch steuerliche Überlegungen eine tragende Rolle (unter II.)[299]. Im Anschluss hieran sollen einige Satzungen börsennotierter Gesellschaften dargestellt und Besonderheiten aufgezeigt werden.

I. Möglichkeiten der Absicherung von Interessen in der Satzung einer KGaA

Durch die Gründung bzw. die Umwandlung einer bestehenden Gesellschaft in eine KGaA soll ein individuellerer Zuschnitt in der Organisationsverfassung ermöglicht sowie erreicht werden, dass der Einfluss auf die Geschicke des Unternehmens auch bei einer Veränderung der Mehrheitsverhältnisse in der Hauptversammlung beibehalten werden kann. Nachfolgend sollen mögliche Ausgestaltungen der Organisationsverfassung aufgrund der Interessen der diese Gesellschaftsform wählenden dargestellt (unter 1.), die Möglichkeiten der Erhaltung des Einflusses aufgezeigt (unter 2.) sowie die Absicherung weiterer Interessen, die teilweise aus der Struktur der Gesellschaft resultieren, angesprochen werden (unter 3).

1. Absicherung der Interessen in der Organisationsverfassung

Die GmbH & Co. KGaA erlaubt, anders als die AG, eine juristische Trennung zwischen der Geschäftsführung und den Gesellschaftern. Aus dieser juristischen Trennung sowie in Verbindung mit der grundsätzlich bestehenden Gestaltungsfreiheit des Verhältnisses der Komplementärin zur Gesamtheit der Kommanditaktionäre können sich für die Gründungsgesellschafter eine Reihe von Vorteilen ergeben.

Die Gründungsgesellschafter können zunächst über die Beteiligung an der Komplementärin ihre Geschäftsführungsrechte absichern. Die Kom-

---

[299] Vgl. allgemein hierzu Priester, BB 1996, 333, 335 pauschal behauptet. Es taugt als grundsätzliche Aussage jedoch nicht.

plementärin wird zudem, um die persönliche Haftung auszuschließen, als juristische Person strukturiert sein[300]. Dieser Gesellschaft soll die Leitung der Gesellschaft in einem weiten Umfang übertragen werden. Wesentliche Entscheidungen sollen in dieser Gesellschaft getroffen werden. Dies beginnt mit der Auswahl und Bestellung der Geschäftsführung sowie den Möglichkeiten ihrer Abberufung. Entscheidungen der Geschäftsführung sollen ohne Einwirkung der Gesamtheit der Kommanditaktionäre entweder durch ein weiteres Organ der Komplementärin und/oder durch den Aufsichtsrat der AG kontrolliert werden, um eine Flexibilität in der Unternehmensführung zu gewährleisten. Die Kompetenzen des Aufsichtsrates sollen je nach Bedarf und spezifischen Notwendigkeiten geregelt werden können. Soweit die Zustimmung der Gesamtheit der Kommanditaktionäre in der Hauptversammlung aufgrund von zwingenden Vorschriften notwendig ist, sollen diese ggf. auf einen Beirat übertragen werden können. Informationsrechte außerhalb der Hauptversammlung sollen nur für die Organe der Komplementärin bzw. den Aufsichtsrat bestehen.

Neben einer Verlagerung von Kompetenzen auf die Komplementärin ist darüber hinaus an die Erweiterung der den Komplementären zustehenden Vetorechte sowie die Einräumung von Entsendungsrechten zugunsten der Gesellschafter oder Geschäftsführer der Komplementärgesellschaft bei der Besetzung des Aufsichtsrates zu denken. Sofern diese Gestaltungsmittel nicht für die Herbeiführung oder Absicherung des Gewollten geeignet sind, ist an eine Aufnahme von Kündigungsrechten in der Satzung zu denken.

Im Bereich der Vermögensrechte ist auf eine Gleichbehandlung von Kommanditaktionären und Komplementären bei der Beteiligung am Gewinn, bei der Bildung und Auflösung von Rücklagen und bei Kapitalmaßnahmen zu achten[301]. Über den Fall der Gleichbehandlung hinaus kann insbeson-

---

[300] Hoffmann-Becking/Herfs, Festschrift Sigle, S. 273, 283; Lorz, VGR Bd. 1 (1999), S. 68; Niedner/Kusterer, DB 1998, 2405; Schaumburg, DStZ 1998, 525, 535.

[301] Vgl. hierzu Arnold, GmbH & Co. KGaA; Heineke, Anlegerschutz in der KGaA, S. 134 ff.; Herfs in VGR Bd. 1 (1999), S. 23, 50 f.; Hoffmann-Becking/Herfs, Festschrift Sigle, S. 273, 290 ff.; Ihrig/Schlitt, ZHR-Beiheft 67, 1998, S. 74 f.; Schlitt, Satzung der KGaA, S. 146 ff.; aus der Kommentarliteratur Assmann/Sethe in GroßKomm/AktG, 4. Aufl., § 287 Rdnr. 184 ff., 286 Rdnr. 32 ff.; Semler/Perlitt in MünchKomm/AktG, 2. Aufl., § 286 Rdnr. 20 ff; 50 ff.; § 288 Rdnr. 6 ff..

dere bei komplementärdominierten Gesellschaften das Bedürfnis bestehen, einzelnen Komplementärgesellschaftern ein einseitiges Recht auf Erhöhung des Komplementärkapitals zuzugestehen. Zudem besteht ggf. bei den Unternehmer KGaA ein Interesse daran, ihre Komplementärbeteiligung ggf. in Kommanditkapital umwandeln zu können.

Solche Vorstellungen lassen sich in einer AG nicht realisieren, weshalb diese Gesellschaften die Umwandlung in eine AG als vorbereitende Maßnahme für einen Börsengang ablehnen. Die Satzung der AG ist aufgrund des zwingenden Charakters der aktienrechtlichen Normen vertraglich nicht nach individuellen Interessen auszurichten. An diesem Befund hat sich auch nichts durch die Einführung von Vorschriften geändert, die unter dem Stichwort der kleinen AG behandelt werden[302]. Diese betreffen im Wesentlichen nur formelle Erleichterungen. Die wenigen Erleichterungen sind zudem nicht auf die börsennotierte AG anzuwenden[303].

2. Erhaltung des Einflusses in der GmbH & Co. KGaA

Durch die Wahl der AG als Gesellschaftsform wird der Unternehmer zunächst mit einer strikten Organisationsverfassung und bei steigender Beschäftigtenzahl mit einer ausgedehnten unternehmerischen Mitbestimmung konfrontiert[304]. Darüber hinaus ist es möglich, dass durch den Börsengang und anschließende Kapitalerhöhungen, an denen der Gründungsgesellschafter nicht teilnehmen kann, seine Stimmrechtsmacht verloren geht. Dies äußert sich in der AG darin, dass er auf die Bestellung des Aufsichtsrates und die hierdurch mögliche Bestimmung des Vorstandes weniger bzw. keinen Einfluss mehr hat.

2.1. Befürchtungen bei einer unternehmerischen Mitbestimmung in der AG

Die unternehmerische Mitbestimmung in der AG lässt zunächst befürchten, dass neben Eingriffen in die Führung der Gesellschaft auch die Ge-

[302] Zur kleinen AG vgl. insbesondere die Aufsätze von Priester, BB 1996, 333 ff.; Hoffmann-Becking, ZIP 1995, 1 ff..

[303] Vgl. zur Einschätzung der mit der kleinen AG zumeist verbundenen formellen Erleichterungen Hoffmann-Becking, ZIP 1995, 1 ff., Priester, BB 1996, 333, 334 f., 336 f.

[304] Vgl. Binz/Sorg, BB 1988, 2041 f.; Freudenberg/Sorg, GmbH & Co. KGaA, S. 9; Hennerkes/May, BB 1988, 2393, 2394.

fahr besteht, dass die bisher bestehenden Möglichkeiten einer schnellen und flexiblen Entscheidungsfindung verloren gehen. Der Einfluss des Unternehmers auf die Führung der Gesellschaft kann in der KGaA deshalb besser gewahrt werden als in der AG[305].

2.2. Möglicher Verlust der Einflussnahme durch Börsengang und nachfolgende Kapitalerhöhungen

Die Umwandlung einer bestehenden Gesellschaft in eine GmbH & Co. KGaA geschieht häufig im Hinblick auf einen geplanten Börsengang. Solche (noch) nicht börsennotierten Gesellschaften in der Rechtsform der KGaA werden meistens von Familien dominiert, außenstehende Kommanditaktionäre sind selten[306].

Soweit jedoch das weitere Wachstum bzw. das weitere Bestehen der Gesellschaft über die im Gesellschafterkreis vorhandenen oder über Fremdmittel zur Verfügung gestellten Mittel nicht gewährleistet werden kann, wird ein Bedarf nach „fremdem" Eigenkapital und damit ein Börsengang erforderlich werden[307]. Ein solcher Börsengang hat Auswirkungen auf die Kapitalverhältnisse und damit auch auf die Stimmrechtsmacht der Alt-Gesellschafter und ihre Möglichkeit, den Aufsichtsrat nach ihren Vorstellungen besetzen zu können.

Der erhöhte Bedarf nach Eigenkapital wird vornehmlich durch die zwei nachfolgend aufgeführten Gründe verursacht: Zum einen nimmt die Kostenintensität und damit der Finanzbedarf der Unternehmen im produzierenden Bereich zu[308]. Der zweite Grund besteht darin, dass auf – oftmals stagnierenden Märkten – das Betriebsergebnis meist nur noch durch ein Umsatzwachstum gehalten werden kann. Da Umsatzsteigerungen nur durch neue Investitionen ermöglicht werden, entstehen ein neuer (Fremd-)finanzierungsbedarf, neue Risiken und neue Abhängigkeiten.

---

[305] Halasz/Kloster/Kloster, GmbHR 2002, 79; Heineke, Anlegerschutz in der KGaA, S. 17; Hennerkes/Lorz, DB 1997, 1389; Ihrig/Schlitt, ZHR-Beiheft 67, 1998, S. 35; Gonnella/Mikic, AG 1998, 508; Kiefer, Anlegerschutz, S. 95 f..

[306] Vgl. die Analyse der Beteiligungsverhältnisse bei Grafmüller, KGaA als Rechtsform für börsenwillige Familiengesellschaften, S. 292.

[307] Hennerkes/May, BB 1988, 2393, 2394 mN.

[308] Vgl. die eingehende Untersuchung von Hennerkes/May, BB 1988, 2393; Haase, GmbHR 1997, 917, 918.

Dieser Zustand ist bereits in den 80-er Jahren zu Recht als „Teufelskreis schlechter werdender Finanzierungsverhältnisse“ bezeichnet worden[309]. Hinzu kommt, dass im mittelständischen Bereich in den meisten Fällen Finanzierungsalternativen – etwa die Begebung einer Anleihe – nicht gegeben sind[310].

Die Vorteile einer Erweiterung der Eigenkapitalbasis durch eine Emission von Anteilen an einer Börse erschöpfen sich nicht nur in der Erweiterung der Eigenkapitalbasis. Das Eigenkapital übernimmt nicht nur Haftungs- und Finanzierungsfunktion, vielmehr stellt die Ausstattung eines Unternehmens mit haftendem Kapital die entscheidende Basis für die Beurteilung seiner Kreditwürdigkeit durch Banken und andere Gläubiger dar[311]. Eine gesunde Eigenkapitalquote ist zudem in Krisenzeiten für das Überleben des Unternehmens wesentlich. Das Eigenkapital erfüllt dabei Funktion eines Puffers und erlaubt es dem Unternehmen somit, temporär schwierige Zeiten zu überstehen.

Dabei wird es der Unternehmerfamilie im Falle des Börsenganges in der Form der GmbH & Co. KGaA im Normalfall nicht um einen Ausstieg aus dem Unternehmen gehen. Vielmehr wird der Unternehmer den wesentlichen Teil seines Vermögens auch nach dem Börsengang im Unternehmen belassen. Deshalb ist die gelegentlich geäußerte Befürchtung, dass der Börsengang in der Form der GmbH & Co. KGaA nur für machthungrige, kapitalschwache Gesellschaften in Betracht kommt, hat zwar durch eine frühere Analyse von Elschenbroich teilweise Nahrung erhalten[312]. Dagegen sprechen jedenfalls bspw. die im Jahre 1998 erfolgten Börsengänge der 1 & 1 Aktiengesellschaft & Co. KGaA und der Mühlbauer Holding AG & Co. KGaA, bei denen der Komplementäranteil das Mehrfache des neu eingesammelten Grundkapitals betragen hat[313].

---

[309] Hennerkes/May, BB 1988, 2393, 2394 mN.
[310] Einzige Ausnahme für die Begebung einer Anleihe einer KGaA, die zudem nicht börsennotiert gewesen ist, war die Emission einer Anleihe durch die Claas KGaA, vgl. hierzu auch Haase, GmbHR 1997, 917, 919; Hennerkes/Lorz, DB 1997, 1388, Priester, ZHR 160 (1996), 250, 252.
[311] Hennerkes/May, BB 1988, 2393, 2394.
[312] Elschenbroich, KGaA, S. 32 ff..
[313] Lorz in VGR Bd. 1 (1999), 57, 72 f.

Der Börsengang und die damit angestrebte Aufnahme neuer Gesellschafter stellt jedoch einen möglichen Schritt zum Verlust der Mehrheit am Kommanditkapital und damit den Verlust der Stimmrechtsmehrheit jedenfalls bei kapitalintensiven Gesellschaften dar. Grund hierfür ist, dass die Ursache des Börsenganges, der Bedarf nach "fremdem" Eigenkapital, durch die einmalige Platzierung von Aktien nicht beseitigt wird. Verfolgt man die Entwicklung weiter, so stellt sich sowohl bei gesunden expandierenden als auch bei KGaA in der Krise und dem Verlust eines Teils des Grundkapitals, wie bei den dem Börsengang nachfolgenden Kapitalerhöhungen der Borussia Dortmund GmbH & Co. KGaA geschehen, der Bedarf nach (weiteren) Kapitalerhöhungen. Mit jeder Kapitalerhöhung, an der die Unternehmerfamilie mangels eigenen Kapitals nicht oder nur über die Sondereinlage beteiligt, verringert sich die Stimmrechtsmacht des Unternehmers in der KGaA. Dies führt automatisch über die Zeit dazu, dass der Unternehmer in eine Minderheitsbeteiligung gerät[314].

Dieser Prozess lässt sich besonders plastisch bei der Borussia Dortmund GmbH & Co. KGaA nachvollziehen. Der Ballspielverein Borussia 09 e.V. Dortmund besaß vor dem Gang sämtliche Kommanditkapital im Nominalbetrag von 7 Mio. DM[315]. Nach der beabsichtigten Erhöhung des Grundkapitals im Zuge des Börsenganges im Jahre 2000 um 12,5 Mio. Aktien im Nennbetrag von Euro 1,- und der erforderlich gewordenen weiteren Kapitalerhöhung am 22. Oktober 2004 und deren Eintragung beträgt das Grundkapital der Borussia Dortmund GmbH & Co. KGaA derzeit 29,25 Mio. Euro, eingeteilt in ebenso viele Stückaktien. Nach der letzten Kapitalerhöhung hält der Ballsportverein Borussia 09 e.V. Dortmund nur noch 19,99 % des Kommanditkapitals[316]. Dieser Vorgang ist in dieser Form nicht automatisch auf andere Gesellschaften in der Rechtsform der KGaA übertragbar. Denkbar bleibt ein solches Szenario gleichwohl auch bei schnell expandierenden Gesellschaften.

Bei einem Gleichlauf von Stimm- und Kapitalanteilen und einem Bedarf nach neuem Kapital, der durch die vorhandenen Gesellschafter nicht oder

---

[314] Vgl. zu diesem Entwicklungsprozess Hartel, Unternehmer-AG, S. 27.
[315] Vgl. Emissionsprospekt der Borussia Dortmund GmbH & Co. KGaA, S. 58.
[316] Zwischenbericht der Borussia Dortmund GmbH & Co. KGaA, S. 9.

nicht ausschließlich bedient werden kann, besteht in der AG die Gefahr feindlicher Übernahmen[317]. Zwar existieren auch im Aktienrecht Möglichkeiten zur Sicherung des Familieneinflusses (angedacht werden in diesem Zusammenhang insbesondere Vorzugsaktien, Streuauflagen, vinkulierte Namensaktien, die Einräumung von Optionsrechten, Einziehungsrechte, Pool-Verträge und Holdingkonstruktionen). Alle diese Vorgehensweisen können jedoch nichts daran ändern, dass die Sicherung des Familieneinflusses mit der Gesellschaftsform der AG bei steigendem Kapitalbedarf nur unzureichend verwirklicht werden kann[318]. In der KGaA kann dieser Einfluss neben einer Verlagerung von Kompetenzen auch durch die Einräumung von Entsendungsrechte von Mitgliedern des Aufsichtsrates bzw. eines Beirates erfolgen.

3. Absicherung weiterer Interessen

Die Gründungsgesellschafter können sich an der GmbH & Co. KGaA sowohl über die Komplementärgesellschaft durch Übernahme einer Sondereinlage als auch durch Zeichnung und Übernahme von Kommanditaktien beteiligen. Dabei wird in der operativ tätigen, unternehmergeführten GmbH & Co. KGaA eine Beteiligung über die Komplementärgesellschaft aus gesellschaftsrechtlichen Gründen in vielen Fällen vorzugswürdig sein. Diese operativ tätigen GmbH & Co. KGaA sind regelmäßig dadurch gekennzeichnet, dass sie jedenfalls für einen noch absehbaren Zeitraum von einem oder mehreren Unternehmern oder Unternehmerfamilien geführt werden sollen. Das Interesse für eine Beteiligung an der GmbH & Co. KGaA besteht demnach jedenfalls solange, als die Unternehmer-Gesellschafter die unternehmerische Führung innehaben können. Die GmbH & Co. KGaA kann damit eine Übergangsform darstellen[319]. Die

[317] Haase, GmbHR 1997, 917, 919; Hartel, DB 1992, 2329. Dieser Umstand steht auch der Gründung einer sog. „Kleinen AG" entgegen.

[318] Hennerkes/Lorz, DB 1997, 1388, 1389; Haase, GmbHR 1997, 917, 919; Hartel, DB 1992, 2329; Kiefer, Anlegerschutz, S. 94 f.; Priester, ZHR 160 (1996), 250, 252 hinsichtlich der Ausgabe von Vorzugsaktien.

[319] Dieser Gesichtspunkt wird – wenn überhaupt – nur schlagwortartig angeführt, vgl. aus der älteren Literatur Elschenbroich, KGaA aus der jüngeren Literatur, Herfs in VGR Bd. 1 (1999), S. 23, 55; Semler/Perlitt in MünchKomm/AktG, 2. Aufl., Vor § 278 Rdnr. 3 unter Verweis auf Elschenbroich, KGaA, S. 36. Der Charakter als Übergangsgesellschaft stellt sich nur für die noch näher auszuführende Unternehmer-KGaA. Hiervon ist die Situation bei der Fußball-KGaA zu unterscheiden, als sich bei diesen Gesellschaften die Frage nach einer Sicherung des Umwandlungsrechtes der Komplementäreinlage in Kommanditkapital nicht stellen dürfte.

unternehmerisch tätigen Personen werden deshalb bestrebt sein, die Geschicke der Firma während ihrer Zeit ungeachtet von Veränderungen der Beteiligungsverhältnisse weiter bestimmen zu können. Darüber hinaus wünschen sie, die Möglichkeit der Unternehmensnachfolge für ihre Erben zu eröffnen. Sofern dieses Interesse an der Unternehmensleitung bei einem der Unternehmenslenker nicht mehr besteht, steht die Möglichkeit einer Umwandlung der Komplementäranteile in Kommanditkapital bzw. die vollständige Trennung der vermögensmäßigen Beteiligung im Vordergrund. Dies führt dazu, dass bei der Ausgestaltung der Unternehmenssatzung neben den Mitteln der Einflusssicherung auch die Frage des Ausstiegs eine entscheidende Rolle spielt. Als Ausstiegsszenarien kommen dabei in vielen Fällen der (Teil)-verkauf oder die Umwandlung der Komplementäreinlage in eine Kommanditeinlage in Betracht[320].

4. Ergebnis

Durch die vorstehenden Überlegungen konnte herausgearbeitet werden, dass Gesellschaften in der Rechtsform der KGaA regelmäßig weitgehende Kompetenzverlagerung auf die Komplementärgesellschaft anstreben werden. Solche Ausgestaltungen einer KGaA werden als komplementärdominiert bezeichnet[321]. Die Interessen können weiterhin abgesichert werden durch den Gesellschaftern bzw. Geschäftsführern der Komplementärgesellschaft eingeräumte Entsendungsrechte in den Aufsichtsrat und ggf. den Beirat sowie durch Kündigungsrechte der Komplementärin bzw. ihrer Gesellschafter.

II. Bewertung der Beteiligungsmöglichkeiten aus steuerlicher Sicht

Nachfolgend sind die Beteiligungsmöglichkeiten auf ihre steuerlichen Auswirkungen hin zu untersuchen. Untersuchungsgegenstand sind dabei die Ertragsbesteuerung, die Besteuerung im Erbfall sowie die Besteuerung im Falle der Veräußerung.

[320] Diese beiden Alternativen werden beispielsweise von Schlitt, Satzung der KGaA, S. 135 f., 149 ff. und Hoffmann-Becking/Herfs, Festschrift Sigle, S. 273, insbes. S. 294 ff. thematisiert.
[321] Claussen, Festschrift Heinsius, S. 63, 66.

1. Grundzüge der laufenden Besteuerung der KGaA und ihrer Gesellschafter

Für die Besteuerung sind die Ebenen der Kommanditgesellschaft und der Kommanditaktionäre einerseits und der KGaA zu ihrem Komplementär andererseits zu unterscheiden.

Dabei gilt die duale Rechtsstruktur der KGaA auch im Steuerrecht. Die KGaA als Kapitalgesellschaft ist für die Zwecke der Körperschaftsteuer und der Gewerbesteuer ein eigenständiges Steuersubjekt mit der Folge, dass auch steuerrechtlich zwischen Gesellschafts- und Gesellschafterebene zu unterscheiden ist, so genanntes Trennungsprinzip[322]. Soweit demgegenüber das Verhältnis der KGaA zu ihrem Komplementär angesprochen wird, gilt im Ergebnis das Transparenzprinzip, so dass entsprechend dem im EStG statuierten Mitunternehmerkonzept eine Einebenbesteuerung erfolgt. Im Ergebnis gibt es deswegen drei Besteuerungsebenen[323]: Die Besteuerung der KGaA als Kapitalgesellschaft, die Besteuerung der Kommanditaktionäre und die Besteuerung der Komplementäre.

Die Besteuerung der Kapitalgesellschaft ist lediglich im Hinblick auf die laufende Besteuerung zu untersuchen. Hinsichtlich der Besteuerung der Kommanditaktionäre und der Komplementärgesellschaft ist zwischen der laufenden Besteuerung und der Besteuerung im Falle der Veräußerung oder im Erb- bzw. Schenkungsfall zu unterscheiden. Geklärt werden soll dabei auch, inwieweit die Einsetzung einer Personengesellschaft als alleiniger Komplementärin gegenüber der Kapitalgesellschaft Vorteile aufweist.

1.1. Laufende Besteuerung der KGaA

Die KGaA ist als Kapitalgesellschaft unbeschränkt körperschaftsteuerpflichtig, wenn sie ihren Sitz oder den Ort ihrer Geschäftsleitung im Inland hat, § 1 Abs. 1 Nr. 1 KStG. Wie alle anderen Kapitalgesellschaften ist die KGaA Formkaufmann, §§ 3 HGB, 278 Abs. 3 AktG, so dass sie stets Einkünfte aus Gewerbebetrieb erzielt, § 8 Abs. 2 KStG. Schließlich werden,

[322] Schaumburg/Schulte, KGaA, Rdnr. 105 f.; Schaumburg, DStZ 1998, 525 ff.

[323] Schaumburg/Schulte, KGaA, Rdnr. 106; Schamburg, DStZ 1998, 525 ff., 533; Schlitt, Satzung der KGaA, S. 9.

ebenso wie bei den übrigen Kapitalgesellschaften, die Ausschüttungen an die Kommanditaktionäre der Einkommensverwendung mit der Folge zugeordnet, dass sie den Gewinn der Gesellschaft nicht vermindern, § 8 Abs. 3 Satz 1 KStG. Leistungsbeziehungen zwischen der KGaA und ihren Gesellschaftern werden grundsätzlich anerkannt. Von der KGaA gezahlte Entgelte für Leistungen ihrer Gesellschafter sind daher als Betriebsausgaben abzugsfähig. Thesaurierte Gewinne werden mit einem Körperschaftsteuersatz von 25 % besteuert, § 23 Abs. 1 KStG.

1.2. Laufende Besteuerung der Kommanditaktionäre

Die Gesellschafter sind im Ergebnis einer laufenden Besteuerung durch die Einkommensteuer im Falle eines Zuflusses von Dividenden ausgesetzt, wobei bei Dividendeneinkünften für die Gewerbesteuer eine Anrechnung erfolgt. Die Besteuerung eines Kommanditaktionärs entspricht im Ergebnis der eines Aktionärs. Kommanditaktionäre, die ihre Anteile im steuerlichen Privatvermögen halten, erzielen mit Zufluss der Dividende Einkünfte aus Kapitalvermögen, § 20 Abs. 1 Nr. 1, 3 EStG[324]. Bis zum Zufluss erfolgt keine Besteuerung auf der Ebene der Kommanditaktionäre. Die Besteuerung wie ein Aktionär gilt auch dann, wenn die Kommanditaktien nicht zum Sonderbetriebsvermögen der Gesellschafter der Komplementär-Gesellschaft gehören. Bei im Betriebsvermögen gehaltenen Kommanditaktien unterliegen die Dividendeneinkünfte im Grundsatz der Gewerbesteuer[325]. Zur Vermeidung einer gewerbesteuerlichen Doppelbelastung auf Gesellschafts- und Gesellschafterebene ist allerdings eine entsprechende Kürzung gemäß § 9 Nr. 2a GewStG auf Gesellschafterebene möglich[326].

Beim Erbfall werden Aktien entweder nach dem Börsenwert, § 11 BewG, oder, sofern die betreffende Gesellschaft nicht an der Börse notiert ist, nach dem Stuttgarter Verfahren bewertet, § 11 Abs. 2 BewG.

---

[324] Schaumburg/Schulte, KGaA, Rdnr. 142 f.; Schlitt, Satzung der KGaA, S. 13.
[325] Schaumburg/Schulte, KGaA, Rdnr. 142 f.; Schlitt, Satzung der KGaA, S. 13.
[326] Theisen, DB 1989, 2191, 2194.

1.3. Laufende Besteuerung der Komplementärgesellschaft

Die Komplementär-Gesellschaft hat ihren Gewinnanteil, soweit dieser nicht auf Anteile am Grundkapital entfällt, und die Vergütungen von der KGaA für ihre Tätigkeit im Dienst der KGaA und für die Hingabe von Darlehen oder für die Überlassung von Wirtschaftsgütern „wie ein Mitunternehmer" zu versteuern[327]. Die der KGaA überlassenen Wirtschaftsgüter bzw. Darlehen stellen notwendiges Sonderbetriebsvermögen dar. Sie sind demnach nicht im Betriebsvermögen der überlassenden GmbH, sondern im Sonderbetriebsvermögen dieser Gesellschaft bei der KGaA zu bilanzieren[328]. Insoweit gilt nichts anders als bei der GmbH & Co. KG[329].

Bei der Ermittlung des Gewinns der KGaA ist der Gewinnanteil des Komplementärs, der handelsrechtlich Aufwand darstellt, nach § 8 Abs. 3 S. 1 KStG dem steuerlichen Gewinn wieder hinzuzurechnen. Ohne die Vorschrift des § 9 Abs. 1 Nr. 1 KStG käme es zu einer Doppelbesteuerung des Gewinnanteils des Komplementärs: der Gewinnanteil des Komplementärs unterläge zum einen gem. § 15 Abs. 1 Nr. 3 EStG der Besteuerung auf der Ebene des Komplementärs, zum anderen wäre er auf der Ebene der KGaA wegen § 8 Abs. 3 S. 1 KStG mit Körperschaftsteuer belastet[330]. Deshalb bestimmt § 9 Abs. 1 Nr. 1 KStG als lex specialis zu § 8 Abs. 3 KStG, dass der Gewinnanteil des Komplementärs auf seine nicht auf das Grundkapital geleisteten Einlagen und die Vergütung für die Geschäftsführung als abziehbare Aufwendungen bei der KGaA zu behandeln sind[331]. Verdeckte Gewinnausschüttungen kommen für den Komplementär einer GmbH & Co. KGaA auch hinsichtlich der Gewinnanteile, die nicht auf die Kommanditanteile entfallen, nach bestrittener Ansicht nicht in Betracht[332].

2. Besteuerung im Falle der Veräußerung

Veräußerungsgewinne aus Kommanditaktien sind außerhalb der Spekulationsfrist von 12 Monaten gemäß § 23 EStG noch steuerfrei. Eine Steuer-

---

[327] Schaumburg/Schulte, KGaA, Rdnr. 108; Schlitt, Satzung der KGaA, S. 11.
[328] Schlitt, Satzung der KGaA, S. 11.
[329] Schaumburg/Schulte, KGaA, Rdnr. 108.
[330] Schaumburg/Schulte, KGaA, Rdnr. 108 f..
[331] Schaumburg/Schulte, KGaA, Rdnr. 109 mwN. auch zur Gegenansicht.
[332] Schaumburg/Schulte, KGaA, Rdnr. 111.

pflicht besteht nach heutiger Rechtslage jedoch bereits dann, wenn es sich um eine wesentliche Beteiligung gem. § 17 EStG oder um einbringungsgeborene Anteile gem. § 21 UmwStG handelt[333].

Gewinne, die eine Komplementär-GmbH aus der Veräußerung ihres Komplementäranteils erzielt hat, erhöhen ihr körperschaftliches Einkommen, § 8 Abs. 1 KStG, sie sind unbeschränkt körperschaftsteuerpflichtig. Etwas anderes gilt dann, wenn eine GmbH & Co. KG Komplementärgesellschaft ist. In diesen Fällen erfolgt eine Versteuerung nach § 16 Abs. 1 Nr. 3 i.V. m. § 34 EStG. Voraussetzung für die Steuerbegünstigung ist jedoch, dass der ganze Komplementär-Anteil veräußert und das vorhandene Sonderbetriebsvermögen mitveräußert wird[334].

3. Erbschaft- und schenkungssteuerliche Beurteilung der Komplementär-Gesellschaft

Die Beteiligung der Komplementär-GmbH ist in erbschafts- und schenkungssteuerlicher Hinsicht mit Hilfe des Stuttgarter Verfahrens nach Maßgabe der Erbschaftssteuerrichtlinien mit dem gemeinen Wert anzusetzen, §§ 12 Abs. 1 ErbStG i.V.m. § 11 Abs. 2 BewG[335]. Sofern die Beteiligung an der Komplementär-GmbH mehr als 25% beträgt, wird hierfür nach der ab 1.01.2004 geltenden Rechtslage ein Freibetrag von Euro 225.000,-, und ein Bewertungsabschlag von 25% in Ansatz gebracht, §§ 13 a Abs. 4 Nr. 3, 13 a Abs. 1; 13 a Abs. 2 ErbStG.

Demgegenüber ist bei einer Komplementär-GmbH & Co. KG der günstigere Einheitswert maßgebend, §§ 12 Abs. 5 ErbStG i.V.m. §§ 95 ff. BewG. Zudem wird unabhängig von der Beteiligungshöhe ein Freibetrag von Euro 225.000,- und ein Bewertungsabschlag von 25% in Ansatz gebracht, §§ 13 a Abs. 4 Nr. 1, 13 a Abs. 1; 13 a Abs. 2 ErbStG. Deshalb sollte in der Gestaltungspraxis, sofern die Erbschaftssteuerprivilegien die entscheidende Rolle spielen, der GmbH & Co. KG oder der AG & Co. KG gegenüber der GmbH der Vorzug gegeben werden. Das unternehmerische Vermögen wird dabei unter steuerlichen Gesichtspunk-

[333] Schaumburg/Schulte, KGaA, Rdnr. 143; Schlitt, Satzung der KGaA, S. 13.
[334] Schaumburg/Schulte, KGaA, Rdnr. 143.
[335] Schaumburg/Schulte, KGaA, Rdnr. 154; Schlitt, Satzung der KGaA, S. 13.

ten auf der Ebene der Komplementärgesellschaft mit dem Ziel gebunden, die Erb- und Unternehmensnachfolge zu erleichtern[336]

4. Ergebnis

Der Untersuchung kann jedenfalls als grundsätzliche Aussage entnommen werden, dass aus erbschafts- und schenkungssteuerlichen Gesichtspunkten die Beteiligung der Unternehmer-Gesellschafter über eine Komplementärgesellschaft in der Form der GmbH & Co. KG oder AG & Co. KG am vorteilhaftesten ist. Während Aktien entweder nach dem Börsenwert, § 11 BewG oder, sofern die betreffende Gesellschaft nicht an der Börse notiert ist, nach dem Stuttgarter Verfahren bewertet werden, § 11 Abs. 2 BewG, ist für die über eine Personengesellschaft erfolgende Vermögenseinlage der regelmäßig niedriger liegende anteilige Einheitswert für die Besteuerung ausschlaggebend, § 19 BewG[337]. Der dadurch zu erzielende steuerliche Vorteil kann bedeutende Größenordnungen erreichen. Sofern die Komplementärin eine Kapitalgesellschaft ist, wird der Anteilswert nach dem Stuttgarter Verfahren berechnet.

Dagegen lässt sich aus der laufenden Besteuerung der Erträge keine grundsätzliche Empfehlung für die Gesellschafter ableiten. Für eine Beratung wäre zunächst die Kenntnis erforderlich, ob die Gesellschaft ein konstantes Gewinnwachstum oder einen zyklischen Geschäftsverlauf hat, die erwirtschafteten Gewinne thesauriert oder ausgeschüttet werden und welcher Einkommenssteuerbelastung der einzelne Gesellschafter ausgesetzt ist.

Unter der Voraussetzung, dass die Gesellschaft Gewinn erwirtschaftet und diese im wesentlichen thesauriert und auf Gesellschafterebene der Spitzensteuersatz gezahlt wird, wäre eine Konzentration der kapitalmäßigen Beteiligung an der KGaA auf die Kommanditaktien am Vorteilhaftesten[338].

---

[336] Schaumburg/Schulte, KGaA, Rdnr. 152 ff., insbes. 154; Schlitt, Satzung der KGaA, S. 13.
[337] Schaumburg/Schulte, KGaA, Rdnr. 154; Schlitt, Satzung der KGaA, S. 13.
[338] So auch Binz/Sorg, GmbH & Co. KG, 9. Aufl., § 26 Rdnr. 25.

III. Praktische Beispiele

Durch die vorstehenden Ausführungen konnten die abzusichernden Interessen aus Sicht der die Gesellschaftsform der GmbH & Co. KGaA Wählenden dargestellt werden. Der folgende Abschnitt soll einen kurzen Überblick über bestehende GmbH & Co. KGaA und die in der Satzung enthaltenen Regelungen geben.

Die Zahl der Kommanditgesellschaften auf Aktien in Deutschland hält sich im Vergleich zur Rechtsform der AG in engen Grenzen. Für das Jahr 2001 registrierte die Umsatzsteuerstatistik des Statistischen Bundesamtes 88 umsatzsteuerpflichtige KGaA. Dieser Zahl standen 6856 Aktiengesellschaften gegenüber[339]. Sowohl im Bereich der unternehmergeführten Gesellschaften als auch im Bereich der Ausgliederungen der Lizenzabteilungen in eine GmbH & Co. KGaA oder eine AG & Co. KGaA ist insbesondere in letzter Zeit eine stärkere Tendenz zur Wahl der Kapitalgesellschaft & Co. KGaA festzustellen. Die Anzahl der börsennotierten Gesellschaften in der Rechtsform der KGaA beschränkt sich gleichwohl in Deutschland bisher auf unter 20.

1. Operativ tätige Gesellschaften

Die bekanntesten und größten börsennotierten Gesellschaften sind die Merck KGaA und die Henkel KGaA. Die Henkel KGaA hat als Unternehmensgegenstand insbesondere die Herstellung und den Vertrieb chemischer Produkte aller Art zum Gegenstand. Das Grundkapital der Gesellschaft beträgt Euro 373.724.800,00, eine Komplementäreinlage wurde nicht geleistet. Das gesamte Grundkapital setzt sich somit aus dem Kommanditkapital zusammen. Die Geschäftsführung bei der Henkel KGaA obliegt den persönlich haftenden Gesellschaftern, die ohne Kapitalanteil sind. Eine Besonderheit der Satzungsgestaltung besteht darin, dass durch die Satzung ein Gesellschafterausschuss eingerichtet worden ist[340], dessen Mitglieder durch die Hauptversammlung bestellt werden und der an der Geschäftsführung mitwirkt. Der Gesellschafterausschuss beschließt

[339] Hansen, AG-Report 2003, R 518-R 522.

[340] Nr. 26 der Satzung vom April 2006, abrufbar unter www.henkel.de/int_henkel/ir_de/binarydata/pdf/SatzungApril_2006.pdf.

darüber hinaus über den Eintritt und das Ausscheiden von persönlich haftenden Gesellschaftern, die Bestellung und die Abberufung des Vorsitzenden der Geschäftsführung sowie von weiteren Mitgliedern der Geschäftsführung und regelt deren Rechtsverhältnisse[341]. Er ist zudem in die Bildung von Rücklagen eingebunden, die Komplementäre können damit, in Abweichung von den Regelungen anderer Satzungen, Beträge ohne Zustimmung des Gesellschafterausschusses nicht in die Gewinnrücklagen einstellen[342]. Der Aufsichtsrat ist auf seine ihm zwingend zustehenden Rechte beschränkt[343]. In Abweichung von § 287 Abs. 1 AktG ist dem Gesellschafterausschuss die Durchführung der Gesellschafterbeschlüsse der Hauptversammlung übertragen[344]. Die Hauptversammlung ist nach der Satzung auf ihre Kompetenz zur Feststellung des Jahresabschlusses und der Verwendung des Bilanzgewinns beschränkt[345]. Die Satzung enthält darüber hinaus eine Klausel im Hinblick auf die Übertragung von Aktien der Familie Henkel, für die teilweise ein Aktienbindungsvertrag Anwendung findet[346].

Die nach dem Gesamtkapital größte börsennotierte KGaA ist die Merck KGaA mit einem Gesamtkapital von Euro 491.919.990,06, das in Höhe von Euro 363.219.992,66 in Form einer Komplementäreinlage geleistet wurde[347]. Der Unternehmensgegenstand besteht in der Herstellung und dem Vertrieb pharmazeutischer Produkte und sonstiger chemischer Erzeugnisse. Die Stellung des persönlich haftenden Gesellschafters mit Kapitalanteil hat dabei die E. Merck OHG inne. Darüber hinaus gibt es weitere persönlich haftende Gesellschafter ohne Kapitalanteil. Letztere bilden einen Teil der Geschäftsführung der Gesellschaft. Die übrigen Geschäftsführer werden von der E. Merck OHG ernannt[348]. Für Geschäfte, die über den gewöhnlichen Geschäftsbetrieb hinausgehen, bedarf die

[341] Nr. 26 der Satzung vom April 2006.
[342] Nr. 35 der Satzung vom April 2006.
[343] Nr. 16 Abs. 1 der Satzung vom April 2006.
[344] Nr. 16 Abs. 2 der Satzung vom April 2006.
[345] Nr. 18 der Satzung vom April 2006.
[346] Nr. 7 der Satzung vom April 2006.
[347] § 4 Abs. 2 der Satzung der Merck KGaA in der Fassung vom 15. Februar 2006, www.merck.de/servlet/PB /show/1330390/Satzung_170504.pdf.
[348] Satzung der Merck KGaA vom 15. Februar 2006.

Geschäftsleitung der Zustimmung der E. Merck OHG[349]. Der Aufsichtsrat ist auf die ihm zustehenden zwingenden Rechte beschränkt[350]. Aufsichtsrat und Hauptversammlung sind hiernach an der Geschäftsführung ausgeschlossen. Die Satzung regelt detailliert die Möglichkeiten zur Erhöhung der Sondereinlage der E. Merck OHG[351] sowie die Absicherung der Umwandlung der Komplementärbeteiligung in eine Kommanditbeteiligung durch ein Kündigungsrecht[352].

Ein weiteres Beispiel einer börsennotierten KGaA ist die eff eff Fritz Fuss GmbH & Co. KGaA. Die eff eff Fritz Fuss GmbH & Co. KGaA beschäftigte sich bis Ende der 90-er Jahre mit der Herstellung und dem Vertrieb elektromechanischer und elektronischer Geräte insbesondere aus dem Bereich der Sicherheitstechnik. Im Jahre 2000 veräußerte die Gesellschaft ihren Betriebsteil "elektronische Sicherheitstechnik“ (Alarmanlagen, Brandmelderanlagen, Zutrittskontrollsysteme, Zeiterfassungssysteme) an eine englische Gesellschaft für rund DM 350 Mio. Die Mehrheit der Mitarbeiter war in diesem Bereich tätig. Der weitere Betriebsteil „elektromechanische Sicherheitstechnik“ (Türöffnersysteme) verblieb bei der Gesellschaft. An die Entscheidung über die Durchführung der Ausgliederung sind die Kommanditaktionäre nicht beteiligt gewesen. Grundlage hierfür war § 11 Abs. 2 der zum Zeitpunkt der Veräußerung wirksamen Satzung, nach dem das Widerspruchsrecht der Kommanditaktionäre bei außergewöhnlichen Geschäftsführungsmaßnahmen ausgeschlossen wurde. Die Veräußerung eines Unternehmensteiles bedurfte jedoch nach der Satzung der Zustimmung des Aufsichtsrates, wenn auf sie im letzten Geschäftsjahr vor der Veräußerung mehr als 20% des Umsatzes und/oder der Beschäftigten aller Unternehmen, an denen die Gesellschaft mehrheitlich beteiligt ist, entfallen ist. Da diese Voraussetzungen vorliegend gegeben gewesen sind, war eine Zustimmung des Aufsichtsrates erforderlich gewesen. Dieser hatte der Veräußerung des Betriebsteiles „elektronische Sicherheitstechnik“ zugestimmt. Verschiedene Kommanditaktionäre sind gegen diese Wirksamkeit der Veräußerung, inzident über eine Klage ge-

[349] § 13 Abs. 4 der Satzung in der Fassung vom 15. Februar 2006.
[350] § 14 Abs. 1 der Satzung in der Fassung vom 15. Februar 2006.
[351] § 32 der Satzung in der Fassung vom 15. Februar 2006.
[352] § 33 Abs. 1 und § 33 Abs. 4 der Satzung vom 15.Februar 2006.

gen den Beschluss über die Entlastung des Aufsichtsrates, vorgegangen. Das OLG Stuttgart hat in der Entscheidung über zwingende Gesellschafterkompetenzen außerhalb des Kernbereiches und den Voraussetzungen einer antizipierten Zustimmung entscheiden müssen und im konkreten Fall zwingende Stimmrechte der Kommanditaktionäre abgelehnt[353]. Diese Entscheidung ist mit der Revision zum BGH angegriffen worden.

Zudem sind die Sana Kliniken Gesellschaften mbH aus München in eine GmbH & Co. KGaA umgewandelt worden[354]. An dieser Gesellschaft sind 18 Unternehmen der privaten Krankenversicherer Deutschlands beteiligt[355]. Die Gesellschaft ist die führende private Betreibergesellschaft im Bereich des Krankenhausmanagements. Das Sana-Angebot umfasst Dienstleistungsprogramme, Managementverträge und Kapitalbeteiligungen verschiedenster Prägung für Krankenhäuser, Alten- und Pflegeheime. Es richtet sich an Gesundheitseinrichtungen, Länder, Kommunen und kirchliche Institutionen[356].

2. Holding- bzw. börsennotierte Beteiligungsgesellschaften

Die GmbH & Co. KGaA findet als Gesellschaftsform darüber hinaus Anwendung bei Holding-Gesellschaften, deren operativer Geschäftsbetrieb vollständig oder teilweise in den Tochtergesellschaften erfolgt. Daneben existieren eine Reihe börsennotierter Beteiligungsgesellschaften, die über direkte oder indirekte Investments eine Finanzierung von Start-up Unternehmen betreiben oder Unternehmen vor dem Gang an die Börse unterstützen.

Die älteste börsennotierte Gesellschaft in der Form einer Kapitalgesellschaft & Co. KGaA war die Lindner Holding KGaA. Sie leitet die Unternehmensgruppe Lindner, die unter anderem in den Geschäftszweigen Herstellung und Vertrieb von Decken-, Boden- und Trennwandsystemen, Umweltschutz- und Isoliertechnik tätig ist. Das Gesamtkapital beträgt dabei Euro 11.059.200,00. In Abweichung von der früheren Struktur ist

---

[353] In diese Richtung auch das OLG Stuttgart, ZIP 2003, 1981 = DB 2003, 1944 = NZG 2003, 778 = AG 2003, 527.
[354] Vgl. die Angaben unter www.sana.de.
[355] Siehe hierzu www.sana.de/htm01_unternehmen/gesellschafter.php4?subpointer=4.
[356] Vgl. hierzu die Angaben unter www.sana.de.

nunmehr Hans Lindner alleiniger Komplementär ohne Komplementäreinlage[357]. Hauptaktionär ist die Lindner Beteiligungs GmbH. Durch Beschluss der außerordentlichen Hauptversammlung der Lindner Holding KGaA vom 25. Februar 2005 wurde der „Squeeze-out" der Minderheitsaktionäre gegen Gewährung einer Barabfindung in Höhe von Euro 28,52 je Kommanditaktie beschlossen[358]. Gegen die Übertragung der Aktien der Minderheitsaktionäre auf die Lindner Beteiligungs GmbH haben inzwischen zwei Aktionäre Klage eingereicht[359].

Seit 1999 ist die Mühlbauer Holding AG & Co. KGaA börsennotiert. Gegenstand des Unternehmens ist die Beteiligung an anderen Unternehmen, insbesondere an Technologieunternehmen, welche Prozesstechniken, Produkte und Systemlösungen für den Back-End Bereich der Halbleiterindustrie, die Chipkarten-Industrie sowie die Präzisionsteile/ Baugruppenfertigung anbieten[360]. Das Gesamtkapital der Gesellschaft beträgt Euro 18.810.976,00, wovon Euro 10.773.600,00 durch eine Kapitalanlage des persönlich haftenden Gesellschafters, der Mühlbauer Holding AG & Co. Verwaltungs-KG erbracht worden sind. Das den Kommanditaktionären nach § 164 Satz 2 HGB zustehende Widerspruchsrecht ist ausgeschlossen. Bestimmte Geschäfte bedürfen jedoch der Zustimmung des Aufsichtsrates[361]. Umfassend sind die Regelungen zur Absicherung der Umwandlung des Komplementärkapitals in Kommanditkapital[362].

Neben diesen Holding-Gesellschaften, die überwiegend durch Einbringung der Anteile an den operativen Gesellschaften in die Holding KGaA entstanden sind, gibt es vermehrt börsennotierte Beteiligungsgesellschaften in der Rechtsform der GmbH & Co. KGaA. Neben der bereits 2001 an die Börse gegangenen VCH Best-of-VC GmbH & Co. KGaA, die zwi-

[357] Vgl. hierzu die Darstellungen unter www.lindner-holding.de.
[358] Ad-hoc Mitteilung der Lindner Holding KGaA vom 28.02.2005, www.lindner-holding.de/press/details.aspx?id=4 .
[359] Ad-hoc Mitteilung der Lindner Holding KGaA vom 30. März 2005, www.lindner-holding.de/press/details.aspx?id=3.
[360] § 2 Satzung der Gesellschaft vom 28.Mai 2005, Gesellschaft kann dabei mittelbar (über das Halten von Beteiligungen) oder unmittelbar im Unternehmensgegenstand tätig werden, vgl. www.muehlbauer.de/bausteine.net/file/showfile.aspx?downdaid=10948&sp=E&domid=1016&fd=2.
[361] § 10 der Satzung vom 28. Mai 2005.
[362] § 8 der Satzung vom 28. Mai 2005.

schenzeitlich in Themis Equity Partners GmbH & Co. KGaA umfirmiert worden ist[363], erfolgte 2004 der Börsengang der Heliad Equity Partners GmbH & Co. KGaA. Die Satzungen beider Gesellschaften enthalten eine Reihe von Gemeinsamkeiten. Eine weitere börsennotierte Beteiligungsgesellschaft ist die Leonardo Venture GmbH & Co. KGaA, die sich auf die Frühphasenfinanzierung von Unternehmen konzentriert[364].

Einer der Vorteile der Wahl der GmbH & Co. KGaA als Rechtsform einer Beteiligungsgesellschaft besteht darin, dass man durch die juristische Trennung von Komplementärin und KGaA – vergleichbar einem Fonds – und entsprechender Regelungen in der Satzung eine Transparenz im Hinblick auf die Kostenstruktur, Vergütung für die Geschäftsvergütung und entsprechende Beteiligung am Jahresgewinn erzielen kann.

Durch die Platzierung der Aktien der (früheren) VCH Best-of-VC GmbH & Co. KGaA wurde im Jahr 2001 das Grundkapital der Gesellschaft von Euro 3.550.000,00 um weitere Euro 13.000.000,00 erhöht, zwischenzeitlich ist es auf Euro 17.743.437,00 erhöht worden. Die Komplementärgesellschaft, die VCH Management GmbH (nunmehr umfirmiert in Sigma Capital Management GmbH)[365] ist am Grundkapital der Gesellschaft ganz geringfügig beteiligt. Die Gesellschaft hält Beteiligungen an Venture Capital und Private Equity Fonds.

Die Sigma Capital Management GmbH ist als Komplementärin weder zur Erbringung einer Sondereinlage berechtigt noch verpflichtet; und so am Vermögen der Gesellschaft (einschließlich der stillen Reserven) auch nicht beteiligt. Sie ist jedoch berechtigt, Kommanditanteile zu halten[366]. Die Komplementärin erhält für ihre Geschäftsführungstätigkeit sowie für die Übernahme der persönlichen Haftung ein Entgelt, das sich nach dem Wert des bilanziellen Eigenkapitals bemisst und 2,4 % zzgl. gesetzlich geschuldeter Umsatzsteuer beträgt und im Voraus zu bezahlen ist[367]. Sie

---

[363] Vgl. die Angaben unter www.themis-equity.de.
[364] Vgl. die Angaben unter www.leonardo-venture.de.
[365] Vgl. die Angaben unter www.sigma-capital.de.
[366] § 6 Abs. 2 der Satzung der Gesellschaft in der Fassung vom 11. Mai 2006, www.Themis-equity.de/diversepdf/Satzung_Themis_11.05.2006_geschuetzt.pdf.
[367] § 7 Abs. 2 lit. (c) der Satzung in der Fassung vom 11. Mai 2006.

bekommt darüber hinaus eine gewinnabhängige Vergütung in Höhe von 15 % des festgestellten Jahresüberschusses der Gesellschaft eines jeden Geschäftsjahres vor Steuern[368]. Zudem erhält die Komplementärin für den mit der Durchführung und der Organisation von Kapitalerhöhungen verbundenen erhöhten Geschäftsführungsaufwand pro Kapitalerhöhung eine einmalige Vergütung in Höhe von 6,75 % des Emissionsvolumens der jeweils durchgeführten Kapitalerhöhung[369]. Darüber hinaus werden – in Abweichung vom Fondsprinzip – auch alle Kosten der laufenden Geschäftsführung, der Wirtschaftsprüfung, der Rechts- und Steuerberatung, der Aufsichtsratsvergütung, der Hauptversammlungen, der Kapitalerhöhungen sowie alle durch eine Börsennotiz bedingte Kosten durch die KGaA getragen. Die Satzung enthält zudem eine Beschränkung der Ausscheidensgründe der Komplementärin[370].

Die Satzung der Themis Equity Partners GmbH & Co. KGaA enthält darüber hinaus einen Ausschluss des Widerspruchsrechtes der Kommanditaktionäre bei außergewöhnlichen Geschäftsführungsmaßnahmen[371]. Widerspruchsrechte im Hinblick auf von der Satzung konkretisierte außergewöhnliche Geschäftsführungsmaßnahmen sind dem Aufsichtsrat übertragen. Hiernach sind grundsätzlich alle Geschäfte ab einer Größenordnung von Euro 500.000,00 zustimmungspflichtig[372]. Die Satzung nimmt Bezug auf die im Gesetz enthaltenen Vetorechte. Eine Bestimmung der Rechte der Gesamtheit der Kommanditaktionäre über den Fall der jährlich einzuberufenden Gesellschafterversammlung erfolgt nicht. Die Satzung der Gesellschaft enthält in ihrer aktuellen Fassung keine Entsendungsrechte für die Gesellschafter und Geschäftsführer der Komplementärgesellschaft.

Im Jahre 2004 erfolgte zudem die Platzierung von Aktien einer weiteren Beteiligungsgesellschaft, der Heliad Equity Partners GmbH & Co. KGaA, die durch den Börsengang ihr Grundkapital von Euro 8.596.432 um den gleichen Betrag erhöht hat. Im Jahre 2006 fanden weitere Kapitalerhö-

---

[368] § 7 Abs. 2 lit. (a) der Satzung der Gesellschaft in der Fassung vom 11. Mai 2006.
[369] § 7 Abs. 2 lit. (b) der Satzung der Gesellschaft in der Fassung vom 11. Mai 2006.
[370] § 9 Abs. 1 der Satzung der Gesellschaft in der Fassung vom 11. Mai 2006.
[371] § 10 Abs. 3 der Satzung der Gesellschaft in der Fassung vom 11. Mai 2006.
[372] § 14 der Satzung der Gesellschaft in der Fassung vom 11. Mai 2006.

hungen statt, so dass die Gesellschaft inzwischen ein Grundkapital in Höhe von Euro 44.781.268,00 aufweist[373]. Der Emissionsprospekt vom 10.11.2004 enthielt ebenfalls nicht die Satzung, sondern Angaben zur Rechtsform der GmbH & Co. KGaA und von der gesetzlichen Regelung abweichende Bestimmungen in der Satzung. Die aktuelle Satzung der Gesellschaft ist jedoch verfügbar[374]. Komplementärin ist die VCH Management GmbH (nunmehr umfirmiert in Sigma Capital Management GmbH)[375], die neben ihrer Komplementärstellung für die Heliad Equity Partners GmbH & Co. KGaA auch Komplementärin der beschriebenen Themis Equity Partners GmbH & Co. KGaA[376]. Die Komplementärin ist zur Erbringung einer Sondereinlage weder berechtigt noch verpflichtet ist; sie ist am Vermögen der Gesellschaft (einschließlich der stillen Reserven) nicht beteiligt und hat im Fall ihres Ausscheidens aus der Gesellschaft insoweit auch keinen Anspruch auf ein Auseinandersetzungsguthaben[377]. Die Komplementärin erhält für ihre Geschäftsführungstätigkeit sowie für die Übernahme der persönlichen Haftung ein Entgelt, das sich nach dem Wert des bilanziellen Eigenkapitals bemisst und 3 % bzw. 0,5% zzgl. gesetzlich geschuldeter Umsatzsteuer beträgt und im Voraus zu bezahlen ist. Der Komplementärin steht nach den Regelungen in der Satzung darüber hinaus eine gewinnabhängige Vergütung in Höhe von 20 % des festgestellten Jahresüberschusses der Gesellschaft eines jeden Geschäftsjahres vor Steuern zu[378]. Zudem erhält die Komplementärin für den mit der Durchführung und der Organisation von Kapitalerhöhungen verbundenen erhöhten Geschäftsführungsaufwand pro Kapitalerhöhung eine einmalige Vergütung in Höhe von 6,75 % des Emissionsvolumens der jeweils durchgeführten Kapitalerhöhung[379]. Die auf die Komplementärin anwendbaren gesetzlichen Ausscheidensgründe sind durch eine Regelung in der Satzung der Gesellschaft beschränkt worden[380]. Die Satzung der Gesell-

[373] Vgl. die Veröffentlichung der ad-hoc unter www.heliad.de/presse/adhoc-23-03-2006.php4.

[374] www.heliad.de/investor-relations/satzung.php4, Satzung der Gesellschaft in der Fassung vom 13. April 2006.

[375] www.heliad.de/presse/pm-27-01-2006.php4. In der Satzung vom 13. April 2006 ist jedoch noch die frühere Firmierung angegeben.

[376] vgl. die Angaben unter www.heliad.de/investor-relations/satzung.php4; www.Themis-equity.de/diversepdf/Satzung_Themis_11.05.2006_geschuetzt.pdf.

[377] § 7 Abs. 2 der Satzung der Gesellschaft in der Fassung vom 13. April 2006.

[378] § 8 Abs. 2 lit. (b) der Satzung der Gesellschaft in der Fassung vom 13.04.2006.

[379] § 8 Abs. 2 lit. (c) der Satzung der Gesellschaft in der Fassung vom 13.04.2006.

[380] § 9 Abs. 1 der Satzung der Gesellschaft in der Fassung vom 13.04.2006.

schaft enthält darüber hinaus einen Ausschluss des Widerspruchsrechtes der Kommanditaktionäre bei außergewöhnlichen Geschäftsführungsmaßnahmen[381]. Diese Widerspruchsrechte sind grundsätzlich auf den Aufsichtsrat übertragen, soweit nicht einem vom Aufsichtsrat benannten Anlageausschuss das Widerspruchsrecht übertragen ist. Im Zeitpunkt des Börsenganges bestand im Hinblick auf die Mitglieder des Aufsichtsrates und des Anlageausschusses Personenidentität[382]. Daneben obliegt der VentureCap Beteiligungs GmbH, einer am Grundkapital der Gesellschaft minimal beteiligten Kommanditaktionärin, die gesellschafterliche Sonderpflicht, die Komplementärin bei der Prüfung von Investitionsmöglichkeiten der Gesellschaft zu unterstützen[383]. Eine Erweiterung der Vetorechte ist in der Satzung nicht erfolgt.

Die Emission von 17.241.000 Inhaberaktien der AIG International Real Estate GmbH & Co. KGaA war die größte Börsenplatzierung in Deutschland im Jahre 2002. Das Kapital der Gesellschaft betrug nach dieser Kapitalerhöhung Euro 17.326.000,00. Der Emissionsprospekt vom 15. Juni 2002 enthielt nicht die Satzung der Gesellschaft, sondern lediglich allgemeine Angaben zur „Rechtsform und Abweichungen in der Satzung der Gesellschaft von den gesetzlichen Regelungen". Gegenstand der Gesellschaft ist der Erwerb, das Halten, die Verwaltung und die Veräußerung auf eigene Rechnung von Immobilien, Immobiliengesellschaften sowie von Finanzinstrumenten und ähnlichen Anlageinstrumenten, die sich auf Immobilien beziehen. Die Satzung der Gesellschaft ist nach diesen Angaben komplementärdominiert insoweit, als Abberufungsmöglichkeiten der Mitglieder der Geschäftsleitung ausgeschlossen und Vetorechte der Komplementäre über die gesetzliche geregelten Fälle hinaus bestehen.

3. Einbringung der Bundesligaabteilungen der Fußballvereine in eine GmbH & Co. KGaA

Die Borussia Dortmund GmbH & Co. KGaA ist seit Oktober 2000 im amtlichen Handel der Frankfurter Wertpapierbörse notiert. Komplementärin ist

---

[381] § 10 Abs. 3 der Satzung der Gesellschaft in der Fassung vom 13.04.2006.

[382] Vgl. Emissionsprospekt der Heliad Equity GmbH & Co. KGaA vom 10.11.2004, S. 53 f..

[383] § 8 Abs. 1 lit. (b) der Satzung der Gesellschaft vom 13.04.2006, www.heliad.de/investor-relations/satzung.php4.

die Geschäftsführungs-GmbH, die wiederum eine hundertprozentige Tochter des Ballspielvereins Borussia 09 Dortmund ist. Die Wahl der Rechtsform der GmbH & Co. KGaA hat gegenüber der Wahl der Rechtsform der AG den Vorteil, dass man der Satzung des DFB bei der Wahl der KGaA bereits dann genügt, wenn der Verein als Komplementär auftritt und die Leitung der Geschäfte der Gesellschaft innehat.

Die Borussia Dortmund GmbH & Co. KGaA hat im Emissionsprospekt einen Abdruck ihrer Satzung nicht vorgenommen. Sie hat sich vielmehr darauf beschränkt, allgemeine Angaben über die Gesellschaft sowie deren rechtliche Verhältnisse zu veröffentlichen. Der potentielle Anleger wird insbesondere im Hinblick auf die Organe der Gesellschaft und deren Kompetenzverteilung aufgeklärt[384]. So werden potentielle Anleger im Prospekt darauf hingewiesen, dass die Borussia Dortmund Geschäftsführungs-GmbH zur Führung der Geschäfte der Gesellschaft berechtigt ist, ohne dass es dazu der Bestellung durch den Aufsichtsrat (der KGaA) bedarf. Die Bestellung der Geschäftsführer (Geschäftsleitung) erfolgt allein durch die Komplementärin ohne Einflussnahmemöglichkeit des Aufsichtsrats (der KGaA) oder der Hauptversammlung. Auch eine Abberufung von Mitgliedern der Geschäftsleitung aus wichtigem Grund durch den Aufsichtsrat (der KGaA) wird ausgeschlossen[385].

Der Aufsichtsrat der Borussia Dortmund GmbH & Co. KGaA ist nicht berechtigt, bestimmte Geschäftsentscheidungen von seiner Zustimmung abhängig zu machen oder einen Zustimmungskatalog hinsichtlich dieser bestimmten Geschäftsentscheidungen zu erlassen. Der Aufsichtsrat der KGaA ist somit als ein reines Kontroll- und Überwachungsorgan ohne Mitwirkungsrechte bei Geschäftsführungsentscheidungen ausgestaltet[386].

Die Satzung von Borussia Dortmund sieht zwar vor, dass gewisse Geschäftsentscheidungen der Zustimmung des Aufsichtsrats unterliegen. Dieser Zustimmungskatalog ist nach Angabe der Gesellschaft sehr begrenzt und dürfte in der Praxis keine praktische Bedeutung erlangt haben.

[384] Vgl. zur Zulässigkeit dieser Vorgehensweise unter E. I. 3.1.1., S. 135 f..
[385] Emissionsprospekt der Borussia Dortmund GmbH & Co. KGaA, S. 15.
[386] Emissionsprospekt der Borussia Dortmund GmbH & Co. KGaA, S. 15.

Der Zustimmung des Aufsichtsrates der KGaA bedurften nach den Angaben im Emissionsprospekt lediglich der

(a) Erwerb oder Veräußerung von Grundstücken und grundstücksgleichen Rechten, die eine Größenordnung von Euro 40 Mio. übersteigen; oder
(b) die Gründung von Unternehmen und Erwerb von Beteiligungen, soweit das hierfür vorgesehene Investitionsvolumen innerhalb 3 Jahre nach Gründung der Unternehmung oder des Beteiligungserwerbs einen Betrag von Euro 40 Mio. übersteigt; oder
(c) Veräußerung von Unternehmensteilen und Beteiligungen an anderen Unternehmen, auf die im letzten Geschäftsjahr vor der Veräußerung mehr als 30 % des Umsatzes und/oder Beschäftigten aller Unternehmen, an denen die Gesellschaft mehrheitlich beteiligt ist, entfallen sind; oder
(d) die Ausgabe von Schuldverschreibungen und die Gewährung und Aufnahme von Darlehen, soweit im Einzelfall ein Betrag von Euro 40 Mio. überschritten wird[387].

Die Bestellung der Geschäftsführer der Borussia Dortmund Geschäftsführungs-GmbH erfolgt durch einen bei der Komplementärin gebildeten Beirat, dem zusätzlich im Hinblick auf bestimmte Geschäftsführungsmaßnahmen Zustimmungsrechte eingeräumt worden sind. Zudem ist der Beirat befugt, der Geschäftsführung eine Geschäftsordnung zu geben. Die Bestellung der Mitglieder des Beirates der Borussia Dortmund Geschäftsführungs-GmbH erfolgt durch die Mitgliederversammlung des Ballspielvereins Borussia 09 e.V. Dortmund[388]. Weiterführende Angaben über die dem Beirat zustehenden Mitwirkungsbefugnisse an der Geschäftsführung enthält der Emissionsprospekt nicht.

Nach den Mitteilungen des Emissionsprospekts ist darüber hinaus das Zustimmungsrecht der persönlich haftenden Gesellschafter in Anlehnung an § 285 Abs. 2 Satz 1 AktG ausgestaltet. Darüber hinaus enthält die Satzung auch ein Zustimmungsrecht der Komplementärin bei Kapitalerhö-

---

[387] S. 62/63 des Emissionsprospektes der Borussia Dortmund GmbH & Co. KGaA.
[388] S. 61 des Emissionsprospektes der Borussia Dortmund GmbH & Co. KGaA.

hungen. Das Zustimmungsrecht der Kommanditaktionäre ist für alle außergewöhnlichen Geschäftsführungsmaßnahmen ausgeschlossen[389].

Den potentiellen Anlegern wird im Ergebnis auch mitgeteilt, dass der Ballspielverein Borussia 09 e. V. Dortmund die Gesellschaft über die persönlich haftende Gesellschafterin kontrolliert, ohne mehrheitlich am Grundkapital der Gesellschaft beteiligt zu ein[390].

Neben der Darstellung der rechtlichen Verhältnisse enthält der Emissionsprospekt für den potentiellen Anleger auch konkrete Angaben über die Einnahmequellen, beabsichtigte Investitionen und eine Darstellung der Risiken der Gesellschaft im Hinblick auf die zukünftige Geschäftsentwicklung. Hiernach erzielt die Gesellschaft ihre Einnahmen aus dem Verkauf von Fernsehrechten, aus dem Ticketverkauf, dem Merchandising sowie der Trikot- und Stadionwerbung, wobei die Gesellschaft zum Zeitpunkt des Börsenganges darüber hinaus über einige wertvolle Marken verfügt hat[391]. Insbesondere die Einnahmen aus dem Verkauf der Fernsehrechte sind jedoch abhängig vom Erreichen internationaler Wettbewerbe (UEFA Champions League) und dem weiteren Verbleib in diesen Wettbewerben. Dem Emissionsprospekt lässt sich entnehmen, dass weder die Gesellschaft noch die Westfalenstadion GmbH & Co. KG, an der die Gesellschaft beteiligt ist, zum Zeitpunkt ihres Börsenganges Eigentümer von Grundstücken gewesen ist. Der potentielle Anleger wird vielmehr darüber aufgeklärt, dass die Gesellschaft über Erbbaurechte an mehreren Liegenschaften in Dortmund verfügt, auf dem sich auch das „Westfalenstadion“ befindet.

Der potentielle Anleger wird zudem darüber aufgeklärt, dass die Gesellschaft den ihr aus der Barkapitalerhöhung zufließenden Erlös zu Investitionen insbesondere in den weiteren Ausbau des Stadions sowie in immaterielle Vermögensgegenstände, im wesentlichen in den Erwerb von

---

[389] S. 15 des Emissionsprospektes der Borussia Dortmund GmbH & Co. KGaA.
[390] S. 15 des Emissionsprospektes der Borussia Dortmund GmbH & Co. KGaA.
[391] Vgl. hierzu Heineke, Anlegerschutz in der KGaA, S. 18 f.; Balzer, ZIP 2001, 175; Wagner, NZG 1999, 469.

Transferrechten für Lizenzspieler nutzen wird, wobei letztere Investitionen überwiegen sollten.

Ähnlich strukturiert ist die TSV München von 1860 GmbH & Co. KGaA, in der eine neu gegründete Geschäftsführungs-GmbH die einzige Komplementärgesellschaft ist. Der TSV München von 1860 e.V. hält dabei eine 100 %-ige Beteiligung an der Geschäftsführungs-GmbH. Einziger Kommanditaktionär ist momentan zudem der Verein mit einer Einlage in Höhe von Euro 2,6 Mio. Das Recht auf die Geschäftsführung der KGaA steht ausschließlich der Komplementärin zu. Zum Zwecke der Schaffung kurzer Entscheidungswege innerhalb der Geschäftsführungs-GmbH ist ein Beirat installiert worden, welcher sich aus Mitgliedern des Vereins zusammensetzt, die Geschäftsführung kontrolliert und die Personalkompetenz innehat. Auch Hannover 96 und der MSV Duisburg haben ihre Lizenzspielerabteilung und ihre Amateurabteilungen in eine KGaA mit einer GmbH als einziger Komplementärgesellschaft eingebracht.

IV. Ergebnis

Durch die Gründung einer GmbH & Co. KGaA bzw. die Umwandlung einer Gesellschaft in eine GmbH & Co. KGaA verfolgen die Beteiligten nicht nur das Ziel einer börsenfähigen Gesellschaft, sondern wollen darüber hinaus eine auf ihre konkreten Bedürfnisse zugeschnittene Satzung erhalten. Für dieses Ziel sollen die Vorteile der GmbH & Co. KGaA, Verselbständigung der Komplementärin und Gestaltungsfreiheit der Organisationsverfassung in Teilbereichen, genutzt werden. Die Gründungsgesellschafter wollen hiernach eine möglichst autarke Geschäftsführung, die je nach spezifischen Bedürfnissen von einem weiteren Organ der Komplementärin bzw. dem Aufsichtsrat der KGaA kontrolliert und die Mitwirkungsrechte der Hauptversammlung auf wenige Kompetenzen reduziert oder aber auf ein flexibleres Organ übertragen werden. Zur weiteren Absicherung der Gründungsgesellschafter ist an die Einräumung von Entsendungsrechten von Mitgliedern des Aufsichtsrates sowie die besondere Ausgestaltung der Kündigungsrechte zu denken.

Der Unternehmer-Gesellschafter wird, sofern er nicht selbst indirekt über eine Gesellschaft beteiligt ist, aus erbschafts- und schenkungssteuerlichen Gründen eine Beteiligung über die Sondereinlage vorziehen. Anders stellt sich die Situation bei den börsennotierten Beteiligungsgesellschaften dar, bei denen Gesellschafter der Komplementärin häufig selbst eine juristische Person ist und überdies die GmbH & Co. KGaA keinen Charakter als Übergangsform hat. In diesen Fällen wird eine Beteiligung über die Sondereinlage in der Satzung häufig ausgeschlossen und somit ausschließlich als Kommanditeinlage erfolgen. Für die laufende Besteuerung ist eine Beteiligung als Kommanditaktionär unter der Voraussetzung, dass die Gesellschaft Gewinne erzielt, vorzuziehen.

Anhand der praktischen Beispiele konnten typische Ausgestaltungen von Satzungen börsennotierter Gesellschaften herausgearbeitet werden, die im Zweiten Teil auch als Prüfungsgegenstand dienen sollen. Dabei konnte eine Reihe von Gemeinsamkeiten festgestellt werden. Unterschiede bestehen insbesondere im Hinblick auf die Art und die Ausgestaltung der Beteiligungsverhältnisse, der Frage der (ausschließlichen) Einbindung des Aufsichtsrates als Kontrollinstanz, der Zuweisung von Kompetenzen der Gesamtheit der Kommanditaktionäre (Hauptversammlung) an ein anderes Organ sowie die Frage der Notwendigkeit und Ausgestaltung von Wandlungsrechten der über eine Sondereinlage Beteiligten in Kommanditkapital. Unterschiede gibt es zudem in der Frage der Verwendung von Entsendungsrechten von Mitgliedern des Aufsichtsrates.

E. Anlegerschutz in der börsennotierten GmbH & Co. KGaA

Im Abschnitt unter C. ist zunächst herausgearbeitet worden, dass jedenfalls in der börsennotierten Kapitalgesellschaft & Co. KGaA eine Beschränkung der Satzungsautonomie durch eine Inhaltskontrolle und im Einzelfall eine Heranziehung aktienrechtlicher Vorschriften im Wege der Analogie in Betracht kommt. Eine (alleinige) Heranziehung gesellschaftsrechtlicher Schutzinstrumente zur Gewährleistung des Anlegerschutzes, der so genannte gesellschaftsrechtliche Anlegerschutz, ist in der Literatur nicht unbestritten.

Nach einer verbreiteten Ansicht erscheint es überzeugender statt einer Beschränkung der Autonomie der Satzungsgestaltung einen Missbrauch überschießender Innenbefugnisse insbesondere der Komplementäre zu bekämpfen, und einen entsprechenden Schutz der Kommanditaktionäre durch kapitalmarktrechtliche Instrumente zu erreichen. Dies soll insbesondere dadurch erfolgen, dass man es dem Kapitalmarkt überlässt, unverhältnismäßige Beschränkungen der Aktionärsrechte über einen niedrigeren Aktienkurs sanktionieren zu lassen[392]. Im nachfolgenden Abschnitt soll die Frage geklärt werden, ob neben oder anstelle der gesellschaftsrechtlichen Schutzkonzepte auf kapitalmarktrechtliche Instrumente des Anlegerschutzes zurückgegriffen werden muss. Hierfür muss die Konkurrenz zwischen gesellschafts- und kapitalmarktrechtlichen Schutzinstrumenten dargestellt werden (unter I). Im zweiten Teil (unter II.) werden die Kriterien des Anlegerschutzes bestimmt. Das Ziel der Untersuchung in diesem Abschnitt ist die Festlegung der Kriterien und die Bestimmung des Vergleichsmaßstabes an Anlegerschutz.

I. Relevanter Rechtsrahmen für den und Schutzinstrumente des Anlegerschutzes

Zunächst sollen die für den Anlegerschutz im Gesellschafts- und Kapitalmarktrecht zur Verfügung stehenden Schutzinstrumente dargestellt werden. Hieran anschließend soll die Konkurrenz zwischen den beiden anlegerschützenden Elementen dargestellt und die Frage, ob neben oder anstatt dem Gesellschaftsrecht auf andere anlegerschützende Instrumente zurückgegriffen werden soll, einer Klärung zugeführt werden.

1. Anlegerschutz durch Gesellschaftsrecht

Die überkommene Lehre erfasste den Anleger ausschließlich unter dem Blickwinkel des Gesellschafters. Unabhängig von der in Einzelheiten unterschiedlichen Definition des Gesellschaftsrechtes besteht zwischen den verschiedenen Ansätzen insoweit Einigkeit, als der Fixpunkt des Gesell-

---

[392] Vgl. im Hinblick auf die KGaA insbesondere die Ausführungen von Hommelhoff, ZHR Beiheft 67, 1998, 9, 26 ff.; ihm folgend etwa Schlitt, Satzung der KGaA, S. 31.

schaftsrechts der Verband und seine Ordnung ist. Die einzelnen Ansätze unterscheiden sich dabei in der Frage, ob der Anleger unter rechtsformspezifischen Gesichtspunkten – dem Gesellschaftstypus GmbH & Co. KGaA – oder für alle Gesellschaftsformen, somit rechtsformübergreifend, betrachtet werden muss[393].

Vor allem Lutter[394] und K. Schmidt[395] rücken die Mitgliedschaft des einzelnen Gesellschafters in das Zentrum rechtsformübergreifender gesellschaftsrechtlicher Überlegungen. Danach ist die Mitgliedschaft ein subjektives Recht des einzelnen Gesellschafters mit einheitlicher rechtlicher Struktur, die in sich weitere subjektive Rechte und Pflichten ihres Inhabers verbinde und sie zum einheitlichen Gegenstand zusammenfasse und bündele[396]. Lutter untersucht über die Begriffsbestimmung hinaus die Frage, ob sich für die Mitgliedschaft über alle Verbände hinweg einheitliche rechtliche Strukturen sowie in ihrem Kern einheitliche Rechte- und Pflichtenlagen nachweisen lassen, ob also die Mitgliedschaft in allen Verbänden einheitlichen Prinzipien folgt. Das Ergebnis seiner Überlegungen besteht in der Formulierung einer für alle Verbände einheitlichen Rechte- und Pflichtenposition des einzelnen Mitglieds, die sich jeweils zusammensetzt aus Förder- und Loyalitäts- sowie wechselseitigen Rücksichtnahmepflichten, mit Klagerechten hierfür und sogar mit Notgeschäftsführungs- und Notkontrollrechten[397]. In ihrer Gesamtheit beschränkt sich diese „Theorie der Mitgliedschaft" jedoch auf rechtsdogmatische Überlegungen zur rechtsformübergreifenden Systematisierung der für die einzelnen Gesellschaftsformen entwickelten Schutzinstrumente und -wertungen.

Die Kehrseite dieses vereinheitlichenden Ansatzes besteht darin, dass etwaige Funktionsunterschiede einzelner Gesellschaftsformen und daraus resultierende Besonderheiten der binnenorganisatorischen Struktur ausgeblendet werden. Zudem geraten bei der Aktiengesellschaft deren Kapitalsammelfunktion und die daraus für die Aktionärsstellung abzuleitenden Konsequenzen aus dem Blickfeld.

---

[393] Vgl. zu den Ansätzen die Darstellung von Mülbert, Anlegerschutz, S. 69 ff..
[394] Lutter, Theorie der Mitgliedschaft, AcP 180 (1980) 84, 97 ff..
[395] K. Schmidt, GesR, §§ 19-21.
[396] Lutter, AcP 180 (1980), S. 84, 97 ff..
[397] Lutter, AcP 180 (1980), S. 84, 144.

2. Anlegerschutz durch Kapitalmarktrecht

Eine verbreitete Ansicht möchte dagegen den Anlegerschutz überwiegend oder ausschließlich mit kapitalmarktrechtlichen Schutzinstrumenten erreichen. Nachfolgend soll die Reichweite des Anlegerschutzes bestimmt und die kapitalmarktrechtlicher Schutzinstrumente benannte werden.

Das Kapitalmarktrecht ist als eigenständiges Rechtsgebiet in Deutschland noch jung[398]. Es hat sich erst durch das In-Kraft-Treten des 2. Finanzmarktförderungsgesetzes mit dem Wertpapierhandelsgesetz (WpHG), dem Börsengesetz (BörsG) und der Etablierung des Bundesaufsichtsamtes für das Wertpapierwesen (BAWe) und seinem Rechtsnachfolger, dem Bundesaufsichtsamt für die Finanzaufsicht (BAFin) herausgebildet. Nicht abschließend geklärt sind bis heute die Definitionen und Umgrenzungen des Kapitalmarktrechts. Diese Schwierigkeit resultiert nicht zuletzt aus der Zersplitterung in viele sektorale Regelungen. Ungeklärt ist darüber hinaus das Verhältnis zum Gesellschaftsrecht[399]. Nach einer Definition von Kümpel kann das Kapitalmarktrecht umschrieben werden als „die Gesamtheit der Normen, Geschäftsbedingungen und Standards, mit denen die Organisation der Kapitalmärkte sowie die marktbezogenen Tätigkeiten und das marktbezogene Verhalten der Marktteilnehmer geregelt werden“[400].

Als erstes tragendes Instrument des Kapitalmarktrechts wird dabei die Information der Anleger angesehen. Die vorhandene Information der Gesellschafter, verbunden mit einer effizienten Preisbildung auf dem Primärmarkt und der jederzeitigen Liquidierbarkeit seines Engagements durch Verkauf der Aktien, sollen den Vorzug vor den innergesellschaftsrechtlichen Schutzmechanismen erhalten[401].

---

[398] Berding, WM 2002, 1149 mN. in Fn. 8.

[399] Kümpel, Bank- und Kapitalmarktrecht, 2. Aufl., Rdnr. 1.5., 8.1.; Assmann in Assmann/Schütze, KapitalanlageR, 2. Aufl., § 1 Rdnr. 21; anders hingegen beispielsweise Möllers, ZGR 1997, 334, 336, der das Kapitalmarktrecht als Ergänzung zum Gesellschaftsrecht versteht; vgl. zur historischen Entwicklung des Kapitalmarktrechts auch Assmann in Assmann/Schütze, KapitalanlageR, 2. Aufl., § 1 Rdnr. 21.

[400] Kümpel, Bank- und Kapitalmarktrecht, 2. Aufl., Rdnr. 1.5, 8.4.; vgl. auch die Begriffsdefinition von Kalss, Anlegerinteressen, wonach das Kapitalmarktrecht nicht nur auf die Normierung des Zusammenwirkens der Marktseiten beschränkt, sondern vielmehr auch das Gemenge von Dauer- und Zielschuldverhältnissen auf der Grundlage spezieller Marktlagen beschreibt, S. 9.

[401] Insbes. Ekkenga, Anlegerschutz, S. 35 mwN..

3. Vorrang der kapitalmarktrechtlichen Schutzinstrumente ?

Nachdem vorstehend die kapitalmarktrechtlichen Schutzinstrumente, Information und jederzeitige Liquidierbarkeit der Anlage, benannt worden sind, soll nachfolgend deren Effizienz untersucht werden. Dies wäre erste Voraussetzung dafür, zum Schutz des Anlegers ausschließlich bzw. vorwiegend auf die kapitalmarktrechtlichen Schutzinstrumente abzustellen[402].

3.1. Informationsversorgung der Kommanditaktionäre börsennotierter KGaA

Zunächst müssten den Anlegern aussagekräftige Informationen durch die Gesellschaft am Primär- und Sekundärmarkt zur Verfügung gestellt werden.

3.1.1. Informationen am Primärmarkt über eine KGaA

Die Beschaffung der erforderlichen Informationen wird durch den Börsenprospekt ermöglicht. Ohne Vorlage und Veröffentlichung eines Börsenprospektes werden die Wertpapiere in der Regel nicht zum Handel zugelassen. Normiert ist dies in den §§ 36 Abs. 3 Nr. 2, 38 Abs. 2 BörsG i.V. mit §§ 45 ff. BörsZulV. Der Börsenprospekt soll dabei dem Anleger ein zutreffendes Bild über den Emittenten und die wirtschaftliche Entwicklungsfähigkeit der Wertpapiere vermitteln[403]. Zu diesem Zweck müssen im Börsenprospekt Angaben zum Kapital, zur Geschäftstätigkeit, zur Vermögens-, Finanz- und Ertragslage sowie zu den Rechtsgrundlagen des Emittenten gegeben werden. Der nähere Inhalt des Prospekts bestimmt sich dabei nach §§ 38 Abs. 1 Nr. 2 BörsenG, 13 ff. BörsenZulVO. Eine Besonderheit ergibt sich für die KGaA durch § 18 Nr. 3 BörsenZulVO, der durch das Dritte Finanzmarktförderungsgesetz novelliert worden ist[404]. Der Prospekt muss hiernach die für den Emittenten maßgebliche Rechtsordnung und die Rechtsform angeben. Sofern der Emittent eine Kommanditgesellschaft auf Aktien ist, müssen Angaben über die Struktur des persönlich haftenden Gesellschafters und die von der gesetzlichen Lage abweichenden Bestimmungen des Gesetzes und der Satzung gemacht werden.

---

[402] Insbesondere Ekkenga, Anlegerschutz, S. 29 ff..

[403] Vgl. hierzu Raiser, Recht der Kapitalgesellschaften, 3. Aufl., § 9 Rdnr. 34; Heineke, Anlegerschutz in der KGaA, S. 175; Möllers, ZGR 1997, 334, 338.

[404] BGBl. I 1998, S. 529 ff..

Nicht erforderlich ist nach bestrittener Ansicht das Abdrucken der Satzung der KGaA und der Satzung der Komplementärgesellschaft im Börsenprospekt[405]. Aus den im Börsenprospekt gegebenen Informationen und aus der Firma der Gesellschaft muss jedoch zumindest ablesbar sein, ob es sich bei der Komplementärin um eine natürliche oder juristische Person handelt[406].

3.1.2. Informationsversorgung am Sekundärmarkt

Dem Anleger ist die wirksame Ausübung der Handlungsinstrumente regelmäßig nur möglich, wenn er auch nach seinem Beitritt Informationen über alle für seine Anlageentscheidung und damit für den Verbleib in der Gesellschaft wesentlichen Entscheidungen, Vorgänge und Verhältnisse erhält. Information ist deshalb nicht nur die Voraussetzung dafür, dass überhaupt ein Kapitalanlageverhältnis eingegangen wird, sondern auch dafür, über dessen Änderung oder Beendigung zu entscheiden. Neben der Information bei der öffentlichen Anwerbung (erstes Angebot) sind dafür neben regelmäßigen Zwischen- und Regelberichten anlassbezogene Informationen erforderlich[407], die in Abhängigkeit von der Zugehörigkeit zu bestimmten Segmenten und Indices erfolgen.

Dabei wird der Information eine unterschiedliche Bedeutung zugemessen. Für die Befürworter eines Anlegerschutzes mit kapitalmarktrechtlichen Instrumenten dient die Information letztlich dazu, eine Entscheidung über den Verbleib in der Gesellschaft zu treffen[408]. Nach gesellschaftsrechtlicher Sichtweise stellt die Information ein Hilfsinstrument für den Anleger dar, seine Aktionsmöglichkeiten entweder auf der Handlungsebene der Gesellschaft oder des Marktes auszuschöpfen[409].

---

[405] Semler/Perlitt in MünchKomm/AktG, 2. Aufl., § 278 Rdnr. 392 befürwortet das Abdrucken der Satzung der KGaA und ggf. des Gesellschaftsvertrages der Komplementärgesellschaft, Herfs in VGR Bd. 1 (1999), S. 53 f. hält eine genaue Beschreibung der Kompetenzverteilung im Abschnitt „Allgemeine Angaben über den Emittenten" und eine besondere Hervorhebung bei eingeschränkten Mitwirkungsrechten der Kommanditaktionäre im Abschnitt „Risikofaktoren" für geboten, vgl. im übrigen auch Heineke, Anlegerschutz in der KGaA, S. 176; Kiefer, Anlegerschutz, S. 110 ff, 113.

[406] Vgl. zur Informationsfunktion der Firma Hennerkes/Lorz, DB 1997, 1932.

[407] Vgl. Kalss, Anlegerinteressen, S. 251 f..

[408] Zöllner. AG 2000, 145, 152.

[409] Zöllner, AG 2000, 145, 152.

Darüber hinaus ist zweifelhaft, ob die regelmäßigen Zwischen- und Regelberichte sowie die anlassbezogenen Informationen aufgrund bilanzieller Besonderheiten und der im Einzelfall bestehenden Ermessens- und Bewertungsspielräume geeignet sind, dem Anleger ein zutreffendes Bild von der Vermögens-, Finanz- und Ertragslage zu machen. Eine umfassende Untersuchung kann im Rahmen dieser Arbeit nicht geleistet werden. Am Beispiel der Borussia Dortmund GmbH & Co. KGaA werden nachfolgend einige Grenzen der Informationsversorgung und Informationsbereitstellung aufgezeigt, die im Übrigen ebenso bei einer börsennotierten AG auftreten können.

Die Borussia Dortmund GmbH & Co. KGaA hatte bei ihrem Börsengang neben dem immateriellen Vermögen in Form der Transferrechte an den Lizenzspielern Eigentum an Marken wie „gool“ und „Borussia-Park“ und besaß 46,23 % der Kommanditanteile an der Westfalenstadion GmbH & Co. KG[410], die das Erbbaurecht für verschiedene Grundstücke hatte, auf denen auch das Westfalenstadion steht. Dieser Gesellschaft war die Aufgabe zugedacht, die Finanzierung des Stadionum- und Neubaus zu übernehmen[411].

Die Gesellschaft hatte durch den Börsengang Aufgelder aus der Ausgabe von insgesamt 12.500.000,- Aktien zu einem Nennbetrag von Euro 1,- in Höhe von Euro 125.000.000,- erzielt und diese in die Kapitalrücklage eingestellt[412]. Gleichzeitig wurde der Anteil an der Stadiongesellschaft Westfalenstadion GmbH & Co. KG auf 75 % aufgestockt[413].

Weil die Gesellschaft bedingt durch teure Spielereinkäufe, das Ausbleiben sportlicher Erfolge, verminderte Einnahmen aus TV-Übertragungen und dem Ausfall mehrerer Spieler keinen Gewinn aus der laufenden Geschäftstätigkeit erwirtschaften konnte, hat sie in der Folgezeit damit begonnen, das vorhandene Tafelsilber zu veräußern bzw. zu verpfänden. So hat die Borussia Dortmund GmbH & Co. KGaA im Geschäftsjahr

---

[410] Emissionsprospekt der Borussia Dortmund GmbH & Co. KGaA, S. 14.
[411] Emissionsprospekt der Borussia Dortmund GmbH & Co. KGaA, S. 14.
[412] Geschäftsbericht der Borussia Dortmund GmbH & Co. KGaA 2000/2001, S. 14.
[413] Geschäftsbericht der Borussia Dortmund GmbH & Co. KGaA 2000/2001, S. 18, Anhang S. 29.

2000/2001 die der Gesellschaft gehörenden Marken „gool“ und „Borussia-Park“ veräußert, was in der Bilanz als sonstige betriebliche Erträge ausgewiesen worden ist. Aus dem Verkauf beider Marken hat die Gesellschaft einen Ertrag in Höhe von Euro 27 Mio. erzielt[414]. Gleichzeitig hatte man sich die weltweiten Vermarktungs- und Nutzungsrechte durch den Abschluss eines Lizenzvertrages gesichert[415], wobei die daraus folgenden Belastungen im Gegensatz zu einer Darlehensverbindlichkeit nur im Anhang zur Bilanz auszuweisen war[416]. Im Anhang zur Bilanz 2000/2001 waren Gesamtverpflichtungen der Borussia Dortmund GmbH & Co. KGaA in Höhe von EUR 178 Mio. ausgewiesen worden, wobei die jährlichen Verpflichtungen Euro 14 Mio. betragen haben[417].

Im Geschäftsjahr 2001/2002 sah sich die Geschäftsführung der Borussia Dortmund GmbH & Co. KGaA, aufgrund der schwierigen Ertragslage und entgegen ihrer ursprünglichen Planungen, gezwungen, von ihrem Kommanditanteil in Höhe von 75 % an der Westfalenstadion GmbH & Co. KG an einem Teilkommanditanteil in Höhe von 32 % der Düsseldorfer Molacra Vermietungsgesellschaft mbH eine Unterbeteiligung einzuräumen, wodurch ein sonstiger betrieblicher Ertrag in Höhe von 22,9 Mio. Euro erzielt worden ist. Darüber hinaus sind Erträge aus der Neuordnung der Vertragssituation bei der Vermarktung von Fernsehrechten und Sponsoring in Höhe von Euro 9,6 Mio. erzielt worden[418]. Gleichzeitig wurde der Gesamtbetrag der sonstigen finanziellen Verpflichtungen beachtlich erhöht und hat eine Höhe von Euro 242 Mio. aufgewiesen, wobei die im Folgejahr 2002/2003 anfallenden jährlichen Verpflichtungen einen Betrag in Höhe von Euro 18 Mio. erreicht hatten[419].

Im Geschäftsjahr 2002/2003 veräußerte die Borussia Dortmund GmbH & Co. KGaA ihre an der Stadiongesellschaft Westfalenstadion GmbH & Co. KG bestehenden Kommanditanteile für Euro 75,4 Mio. an die Molsiris

[414] Geschäftsbericht der Borussia Dortmund GmbH & Co. KGaA 2000/2001, S. 15.
[415] Geschäftsbericht der Borussia Dortmund GmbH & Co. KGaA 2000/2001, S. 15.
[416] Vgl. hierzu Adler/Düring/Schmaltz, Rechnungslegung, 6. Aufl., Teilband 2, § 285 HGB, Rdnr. 42 ff..
[417] Geschäftsbericht der Borussia Dortmund GmbH & Co. KGaA 2000/2001, S.40.
[418] Geschäftsbericht der Borussia Dortmund GmbH & Co. KGaA 2001/2002, S. 20 sowie die Angaben im Anhang zum Geschäftsbericht auf S. 78.
[419] Anhang zum Geschäftsbericht der Borussia Dortmund GmbH & Co. KGaA 2001/2002, S. 77.

Vermietungsgesellschaft mbH & Co. Objekt Westfalenstadion KG (nachfolgend auch „Molsiris") mit Wirkung zum 31.12.2002. Neben diesem Verkauf wurde das Stadion durch einen langfristigen Vertrag wieder an die Borussia Dortmund GmbH & Co. KGaA zurückvermietet sowie der Gesellschaft eine Kaufoption eingeräumt[420]. Aus dieser Veräußerung sind der Borussia Dortmund GmbH & Co. KGaA jedoch nur sonstige betriebliche Erträge in Höhe von Euro 23 Mio. zugeflossen, da die übrigen Erträge an den Unterbeteiligten auszuzahlen waren[421]. Die sonstigen betrieblichen Erträge beliefen sich auf Euro 7,6 Mio. Die im Anhang auszuweisenden sonstigen finanziellen Verpflichtungen haben nunmehr einen Gesamtbetrag von Euro 451 Mio. aufgewiesen, wobei darauf hinzuweisen ist, dass in dieser Zahl auch die Verpflichtungen des Konzerns enthalten sind. Die im Folgejahr 2003/2004 zu erbringenden Zahlungen erhöhten sich auf ca. Euro 60 Mio.[422].

Neben der Veräußerung von Beteiligungen hat die Gesellschaft, was für sich genommen einen normalen Vorgang darstellt, Transferrechte aus dem Verkauf von Spielern verpfändet. Verschiedenen Spekulationen zufolge seien dabei zur Absicherung eines Darlehens in Höhe von Euro 15 Mio. die Transferrechte aus einem Verkauf des Spielers Tomas Rosicky verpfändet worden[423]. Eine solche Verpfändung der Spielerrechte braucht in der Bilanz nicht ausgewiesen zu werden, hat jedoch im Falle des Verkaufs des Spielers die bilanziell negative Konsequenz, dass auf der Aktivseite der Bilanz statt dem immateriellen Gut der Spielererrechte kein Aktivtausch in der Form stattfindet, dass der Betrag nunmehr unter Geld/Kasse ausgewiesen wird. Die aus einem Verkauf stammenden Einnahmen wären vielmehr an den Darlehensgeber/Sicherungsnehmer ausbezahlt worden, so dass die Aktivseite der Bilanz der Borussia Dortmund GmbH & Co. KG betragsmäßig weiter vermindert worden wäre. Vor diesem Hintergrund wird auch verständlich, dass die frühere Geschäftsführung kein Interesse an einem Transfer des Spielmachers Tomas Rosicky hatte.

---

[420] Geschäftsbericht der Borussia Dortmund GmbH & Co. KGaA 2002/2003, Ergebnisanalyse, S. 22.
[421] Geschäftsbericht der Borussia Dortmund GmbH & Co. KGaA 2002/2003, S. 25.
[422] Anhang zum Geschäftsbericht der Borussia Dortmund GmbH & Co. KGaA 2002/2003, S. 70.
[423] Handelsblatt Nr. 038 vom 23.02.2005, S. 40.

Der aus dieser Veräußerung und der Neugestaltung des Mietvertrages bestehende bilanzielle und überdies kurzfristige Vorteil für die Geschäftsführung der Borussia Dortmund GmbH & Co. KGaA bestand darin, dass die für den Ausbau des Stadions übernommenen Verbindlichkeiten durch den Verkauf der Anteile an der Westfalenstadion GmbH & Co. KG und der Übernahme der Verbindlichkeiten durch Molsiris weggefallen sind und damit nicht mehr die Passivseite der Bilanz belastet haben. Die dafür eingegangene höhere Belastung aus den Verpflichtungen aus dem Mietvertrag mussten dagegen nicht in der Bilanz dokumentiert, sondern nur noch als laufende Verpflichtungen aus Miete, Leasing usw. im Anhang ausgewiesen werden[424].

Die Geschäftsführung der Borussia Dortmund GmbH & Co. KGaA hat es offenbar in der Hoffung auf zukünftige sportliche Erfolge über Jahre hinaus verstanden, durch „Sale and lease back" Verträge und ähnliche Konstruktionen die Passivseite der Bilanz zu entlasten. Dafür sind die lediglich im Anhang auszuweisenden laufenden Verpflichtungen aus Miete, Leasing usw. seit dem Börsengang massiv angestiegen.

Erst durch die Vorstellung der Bilanz für das am 30. Juni 2004 beendete Geschäftsjahr 2003/2004 ist ein Großteil der finanziellen Misere der Borussia Dortmund GmbH & Co. KGaA offenbar geworden. Hiernach musste die Gesellschaft nach Angaben der Geschäftsführung der Komplementärin für dieses Geschäftsjahr einen operativen Verlust in einer Größenordnung von Euro 21,2 Mio. hinnehmen, der Konzernjahresfehlbetrag belief sich auf Euro 67,7 Mio., wobei die Differenz durch Buchverluste aus Abschreibungen auf Spielerwerte in einer Größenordnung von über Euro 45,3 Mio. erklärt wurde[425]. Die Abschreibungen waren insbesondere aufgrund der beispiellosen Verletztenmisere in der Saison 2003/2004 erforderlich geworden[426]. Der operative Verlust konnte zudem nicht mehr durch sonstige betriebliche Erträge aufgefangen werden, worauf die Geschäftsführung auch – bedauernd – hingewiesen hat[427].

---

424 Vgl. hierzu allgemein zu diesem Ausweis der Mietverpflichtungen im Anhang Adler/Düring/Schmaltz, Rechnungslegung, 6. Aufl., Teilband 2, § 285 HGB Rdnr. 43 f..
425 Geschäftsbericht der Borussia Dortmund GmbH & Co. KGaA 2003/2004, S. 33 f..
426 Geschäftsbericht der Borussia Dortmund GmbH & Co. KGaA 2003/2004, S. 22 f..
427 Geschäftsbericht der Borussia Dortmund GmbH & Co. KGaA 2003/2004, S. 34.

Die Borussia Dortmund GmbH & Co. KGaA war darüber hinaus nicht mehr in der Lage, die jährlichen Mietzahlungen an die Westfalenstadion GmbH & Co. KG zu zahlen, wodurch den Zeichnern des Molsiris-Fonds erste Schäden entstanden sind. Kern der von der Geschäftsführung eingeleiteten Sanierungsbemühungen bestand dann darin, den Anteil an der Westfalenstadion GmbH & Co. KG wieder zurückzukaufen, wobei die Gesellschafter des von der Commerz-Fonds-Beteiligungsgesellschaft (nachfolgend auch „CFB“) aufgelegten Fonds auf einen weiteren Betrag von Euro 40 Mio. verzichten sollten und der Kaufpreis für die Rückübertragung gestundet worden ist. Die Gesellschafter des Fonds haben sich (vor der anderenfalls bestehenden Alternative der Zahlungsunfähigkeit der Borussia Dortmund GmbH & Co. KGaA) zu diesem Verzicht bereit erklärt[428].

Diese eingetretenen Verluste für die Molsiris Anleger standen zudem im Gegensatz zu den Angaben des CFB im Verkaufsprospekt, in dem die Borussia Dortmund GmbH & Co. KGaA als eines der wirtschaftlich erfolgreichsten Fußballunternehmen in Deutschland dargestellt worden ist[429]. Da sich mehrere Gesellschafter des Fonds von der Fondsauflegerin durch die Angaben im Prospekt getäuscht sehen, sind mehrere Klagen von Gesellschaftern des Fonds gegen die CFB rechtshängig[430].

Die Geschäftsführung der Borussia Dortmund GmbH & Co. KGaA hat es somit im Laufe mehrerer Jahre verstanden, die aufgetretenen operativen Verluste bilanziell zu verpacken. Nach einer Zusammenstellung der das Schadensersatzverfahren gegen die CFB betreibenden Anwaltskanzleien hätte die Borussia Dortmund GmbH & Co. KGaA ohne den Verkauf der Marken „gool“ und „Borussia Park“ im Geschäftsjahr 2000/2001 einen Verlust in Höhe von Euro 36,5 ausweisen müssen. In der Saison 2001/2002 war der Verein, entgegen seiner im Börsenprospekt kommunizierten Vorstellung, nach der der Börsengang auch zum Erwerb weiterer Anteile an der Stadiongesellschaft verwendet werden sollte, gezwungen, an 32 Prozent des Kommanditanteils an der Westfalenstadion Dortmund

[428] Zustimmung der Gesellschafterversammlung vom 14.03.2005, mitgeteilt unter www.borussia-aktie.de/aktuelles.
[429] Vgl. Stuttgarter Zeitung vom 23. April 2005, S. 17; FAZ vom 23. April 2005, S. 20.
[430] Vgl. FAZ vom 23. April 2005, S. 20; Stuttgarter Zeitung vom 23. April 2005, S. 17.

GmbH & Co. KG eine Unterbeteiligung einzuräumen, ohne deren Erträge die Gesellschaft einen Verlust in Höhe von Euro 21,5 Mio. Euro erwirtschaftet hätte[431].

Im Ergebnis zeigt die Entwicklung der Wirtschafts-, Finanz- und Ertragslage der Borussia Dortmund GmbH & Co. KGaA und die Abbildung in der Bilanz, die von Anlegern kaum nachzuvollziehen ist, dass die bestehende Informationsversorgung auf dem Sekundärmarkt als alleiniges Mittel des Anlegerschutzes in der GmbH & Co. KGaA und der AG ungeeignet ist.

3.1.3. Informationsverarbeitung im Marktpreis auf dem Primär- und dem Sekundärmarkt

Das Abstellen auf kapitalmarktrechtliche Instrumente anstelle der gesellschaftsrechtlichen Schutzinstrumente ist darüber hinaus nur dann gerechtfertigt, wenn die Information über die Anlage und bei der KGaA im Besonderen die Information über Abweichungen in der Satzungsausgestaltung effizient im Marktpreis auf den Primär- und Sekundärmärkten abgebildet und der Anleger jederzeit die Möglichkeit der Trennung von seiner Anlage hat. Dies heißt konkret, dass die vorhandenen Informationen entsprechende Auswirkungen auf die Preise bei der Emission und im späteren Emissionshandel haben müssen.

Den Regelfall einer Aktienemission bilden dabei die feste Übernahme von Wertpapieren durch die mitwirkenden Banken, die Konsortialbanken[432]. Die Konsortialbanken verpflichten sich im Übernahmevertrag gegenüber der Emittentin, die zu platzierenden Aktien auf eigenes Risiko gegen Zahlung eines vereinbarten Preises zu übernehmen und im eigenen Namen für fremde Rechnung an Anleger zu vertreiben[433]. Typischerweise ist das Emissionskonsortium auch mit der Börseneinführung der emittierten Papiere beauftragt. Eine solche Emission ist für die Konsortialbanken mit gewissen Risiken verbunden, da sie letztlich nur dann Gebühren und Pro-

[431] Vgl. die Angaben in der FAZ vom 23. April 2005, S. 20; Stuttgarter Zeitung vom 23. April 2005, S. 17.
[432] Vgl. Kümpel, Bank- und Kapitalmarktrecht, 2. Aufl., Rdnr. 9.23.
[433] Vgl. Kümpel, Bank- und Kapitalmarktrecht, 2. Aufl., Rdnr. 9.23.

visionen verdienen, wenn die Platzierung einer Emission reibungslos verläuft.

Dabei kann die Verwendung der KGaA durch den Emittenten zusätzliche Risiken für die Konsortialbanken bedeuten. Zwar ist eine KGaA grundsätzlich in gleicher Weise wie die Aktiengesellschaft zur Kapitalbeschaffung geeignet. Der Kapitalmarkt nimmt die KGaA jedoch noch als eine ungewohnte Form der Corporate Governance mit einer komplexeren Organisationsverfassung wahr[434]. Im Gegensatz zu den weitgehend standardisierten Satzungen börsennotierter Aktiengesellschaften führt die Gestaltungsfreiheit bei der KGaA zu individuellen, in den Einzelheiten ausdifferenzierten Satzungen. Diese höhere Flexibilität der Satzungsausgestaltung stellt aus der Sicht der Altgesellschafter im Vergleich zur AG einen wesentlichen Vorteil dar. Dieser Vorteil muss jedoch vor dem Blickwinkel betrachtet werden, dass der Kapitalmarkt diese andersartigen Organisationsverfassungen bewerten muss. Eine solche Bewertung kann nur aufgrund einer detaillierten juristischen Analyse der Organisationsverfassung des jeweiligen Emittenten erfolgen[435], die von den Emissionsbanken vorzunehmen und von den Analysten der Investmentbanken, die mit ihren Studien erheblichen Einfluss auf die Kursbildung haben, verstanden und bewertet werden muss[436]. Dies führt neben der grundsätzlichen Überlegung, ob Kommanditaktien einer Kapitalgesellschaft & Co. KGaA bei einem schwierigen Börsenumfeld überhaupt platziert werden können[437], zu der Vermutung, dass der Börsengang einer Kapitalgesellschaft & Co. KGaA mit einem Sicherheitsabschlag verbunden ist[438].

Der Einfluss unterschiedlicher Satzungsausgestaltungen in der KGaA auf den Emissionskurs ist nach dem derzeitigen Untersuchungsstand jedoch nicht hinreichend nachgewiesen. Empirische Untersuchungen über die

---

[434] Wieneke/Fett in Schütz/Bürgers/Riotte (Hrsg.), Hdb/KGaA, § 10 Rdnr. 27, S. 489.

[435] Wieneke/Fett in Schütz/Bürgers/Riotte (Hrsg.), Hdb/KGaA, § 10 Rdnr. 27 f., S. 489.

[436] Hierzu mit Recht skeptisch Wieneke/Fett in Schütz/Bürgers/Riotte (Hrsg.), Hdb/KGaA, § 10 Rdnr. 28, S. 489.

[437] Skeptisch Assmann/Sethe in GroßKomm/AktG, 4. Aufl., Vor § 278 Rdnr. 52; Wieneke/Fett in Schütz/Bürgers/Riotte (Hrsg.), Hdb/KGaA, § 10 Rdnr. 28, S. 489.

[438] Assmann/Sethe in GroßKomm/AktG, 4. Aufl., Vor § 278 Rdnr. 51 f.. befürchten einen solchen Sicherheitsabschlag, ebenso Schlitt, Satzung der KGaA, S. 185; vgl. zum Sicherheitsabschlag bei Emissionsbanken Heineke, Anlegerschutz in der KGaA, S. 185.

Auswirkungen unterschiedlicher Satzungen auf die jeweilige Marktbewertung der KGaA liegen nicht vor. Es ist auch nicht zu erkennen, wie solche Untersuchungen rechtsmethodisch einwandfrei durchgeführt werden sollen[439]. Heineke hat zu Recht darauf verwiesen, dass sich ein „Rechtsformabschlag" nur durch einen Vergleich der Emissionserlöse einer KGaA mit einem wirtschaftlich identischen Unternehmen in der Rechtsform der AG feststellen lässt. Für einen eindeutigen Test müsste dasselbe Unternehmen quasi zur selben Zeit einmal als AG und einmal als KGaA an die Börse gebracht werden. Mangels derartiger Vergleichsmöglichkeiten ist die Behauptung eines derartigen Rechtsformabschlages als unbewiesene Vermutung einzuordnen[440].

Die empirische Kapitalmarktforschung hat jedoch bei der AG einige Untersuchungen zu den Auswirkungen unterschiedlicher gesellschaftsrechtlicher Gestaltungen hervorgebracht. In der deutschen Kapitalmarktforschung wurden insbesondere Abschläge bei der Vorzugsaktie ohne Stimmrecht untersucht[441]. Nach der Auswertung der ganzen Untersuchungen kann es nicht als geklärt angesehen werden, ob und inwieweit die Marktbewertung zu Differenzierungen hinsichtlich unterschiedlicher Ausgestaltung der Aktionärsstellung fähig ist. In einigen Untersuchungen konnte bei stimmrechtslosen Vorzugsaktien eine negative Kursreaktion nachgewiesen werden, so dass man zu dem Schluss gelangen kann, dass der Markt in einigen Fällen durchaus zwischen Satzungsgestaltungen differenziert[442]. Andere Untersuchungen stellten hingegen keine Kursreaktionen fest. Hinzu kommt, dass die Evaluierung der Satzung einer KGaA etwa im Hinblick auf das Verhältnis von Grundkapital und Komplementärkapital viel komplexer ist.

Anhand der ausgewerteten Untersuchungen lässt sich somit nicht allgemeingültig nachweisen, dass gesellschaftsrechtliche Gestaltungen Auswirkungen auf die Bewertung des Unternehmens und damit den Emissionspreis der Aktien haben. Dieser fehlende Nachweis kann darin

---

[439] Vgl. zu diesem methodischen Gesichtspunkt Heineke, Anlegerschutz in der KGaA, S. 181 f..
[440] Heineke, Anlegerschutz in der KGaA, S. 182.
[441] Vgl. insbesondere Pellens/Hildebrand, AG 2001, 66 unter Auswertung von neun Untersuchungen.
[442] Spindler, AG 1998, 53, 66, vgl. auch Heineke, Anlegerschutz in der KGaA, S. 184.

begründet sein, dass die Marktteilnehmer die satzungsmäßigen Besonderheiten zwar erkannt, diese Besonderheiten aber als nicht kursrelevant eingestuft haben. Im Ergebnis wären diese Besonderheiten für die Marktteilnehmer ohne Relevanz. Oder aber die Marktteilnehmer waren nicht in der Lage, die Konsequenzen einer Satzungsregelung für die Renditeinteressen der Anleger vorherzusagen. In diesem Fall wäre lediglich an einen Sicherheitsabschlag zu denken[443]. Überträgt man dieses Ergebnis auf die KGaA und legt zwei Satzungen von KGaA zugrunde, bei denen die Rechtstellung der Gesamtheit der Kommanditaktionäre unterschiedlich ausgestaltet ist, so ergeben sich hiernach nicht zwingend Konsequenzen für die Bewertung des Unternehmens und damit den Börsenpreis. Die These, dass unterschiedliche rechtliche Gestaltungen Auswirkungen auf die Bewertung des Unternehmens und damit den Börsenpreis haben, lässt sich somit derzeit nicht nachweisen.

3.2. Jederzeitige Möglichkeit eines Verkaufs aufgrund der vorhandenen Liquidität und bestehender Informationseffizienz ?

Nachdem vorstehend die Verarbeitung der zur Verfügung stehenden Information auf die Bewertung des Unternehmens und den Börsenkurs nicht hinreichend nachgewiesen werden konnte, ist nachfolgend die Richtigkeit und grundsätzliche Anwendbarkeit der zweiten These des Kapitalmarktrechts zu untersuchen. Diese besteht in der Behauptung der jederzeitigen Lösungsmöglichkeit durch den Verkauf der Anlage. Insbesondere Ekkenga will für den Anlegerschutz maßgeblich auf den Exit abstellen und sieht die Lösungsmöglichkeit durch einen Verkauf als für den Anlegerschutz ausreichend an[444]. Er begründet dies damit, dass die Anleger ihre gesellschaftsrechtlichen Schutzinstrumente nicht wahrnehmen, sondern vielmehr lediglich auf das Tätigwerden Anderer warten. Im Ergebnis blieben dann alle Anleger hinsichtlich ihrer gesellschaftsrechtlichen Schutzinstrumente untätig. Sie trennen sich vielmehr nur im Bedarfsfall von ihrer Beteiligung. Ein solcher Zustand wird von Ekkenga unter dem Begriff des

[443] Heineke, Anlegerschutz in der KGaA, S. 185.
[444] Ekkenga, Anlegerschutz, S. 29 f; 30 ff..

sog. „Free-Rider-Paradoxum“ erfasst[445]. Die Veräußerung der Anteile sei dabei aufgrund der vorhandenen Liquidität ohne weiteres möglich[446].

Ekkengas Überlegungen im Hinblick auf die Liquidierbarkeit der Anteile sind für den Bereich der großkapitalisierten Gesellschaften richtig. Er übersieht jedoch, dass für viele Gesellschaften eine jederzeitige Liquidierbarkeit nicht gegeben ist. Dies wird durch einen Blick auf das Handelsvolumen bei Unternehmen im SDAX, dem Prime Standard oder dem Geregelten Markt deutlich. In diesen Segmenten ist die jederzeitige Liquidierbarkeit auch kleinerer Anteilsmengen bei einer Reihe von gelisteten Unternehmen nicht durchweg möglich.

Von Schwark wird zudem eingewandt, dass die Relevanz oder das Abstellen auf den Börsenkurs einen effizienten Markt voraussetzt[447]. Dies wird zwar für den theoretischen Fall von der Kapitalmarktforschung bejaht. Schwark verweist jedoch auf eine neuere Analyse von Rudolph/Röhrl, in der nachgewiesen worden ist, dass auf Wertpapiermärkten in der Regel höchstens die schwache Form der Informationseffizienz erreicht werde[448]. Sie betonen, dass Marktbreite und Markttiefe die Leistungsfähigkeit eines Wertpapiermarktes und damit auch dessen (Informations-)Effizienz erheblich beeinflussen[449].

Selbst wenn man die Richtigkeit der These einer jederzeitigen Liquidierbarkeit unterstellt, wird der Anleger dadurch bei Vorliegen besondere Sachverhalte nicht geschützt. So schützt den Anleger selbst eine profunde Information nicht vor Fehlentscheidungen der Hauptversammlung, in deren Verlauf der Aktienkurs des Unternehmens sinkt[450]. Für den Anleger ist darüber hinaus eine Veräußerung der Anlage innerhalb der Spekulationsfrist von derzeit 12 Monaten aus steuerlichen Gründen möglicherweise uninteressant, sofern die Anlage bis dato einen Buchgewinn aufgewiesen

---

[445] Ekkenga, Anlegerschutz, S. 29.
[446] Ekkenga, Anlegerschutz, S. 29 f..
[447] Schwark, Festschrift Lutter, S. 1529, 1537.
[448] Schwark, Festschrift Lutter, S. 1529, 1537 mwN..
[449] Schwark, Festschrift Lutter, S. 1529, 1537.
[450] Zöllner, AG 2000, 145, 152. Die Schnelligkeit der Anpassung an den neuen Umstand ist dann wieder von der Kapitalmarkteffizienz abhängig.

hat[451]. Der Schutz durch einen Verkauf ist zudem bei Investmentprodukten, die sich an einem Index orientieren, dann nicht ausreichend, wenn das betreffende Unternehmen in dem Index vertreten und damit eine Veräußerung ausscheidet.

3.3. Zwischenergebnis: Kein ausreichender Schutz durch kapitalmarktrechtliche Instrumente

Die Untersuchung der kapitalmarktrechtlichen Schutzinstrumente hat ergeben, dass die Informationsversorgung der Gesellschaften am Primär- und Sekundärmarkt in vielen Fällen nur mit einer besonderen Expertise und unter der Voraussetzung, dass die Gesellschaft auch die erforderlichen Informationen zur Verfügung stellt, zu relevanten Schlussfolgerungen führen kann. Darüber hinaus ist in der Kapitalmarktforschung noch weitgehend ungeklärt, ob und in welchem Umfang unterschiedliche Satzungsausgestaltungen im Börsenpreis neben anderen Faktoren verarbeitet werden. Die diesbezüglich vorliegenden und ausgewerteten Untersuchungen zur Kursrelevanz von Vorzugsaktien haben ergeben, dass die Auswirkungen verschiedener Satzungsbestimmungen im Marktpreis nicht empirisch nachweisbar sind. Dies gilt sowohl für den Primär- als auch den Sekundärmarkt. Zudem besteht bei einer Reihe von börsennotierten Unternehmen nicht ohne weiteres die Möglichkeit, sich von diesen Engagements zu lösen.

4. Gründe für einen gesellschaftsrechtlichen Anlegerschutz

Im vorstehenden Abschnitt konnte die Effizienz und Allgemeingültigkeit der kapitalmarktrechtlichen Schutzinstrumente nicht (hinreichend) nachgewiesen werden. Als Zwischenergebnis kann somit festgehalten werden, dass das Kapitalmarktrecht die verbandsrechtlichen Schutzinstrumente jedenfalls nicht verdrängen, sondern nur ergänzen kann[452].

Neben dieser Bewertung gibt es weitere Gründe dafür, auf den gesellschaftsrechtlichen Anlegerschutz abzustellen. Er stellt zunächst in den zwingend geregelten Rechtsbereichen das Korrektiv für die fehlende Al-

---

[451] Vgl. bei einem Spekulationsgeschäft, § 23 EStG, bei einer wesentlichen Beteiligung ist § 17 EStG zu beachten.

[452] Möllers, ZGR 1997, 334, 345; in neuerer Zeit auch Grabbe/Fett, NZG 2003, 755, jeweils mwN..

ternative einer individualvertraglichen Regelung dar[453]. So gewährleistet das – bei der AG weitgehende und bei der KGaA im Hinblick auf die Kapitalstruktur – zwingende Recht ein bestimmtes Niveau an Anlegerschutz. Darüber hinaus kann gesellschaftsinterner Anlegerschutz als kostengünstigere und/oder effektivere Alternative gegenüber den kapitalmarktrechtlichen Anlegerschutzregeln in Betracht kommen. Zu denken ist insbesondere an die an Mitglieder der Verwaltung gerichtete Verbote, wie das Verbot, in ihrer Eigenschaft als Organmitglieder erlangte Kenntnisse etwa zum Insiderhandel oder durch Verwertung der Gesellschaft zustehender Geschäftschancen auszunützen. Diese stellen ein wirksameres Mittel des Anlegerschutzes im Vergleich zu einer Lösung dar, wonach die Anleger von der Zulässigkeit derartiger Verhaltensweisen zu informieren sind und ihre Anlageentscheidung auf der Basis dieser Informationen zu treffen haben[454].

5. Ergebnis

Aufgrund der Untersuchung konnte gezeigt werden, dass das Kapitalmarktrecht die gesellschaftsrechtlichen Schutzinstrumente nicht ersetzen, sondern nur ergänzen kann. Die verbandsrechtlichen Schutzinstrumente stellen in den zwingend geregelten Rechtsbereichen das Korrektiv für die fehlende Alternative einer individualvertraglichen Regelung und sind jedenfalls in Teilbereichen das kostengünstigere/effektivere Mittel gegenüber den kapitalmarktrechtlichen Schutzinstrumenten.

II. Anlegerschutz in der börsennotierten GmbH & Co. KGaA

Im nachfolgenden Abschnitt sollen die Vorgehensweisen und die Kriterien bestimmt werden, durch die die Rechtsstellung und damit das Maß an Anlegerschutz in der börsennotierten GmbH & Co. KGaA erfasst werden kann.

---

[453] Vgl. Mülbert, Anlegerschutz, S. 122; Möllers, ZGR 1997, 334, 345.

[454] Die Frage ist in der Literatur streitig. Insbesondere die Anhänger einer wirtschaftlichen Betrachtungsweise bevorzugen ein Abstellen auf die Information über gewisse, die Gesellschaft und potentielle Interessenkonflikte betreffenden Verhältnisse, vgl. nur Fleischer, ZGR 2001, 1 ff..

1. Anlegerschutz durch Bestimmung der Rechtsstellung des Kommanditaktionärs

Eine Bestimmung des gesellschaftsrechtlichen Anlegerschutzes kann nur durch einen Vergleich der Kompetenzen der drei Organe – Komplementärin, Aufsichtsrat und der Gesamtheit der Kommanditaktionäre (Hauptversammlung) – und den Möglichkeiten, die der Aufsichtsrat und die Gesamtheit der Kommanditaktionäre haben, gegenüber der Komplementärin ihre Rechte geltend zu machen bzw. bei pflichtwidrigem Verhalten gegen die Komplementärin bzw. deren Geschäftsführung vorgehen zu können.

Die Rechtsstellung des Kommanditaktionärs ergibt sich dabei nur zum Teil aus dem Aktienrecht, § 278 Abs. 3 AktG. Hiervon werden insbesondere die dem Kommanditaktionär zustehenden Individualrechte erfasst. Die Rechtsstellung des Kommanditaktionärs wird darüber hinaus auch durch die Kompetenzen der Gesamtheit der Kommanditaktionäre insoweit als das Recht der Personengesellschaften anwendbar ist, sowie die Kompetenzen der Hauptversammlung nach Aktienrecht bestimmt. Die Summe dieser Befugnisse ergeben die rechtlichen Handlungsmöglichkeiten des Kommanditaktionärs.

Der Aufsichtsrat einer KGaA hat im Gegensatz zur AG keine Teilhaberechte an der Leitung der Gesellschaft. Vielmehr werden sämtliche unternehmerischen Entscheidungen im Verhältnis zwischen den Komplementären und der Gesamtheit der Kommanditaktionäre vorgenommen. Der Aufsichtsrat einer KGaA hat neben der Wahrnehmung ihm zugewiesener Kontrollrechte eine Vertretung der Gesamtheit der Kommanditaktionäre im Prozess, § 287 Abs. 2 Satz 1 AktG, und vertritt vorbehaltlich des § 283 Nr. 8 AktG i.V.m. § 93 AktG die Gesellschaft gegenüber den persönlich haftenden Gesellschaftern insoweit als ihm dies durch die Satzung übertragen worden ist. Die Untersuchung des Anlegerschutzes muss auch die dem Aufsichtsrat in seiner Doppelfunktion als Kontrollorgan und als Vertretungsorgan der Kommanditaktionäre zustehenden Befugnisse bestimmen.

In sachlicher Hinsicht lassen sich die Kompetenzen von Hauptversammlung und Aufsichtsrat in Informations- und Kontrollrechte, Mitwirkungsbefugnisse, die Möglichkeit zur Beschränkung der Rechtsmacht der Komplementärin sowie die Geltendmachung von Schadenersatzansprüchen unterscheiden.

Die weitere Untersuchung setzt dabei an den zwingenden Organen der KGaA, dem Aufsichtsrat und der Gesamtheit der Kommanditaktionäre (Hauptversammlung) bzw. einem von diesem eingesetzten Beirat an. Entgegen einem bisweilen anzutreffenden Verständnis sind den beiden Organen keine eigenen Ansprüche im Sinne von § 194 BGB zugewiesen. So werden beispielsweise bestimmte im Folgenden noch zu präzisierende Informationsrechte der Gesellschaft (KGaA) zugewiesen. Diese sind zu ihrer Wahrnehmung per Gesetz einem Organ der Gesellschaft zugewiesen bzw. können auf ein Organ übertragen werden[455].

Dabei sind die laufenden Informations- und Kontrollrechte in der KGaA dem Aufsichtsrat zugewiesen, der darüber hinaus zur Vertretung der Gesellschaft gegenüber den Komplementären bei der Geltendmachung von Schadenersatzansprüchen befugt ist. Die Gesamtheit der Kommanditaktionäre nimmt in der Hauptversammlung die der Gesellschaft nach dem Gesetz zugewiesenen Mitwirkungsrechte einschließlich der beschlussbegleitenden Informationsrechte wahr. Dem einzelnen Kommanditaktionär verbleibt darüber hinaus sein Auskunftsanspruch in der Hauptversammlung.

2. Aktienrechtlicher Anlegerschutz als qualitative Untergrenze oder Vergleichsmaßstab des Anlegerschutzes?

Verschiedentlich werden die zwingenden Regeln des Aktienrechtes als eine qualitative Untergrenze des Anlegerschutzes unter Bezug auf § 23 Abs. 5 AktG angesehen[456]. Die im Übrigen nicht in Bezug auf den Anlegerschutz in der GmbH & Co. KGaA geäußerten Ansichten verweisen auf die Vorteile zwingender Normen, die im Gegensatz zu den Gesellschaftsformen, die weitgehend durch die Vertragsparteien ausgestaltet

---

[455] Vgl. allgemein hierzu Kessler, Einwirkungsrechte der Kommanditaktionäre, S. 156, 177; speziell zu den Informationsrechten Hüffer, Komm/AktG, 6. Aufl., § 90 Rdnr. 18 f..

[456] Bendfeld, Satzungsstrenge im Aktienrecht, S. 41.

werden können, zu einer höheren Rechtssicherheit führen[457]. Durch die zwingenden Normen werden überdies Transaktionskosten am Kapitalmarkt gespart, da dem Anleger die aufwendige Prüfung verschiedener Satzungsgestaltungen erspart wird[458].

An dieser Betrachtungsweise ist richtig, dass unterschiedliche vertragliche Gestaltungen eine Vielzahl von Auslegungsfragen schaffen, da sich stets unerwartete Auswirkungen eines satzungsmäßig festgelegten Rechtes ergeben können. In der Konsequenz ist deshalb eine steigende Rechtsunsicherheit infolge notwendiger Vertragsauslegung nicht zu bestreiten[459]. Doch trifft dies in jeglicher Weise auf jegliche Art von langfristigem Vertrag zu. Auch ein System zwingender Regelungen ist jedoch nicht von erheblichen Rechtsunsicherheiten frei, die von der Rechtsprechung durch die Schaffung generalklauselartiger Schranken des Mitgliedschaftsrechts oder ungeschriebener Hauptversammlungszuständigkeiten herrühren[460].

Gegen eine Auslegung von § 23 Abs. 5 AktG als qualitativer Untergrenze des Anlegerschutzes spricht jedoch, dass die GmbH & Co. KGaA gerade keine bloß in Nuancen verschiedene Spielart der AG ist, sondern vielmehr eine eigenständige Gesellschaftsform darstellt. Aus dieser Erkenntnis folgt dann aber auch, dass das zwingende Aktienrecht keine qualitative Untergrenze sein kann. Dies gewinnt insbesondere für die Frage Bedeutung, inwieweit sachlich geringere Kompetenzen eines Organs der KGaA durch eine analoge Heranziehung aktienrechtlicher Vorschriften aufgefüllt werden kann. Eine solche Vorgehensweise insbesondere im Hinblick auf die Kompetenzen des Aufsichtsrates in der KGaA scheidet dabei grundsätzlich aus.

Der aktienrechtliche Anlegerschutz ist jedoch gleichwohl als Vergleichsmaßstab von Bedeutung. Dabei führt nicht jede Abweichung von der aktienrechtlichen Regelung zu einer qualitativen Abweichung von dem, was Anleger unter dem Begriff der Aktie erwarten. Bedeutung gewinnt das

[457] Dies stellt das zentrale Argument von Röhricht in GroßKomm/AktG, 4. Aufl., § 23 Rdnr. 167 dar.
[458] Vgl. nur Assmann in GroßKomm/AktG, 4. Aufl., Einl. AktG Rdnr. 286 f. mwN.., ders., ZBB 1989, 49, 59 ff..
[459] Eingehend Spindler, AG 1998, 53, 59 f..
[460] Spindler, AG 1998, 53, 59 f..

Aktienrecht für die Akzeptanz der KGaA als Gesellschaftsform gleichwohl dann, wenn die Untersuchung des Anlegerschutzes in der KGaA eine grobe Aufweichung der aktienrechtlichen Gewaltenteilung feststellt.

III. Auswirkungen gesetzlicher Novellierungen und der höchstrichterlichen Rechtsprechung auf die Bewertung des Anlegerschutzes in der KGaA

Den vorstehenden Ausführungen lässt sich zwar entnehmen, dass das Niveau an Anlegerschutz in der AG zwar keine rechtliche Untergrenze für das Maß an Anlegerschutz in der KGaA darstellen kann. Das Maß an Anlegerschutz ist dabei auch nicht statisch, sondern aufgrund von Gegebenheiten der Praxis einer ständigen Überprüfung und ggf. Anpassung unterworfen. Dabei haben zwar nur die KGaA betreffenden gesetzlichen Novellierungen und die neuere höchstrichterliche Rechtsprechung zur KGaA direkte rechtliche Auswirkungen auf den Anlegerschutz. Darüber hinaus sind jedoch auch im Recht der AG insbesondere im Bereich der Corporate Governance Entwicklungen zu verzeichnen, die nicht ohne Einfluss auf die weitere Entwicklung und Akzeptanz der KGaA sein werden. Diese Entwicklungen sollen nachfolgend kurz dargestellt werden.

1. Keine Streichung des § 289 Abs. 4 AktG durch das UMAG

Die Bundesregierung hatte ursprünglich im Entwurf des Gesetzes zur Unternehmensintegrität und Modernisierung des Anfechtungsrechtes (UMAG)[461] zwei Bestimmungen zur KGaA untergebracht, die eigentlich mit dem erklärten Zweck des Gesetzes, die durch die Regierungskommission Corporate Governance herausgearbeiteten Änderungsvorschläge in das geschriebene Recht umzusetzen, nichts zu tun haben. Hiernach sollte neben einer Bestimmung, die die Gründung einer KGaA insoweit erleichtert werden, als zukünftig keine fünf Gründer mehr erforderlich sein sollen, (Nr. 33 des Entwurfs), das in § 289 Abs. 4 AktG enthaltene Kündigungsrecht der Kommanditaktionäre gestrichen werden (Nr. 34 des Entwurfs)[462].

---

[461] Entwurf des Gesetzes v. 19.01.2004, abrufbar unter www.bmj.bund.de; abgedruckt ist lediglich der Referentenentwurf bspw. in der NZG 2003, Sonderbeil. zu Heft 9.

[462] Vgl. hierzu die Ausführungen auf S. 37 ff. sowie die eingehende Analyse von Mertens, AG 2004, 333 ff.

Letzterer Vorschlag ist jedoch im Gesetzgebungsverfahren gestrichen und nicht in das Gesetz aufgenommen worden[463].

2. Folgerungen der Corporate Governance und des Ausbaus der Unternehmenskontrolle in der AG für die KGaA

Die aktienrechtliche Literatur hat in den vergangenen 10 Jahren, verursacht auch durch verstärkte Unternehmenszusammenbrüche und Unternehmenskrisen, die Rolle des Aufsichtsrates für einen wirksamen Anlegerschutz überprüft und bereits teilweise neu definiert. Dabei ist in einer Bestandsaufnahme in den 90er Jahren die eher passive Haltung vieler Aufsichtsratsgremien bemängelt und sind die gesetzlichen Lücken in den Informationsbefugnissen und Einwirkungsrechten herausgearbeitet worden. Dieser Befund hat zunächst zu der Frage geführt, ob der Gesetzgeber zwingende Vorschriften normieren oder ob man es bei Appellen an den Aufsichtsrat genügen lassen solle[464].

Im Gesetz zur Kontrolle und Transparenz im Unternehmensbereich (KonTraG)[465] aus dem Jahre 1998 hat sich der Gesetzgeber zu einem Kompromiss entschlossen. Er hat dabei relativ wenige neue zwingende Vorschriften für den Aufsichtsrat normiert, zusätzlich aber sog. „Anregungsnormen" geschaffen, die das Verhalten des jeweiligen Aufsichtsrates und seiner Mitglieder in bestimmter Weise steuern sollen. Das Gesetz schreibt bspw. die Bildung von Ausschüssen nicht zwingend vor, verlangt aber vom Aufsichtsrat einer börsennotierten Gesellschaft in seinem Bericht an die Hauptversammlung Angaben darüber, ob und welche Ausschüsse er gebildet hat, § 171 Abs. 2 Satz 2 AktG, regt also zu einem entsprechenden Verhalten nachdrücklich an[466].

Die von der Bundesregierung eingesetzte Kommission „Corporate Governance" hat später rund 100 Vorschläge zur Änderung des Aktiengesetzes und des Handelsgesetzbuches vorgelegt. Einige dieser Vorschläge hat das Transparenz- und Publizitätsgesetz (TransPuG) aus dem Jahr 2002

---

463 Vgl. hierzu das BGBl. I 2005, S. 2802, 2807; www.bmj.bund.de/media/archive/1035.pdf
464 Lutter/Krieger, Aufsichtsrat, 4. Aufl., Rdnr. 52.
465 BGBl. I, 1998, S. 786.
466 Vgl. zum KonTraG vgl. insbesondere die Publikation von Dörner u.a. (Hrsg.), Reform des Aktienrechtes, 1999, allgemein zum KonTraG Lutter/Krieger, Aufsichtsrat, 4. Aufl., Rdnr. 52.

aufgegriffen[467]. Hierdurch ist eine Reihe von Gesetzesänderungen im Recht des Aufsichtsrates erfolgt, die dessen Rolle beim Anlegerschutz neu bestimmt haben. Neben einer Erweiterung der Informationsrechte des Aufsichtsrates insgesamt, die einer Informationspflicht durch die einzelnen Aufsichtsratsmitglieder entspricht, sind dabei insbesondere die in Zustimmungsrechte des Aufsichtsrates durch § 111 Abs. 4 Satz 2 AktG modifiziert worden. Hiernach muss jeder Aufsichtsrat einen Katalog zustimmungspflichtiger Rechtsgeschäfte erlassen, bei deren Vorliegen der Vorstand im Innenverhältnis zur Vorlage verpflichtet ist.

Über diese Vorschläge hinaus hat die eingesetzte Kommission „Corporate Governance" internationalen Erfahrungen folgend die Einarbeitung eines deutschen Corporate Governance Kodex vorgeschlagen. Dieser Kodex und seine Regeln sollen für die betreffenden Gesellschaften nicht verpflichtend sein, doch sollen Vorstand und Aufsichtsrat jeder börsennotierten Gesellschaft jährlich erklären, ob sie die Regeln dieses Kodex eingehalten haben und einhalten werden oder warum sie davon abgewichen sind[468]. Der Bundesgesetzgeber hat darüber hinaus im TransPuG einen neuen § 161 AktG[469] verabschiedet, wonach Aufsichtsräte und Vorstände börsennotierter Gesellschaften künftig öffentlich erklären müssen, ob sie den Empfehlungen des Kodex gefolgt sind, folgen werden und wo und warum sie abgewichen sind. Wird eine solche Erklärung abgegeben, sind Vorstand und Aufsichtsrat gehalten, die Empfehlungen des „Kodex" zu beachten, soweit sie nicht eine „Gegenerklärung" beschlossen und erneut publiziert haben.

Diese verstärkten Mitwirkungsbefugnisse des Aufsichtsrates in der AG können, sofern sie nicht auf den Aufsichtsrat der KGaA anzuwenden sind,

---

[467] BGBl. I 2002, 2681 ff. , Vgl. allgemein zum TransPuG, Ihrig/Wagner, BB 2002, 789 ff; Götz, NZG 2002, 599 ff.; allgemein zu den Normierungen des TransPuG Lutter/Krieger, Aufsichtsrat, 4. Aufl., Rdnr. 53.

[468] Vgl. die umfassende Darstellung von Lutter, ZGR 2001, 224, der insbesondere auf den Gesichtspunkt der engeren Zusammenarbeit von Vorstand und Aufsichtsrat abhebt. Allgemeine Ausführungen zum Kodex enthalten die Aufsätze/Mitteilungen von Seibert, BB 2002, 581 ff.; v. Werder, BB 2002, 801 ff.; zur Frage der Zuordnung der Corporate Governance Grundsätze grundlegend Ulmer ZHR 166 (2002), S. 150 ff., Seibert, AG 2002, 251. Den Corporate Governance-Kodex aus der Perspektive der kleinen und mittleren Börsen-AG analysiert Claussen, DB 2002, 1199 ff, insbes. 1200 ff. Die Auswirkungen des Corporate Governance Kodex auf die KGaA werden – soweit ersichtlich – nicht analysiert.

[469] Vgl. allgemein zur Normierung des § 161 AktG, Lutter/Krieger, Aufsichtsrat, 4. Aufl., Rdnr. 54.

Auswirkungen auf die Attraktivität der börsennotierten KGaA haben, sofern die Satzung der KGaA die aktienrechtliche Gewaltenteilung in zentralen Punkten aufweicht[470]. Dies soll im Zweiten Teil einer genaueren Untersuchung zugeführt werden.

3. Auswirkungen von „Siemens-Nold" und der „Gelatine-Entscheidungen" auf die KGaA

Im Recht der AG ist in den letzten Jahren ein verstärktes Bestreben zu beobachten, das Recht der börsennotierten vom Recht der nicht börsennotierten Gesellschaft stärker zu trennen. Diese Diskussion wird auch unter dem Stichwort der Deregulierung geführt wird[471].

Die Deregulierungsdebatte wurde dabei angestoßen durch ein Gutachten von Albach und anderen[472] und endete in der Reform zur kleinen Aktiengesellschaft 1994[473]. Das Gesetz zur kleinen AG brachte im wesentlichen jedoch nur die nunmehr zulässige Einmanngründung, einen erleichterten Bezugsrechtsausschluss und den Wegfall der Mitbestimmung nach § 76 BetrVG 1952 für kleine Aktiengesellschaften mit weniger als 500 Arbeitnehmern[474]. Durch das Gesetz änderte sich jedoch nichts an der zwingenden Ausgestaltung des innergesellschaftsrechtlichen Verhältnisses. Zentrale Bereiche des Aktienrechts bleiben § 23 Abs. 5 AktG zugeordnet[475]. Insoweit lässt sich diese Neuregelung qualitativ nicht mit der Satzung einer KGaA vergleichen, deren Inhalt in zentralen Bereichen dispositiv ist.

Daneben haben insbesondere motiviert durch die Internationalisierung des Aktionärskreises deutscher Aktiengesellschaften und hervorgerufen

---

[470] Diese Fragen werden im Schrifttum zur KGaA soweit ersichtlich nur von Mertens/Cahn in KölnKomm/AktG, 2. Aufl., Vor § 278 Rdnr. 8 und nur im Ansatz erwähnt.
[471] Vgl. zum Begriff der Deregulierung Spindler, AG 1998, 53, 54.
[472] Albach u.a., Deregulierung des Aktienrechtes: Das Drei-Stufen-Modell, 1988.
[473] BGBl. I 1994, 1961.
[474] Eingehend zum Gesetz über die Kleine AG Seibert u.a. (Hrsg.), Kleine AG, 4. Aufl.; Priester, BB 1996, 333 ff.; Hoffmann-Becking, ZIP 1995, 1 ff.; Claussen, AG 1995, 163, 168 ff.; Umfassende Übersicht über die verschiedenen Reformvorschläge seit 1965 bei Assmann in GroßKomm/AktG, Einl. AktG Rdnr. 330 ff.; 400 ff.; insbes. Rdnr. 495 f. mwN..
[475] Überdies betreffen die Erleichterungen nur die nicht börsennotierten Gesellschaften, vgl. nur Priester, BB 1996, 333 ff..

auch durch eine veränderte bilanzrechtliche Wirklichkeit Kübler[476], Assmann[477] und in jüngerer Zeit auch Escher-Weingart[478], ein Aufbrechen zwingender Regelungen im Bereich der Finanzstruktur der AG empfohlen. Dabei geht es im Ergebnis um eine kapitalmarktrechtliche Auslegung des Gesellschaftsrechts und eine Anpassung von Regeln im Bereich der Kapitalstruktur, um gewisse Ineffizienzen zu beseitigen. Der Gesetzgeber hat diese Sichtweise durch zwei Gesetze aus den späten 90-er Jahren des 20. Jahrhunderts nachvollzogen. So hat er mit dem Gesetz zur Verbesserung der Wettbewerbsfähigkeit deutscher Konzerne an Kapitalmärkten und zur Erleichterung der Aufnahme von Gesellschafterdarlehen (Kapitalaufnahmeerleichterungsgesetz – KapAEG) und dem Gesetz zur Kontrolle und Transparenz im Unternehmensbereich (KonTraG)[479] u.a. das Ziel verfolgt, die deutschen Publikumsgesellschaften in ihrer Ausrichtung auf die Bedürfnisse und Erwartungen der internationalen Finanzmärkte zu unterstützen[480].

Durch das Aufbrechen zwingender Normen für die Kapitalaufnahme und der Zulässigkeit abstrakter Ermächtigungsbeschlüsse an die Geschäftsleitung zur Ausnutzung des vorhandenen genehmigten, §§ 202 ff. AktG sowie des bedingten Kapitals, §§ 192 ff. AktG sollte die Kapitalaufnahme schneller und unabhängiger von den Anfechtungsrechten der Aktionäre erfolgen können. Die Rechtsprechung hat in der „Siemens/Nold-Entscheidung" diese Erwartungen aufgegriffen und eine Delegation von Entscheidungskompetenzen auf die Geschäftsleitung zugelassen und bei der Auslegung der aktienrechtlichen Kapitalerhöhungsvorschriften auch kapitalmarktorientierte Begründungsmuster herangezogen[481].

---

[476] Kübler, Aktie, Unternehmensfinanzierung und Kapitalmarkt, 1989; ders, ZHR 159 (1995), 550 ff..
[477] Assmann, ZBB 1989, 49 ff.; Assmann in GroßKomm/AktG, 4. Aufl., Einl. Rdnr. 364 ff., 375 ff.
[478] Escher-Weingart, Deregulierung, insbes. S. 119 ff..
[479] KonTraG vom 27.04.1998, BGBl. I, 1998, S. 786.
[480] Vgl. die Analyse bei Seibt in VGR Bd. 3 (2000), S. 38 ff. mwN..
[481] BGHZ 136, 133 ff.= NJW 1997, 2815 = ZIP 1997, 1499 = JZ 1998, 47 m.Anm. Lutter, Seibt sieht diese Entscheidung als Beispielsfall für eine Überlagerung aktienrechtlicher Vorschriften durch kapitalmarktrechtliche Regelungen, genauso für die Frage der Beschränkung auf börsennotierte Aktiengesellschaften, Lutter, Festschrift Zöllner I, 1998, S. 363, 372 ff.; ders., JZ 1998, 50, 52; Hüffer, Komm/AktG, 6. Aufl., § 203 Rdnr. 11 a.

Der BGH hat zudem durch die „Gelatine-Entscheidungen" ungeschrieben Hauptversammlungskompetenzen zwar weiterhin anerkannt, jedoch auf absolute Ausnahmefälle beschränkt[482]. Damit ist festzustellen, dass eine (irgendwie geartete) Anwendung der Lehre von den Grundlagengeschäften in der AG nicht in Betracht kommt. Hierdurch wird jedoch auch die Frage aufgeworfen, ob die Lehre von den Grundlagengeschäften in der KGaA Anwendung finden kann[483].

F. Ergebnisse des Ersten Teils

Im Ersten Teil der Untersuchung sind ausgehend von den Aussagen des BGH in seiner Entscheidung zur Zulässigkeit der GmbH & Co. KGaA die Struktur einer solchen Gesellschaft und die daraus folgenden Besonderheiten aufgezeigt worden. Die praktische Akzeptanz der Rechtsform der GmbH & Co. KGaA hängt neben den aus der Struktur sich ergebenden Folgerungen maßgeblich von der Rechtssicherheit in der Rechtsanwendung und einer Klärung des Umfangs der Gestaltungsfreiheit ab.

Dabei ist zunächst festgestellt worden, dass die Bestimmung des anzuwendenden Rechts ausschließlich anhand der im Gesetz erfassten Verhältnisse zu erfolgen hat unabhängig davon, ob die im Gesetz aufgeführten Verhältnisse als Rechtsverhältnisse oder bloße Kompetenzverteilungsnormen einzustufen sind. Entsprechend dem Wortlaut von § 278 Abs. 2 AktG unterfallen dem Personengesellschaftsrecht Sachverhalte, die dem Verhältnis der Komplementäre untereinander, gegenüber der Gesamtheit der Kommanditaktionäre und den Beziehungen zu Dritten zuzuordnen sind. Dem Aktienrecht unterfallen gemäß § 278 Abs. 3 AktG die Verhältnisse der Kommanditaktionäre untereinander und das Verhältnis des einzelnen Kommanditaktionärs gegenüber der Komplementärin.

---

482 BGH v. 26.04.2004, II ZR 154/02 („Gelatine I"), ZIP 2004, 1001 = NZG 2004, 575 = Der Konzern 2004, 421 = WM 2004, 1085.; BGH v. 26.04.2004, II ZR 155/02 („Gelatine II"), BGHZ 159, 30 = ZIP 2004, 993 = DB 2004, 1200 = DStR 2004, 922 = BB 2004, 1182 = NJW 1860 = Der Konzern 2004, 427 = NZG 2004, 571 = WM 2004, 1090 = AG 2004, 384.

483 Vgl. hierzu im Zweiten Teil unter B. I. 1.2.3., S. 246 ff..

Dabei hat die allgemeine Bestimmung des anzuwendenden Rechtes durch die Anwendung der Verweisungstechnik der § 278 f. AktG zu erfolgen. Der Gesetzgeber hat mit der Verweisungstechnik zu erkennen gegeben, dass er abstrakt von einem Dualismus zwischen Personengesellschafts- und Aktienrecht ausgeht. Dieser besagt, dass sich jeder Sachverhalt entweder dem Regelungsbereich des Aktienrechtes oder dem Personengesellschaftsrecht zuordnen lässt. Dieser Grundsatz lässt sich ganz überwiegend durchhalten. Zunächst konnte herausgearbeitet werden, dass eine Reihe von Sachverhalten, die durch das Personengesellschaftsrecht geregelt werden, zwar tatsächliche Auswirkungen auf aktienrechtlich geregelte Sachverhalte haben. Solche denkbaren tatsächlichen Auswirkungen reichen jedoch nicht aus, um neben der personengesellschaftsrechtlichen auch die aktienrechtliche Regelung anzuwenden. Auch die Frage des formell anzuwendenden Rechtes bei Satzungsänderungen, die durch das Personengesellschaftsrecht geregelt werden, konnte geklärt werden. Hiernach folgt das formell anzuwendende Recht dem materiell anwendbaren Recht.

Darüber hinaus gibt es jedoch einige Sachverhalte, die sich in dieses Schema nicht problemlos einordnen lassen. So ist ein Nebeneinander dieser Regelungen bspw. bei der Fusion zweier Unternehmen denkbar, die bei der aufnehmenden KGaA durch eine Kapitalerhöhung unter Ausnutzung des genehmigten Kapitals zu erfolgen hat und bei der aufnehmenden KGaA zu einer Strukturänderung führt.

Neben dem im Einzelfall möglichen Nebeneinander von aktien- und personengesellschaftsrechtlichen Regelungen lässt sich für die Frage, ob für ein Kündigungsrecht der Gesamtheit der Kommanditaktionäre auf die Spezialregelung des § 289 Abs. 4 AktG zurückgegriffen werden soll oder ob der Sachverhalt durch die Verweisungsnorm des § 278 Abs. 2 AktG abschließend durch das Personengesellschaftsrecht geregelt wird, keine abschließende Bewertung vornehmen, so dass diese Frage durch den Gesetzgeber oder die Rechtsprechung entschieden werden muss.

Geklärt worden ist zudem die Bedeutung der in § 278 Abs. 3 AktG enthaltenen „entsprechenden“ Verweisung auf das Aktienrecht. Diese enthält den Grundsatz der Anwendung aktienrechtlicher Normen unter dem Vorbehalt, dass die spezifische Struktur der KGaA einer Anwendung aktienrechtlicher Vorschriften im Einzelfall entgegensteht. Bedeutendstes praktisches Beispiel ist die Nichtanwendung von § 111 Abs. 4 Satz 2 AktG.

Neben der Bestimmung des anzuwendenden Rechtes ist darüber hinaus für die durch das Personengesellschaftsrecht erfassten und damit der vertraglichen Regelung zugänglichen Sachverhalte eine (abstrakte) Klärung des Anwendungsbereiches der die Gestaltungsfreiheit einschränkenden Instrumente erfolgt. Dabei ist herausgearbeitet worden, dass die Kernbereichslehre im Recht der KGaA über den Fall der Änderung des Gesellschaftszwecks und der actio pro socio keinen weiteren gesicherten Anwendungsbereich hat. Im Fall der Änderung des Gesellschaftszwecks wird darüber hinaus eine antizipierte Zustimmung an der Bestimmung des Beschlussgegenstandes, jedenfalls aber am Beschlussinhalt scheitern.

Dagegen könnte durch die Übertragung der Rechtsprechung zu den Publikums-KG weitere Zustimmungsrechte der Gesamtheit der Kommanditaktionäre folgen. Alleinige Legitimationsgrundlage dieser Rechtsprechung und der damit verbundenen Einschränkung der Satzungsgestaltungsfreiheit ist die fehlende Vertragsparität. Dagegen stellt der Wegfall der Steuerungsfunktion der persönlichen Haftung keine weitere Voraussetzung für die Legitimation einer Inhaltskontrolle dar. Diese findet demnach bei allen Gesellschaften statt, bei denen die beitretenden Gesellschafter keinen Einfluss auf Regelungern in der Satzung nehmen können. Deshalb ist eine Inhaltskontrolle neben einer KGaA mit einer juristischen Person als Komplementär auch bei einer KGaA mit einer natürlichen Person grundsätzlich denkbar.

Die Inhaltskontrolle von Satzungsbestimmungen von Publikums-KGaA erfolgt am Maßstab von § 242 BGB, den bereits die Rechtsprechung im Hinblick auf die Kontrolle von Satzungen der Publikumskommanditgesellschaften angewendet hatte. Eine Durchsicht der Rechtsprechung hat dabei ergeben, dass eine Reihe von Fragen das Verhältnis zwischen Komplementär und Gesamtheit der Kommanditaktionäre betreffend noch nicht höchstrichterlich entschieden worden ist.

Daneben ist an eine analoge Anwendung aktienrechtlicher Vorschriften und der Grundsätze der „Holzmüller-Rechtsprechung“ im Bereich der Zustimmungsrechte der Gesamtheit der Kommanditaktionäre sowie der beschlussbegleitenden Informationsrechte zu denken, wobei der praktische Anwendungsbereich der „Holzmüller-Rechtsprechung“ durch die „Gelatine-Entscheidungen“ auf Fälle beschränkt worden ist, die dem durch § 179 a AktG geregelten Fall der Verpflichtung zur Veräußerung des gesamten Gesellschaftsvermögens vergleichbar sind.

In einem weiteren Abschnitt konnte die praktische Bedeutung der Wahl der Rechtsform der GmbH & Co. KGaA, die – (außer ihrer Börsenfähigkeit) – neben der grundsätzlichen Verselbständigung der Komplementärin darin besteht, dass die Organisationsverfassung in weiten Teilen der Gestaltungsfreiheit unterliegt, herausgearbeitet werden. Hierdurch ist diese Gesellschaftsform insbesondere für unternehmergeführte Gesellschaften des expandierenden Mittelstandes, die neben einer möglichst autarken Geschäftsführung je nach den spezifischen Bedürfnissen und Notwendigkeiten neben dem Aufsichtsrat ein weiteres Kontroll- bzw. Entscheidungsorgan bei der Komplementärin ansiedeln wollen, interessant. Die Mitwirkungsrechte der Hauptversammlung sollen auf wenige Kompetenzen reduziert oder aber auf ein flexibleres Organ übertragen werden. Zur weiteren Absicherung der Gründungsgesellschafter ist an die Einräumung von Entsendungsrechten von Mitgliedern des Aufsichtsrates sowie die besondere Ausgestaltung der Kündigungsrechte zu denken.

Anschließend sind die Alternativen einer Beteiligung (über die Sondereinlage oder durch Übernahme von Kommanditaktien) kurz dargestellt worden. Dabei wird es für den Unternehmer-Gesellschafter, sofern er nicht selbst indirekt über eine Gesellschaft beteiligt ist, aus erbschafts- und schenkungssteuerlichen Gründen vorteilhaft sein, über die Sondereinlage beteiligt zu sein. Bei den in der Form der GmbH & Co. KGaA organisierten Lizenzabteilungen der Fußballvereine kommen grundsätzlich beide Beteiligungsmöglichkeiten in Betracht, wobei die unternehmerische Führung jedenfalls über die Komplementärgesellschaft auszuüben ist. Anders stellt sich die Situation bei den börsennotierten Beteiligungsgesellschaften dar, bei denen Gesellschafter der Komplementärin häufig selbst juristische

Personen sind. In diesen Fällen wird eine Beteiligung über die Sondereinlage in der Satzung häufig ausgeschlossen und somit ausschließlich als Kommanditeinlage erfolgen. Für die laufende Besteuerung ist eine Beteiligung als Kommanditaktionär unter der Voraussetzung, dass die Gesellschaft konstant Gewinne erzielt, vorzuziehen.

Im letzten Abschnitt des Ersten Teils ist herausgearbeitet worden, dass der Anlegerschutz insbesondere mit gesellschaftsrechtlichen Mitteln zu erfolgen hat und die kapitalmarktrechtlichen Instrumente nur eine begleitende bzw. die Wahrnehmung der gesellschaftsrechtlichen Möglichkeiten erst ermöglichende Funktion haben.

Im Zweiten Teil soll eine Bestimmung und Bewertung der Rechtsstellung des Kommanditaktionärs sowie der dem Aufsichtsrat zugewiesenen Kompetenzen erfolgen. Dabei ist bereits festgestellt worden, dass nur ein Teil der Rechtsstellung des Kommanditaktionärs dem Aktienrecht unterfällt. Dies gilt für die dem Kommanditaktionär zustehenden Individualrechte. Die Rechtsstellung des Kommanditaktionärs wird jedoch darüber hinaus auch durch die Kompetenzen von Hauptversammlung und Aufsichtsrat bestimmt, wobei sich diese in Informations- und Kontrollrechte, Mitwirkungsbefugnisse, die Möglichkeit der Beschränkung der Rechtsmacht der Komplementärin sowie die Geltendmachung von Schadensersatzansprüchen unterscheiden lassen.

2. Teil

Im Ersten Teil ist die typische Struktur einer börsennotierten GmbH & Co. KGaA herausgearbeitet worden, die den Prüfungsgegenstand für die nachfolgende Untersuchung darstellt. Hiernach werden die Gesellschaften in der Regel komplementärdominiert sein. Die nachfolgende Untersuchung soll die zwingenden Vorschriften der Gewaltenteilung im Recht der KGaA herausarbeiten. Nach deren Feststellung sollen diese einer vergleichenden Bewertung mit den Regeln der Gewaltenteilung im Recht der AG zugeführt werden. Dabei soll die Behauptung überprüft werden, das Recht der KGaA weiche die aktienrechtliche Gewaltenteilung in einem auch praktisch erheblichen Umfang auf.

In einem ersten nachfolgenden Abschnitt (unter A) sollen die Kompetenzen des Aufsichtsrates einschließlich der Einwirkungsmöglichkeiten gegenüber den Komplementären bestimmt und bewertet werden.

Unter B. sollen zunächst die zwingenden Rechte der Gesamtheit der Kommanditaktionäre herausgearbeitet worden (unter B I.). Dabei soll die praktische Relevanz einer Inhaltskontrolle am Maßstab von § 242 BGB geklärt werden. In Betracht kommt eine Anwendung der Grundsätze bei Grundlagengeschäften und außergewöhnlichen Geschäftsführungsmaßnahmen. In diese Betrachtung soll auch eine Entscheidung des OLG Stuttgart eingeordnet und deren kritische Würdigung vorgenommen werden.

Die zwingenden Verwaltungsrechte sind insbesondere für die Anleger interessant, die über ein entsprechendes Stimmengewicht und eine damit einhergehende Möglichkeit der Einflussnahme verfügen. Für den Kleinaktionär stellen dagegen die Vermögensrechte die wesentlichen anlegerschützenden Instrumente dar. Zu klären sind deshalb die möglichen Konsequenzen des Erwerbs von Kommanditaktien im Hinblick auf die von den Alt-Gesellschaftern angestrebten Kapitalmaßnahmen (unter B II).

Klärungsbedürftig ist im Ersten Teil darüber hinaus die Frage geblieben, ob es ein Nebeneinander von Aktien- und Personengesellschaftsrecht in den Fällen von Großfusionen von zwei Gesellschaften gibt, die auf Seiten der aufnehmenden KGaA durch eine Kapitalerhöhung unter Ausnutzung des genehmigten Kapitals bei gleichzeitigem Ausschluss des Bezugsrechtes der Gesamtheit der Kommanditaktionäre erfolgt (unter B III).

Im Anschluss an die Feststellung der zwingenden Kompetenzen der Gesamtheit der Kommanditaktionäre sollen die Grenzen einer Übertragung von Zustimmungsrechten auf Beiräte (unter B IV) überprüft werden.

Für die wirksame Wahrnehmung zwingender Gesellschafterkompetenzen sind effiziente Informationsrechte erforderlich (unter C.). Insbesondere die juristische Trennung zwischen Komplementär- und Kommanditgesellschaft macht eine Klärung der Reichweite der Informationsrechte in Bezug auf Angelegenheiten der Komplementärgesellschaft erforderlich (unter C I). Neben dem Informationsrecht jedes einzelnen Kommanditaktionärs, das auf der jährlich abzuhaltenden Hauptversammlung ausgeübt werden kann, gibt es im Recht der AG sog. beschlussbegleitende Informationsrechte der Hauptversammlung. Es soll geklärt werden, ob eine analoge Anwendung der im Aktienrecht entwickelten beschlussbegleitenden Informationsrechte auf Beschlussgegenstände, die durch das Kommanditrecht erfasst werden, gerechtfertigt ist (unter CII).

A. Kompetenzen des Aufsichtsrates

In einem ersten Abschnitt werden die dem Aufsichtsrat zustehenden Befugnisse im Überblick dargestellt (unter A I.). Daran anschließend wird eine Untersuchung der Kontrollbefugnisse des Aufsichtsrates erfolgen und eine Bewertung der dem Aufsichtsrat einer KGaA nicht zustehenden Teilhaberechte vorgenommen werden (unter A II). In einem weiteren Abschnitt sollen bestehende Einwirkungsmöglichkeiten der Kommanditaktionäre durch Abberufung der Komplementärin bzw. deren Geschäftsführern und die diesbezüglichen Kompetenzen des Aufsichtsrates überprüft werden (unter A III.). Neben möglichen Abberufungsansprüchen sind auch Ersatzansprüche gegen die Geschäftsführer der Komplementärgesellschaft denkbar, zu deren Geltendmachung der Aufsichtsrat befugt ist. Das

Bestehen solcher Ansprüche und die Voraussetzungen für deren Geltendmachung sollen überprüft werden (unter A IV). Bereits im Ersten Teil ist das Interesse der Gesellschafter der Komplementärgesellschaft herausgearbeitet worden, auf die Zusammensetzung des Aufsichtsrates Einfluss zu nehmen. Denkbar ist dies durch die Einräumung von Entsendungsrechten zugunsten der Gesellschafter bzw. Geschäftsführer der Komplementärgesellschaft. Im vorletzten Abschnitt (unter A V.) soll deshalb geklärt werden, ob und unter welchen Voraussetzungen die Einräumung von Entsendungsrechten zulässig ist. Letztlich bleibt noch klärungsbedürftig, ob und inwieweit die Kompetenzen des Aufsichtsrates in einer mitbestimmten GmbH & Co. KGaA anders zu beurteilen sind (unter A VI.).

I. Erfassung der Kompetenzen des Aufsichtsrates

Dem Aufsichtsrat der KGaA kommt als Organ eine vierfache Funktion zu. Er überwacht als notwendiges Organ der Gesellschaft im Unternehmensinteresse die Geschäftsführung. Diese Kontrollkompetenz, die dem Aufsichtsrat nicht entzogen werden kann, ergibt sich aus dem in § 278 Abs. 3 AktG enthaltenen Verweis auf das Aktienrecht. Für den Aufsichtsrat gelten deshalb im Wesentlichen die gleichen Vorschriften wie für den Aufsichtsrat der Aktiengesellschaft, die sich aus den §§ 95 ff. AktG ergeben. Er führt die Beschlüsse der Gesamtheit der Kommanditaktionäre aus. Der Aufsichtsrat vertritt darüber hinaus nach § 287 Abs. 2 AktG die Gesellschaft in Rechtsstreitigkeiten mit den Komplementären, wobei er dabei die Interessen der Gesamtheit der Kommanditaktionäre wahrzunehmen hat[484]. Streitig ist dagegen die rechtsgeschäftliche Vertretung der Gesellschaft gegenüber den Komplementären. Die herrschende Meinung wendet dabei § 112 AktG direkt oder über die Verweisung in § 287 AktG mittelbar mit der Folge an, dass der Aufsichtsrat die Gesellschaft auch in rechtsgeschäftlichen Angelegenheiten vertritt[485]. Hiergegen führt Bürgers

[484] Der Grund hierfür besteht in der fehlenden Parteifähigkeit der Gesamtheit der Kommanditaktionäre, vgl. hierzu Assmann/Sethe in GroßKomm/AktG, 4. Aufl., § 278 Rdnr. 93 ff., 98; Reger in Schütz/Bürgers/Riotte, Hdb/KGaA, § 5 Rdnr. 620 ff., S. 272, bestätigt neuestens auch vom BGH, Urt. v.05.12.2005, II ZR 291/03, BGH ZIP 2006, 177–180 = BGH BB 2006, 453–456.

[485] Semler/Perlitt in MünchKomm/AktG, 2. Aufl., § 287 Rdnr. 68; Assmann/Sethe in GroßKomm/AktG, 4. Aufl., § 287 Rdnr. 67.

zutreffend an, dass auf diese Frage Personengesellschaftsrecht anzuwenden ist. Zur Begründung wird darauf verwiesen, dass die Regelung in § 287 Abs. 2 AktG eine Sondervorschrift darstellt, im Übrigen auf das Verhältnis der Gesellschaft gegenüber den Komplementären Personengesellschaftsrecht anzuwenden ist. Hiernach ist die allgemeine rechtsgeschäftliche Vertretung der Gesellschaft beim Komplementär ansiedelt, der zur Wahrnehmung dieser Befugnisse jedoch von § 181 BGB befreit sein müsse[486].

Dem Aufsichtsrat der KGaA steht dagegen weder die Befugnis einer Bestellung oder Abberufung der Geschäftsführer der Komplementärgesellschaft noch das Recht zu, eine Geschäftsordnung für die Komplementärgesellschaft zu erlassen. Er besitzt in Abweichung zur Rechtslage bei der AG keine Kompetenz zur Feststellung des Jahresabschlusses[487]. Jahresabschluss und Lagebericht sind dennoch zusammen mit dem Bericht des Abschlussprüfers dem Aufsichtsrat vorzulegen, §§ 283 Nr. 9, 170 Abs. 1 AktG. Mit der Vorlage haben die geschäftsführungsbefugten Gesellschafter der Komplementärgesellschaft einen Vorschlag über die Gewinnverwendung beizufügen, §§ 283 Nr. 9, 170 Abs. 2 AktG. Der Aufsichtsrat prüft den Jahresabschluss und den Lagebericht sowie den Gewinnverwendungsvorschlag gemäß § 171 AktG und erstellt einen Bericht mit den Ergebnissen seiner Prüfung. Diese Kompetenz besitzt der Aufsichtsrat trotz seiner fehlenden Mitwirkung an der Feststellung des Jahresabschlusses. Die Begründung für die Kompetenz des Aufsichtsrates ist in einem Umkehrschluss aus § 286 Abs. 1 AktG begründet, der den Aufsichtsrat zwar von der Feststellung des Jahresabschlusses, nicht aber von dessen Prüfung ausschließt, § 171 AktG[488]. Die Feststellung des Abschlus-ses erfolgt anschließend durch die Zustimmung der Komplementäre und der Kommanditaktionäre. Diese Kompetenz ist nach § 286 Abs. 1 Satz 1 und 2 AktG zwingend, ein Vorrecht der Gesamtheit der Kommanditaktionäre (Hauptversammlung) lässt sich hieraus nicht

---

[486] Bürgers in Schütz/Bürgers/Riotte, Hdb/KGaA, § 5 Rdnr. 495 ff..

[487] Bürgers in Schütz/Bürgers/Riotte (Hrsg.), Hdb/KGaA, § 5 Rdnr. 481, S. 234; Herfs in MünchHdb/GesR, AG, § 77 Rdnr. 48; Semler/Perlitt in MünchKomm/AktG, 2. Aufl., § 286 Rdnr. 59; Sethe, DB 1998, 1044; Kallmeyer, ZGR 1983, 57, 67 f..

[488] Sethe, DB 1998, 1044, 1045; Kallmeyer, ZGR 1983, 57, 68.

ableiten[489]. Zu beachten ist, dass das Recht der KGaA keine Regelung zur Rücklagenbildung bereithält. Zutreffend ist die Ansicht, dass die Suche nach einer lücken-füllenden Regelung am gesetzlichen Regelfall, § 58 Abs. 2 AktG, anzusetzen hat[490]. Ohne Satzungsbestimmung können daher bis zu 50 % des Jahresüberschusses in die Rücklagen eingestellt werden, § 58 Abs. 2 Satz 1 AktG. Die Satzung einer börsennotierten KGaA kann darüber hinaus dazu ermächtigen, mehr als die Hälfte des Überschusses einzustellen, § 58 Abs. 2 Satz 2 AktG. Im Gegensatz zur Aktiengesellschaft hat der Aufsichtsrat der KGaA demnach keinen Einfluss auf die Bildung und Auflösung von Rücklagen und damit auch keinen Einfluss auf die langfristige Geschäftspolitik[491]. Denkbar ist gleichwohl eine Erweiterung der Kompetenzen des Aufsichtsrates oder eines dritten Organs dergestalt, dass dieses Organ an der Entscheidung über die Einstellung von Beträgen in die Gewinnrücklagen mitwirkt. Von dieser Möglichkeit ist nur vereinzelt Gebrauch gemacht worden[492]. Überwiegend verbleibt die alleinige Entscheidungszuständigkeit bei der Komplementärin [493].

II. Analyse der dem Aufsichtsrat zustehenden Kontrollbefugnisse

Dem Aufsichtsrat stehen zwar keine direkten Einwirkungsbefugnisse auf die Geschäftsführung der KGaA zu. Es besteht gleichwohl weitgehend darüber Einigkeit, dass diese fehlenden Befugnisse nicht zu einer Beschränkung seiner Informationsrechte[494] oder einer Beschränkung seiner Prüfungspflichten[495] führen. Der Aufsichtsrat muss die Geschäftsführung dabei nicht nur auf Rechtmäßigkeit, sondern auch auf Ordnungsmäßigkeit, Zweckmäßigkeit und Wirtschaftlichkeit hin überprüfen. Er hat sich durch Wahrnehmung seiner Informations- und Prüfungspflichten zur lang-

---

[489] Unstreitig, vgl. Sethe, DB 1998, 1044, 1045 mN in Fn. 16.

[490] Semler in MünchKomm/ AktG, § 286 Rdnr. 32, Sethe, DB 1998, 1044.

[491] Kallmeyer, ZGR 1983, 57, 67 f.; Bürgers in Schütz/Bürgers/Riotte (Hrsg.), Hdb/KGaA, § 5 Rdnr. 481, S. 234.

[492] Vgl. Satzung der Henkel KGaA vom April 2006, Nr. 35 Abs. 1, www.henkel.de/int_henkel/ir_de/binarydata/pdf/SatzungApril_2006.pdf.

[493] Vgl. bspw. § 23 Abs. 2 der Satzung der (früheren) VCH Best-of-VC GmbH & Co. KGaA vom 15.11.2005.

[494] Herfs in MünchHdb/GesR, AG, 2. Aufl., § 77 Rdnr. 49; Bürgers in Schütz/Bürgers/Riotte (Hrsg.), Hdb/KGaA, § 5 Rdnr. 485, S. 235.

[495] Semler/Perlitt in MünchKomm/AktG, 2. Aufl., § 278 Rdnr. 48.

fristigen Unternehmensstrategie eine eigene Meinung zu bilden, diese Meinung anhand der Jahres- und ggf. Quartalsabschlüsse zu überprüfen, die Unternehmensstrategie mit der Geschäftsführung zu diskutieren und die Geschäftsführung gegebenenfalls bei Fragen zur Unternehmensführung zu beraten.

Im Folgenden sollen zunächst die Kontroll- und Informationsmöglichkeiten des Aufsichtsrates dargestellt werden. Ausgangspunkt der Überprüfung ist dabei zunächst der von der Geschäftsführung aufzustellende Jahresabschluss, der jedenfalls bei großen und börsennotierten Gesellschaften vom Wirtschaftsprüfer zu testieren ist (unter 1.). Über diese jährliche Rechnungslegung hinaus sind die turnusmäßigen bzw. anlassbezogenen Informationspflichten der Geschäftsführung gegenüber dem Aufsichtsrat darzustellen. Besonderes Augenmerk soll dabei auf die bis zum Inkrafttreten des Transparenz- und Publizitätsgesetzes (TransPuG)[496] bestehenden gesetzlichen Lücken bei der Wahrnehmung der Informations- und Kontrollfunktion des Aufsichtsrates gelegt werden (unter 2.). Deshalb werden in diesem Rahmen die gesetzlichen Lücken kurz skizziert und die durch die Gesetzesnovellierungen erfolgten Veränderungen benannt.

Zudem soll die fehlende Teilhabe des Aufsichtsrates der KGaA an der Geschäftsleitung und deren praktische Bedeutung untersucht werden (unter 3.).

1. Prüfungsberichte der Geschäftsführung und des Abschlussprüfers

Der Aufsichtsrat in der KGaA hat die Geschäftsführung auf Rechtmäßigkeit[497], Zweckmäßigkeit und Wirtschaftlichkeit[498] hin zu überprüfen. Dieser Verpflichtung kann der Aufsichtsrat jedoch nur bei einer entsprechenden Information nachkommen.

---

[496] BGBl. I 2002, 2681 ff..
[497] BGHZ 124, 111, 127.
[498] BGHZ 114, 127, 129 f., der von der Rechtsprechung angenommene Kontrollinhalt stimmt mit der im Schrifttum vertretenen Ansicht überein. Das Schrifttum verwendet hierfür zum Teil jedoch andere Begriffe (Ordnungsmäßigkeit statt Zweckmäßigkeit, Zweckmäßigkeit statt Wirtschaftlichkeit), vgl. hierzu die Feststellungen von Henze, NJW 1998, 3309, 3310.

Die Information des Aufsichtsrates erfolgt dabei durch regelmäßige Berichte und Sonderberichte des Vorstandes, durch den jährlichen Bericht des Wirtschaftsprüfers, §§ 170 Abs. 3, 171 Abs. 1 Satz 2 AktG, und gegebenenfalls auch durch eigene Ermittlungen des Aufsichtsrates nach § 111 Abs. 2 AktG.

1.1. Effektivität der Prüfung der Jahresabschlüsse

1.1.1. Ungenügende Wahrnehmung der Prüfungsbefugnis in der Vergangenheit

Die Prüfung der Jahresabschlüsse wurde in den Aufsichtsräten von im Deutschen Aktienindex (DAX) gelisteten Unternehmen bis in die 90er Jahre ungenügend vorgenommen. Dies hat insbesondere die eingehende Untersuchung von Theisen/Salzberger offen gelegt[499]. Theisen/Salzberger haben die Überwachungsberichte der Aufsichtsräte großer deutscher Unternehmen in den Jahren 1984 bis einschließlich 1994 untersucht. Dabei mussten sie hinsichtlich der Prüfung des Jahresabschlusses bei einzelnen Unternehmen feststellen, dass die Aufsichtsräte den Prüfungsbericht des Abschlussprüfers ausweislich ihres eigenen Berichtes überhaupt nicht bekommen hatten[500]. Dies war zulässig, da nach dem damals geltenden Aktienrecht durch Mehrheitsbeschluss des Aufsichtsrates gemäß § 170 Abs. 3 Satz 2 AktG auf die Aushändigung des Abschlussprüferberichtes verzichtet werden konnte.

Durch das Gesetz zur Kontrolle und Transparenz im Unternehmensbereich (KonTraG) und das Gesetz zur weiteren Reform des Aktien- und Bilanzrechtes, zu Transparenz und Publizität (TransPuG), die auch auf die KGaA anzuwenden sind, ist das Recht des Prüfungsberichts umfassend neu gestaltet worden[501]. Die Prüfungstätigkeit ist vom Abschlussprüfer zunächst verstärkt darauf auszurichten, Unrichtigkeiten und Verstöße gegen Gesetz und /oder Satzung aufzudecken. Zudem sind die Informationspflichten des Abschlussprüfers beim Lagebericht verschärft worden. Dem Prüfungsbericht ist „vorweg" ein Kommentar des Abschlussprüfers

---

[499] Theisen/Salzberger, DB 1997, 105, 109 f..

[500] Theisen/Salzberger, DB 1997, 105, 109 f..

[501] Lutter/Krieger, Aufsichtsrat, 4. Aufl., Rdnr. 52 ff.; zum KonTraG Hommelhoff/Mattheus, AG 1998, 249, 256 f., Schindler/Rabenhorst, BB 1998, 1939, 1940.

zum Lagebericht der geschäfts- und vertretungsbefugten Geschäftsführer zu stellen. Der Aufsichtsrat soll darin auf wesentliche Probleme hinsichtlich des Bestandes und der künftigen Entwicklung des Unternehmens aufmerksam gemacht werden[502].

1.1.2. Individuelle Einsichts- und Prüfungspflichten der Mitglieder des Aufsichtsrates

Prinzipiell ist jedes Aufsichtsratsmitglied berechtigt, eine Aushändigung des Berichts zu verlangen, § 170 Abs. 3 Satz 2 1. HS AktG. Auch die Einrichtung eines Bilanzausschusses durch den Aufsichtsrat berührt die Befugnis jedes Aufsichtsratsmitglieds, Einsicht und Kenntnis vom Prüfungsbericht zu nehmen, nicht, § 170 Abs. 3 Satz 1 AktG[503]. Dem Einsichtsrecht in den Prüfungsbericht korrespondiert dabei eine Einsichtspflicht[504]. Der Prüfungsbericht des Abschlussprüfers ist die wichtigste Informationsquelle des Aufsichtsrates und seiner Mitglieder und muss daher entsprechend sorgfältig studiert und gegebenenfalls mit dem Abschlussprüfer diskutiert werden. Nach der Bilanzsitzung kann sich kein Aufsichtsratsmitglied darauf berufen, es habe die Unterlagen nicht gesehen oder nicht verstanden. Eine derartige Erklärung wäre vielmehr Grundlage der persönlichen Haftung des betreffenden Aufsichtsratsmitglieds nach §§ 93, 116 Satz 1 AktG gegenüber der Gesellschaft[505]. Das Aufsichtsratsmitglied kann sich der Verantwortung auch nicht dadurch entziehen, dass es diese Aufgabe auf einen Beauftragten des Aufsichtsrates oder eine Gruppe im Aufsichtsrat oder gar einen außenstehenden Sachverständigen delegiert[506].

1.1.3. Teilnahmepflicht des Wirtschaftsprüfers in der Bilanzsitzung

Die Prüfungsberichte der von Theisen/Salzberger untersuchten Unternehmen enthielten häufig keine Angaben über die Teilnahme des Wirt-

---

502 Hommelhoff/Mattheus, AG 1998, 249, 256 f., Schindler/Rabenhorst, BB 1998, 1939, 1940.

503 Kritisch zu diesem bloßen Einsichtsrecht Strieder/Graf, BB 1997, 1943, 1945, die in dem Verweis auf das Einsichtsrecht eine zu weitgehende faktische Informationsbeschränkung für Nichtausschussmitglieder sehen; Hommelhoff/Mattheus, BB 1998, 2567, 2573 gehen von einer Aushändigungspflicht gegenüber jedem Vorstandsmitglied im Hinblick auf den Prüferkommentar zum Vorstands-Lagebericht aus, denn nur so könnte dieser objektiv gewürdigt werden.

504 Lutter/Krieger, Aufsichtsrat, 4. Aufl., Rdnr. 180.

505 Lutter/Krieger, Aufsichtsrat, 4. Aufl., Rdnr. 181.

506 BGHZ 85, 293 ff. „Hertie"; vgl. hierzu auch Lutter/Krieger, Aufsichtsrat,4. Aufl., Rdnr. 181.

schaftsprüfers in der Bilanzsitzung[507]. Die Praxis folgte insoweit den Vorschlägen der Kommentarliteratur, die wohl aus Haftungsgesichtspunkten eine Beschränkung des Berichtes des Aufsichtsrates auf Standardformulierungen empfohlen hatte[508]. Hinzu kam, dass im Gegensatz zur heutigen Gesetzeslage eine Teilnahme des Abschlussprüfers an der gesetzlich vorgesehenen Bilanzsitzung nach der früheren Fassung von § 171 Abs. 1 Satz 2 AktG nicht zwingend gewesen und so teilweise im Prüfungsbericht nicht erwähnt worden ist[509].

1.2. Zwischenergebnis

Die vorstehende Untersuchung hat ergeben, dass die dem Aufsichtsrat zustehenden Informationsbefugnisse verbesserungsbedürftig gewesen sind. Dies betraf zunächst die Frage der Dokumentation und des Inhalts der Berichte der Geschäftsleitung. Nach der alten Rechtslage war darüber hinaus weder ein Übersenden der Berichte des Wirtschaftsprüfers an die Aufsichtsratsmitglieder noch die Anwesenheit des Wirtschaftsprüfers in der Bilanzsitzung erforderlich. Der gesetzlich vorgeschriebene Inhalt der Prüfberichte war insbesondere im Hinblick auf die Erfassung der Risiken der Geschäftstätigkeit verbesserungsbedürftig. Diese Unzulänglichkeiten sind durch das KonTraG und das TransPuG in wesentlichen Punkten verändert worden.

Die Untersuchung von Theisen/Salzberger hat gezeigt, dass der Aufsichtsrat in einer Reihe von im Deutschen Aktienindex (DAX) notierten Gesellschaften seiner Überwachungsfunktion nicht nachgekommen ist, jedenfalls aber seine Tätigkeit nicht ausreichend dokumentiert hat. Es bleibt abzuwarten, ob dieser Befund durch nachfolgende Untersuchungen korrigiert werden kann.

2. Überwachung der laufenden Geschäftsführung

Der Begriff der Überwachung umfasst im Recht der AG die Informations- und Kontrollbefugnisse sowie die Einflussnahme auf unternehmerische

---

[507] Theisen/Salzberger, DB 1997, 105, 108.

[508] Theisen/Salzberger, DB 1997, 105, 108 unter Berufung auf eine frühere Untersuchung, Nachweis in Fn. 33.

[509] Vgl. hierzu Neuling, AG 2002, 610 f..

Entscheidungen[510]. Im nachfolgenden Abschnitt soll die Reichweite der Informations- und Kontrollbefugnisse herausgearbeitet werden.

2.1. Informations- und Kontrollrechte des Aufsichtsrates der KGaA

Die Informationsrechte des Aufsichtsrates dienen der Erfüllung seiner Überwachungsaufgabe. Sie sind in § 111 Abs. 1 AktG geregelt. Die Regelung wird als nicht aussagekräftig angesehen. Im Gegensatz zur Regelung in § 111 Abs. 1 AktG enthält § 90 AktG, der die Berichte des Vorstandes an den Aufsichtsrat regelt, eine differenzierte Regelung. Deshalb wird § 90 AktG vielfach zur näheren Bestimmung von Inhalt und Umfang der Überwachungsaufgabe des Aufsichtsrates herangezogen[511].

Nach den Vorstellungen des Gesetzes tagt der Aufsichtsrat vierteljährlich, § 110 Abs. 3 AktG. Der Gesetzgeber ging dabei von sog. Vierteljahresberichten des Vorstandes nach § 90 Abs. 1 Satz 1 Nr. 3, Abs. 2 Nr. 3 AktG aus[512]. Diese Normierungen zielen auf eine regelmäßige, ordnungsgemäße und zeitnahe Unterrichtung des Aufsichtsrates. Der Vorstand muss in diesen Berichten über den Gang der Geschäfte, insbesondere den Umsatz, und über die Lage der Gesellschaft Bericht erstatten, § 90 Abs. 1 Satz 1 Nr. 3, Abs. 2 Nr. 3 AktG. Mindestens einmal jährlich hat der Vorstand dem Aufsichtsrat über die von ihm beabsichtigte Geschäftspolitik der Gesellschaft und wesentliche grundsätzliche Fragen der Unternehmensplanung zu unterrichten, §§ 90 Abs. 1 Satz 1 Nr. 1, Abs. 2 Nr. 1 AktG[513].

Noch in den 90er Jahren war streitig, in welcher Form die Geschäftsführung zu berichten hat. Dieser Streit gehört nunmehr der Vergangenheit an, da § 90 Abs. 4 AktG durch das TransPuG einen weiteren Satz erhalten hat. Nach § 90 Abs. 4 Satz 3 sind die Berichte möglichst rechtzeitig

[510] Kallmeyer, ZGR 1983, 57, 70.
[511] Kallmeyer, ZGR 1983, 57, 72.
[512] Zweifelnd Theisen/Salzberger, DB 1997, 105, 109 f., die Ergebnisse der Untersuchung von Theisen/Salzberger widersprechen teilweise den statistischen Erhebungen von Bleicher, Aufsichtsrat im Wandel, S. 41, 44. Lutter/Krieger, Aufsichtsrat, 4. Aufl., Rdnr. 180 f. führen aus, dass die Vorstellung des Gesetzgerbers auch ganz überwiegend der Praxis entsprechen würde.
[513] Auch nach der Neufassung von § 90 Abs. 1 Satz 1 Nr. 1 AktG durch das KonTraG ist das Verhältnis von „ beabsichtigter Geschäftspolitik“ und „Unternehmensplanung“ unklar geblieben, vgl. hierzu Hüffer, AktG, 6. Aufl., § 90 Rdnr. 4 a.

und, mit Ausnahme des Berichts nach Absatz 1 Satz 3, in Textform zu erstatten. Empfänger der Berichte ist der Aufsichtsrat. Dieser wird bei schriftlichen Berichten durch seinen Vorsitzenden repräsentiert. Über ihn sind die schriftlichen Berichte an die Aufsichtsratsmitglieder zu leiten[514]. Nur der Aufsichtsrat kann durch einen Beschluss die Aushändigung von Berichten an die Aufsichtsratsmitglieder ausschließen und die Mitglieder auf die Möglichkeit der Einsicht in die Unterlagen in den Räumen der Gesellschaft verweisen. Letztere Möglichkeit kann dem einzelnen Aufsichtsratsmitglied jedoch nicht genommen werden[515].

Es entspricht allgemeiner Ansicht, dass der Aufsichtsrat einer KGaA hinsichtlich der Regelberichterstattung nach § 90 Abs. 1 Satz 1 Ziffer 1 bis 3 AktG und der Sonderberichte nach § 90 Abs. 1 Satz 1 Ziffer 4 und Abs. 1 Satz 2 AktG keine abweichenden bzw. einschränkenden Kompetenzen gegenüber dem Aufsichtsrat einer AG hat[516].

Überprüfungsbedürftig ist dagegen das jedem einzelnen Aufsichtsratsmitglied übertragene Recht, vom Vorstand zu einzelnen Vorgängen Berichte anfordern zu können, die so genannten Anforderungsberichte nach § 90 Abs. 3 AktG. Dies zum einen deshalb, weil dieses Berichtsrecht gegenständlich unbeschränkt ist, zum anderen, weil es jedem einzelnen Mitglied des Aufsichtsrates zusteht. Eine Einschränkung des Informationsrechtes würde sich jedoch nur dann ergeben, wenn der Aufsichtsrat lediglich die Rechtmäßigkeit der Geschäftsführung durch die persönlich haftenden Gesellschafter zu überprüfen hätte. Bereits ausgeführt worden ist, dass die Tatsache, dass dem Aufsichtsrat gegenüber der Geschäftsführung der KGaA keine direkten Einwirkungsbefugnisse zustehen, nicht zu einer Beschränkung seiner Informations- und Prüfungspflichten führen kann[517]. Das umfasst auch die Kontrolle darüber, ob die persönlich haftenden Gesellschafter die notwendigen Leitungsmaßnahmen treffen. Im

---

[514] Lutter/Krieger, Aufsichtsrat, 4. Aufl., Rdnr. 222.
[515] Lutter/Krieger, Aufsichtsrat, 4. Aufl., Rdnr. 222.
[516] Die ganz h.M. wendet § 90 AktG auf die KGaA an, Assmann/Sethe in GroßKomm/AktG, 4. Aufl., § 287 Rdnr. 32 f.; Semler/Perlitt in MünchKomm/AktG, 2. Aufl., 2. Aufl., § 287 Rdnr. 40; Kallmeyer, ZGR 1983, 57, 72 f. allerdings mit der nachfolgend erläuterten Konkretisierung.
[517] Bürgers in Schütz/Bürgers/Riotte (Hrsg.), Hdb/KGaA, § 5 Rdnr. 485; Semler/Perlitt in MünchKomm/AktG, 2. Aufl., § 287 Rdnr. 48; vgl. auch Arnold, GmbH & Co. KGaA, S. 69 ff..

Ergebnis sind somit auch hinsichtlich der so genannten Anforderungsberichte keine Besonderheiten beim Aufsichtsrat der KGaA festzustellen[518].

2.2. Organe der Komplementärgesellschaft als Adressat der Überwachung – Durchbrechung des Trennungsprinzips ?

Die Rechtseigenständigkeit der Komplementärin kann dazu führen, dass neben den Geschäftsführern auch die Hauptversammlung oder weitere nicht gesetzliche Organe der GmbH an der Geschäftsführung mitwirken. Für diesen Fall stellt sich die Frage einer Erstreckung der Überwachungsbefugnis für den Aufsichtsrat der KGaA. Praktisch wird dies beispielsweise im Falle der Borussia Dortmund GmbH & Co. KGaA, bei der die Geschäftsführer der Komplementärin in bestimmten, den Kommanditaktionären nicht näher mitgeteilten Gründen die Zustimmung eines Beirates der Komplementär-GmbH einholen müssen[519].

Gegen eine Erweiterung des Überwachungsobjektes wird jedoch geltend gemacht, dass sich die Überwachungsaufgabe zwar auf den Gesamtbereich der Geschäftsführung bezieht, Kontrolladressat jedoch ausschließlich die Komplementärgesellschaft bzw. die persönlich haftenden Gesellschafter bleiben[520]. Die Begründung wird in der abschließenden Regelung von § 283 Ziffer 4 AktG gesehen. Nach § 283 Ziffer 4 AktG gelten die Pflichten des Vorstandes der AG gegenüber dem Aufsichtsrat, insbesondere die Berichtspflicht nach § 90 AktG, in der KGaA für die persönlich haftende Komplementärgesellschaft. Aus dieser insoweit abschließenden Regelung kann geschlossen werden, dass Informationsrechte gegenüber anderen Organen rechtlich nicht bestehen[521].

Eine zweite im neueren Schrifttum von Arnold vertretene Ansicht geht von der Notwendigkeit der Erweiterung der Kontrollrechte auf die Angelegenheiten der Komplementärgesellschaft aus. Die Rechtfertigung liegt dabei

---

[518] Kallmeyer, ZGR 1983, 57, 74.

[519] Vgl. den Emissionsprospekt der Borussia Dortmund GmbH & Co. KGaA, S.61.

[520] Grundsätzlich zu dieser Frage Assmann/Sethe, Festschrift Lutter, S. 251, 267; Kallmeyer, ZGR 1983, 57, 70; Martens, AG 1982, 113, 117 f..

[521] So die herrschende Ansicht, Assmann/Sethe in GroßKomm/AktG, 4. Aufl., § 287 Rdnr. 35 mwN. in Fn. 51, dies, Festschrift Lutter, S. 251, 267; Semler/Perlitt in MünchKomm/AktG, 2. Aufl., § 287 Rdnr. 47 f., 51; Herfs in MünchHdb/GesR, AG, 2. Aufl., § 77 Rdnr. 50; Kallmeyer, ZGR 1983, 57, 70 in Fn. 55.

nicht in dem eine Kontrolle rechtfertigenden Gesichtspunkt des Verrates von Betriebsgeheimnissen begründet, da die Komplementärgesellschaft regelmäßig außerhalb der KGaA nicht unternehmerisch tätig sein wird[522]. Notwendig sei jedoch eine Kontrolle von Vorgängen, die für die Lage der KGaA von erheblichem Einfluss sein können[523]. Beispiele können sein eine drohende Insolvenz der Komplementärgesellschaft, aber auch Vorkommnisse in Bezug auf die Geschäftsführer, die ihre Eignung für die Führung der Geschäfte der Gesellschaft in Frage stellen würden. Letztlich sei auch eine Auskunftspflicht hinsichtlich der Änderungen des Gesellschafterbestandes der Komplementärgesellschaft gegeben, da die personelle Zusammensetzung auch Auswirkungen auf die von der Geschäftsführung für die KGaA verfolgte Geschäftspolitik haben kann. Eine Auskunftspflicht hinsichtlich der Willensbildung in der GmbH besteht jedoch auch nach dieser Ansicht nicht[524].

Der Ansicht von Arnold ist zuzugeben, dass eine Kontrolle von Vorgängen, die für die Lage der KGaA von erheblichem Einfluss sein können, für die Gesellschaft wünschenswert ist. Sie lässt sich im Ergebnis jedoch dogmatisch nicht begründen, da aufgrund des auch von ihm nicht angegriffenen abschließenden Charakters von § 283 Zi. 4 AktG Informationsrechte des Aufsichtsrates gegenüber anderen als den persönlich haftenden Gesellschaftern nicht bestehen.

3. Fehlende Teilhabe des Aufsichtsrates der KGaA an der Geschäftsleitung und deren Bedeutung

Nachdem die vorstehenden Ausführungen ergeben haben, dass die Kontrollrechte des Aufsichtsrates in der KGaA qualitativ nicht hinter den Kontrollmöglichkeiten des Aufsichtsrates in der AG zurückbleiben, soll nachfolgend die Bedeutung der fehlenden Teilhaberechte des Aufsichtsrates der KGaA an der Geschäftsleitung durch eine rechtstatsächliche Betrach-

---

522 Anders dagegen bei den beiden börsennotierten Beteiligungsgesellschaften, Themis Equity Partners GmbH & Co. KGaA und der Heliad Equity Partners GmbH & Co. KGaA, die beide dieselbe Komplementärin, die Sigma Capital Management GmbH (die frühere VCH Management GmbH) haben. Problematisch kann eine solche Vorgehensweise eigentlich nur bei Konzernhaftungstatbeständen werden.

523 Arnold, GmbH & Co. KGaA, S. 128 mit einem Hinweis auf Ihrig/Schlitt, ZHR-Beiheft 67, 1998, S. 33, 53, die ähnliche Argumentationen für die Erweiterung des Auskunftsrechtes des Kommanditaktionärs auch auf Angelegenheiten der Komplementärgesellschaft anstrengen.

524 Arnold, GmbH & Co. KGaA, S. 128.

tung und Bewertung der Kompetenzen des Aufsichtsrates in der AG erfolgen.

3.1. Teilhabe des Aufsichtsrates an der Unternehmensführung in der AG bis zum TransPuG

Die gesetzliche Beschränkung der Kompetenzen eines Aufsichtsrates in der KGaA entsprach bis zur gesetzlichen Novellierung in vielen Fällen der tatsächlichen Praxis eines Aufsichtsrates in der AG.

So stand es nach der bis zum TransPuG geltenden Fassung des § 111 Abs. 4 Satz 2 AktG im Ermessen des Satzungsgebers oder des Aufsichtsrates, ob er für bestimmte Arten von Geschäften einen Zustimmungsvorbehalt in die Satzung oder die Geschäftsordnung aufnahm.

Von diesem Ermessen wurde insbesondere nach der Einführung von Gesetzen zur Mitbestimmung in der Weise Gebrauch gemacht, dass man neue zustimmungspflichtige Geschäfte nicht aufnahm und darüber hinaus in vielen Fällen aus Furcht vor dem Einfluss der Arbeitnehmerseite die Listen zustimmungspflichtiger Geschäfte vollständig gestrichen hatte[525].

3.2. Teilhabe des Aufsichtsrates an der Unternehmensführung nach dem TransPuG

Die nachfolgende Untersuchung soll klären, ob nach den Neuregelungen des TransPuG an dem vorstehenden Befund bereits Änderungen zu verzeichnen sind. Hierfür ist der Umfang der Pflicht zur Aufstellung eines Zustimmungskataloges zu bestimmen.

3.2.1. Pflicht zur Aufstellung eines Zustimmungskataloges

Nach der Änderung von § 111 Abs. 4 Satz 2 AktG ist der Aufsichtsrat einer AG zur Schaffung eines Katalogs zustimmungspflichtiger Geschäfte verpflichtet. Mit dem Inkrafttreten des TransPuG im Jahre 2002 ist es damit jedenfalls rechtswidrig geworden, auf jeglichen Zustimmungskatalog zu verzichten, wie es bisher in mitbestimmten Gesellschaften geschehen ist, um eine Einflussnahme der Arbeitnehmerseite zu vermeiden.

---

[525] Lutter/Krieger, Aufsichtsrat, 4. Aufl., Rdnr. 104 mN in Fn. 3.

Das bislang bestehende Ermessen bei der Festlegung von Zustimmungsvorbehalten für Geschäfte des Vorstandes ist durch eine Festlegungspflicht abgelöst worden[526]. Dies erfolgte allerdings, ohne den Adressaten (in der Hauptversammlung und im Aufsichtsrat) im Gesetzeswortlaut mitzuteilen, welche Arten von Geschäften nunmehr zustimmungsvorbehaltspflichtig sind. Diese Festlegung wollte der Gesetzgeber ausweislich der Regierungsbegründung zum TransPuG der Regierungskommission Deutscher Corporate Governance Kodex überlassen. Die Kommission Corporate Governance für börsennotierte Gesellschaften hat jedoch in Rdnr. 35 ihres Kodex lediglich das Folgende vorgeschlagen[527]: „Hierzu (zu den zustimmungspflichtigen Geschäften – Anm. des Verf.) sollten in der Gesellschaft oder in abhängigen Unternehmen getroffene Entscheidungen oder Maßnahmen zählen, welche die Ertragsaussichten der Gesellschaft oder ihre Risikoexposition grundlegend verändern". In Ziffer 3.3. wird erweiternd ausgeführt: „Für Geschäfte von grundlegender Bedeutung legen die Satzung oder der Aufsichtsrat Zustimmungsvorbehalte zu Gunsten des Aufsichtsrates fest. Hierzu gehören Entscheidungen oder Maßnahmen, welche die Vermögens-, Finanz- oder Ertragslage grundlegend verändern"[528].

3.2.2. Umfang der Pflicht zum Erlass eines Zustimmungsvorbehaltes

Es besteht weitgehend Einigkeit darüber, dass der Aufsichtsrat einer AG nach § 111 Abs. 4 Satz 2 AktG verpflichtet ist, einen Katalog aller Geschäfte zusammenzustellen, die aus der Sicht des Aufsichtsrates bei sorgfältiger kaufmännischer Beurteilung „die Ertragsaussichten oder die Risikoexposition der Gesellschaft grundlegend verändern[529]". Der Katalog kann jedoch nur diejenigen Geschäfte des Vorstandes umfassen, die der Aufsichtsrat im Zeitpunkt des Katalogbeschlusses zum einen vorhersieht und zum anderen grundlegend als riskant bewertet. Mit der Änderung der tatsächlichen Verhältnisse kann der konkrete Punkt des Zustimmungska-

---

[526] Inhaltliche Vorgaben enthalten verschiedene europäische Rechtsordnungen, vgl. die Nachweise bei Lutter/Krieger, Aufsichtsrat, 4. Aufl., Rdnr. 104 mit Nachweisen auf das österreichische und das niederländische Recht in Fn. 5, S. 41.

[527] Bei Lutter/Krieger, Aufsichtsrat, 4. Aufl., Anhang, S. 391.

[528] Der Kodex ist bsw. abgedruckt in NZG 2002, 273 ff. und im Anhang zu Lutter/Krieger, Aufsichtsrat, 4. Aufl. Anh. S. 387–400.

[529] So ausdrücklich Götz, NZG 2002, 599; 602; Lange DStR 2003, 376, 380; in der Tendenz auch Lutter/Krieger, Aufsichtsrat, 4. Aufl., Rdnr. 106.

taloges seine Rechtfertigung verlieren, möglich ist darüber hinaus, dass nachträglich entstehende Tatsachen wegen einer veränderten Risikolandschaft als grundsätzlich riskant eingestuft werden können. Erforderlich ist zudem, dass der Aufsichtsrat Entscheidungen des Vorstandes in regelmäßigen Abständen sowie spontan aus besonderem Anlass heraus überprüft[530]. Den Aufsichtsrat trifft daher zunächst eine permanente Beobachtungspflicht im Hinblick auf sog. ad-hoc Ereignisse. Darüber hinaus ist er verpflichtet, die regelmäßige Anpassung des Kataloges vorzunehmen, um sicher zu gehen, dass die Pflicht aus § 111 Abs. 4 Satz 2 AktG erfüllt wird. Deshalb wird eine jährliche Anpassung des Kataloges empfohlen[531]. Dies erscheint angesichts der sich rasch verändernden wirtschaftlichen Umstände zur Pflichtenerfüllung auch erforderlich[532]. Um dieser Verpflichtung zeitlich und inhaltlich nachkommen zu können, wird die Einsetzung eines Aufsichtsratsausschusses empfohlen, der die Beobachtung der Risikolandschaft vornimmt und verpflichtet wird, dem Plenum des Aufsichtsrates bestimmte Änderungsvorschläge zu unterbreiten[533].

3.2.3. Rechtsfolge bei Verstoß gegen § 111 Abs. 4 Satz 2 AktG

Verstößt der Aufsichtsrat gegen die aus § 111 Abs. 4 Satz 2 AktG folgende Zustimmungsvorbehaltspflicht, indem er entweder gar keinen oder nur einen lückenhaften Zustimmungskatalog erlässt oder vernachlässigt er seine Beobachtungs- und Kataloganpassungspflicht, so trifft ihn zunächst die Pflicht das Versäumte nachzuholen, indem er einen aktualisierten und vollständigen Zustimmungskatalog beschließt. Soweit der Katalog unvollständig ist und der Gesellschaft durch die nicht erfolgte Kontrolle der Vorstandstätigkeit ein Schaden entstanden sein sollte, haften die Aufsichtsratsmitglieder der Gesellschaft im Wege der sog. „Kataloghaftung" gemäß §§ 116, 93 Abs. 2 Satz 1, 111 Abs. 4 Satz 2 AktG für Schäden, die auf pflichtwidrige Nichtanordnung eines Zustimmungsvorbehaltes zurückzuführen sind[534].

---

[530] Vgl. hierzu nur den Fall der „Balsam AG", LG Bielefeld, ZIP 2000, 20, 25.
[531] So ausdrücklich Lange, DStR 2003, 376, 379.
[532] So auch Lange, DStR 2003, 376, 380.
[533] Vgl. zu diesem Vorschlag Lange, DStR 2003, 376, 380; Lutter/Krieger, Aufsichtsrat, Rdnr. 106.
[534] So die Ansicht von Lange, DStR 2003, 376, 380; Lutter/Krieger, Aufsichtsrat, Rdnr. 106 jeweils mwN..

3.3. Praktische Bedeutung der Teilhaberechte des Aufsichtsrates am Beispiel der Borussia Dortmund GmbH & Co. KGaA

Aufgrund der vorstehenden Ausführungen ist damit geklärt, dass der Aufsichtsrat einer AG alle grundsätzlich riskanten Geschäfte einem Zustimmungsvorbehalt unterwerfen muss. Soweit man diese Anforderungen bei der Borussia Dortmund GmbH & Co. KGaA theoretisch unterstellt, hätte in einem ersten Schritt die Finanz- und Ertragsplanung der Geschäftsführung für das jeweils kommende Geschäftsjahr der Zustimmung des Aufsichtsrates bedurft. Darüber hinaus hätte jedenfalls bei der Veräußerung der Anteile an der „Westfalenstadion GmbH & Co. KG“ sowie dem Abschluss der Mietverträge über das Westfalenstadion, der mit einer zukünftigen erheblichen Belastung der Gesellschaft verbunden war, der Aufsichtsrat mitwirken müssen.

Zudem wäre der Vorstand einer AG bereits früher verpflichtet gewesen, die zunehmende Verschlechterung der Betriebsergebnisse aus gewöhnlicher Geschäftstätigkeit zu offenbaren und der Aufsichtsrat einer AG (wohl) schon früher verpflichtet gewesen, ein Sanierungskonzept erstellen zu lassen.

3.4. Möglichkeiten und praktische Bedeutung der Erweiterung der Befugnisse des Aufsichtsrates

Denkbar bleibt zwar eine Erweiterung der Befugnisse des Aufsichtsrates der KGaA bspw. durch die Einräumung einer Kompetenz an den Aufsichtsrat, für die Geschäftsführung eine Geschäftsordnung zu erlassen. Zwar haben verschiedene Gesellschaften von der Möglichkeit Gebrauch gemacht bzw. diese Möglichkeit in der Satzung eingeräumt. Am Beispiel der Borussia Dortmund GmbH & Co. KGaA wird jedoch deutlich, dass man eine solche Geschäftsordnung als Alibi für den Kapitalmarkt gebraucht hat, da das Erreichen der Grenzen für das Auslösen der Zustimmungspflicht kaum praktische Relevanz entfalten konnte. Einen etwas anderen Weg enthielt die Satzung der früheren TFG Venture Capital & Co. KGaA, wonach dem Aufsichtsrat gemeinsam mit der Geschäftsführung das Recht zusteht, eine Geschäftsordnung für die Geschäftsführung zu erlassen[535]. Als Ergebnis kann festgehalten werden, dass die Gestaltungspraxis von der Möglichkeit der Erweiterung der Befugnisse des Aufsichtsrates bisher keinen Gebrauch macht.

3.5. Zwischenergebnis

Durch die Änderung in § 111 Abs. 4 Satz 2 AktG sind die Teilhaberechte des Aufsichtsrates einer AG zwingend erweitert worden. Den Aufsichtsrat in der AG trifft hiernach eine Pflicht zum Erlass eines umfassenden und aktuellen Zustimmungskataloges. Eine abschließende Klärung des Umfangs eines solchen Zustimmungskataloges kann nicht abstrakt, sondern nur für jede Gesellschaft gesondert erfolgen. Festhalten lässt sich jedoch, dass der Aufsichtsrat seiner Verpflichtung zur Aufstellung nur dann nachkommt, wenn er alle Geschäfte erfasst, welche die Risikoexposition der Gesellschaft verändern können. Der Aufsichtsrat ist zudem verpflichtet, den Katalog ständig anhand der unternehmerischen Entwicklung zu untersuchen.

Der Aufsichtsrat der KGaA hat dagegen weder eine Verpflichtung noch eine Ermächtigung zum Erlass eines Zustimmungskataloges. Dieser qualitative rechtliche Unterschied in den Befugnissen im Vergleich zum Aufsichtsrat einer AG gewinnt insbesondere vor dem Gesichtspunkt, dass aufgrund aktueller Ereignisse das Niveau des Anlegerschutzes in der börsennotierten GmbH & Co. KGaA überprüft wird, eine zusätzliche praktische Bedeutung. Am Beispiel der börsennotierten Borussia Dortmund GmbH & Co. KGaA konnte festgestellt werden, dass eine Reihe der in der KGaA in eigener Kompetenz durch die Geschäftsführung durchgeführten Maßnahmen in der AG der Zustimmung des Aufsichtsrates bedürfen, der zudem bereits bei den Vorstellungen im Hinblick auf die Finanz- und Ertragsplanung der Gesellschaft als Korrektiv eingreifen kann. Darüber hinaus sind die Geschäftsführer der Komplementärin nicht verpflichtet, bestimmte risikoreiche Geschäfte dem Aufsichtsrat der KGaA zur Zustimmung vorzulegen. Diese Feststellung reicht für eine Bewertung des Maßes an Anlegerschutz insoweit nicht aus, als die unternehmerischen Entscheidungen in der KGaA im Verhältnis zwischen der Geschäftsführung

[535] Vgl. den Börsenprospekt der früheren TFG Venture Capital & Co KGaA, S. 21.

und der Gesamtheit der Kommanditaktionäre angesiedelt sind. Erst nach der Überprüfung der der Gesamtheit der Kommanditaktionäre in der Hauptversammlung zustehenden Befugnisse lässt sich somit eine Aussage darüber treffen, ob die GmbH & Co. KGaA über ein qualitatives Minus an Anlegerschutz verfügt[536].

4. Ergebnis

Dem Aufsichtsrat einer KGaA stehen grundsätzlich die gleichen Kontroll- und Informationsrechte zu wie dem Aufsichtsrat einer AG. Eine Besonderheit besteht bei einer GmbH als juristischer Person insoweit, als Kontrollobjekt lediglich die Tätigkeit der Geschäftsführung ist. In den Satzungen verschiedener börsennotierter GmbH & Co. KGaA werden jedoch auch andere Organe als die Geschäftsführung, insbesondere ein hierfür eingerichteter Beirat, mit der Wahrnehmung von Geschäftsführungsaufgaben betraut. Dem Aufsichtsrat ist es jedoch aufgrund der zwingenden Regelung des § 283 Nr. 4 AktG verwehrt, seine Kontrolle über die Geschäftsführung hinaus auch auf Handlungen des Beirates der Komplementär-GmbH zu erstrecken.

Dem Aufsichtsrat einer KGaA stehen dagegen – im Gegensatz zum Aufsichtsrat einer AG – keine Einwirkungsmöglichkeiten auf die Geschäftsführung zu. Dieser rechtlich qualitative Unterschied zur AG hatte in der Vergangenheit kaum eine praktische Bedeutung. Aufgrund der Neuregelung insbesondere des § 111 Abs. 4 Satz 2 AktG, wonach nunmehr der Aufsichtsrat verpflichtet ist, eine Geschäftsordnung für die Geschäftsführung zu erstellen, aus der sich ein Katalog von zustimmungsbedürftigen Maßnamen ergeben muss, der sämtliche riskanten Geschäfte zu enthalten und einer ständigen Anpassung zu unterwerfen ist, hat sich eine veränderte Betrachtung ergeben. Am Beispiel der Borussia Dortmund GmbH & Co. KGaA konnte gezeigt werden, dass eine Reihe der von der Geschäftsführung der Borussia Dortmund Verwaltungs-GmbH vorgenommenen Geschäfte bei einer AG nach der Neufassung des § 111 Abs. 4 Satz 2 AktG der Zustimmung des Aufsichtsrates bedürft hätten. Dieser Befund entspricht zunächst der Struktur der KGaA, in der die

---

[536] Vgl. Zweiter Teil B. I. 2., S. 254 ff..

unternehmerischen Entscheidungen ausschließlich durch die Geschäftsführung unter Mitwirkung der Gesamtheit der Kommanditaktionäre vorgenommen werden. Die weitere Untersuchung muss herausarbeiten, ob die Gewaltenteilung in der KGaA qualitativ von der aktienrechtlichen Gewaltenteilung in der AG abweicht.

III. Einwirkungsmöglichkeiten der Gesellschaft auf die Geschäftsführung, Kompetenzen des Aufsichtsrates

Sofern sich dem Aufsichtsrat aufgrund der ihm zur Verfügung stehenden Kontrollbefugnisse der Eindruck aufdrängt, dass die Komplementäre eine falsche Geschäftspolitik betreiben oder weitergehend ihre Geschäftsführungsaufgaben nicht wahrnehmen, stellt sich schließlich die Frage der Einwirkungsmöglichkeiten der Gesellschaft und die dem Aufsichtsrat in diesem Zusammenhang zustehenden Befugnisse.

Nachdem ihm in der KGaA keine Teilhaberechte an der Geschäftsleitung zustehen, verbleibt dem Aufsichtsrat nur die Möglichkeit die Gesamtheit der Kommanditaktionäre in die Hauptversammlung einzuberufen. Die nachfolgende Untersuchung soll klären, bei welchen Geschäften bzw. zu welchem Zweck der Aufsichtsrat zur Einberufung berechtigt ist. Im Anschluss daran sollen die Einwirkungsmöglichkeiten der Gesellschaft gegenüber der Komplementärin bzw. den Geschäftsführern der Komplementärin erörtert werden, deren ggf. gerichtliche Durchsetzung dem Aufsichtsrat als Organ der Gesellschaft obliegt.

1. Grenzen einer Einberufung der Hauptversammlung

Sofern dem Aufsichtsrat keine Befugnis zusteht, eine Geschäftsordnung für die Geschäftsführung zu erlassen, besteht für den Aufsichtsrat für den Fall, dass die Geschäftsführung nach seiner Auffassung eine falsche Geschäftspolitik betreibt, nur die Möglichkeit, die Komplementäre im Rahmen eines Gesprächs von seiner Auffassung zu überzeugen. Als Druckmittel bleibt dem Aufsichtsrat eine Drohung mit seinem Rücktritt[537].

---

[537] Semler/Perlitt in MünchKomm/AktG, 2. Aufl., § 287 Rdnr. 46; Bürgers in Schütz/Bürgers/Riotte (Hrsg.), Hdb/KGaA, § 5 Rdnr. 486, S. 235.

Nicht geklärt ist dagegen die Frage, ob dem Aufsichtsrat noch andere Mittel zur Verfügung stehen, um die unternehmerischen Entscheidungen der persönlich haftenden Gesellschafter zu korrigieren. Ist der Aufsichtsrat der Ansicht, dass die Komplementäre die Geschäfte nicht ordnungsgemäß führen, kann und muss er zunächst versuchen, entsprechende Verbesserungen durch ein Gespräch zu erreichen. Die streitige Frage besteht darin, ob der Aufsichtsrat die Hauptversammlung einberufen kann, um ihr Bericht zu erstatten.

Eine (wohl) überwiegende Meinung bejaht dies und öffnet der Gesamtheit der Kommanditaktionäre durch die außerplanmäßige Einberufung der Hauptversammlung die Möglichkeit der Verweigerung der Zustimmung der konkreten Maßnahme, die Beschlussfassung über die Geltendmachung von Unterlassungsansprüchen[538] oder gegebenenfalls der Abberufung der Geschäftsführungs-GmbH[539], und zwar (wohl) auch dann, wenn kein Zustimmungsvorbehalt zugunsten der Hauptversammlung besteht. Gegen diese Einberufungsmöglichkeit wird von Kallmeyer eingewandt, dass der Aufsichtsrat Entscheidungen der Komplementäre zur Geschäftspolitik hinzunehmen hat. Die Konsequenz dieser Ansicht besteht darin, dass er die Hauptversammlung nicht einberufen könne, wenn er mit der Geschäftspolitik der Komplementäre nicht einverstanden ist[540].

Bürgers misst diesem Streit zu Recht eine weitgehend theoretische Bedeutung bei. Das Einberufungsrecht hat hiernach im Hinblick auf die Kontrolle der Geschäftspolitik der Komplementäre kaum eine praktische Bedeutung[541]. Begründet wird dies damit, dass der Aufsichtsrat der Verschwiegenheit gemäß §§ 278 Abs. 3, 116 Satz 2 AktG unterliegt. Er darf deshalb gegenüber der Hauptversammlung seine Kenntnisse über For-

---

538 Viel zu weitgehend in seinen allgemeinen Aussagen Kessler, Einwirkungsmöglichkeiten der Kommanditaktionäre auf die Geschäftsführung, S. 307 ff., der solche Ansprüche in praxi jedoch auf „Holzmüller-Sachverhalte“ beschränkt haben will.

539 Assmann/Sethe in GroßKomm/AktG, 4. Aufl., § 287 Rdnr. 42 f.; Semler/Perlitt in MünchKomm/AktG, 2. Aufl., § 287 Rdnr. 46; Herfs in MünchHdb/GesR, AG, 2. Aufl., § 77 Rdnr. 49a.E.; Lutter, Information und Vertraulichkeit im Aufsichtsrat, 2. Aufl., S. 231.

540 Kallmeyer, ZGR 1983, 57, 69.

541 Bürgers in Schütz/Bürgers/Riotte (Hrsg.), Hdb/KGaA, § 5 Rdnr. 487, S. 236.

schungs-, Personal-, Investitions- und Absatzpolitik nicht offen legen[542]. Die Hauptversammlung besitzt darüber hinaus in den meisten Fällen auch gar keine Geschäftsführungsbefugnisse, da das Zustimmungsrecht zu außergewöhnlichen Geschäftsführungsmaßnahmen abbedungen ist.

Praktisch relevant wird diese Streitfrage damit zum einen im Falle der Einberufung der Hauptversammlung für den Fall, dass der Aufsichtsrat einen Antrag auf gerichtliche Entziehung der Geschäftsführungs- oder Vertretungsbefugnis eines oder aller Komplementäre stellen will.

Der andere praktisch denkbare Bereich besteht bei Sachverhalten, bei denen nach der Satzung bzw. nach zwingendem Recht die Gesamtheit der Kommanditaktionäre selbst zur Entscheidungsfindung befugt oder ihr nach Satzung oder zwingendem Recht eine Widerspruchsbefugnis zusteht[543]. Darüber hinaus sind Fälle denkbar, dass dem Aufsichtsrat durch satzungsmäßige Regelung oder durch eine Geschäftsordnung ein Widerspruchsrecht gegen eine konkrete Geschäftsführungsmaßnahme zusteht und die Geschäftsführung trotz Widerspruchs diese Maßnahme durchzuführen beabsichtigt.

Soweit der Hauptversammlung jedoch keine Geschäftsführungsbefugnisse zustehen, besteht für den Aufsichtsrat eine Einberufungsmöglichkeit lediglich für den Fall der Herbeiführung eines Beschlusses über die Abberufung der Komplementärin bzw. der Geschäftsführer der Komplementärgesellschaft.

2. Einwirkungsmöglichkeiten gegen die Komplementärgesellschaft

Nach den vorstehenden Ausführungen hat der Aufsichtsrat die Möglichkeit zur Einberufung der Gesamtheit der Kommanditaktionäre in die Hauptversammlung nur zur Herbeiführung eines Beschlusses im Hinblick auf die Abberufung der Komplementärin. Nachfolgend sollen die Voraussetzun-

[542] Bürgers in Schütz/Bürgers/Riotte (Hrsg.), Hdb/KGaA, § 5 Rdnr. 487; diese Frage ist in der aktienrechtlichen Literatur unstreitig; vgl. Mertens in Köln/Komm, AktG, 2. Aufl., § 116 Rdnr. 44; Hüffer, Komm/AktG, 6. Aufl., § 116 Rdnr. 6, 6a..

[543] Vgl. hierzu auch die Ausführungen des OLG Stuttgart entschiedenen Fall („eff-eff Fritz Fuss GmbH & Co. KGaA), ZIP 2003, 1981, 1985 f..

gen einer Abberufung gegen die Komplementärin geltend gemacht werden. Die Satzungen börsennotierter KGaA beschränken (in den Grenzen der zwingenden Regelungen der §§ 117, 127, 140 HGB) die Abberufung der Komplementärin auf den Fall des Vorliegens eines wichtigen Grundes[544].

Hierzu ist anzumerken, dass Ansprüche gegen die Komplementärgesellschaft zwingend bei Vorliegen eines wichtigen Grundes gemäß §§ 117, 127 HGB, die über § 278 Abs. 2 AktG auch in der KGaA Anwendung finden, bestehen. Das Gesetz führt als Regelbeispiele für einen wichtigen Grund grobe Pflichtverletzungen[545] und die Unfähigkeit zur Geschäftsführung an[546]. Der wichtige Grund kann dabei nur in der Person des oder der Geschäftsführer der Komplementärgesellschaft eintreten. Dieser wichtige Grund wird dann gemäß oder analog § 31 BGB der Komplementärgesellschaft zugerechnet[547]. Kann der Komplementärgesellschaft ein Verhalten zugerechnet werden, das einen wichtigen Grund[548] darstellt, so können die Kommanditaktionäre sich und die KGaA durch folgende Maßnahmen schützen:

Gemäß §§ 278 Abs. 2 AktG, 161 Abs. 2, 117 HGB besteht die Möglichkeit, eine Gerichtsentscheidung zu beantragen, durch die dem Komplementär die Befugnis zur Geschäftsführung entzogen wird. Gemäß §§ 161 Abs. 2, 127 HGB können sie dem Komplementär darüber hinaus die Vertretungsmacht für die KGaA gerichtlich entziehen lassen[549]. In beiden Fällen muss in der Hauptversammlung von den Kommanditaktionären der Beschluss gefasst werden, eine gerichtliche Entscheidung herbeizu-

---

[544] Vgl. nur Nr. 8 Abs. 3 der Satzung der Henkel KGaA vom April 2006, www.henkel.de/int_henkel/ir_de /binarydata/pdf/SatzungApril_2006.pdf.; § 9 Abs. 1 der Satzung der Themis Equity Partners GmbH & Co. KGaA vom 11. Mai 2006, www.Themis-equity.de/diversepdf/Satzung_Themis_11.05.2006_ geschuetzt.pdf; § 9 Abs. 1 der Satzung der Heliad Equity GmbH & Co. KGaA, www.heliad.de/investor-relations/satzung.php4.

[545] Beispiele sind die nachhaltige Störung der Geschäftsführung der Gesellschaft und die beharrliche Nichtbeachtung der Mitwirkungsrechte anderer Gesellschafter – BGH NJW 1984, 173.

[546] Bsw. dauernde Krankheit, Baumbach/Hopt, Komm/HGB, 32. Aufl., § 117 Rdnr. 4.

[547] BGH ZIP 1983, 1066 m. Anm. H.P. Westermann; Schilling in GroßKomm/HGB, 4. Aufl., § 164 Rdnr. 17; in der Literatur zur Kapitalgesellschaft & Co. KGaA entspricht dies wohl einhelliger Ansicht, Assmann/Sethe in GroßKomm/AktG, 4. Aufl., § 278 Rdnr. 171.

[548] Zur Definition des wichtigen Grundes vgl. Baumbach/Hopt, Komm/HGB, § 117 Rdnr. 4.

[549] RGZ 74, 297, 299; 82, 360, 362.

führen. Dabei ist umstritten, ob dieser Beschluss mit einer satzungsändernden Mehrheit zu fassen ist[550].

Soweit hiernach Ansprüche gegen pflichtwidrig handelnde Geschäftsführer bestehen, reicht der Aufsichtsrat als Vertretungsorgan der Gesamtheit der Kommanditaktionäre, § 287 Abs. 1, 2 AktG und in Ermangelung sonstiger Vertreter den Antrag bei Gericht ein[551]. Sind noch weitere Komplementäre vorhanden, müssen diese zusammen mit dem Aufsichtsrat oder dem gewählten Vertreter die Entziehung der Geschäfts- oder Vertretungsbefugnis beantragen[552]. Nicht hinreichend geklärt ist die Vorgehensweise beim einzigen Komplementär. Nach herrschender Ansicht kann dem einzigen persönlichen haftenden Gesellschafter durch richterliches Urteil die Geschäftsführungs- und die Vertretungsbefugnis entzogen werden[553]. Die Entscheidung des BGH in BGHZ 51, 198, 200, nach der dem einzigen Komplementär einer KG die Vertretungsmacht nicht entzogen werden kann, weil die Bestellung eines Notvertreters nicht in Betracht kommt, findet dagegen auf die KGaA keine Anwendung, da hier die Bestellung eines Notgeschäftsführers gerade möglich ist[554]. Für die Zeitspanne, in der kein vertretungsbefugter Komplementär vorhanden ist, kann in analoger Anwendung von § 29 BGB ein Vertreter bestellt werden. Anschließend muss unverzüglich ein neuer Komplementär bestimmt oder die Umwandlung in eine AG eingeleitet werden[555]. In besonders schweren Fällen ist darüber hinaus die Möglichkeit des Ausschlusses der Komplementärgesellschaft gemäß § 140 HGB zulässig.

3. Ansprüche auf Abberufung gegen die Geschäftsführer der Komplementärgesellschaft?

Neben den Ansprüchen gegen die Komplementärgesellschaft können

---

[550] Assmann/Sethe in GroßKomm/AktG, 4. Aufl., § 289 Rdnr. 92. Fraglich ist jedoch, ob die Grundsätze über die Inhaltskontrolle eine Begrenzung des Mehrheitserfordernisses auf eine einfache Mehrheit zwingend vorschreiben, vgl. hierzu bspw. Ihrig/Schlitt, ZHR-Beiheft 67 (1998), S. 71.

[551] Assmann/Sethe in GroßKomm/AktG, 4. Aufl., § 287 Rdnr. 57.

[552] Semler in MünchKomm/HGB, § 140 Rdnr. 4.

[553] RGZ 74, 297, 301; Semler/Perlitt in MünchKomm/AktG, 2. Aufl., § 278 Rdnr. 255; Mertens in KölnKomm/AktG, 1. Aufl., § 278 Rdnr. 78; Herfs in MünchHdb/GesR, AG, § 77 Rdnr. 11.

[554] Assmann/Sethe in GroßKomm/AktG, 4. Aufl., § 278 Rdnr. 168; Semler/Perlitt in MünchKomm/AktG, 2. Aufl., § 278 Rdnr. 255.

[555] Vgl. zu weiteren Detailfragen Assmann/Sethe in GroßKomm/AktG, 4. Aufl., § 278 Rdnr. 168 f..

auch direkte Ansprüche gegen die Geschäftsführer der Komplementärgesellschaft bestehen. In einem ersten Schritt soll zunächst geklärt werden, ob für solche Ansprüche ein Bedürfnis besteht. In einem zweiten Schritt soll das Bestehen einer Anspruchsgrundlage auf Abberufung pflichtwidrig handelnder Geschäftsführer untersucht werden.

3.1. Bedürfnis nach einem Abberufungsanspruch gegen die Geschäftsführer der Komplementärgesellschaft

Erforderlich ist zunächst die Feststellung eines Bedarfs für direkte Ansprüche der Gesellschafter oder des Aufsichtsrates gegen die Geschäftsführer der Komplementärgesellschaft. Dieser Bedarf wäre dann zu verneinen, wenn die Ansprüche gegen die GmbH ausreichend und eventuelle direkte Ansprüche gegen die Geschäftsführer praktisch bedeutungslos wären. Diese Frage wird in der Literatur unterschiedlich gesehen.

Nach einer beispielsweise von Overlack[556] vertretenen Ansicht entspricht es in den meisten Fällen nicht der Interessenlage der Kommanditaktionäre oder der KGaA, die Komplementärgesellschaft nur deshalb zu beseitigen oder in ihrer Handlungsfähigkeit durch Entziehung der Geschäftsführungs- oder Vertretungsbefugnis zu beschränken, weil gegen einen von mehreren Geschäftsführern ein wichtiger Grund für die Entziehung der Geschäftsführung vorliegt. Der Ausschluss des Komplementärs verursacht zudem eine finanzielle Belastung der KGaA, wenn der mit einer Kapitaleinlage beteiligten Komplementärgesellschaft eine Abfindung gezahlt werden müsste. Eine solche Abfindung könnte dann vermieden werden, wenn man nicht die Komplementärgesellschaft, sondern vielmehr lediglich die Geschäftsführer abberuft[557].

Eine verbreitete Ansicht sieht derartige praktische Beweggründe nicht[558]. Sofern die Gesellschafter der Komplementärgesellschaft trotz Vorliegens

---

[556] Overlack, RWS-Forum 10, S. 237, 250 f.; in diese Richtung auch Semler/Perlitt in MünchKomm/AktG, 2. Aufl., § 278 Rdnr. 377 mit weiteren praktischen Erwägungen, Sethe, KGaA, S. 169; Hennerkes/Lorz, DB 1997, 1388, 1391.

[557] Overlack, RWS-Forum 10, S. 237, 251; vgl. auch Assmann/Sethe in GroßKomm/AktG, 4. Aufl., § 278 Rdnr. 172.

[558] Arnold, GmbH & Co KGaA, S. 85; Herfs, VGR Bd. 1 (1999), S. 23, 45 f.; im Ergebnis auch Hopt, ZGR 1979, 1, 21. Assmann/Sethe in GroßKomm/AktG, 4. Aufl., § 278 Rdnr. 175 f. verneinen im Ergebnis auch das Bedürfnis für einen Abberufungsdurchgriff.

eines wichtigen Grundes nicht zur Abberufung des Geschäftsführers bereit sind, löst die bloße Entmachtung des Geschäftsführers die Probleme in der Regel nicht. Vielmehr sei es wahrscheinlich, dass die Gesellschafter der Komplementärgesellschaft versuchen werden, mit einem anderen Geschäftsführer die gleiche, den Interessen der Kommanditaktionäre nicht entsprechende Geschäftspolitik, zu verfolgen. Deshalb bleibt im Ergebnis keine andere Möglichkeit als der Ausschluss der Komplementärgesellschaft, da durch den Entzug der Geschäftsführungs- und Vertretungsbefugnis bzw. durch einen direkten Abberufungsdurchgriff nichts gewonnen ist. Zudem stellt die Ausschließung der Komplementärgesellschaft für die Anleger in der GmbH & Co. KGaA im Vergleich zur GmbH & Co. KG ein wesentlich geringeres Problem dar, da hier die Auflösung der Gesellschaft nicht nur durch die Aufnahme eines neuen Komplementärs vermieden werden kann[559]. Vielmehr können die Kommanditaktionäre die Gesellschaft auch nach Ausschließung des Komplementärs in eine AG umwandeln. Für einen solchen Umwandlungsbeschluss wäre zudem eine einfache Mehrheit erforderlich und ausreichend[560].

Ein Bedarf für direkte Ansprüche der Gesamtheit der Kommanditaktionäre gegen die Geschäftsführer der Komplementärgesellschaft kann prinzipiell nicht ausgeschlossen werden. In Einzelfällen kann hierfür ein starkes praktisches Bedürfnis bestehen. Am Beispiel der Borussia Dortmund GmbH & Co. KGaA wird deutlich, dass eine direkte Abberufungsmöglichkeit jedenfalls eines der Geschäftsführer der Komplementär-GmbH durch einen Beschluss der Kommanditaktionäre bereits früher zu einer Offenlegung der wirklichen Zahlen und die Einleitung von Sanierungsbemühungen hätte führen können. Die Abberufung des oder der Geschäftsführer der GmbH stellt jedoch in den Fällen, in denen sein Verhalten von der Gesellschaftermehrheit in der Komplementär-GmbH gedeckt wird, keine geeignete Lösung dar.

3.2. Anspruchsgrundlagen für einen Anspruch auf Abberufung gegen die Geschäftsführer der GmbH

Die Einwirkungsrechte lassen sich im Hinblick auf ihren Anspruchsinhalt in

[559] Herfs, VGR Bd. 1 (1999), S. 23, 46.
[560] Reichert/Winter, BB 1988, 981, 986.

Primär- und Sekundäransprüche unterscheiden. Primäransprüche gegen die Geschäftsführer der Komplementärin sind dabei auf Abberufung oder Entziehung der Geschäftsführungs- bzw. Vertretungsbefugnis gerichtet. Solche Ansprüche können nur durch die Gesamtheit der Kommanditaktionäre in der Hauptversammlung geltend und vom Aufsichtsrat umgesetzt werden. Die bereits in der Literatur zur GmbH & Co. KG geführte Diskussion ist dabei durch die Entscheidung des BGH vom 24.02.1997, in der er auf die Treuepflicht verwiesen hat, sowie eine Entscheidung des OLG München neu belebt worden.

3.2.1. Bloßes Anhörungsrecht als Inhalt der Treuepflicht der Komplementärgesellschaft?

Eine verbreitete Literaturansicht hat bereits zur GmbH & Co. KG die Ansicht vertreten, dass bei der Bestellung und Abberufung der Geschäftsführer der Komplementärgesellschaft auf die Belange der Kommanditisten Rücksicht zu nehmen ist[561]. Zu direkten Mitwirkungsbefugnissen der Kommanditisten bei der Bestellung der Geschäftsführer führte dies jedoch auch nach dieser Ansicht nicht[562]. Die Treuepflicht der Komplementärgesellschaft vermittelt hiernach lediglich ein Anhörungsrecht. Die Verletzung dieses Anhörungsrechtes berechtigt nach der anerkannten Meinung aber zur Erhebung der Ausschließungsklage durch die Kommanditisten gegen die Komplementärgesellschaft oder zur Entziehung der Geschäftsführungsbefugnis nach § 117 HGB.

3.2.2. Recht auf Einwirkung gegen die Geschäftsführer aufgrund der Treuepflicht ?

Der BGH hat in seiner Entscheidung vom 24. Februar 1997 auf die Treuepflicht der Komplementärgesellschaft unter Verweis auf die Vorarbeiten von Priester[563] Bezug genommen. In der Literatur wurde im Anschluss hieran unter Berufung auf diese Entscheidung des BGH die Frage eines direkten Anspruchs erneut aufgeworfen[564]. Nachfolgend sind deshalb die Reichweite der Aussagen des BGH zur Treuepflicht und die Eignung die-

[561] Binz, GmbH & Co. KG, 9. Aufl., § 8 Rdnr. 2, S. 174; Hesselmann/Tillmann, Hdb/GmbH & Co. KG, Rdnr. 270; Wirth in MünchHdb/GesR, KG, 2. Aufl., § 3 Rdnr. 82.
[562] Vgl. hierzu Hopt, ZGR 1979, 1, 15; a.A. nur Britsch, Rechte der Kommanditisten, S. 132, 146.
[563] Priester, ZHR 160 (1996), S. 250, 260 f..
[564] Ladwig/Motte, DStR 1997, 1539, 1540.

ses Instituts zur Gewährleistung einer direkten Einwirkung auf die Geschäftsführer der Komplementärgesellschaft zu überprüfen.

Der BGH hat in seinem Beschluss vom 24. 2.1997 zur Zulässigkeit der GmbH & Co. KGaA im Hinblick auf die Treuepflicht ausgeführt, dass die Komplementärgesellschaft bei der Auswahl ihrer Geschäftsführer gegenüber den Kommanditaktionären gebunden ist[565]. Die Bindung führt dabei dazu, dass die Komplementärgesellschaft bei der Bestellung und Abberufung ihrer Geschäftsführungs- und Vertretungsorgane auf die Interessen der Kommanditaktionäre Rücksicht zu nehmen habe[566]. Hieraus wird von Teilen des Schrifttums der Schluss gezogen, dass grundsätzlich keine Geschäftsführer bestellt werden dürfen, gegen die von Seiten der KGaA ein wichtiger Grund vorliegt[567]. Eine solche Auslegung lässt sich der BGH-Entscheidung jedoch nicht entnehmen. Der BGH führt zwar in der Entscheidung aus, dass auf die Interessen der Kommanditaktionäre Rücksicht zu nehmen ist. Er verweist darüber hinaus auf die gesetzlich normierte Notwendigkeit einer Billigung der Komplementäre durch die Kommanditaktionäre bei der Gründung der KGaA durch den einstimmig zu erfolgenden Gründungsakt, § 280 Abs. 2 AktG[568]. Der Entscheidung lässt sich jedoch nicht entnehmen, dass der BGH für jede Geschäftsführerbestellung bei der Komplementärgesellschaft die Einholung einer ausdrücklichen Billigung der Kommanditaktionäre verlangt[569].

Die Komplementärgesellschaft bzw. ihre Gesellschafter sind vielmehr lediglich verpflichtet, geeignete Geschäftsführer zu bestellen und Geschäftsführer, die sich aufgrund ihrer Geschäftsführung als ungeeignet erwiesen haben, abzuberufen[570]. Verletzt die Komplementärgesellschaft die vorstehende Treuepflicht, so soll dies sowohl einen wichtigen Grund

---

565 BGHZ 134, 392, 399.
566 BGHZ 134, 392, 399.
567 Vgl. Semler/Perlitt in MünchKomm/AktG, 2. Aufl., § 278 Rdnr. 379 f.; Herfs in MünchHdb/GesR, AG, § 76 Rdnr. 28; Ihrig/Schlitt, ZHR-Beiheft 67 (1998), S. 33, 52 f..
568 BGHZ 134, 392, 399.
569 Ladwig/Motte, DStrR 1997, 1539, 1540.
570 Semler/Perlitt in MünchKomm/AktG, 2. Aufl., § 278 Rdnr. 380; Assmann/Sethe in GroßKomm/AktG, § 278 Rdnr. 170; Herfs in MünchHdb/GesR, AG, § 76 Rdnr. 28.

zur Abberufung nach § 127 HGB als auch einen wichtigen Grund im Sinne von § 140 HGB verwirklichen[571].

Die Ausführungen des BGH lassen darüber hinaus offen, auf welcher rechtlichen Grundlage die Treuepflicht der Komplementärgesellschaft auf ihre Gesellschafter erstreckt werden soll[572]. Einigkeit besteht im Ausgangspunkt dahingehend, dass durch die Treuepflicht die Komplementärgesellschaft verpflichtet ist. Für die Bestellung und Abberufung ihres Geschäftsführers sind jedoch allein ihre Gesellschafter zuständig. Die Gesellschafter sind jedoch nicht selbst Adressaten der Treuepflicht aus dem Gesellschaftsverhältnis der Komplementärgesellschaft mit der KGaA. Einer Überleitung der Treuepflicht auf die Gesellschafter der Komplementärgesellschaft steht jedoch letztlich entgegen, dass hierdurch ein direkter Eingriff in deren gesellschaftsrechtliche Willensbildung erfolgt[573].

Selbst wenn man jedoch die die Komplementärgesellschaft treffende Treuepflicht auf deren Gesellschafter übertragen will, führt dies im Ergebnis nicht zu einem gerichtlich durchsetzbaren Anspruch der KGaA gegen die Komplementärgesellschaft auf Bestellung eines bestimmten Geschäftsführers oder auf Abberufung eines ungeeigneten Geschäftsführers[574]. Bedeutung erlangt die Treuepflicht für die Gesellschafter der Komplementärgesellschaft jedoch dann, wenn die Gesellschafter der KGaA aufgrund des Vorliegens eines wichtigen Grundes die Abberufung des oder der Komplementärgeschäftsführer verlangen. In diesem Fall trifft die Gesellschafter der Komplementärgesellschaft aufgrund der bestehenden Treuepflicht gegenüber der KGaA die Verpflichtung den Geschäftsführer abzuberufen[575]. Sofern die Gesellschafter der Komplementärgesellschaft dieser Verpflichtung nicht nachkommen, besteht nunmehr aufgrund

---

[571] Arnold, GmbH & Co. KGaA, S. 75 f..

[572] Der BGH Grundsatzentscheidung vom 24.02.1997 wird jedoch von einigen Literaturstimmen eine derartige Aussage entnommen, so Ladwig/Motte, DStR 1997, 1539, 1540; Schütz/Reger in Schütz/Bürgers/Riotte (Hrsg.), § 5 Rdnr. 20 f.; S. 148 f..

[573] So Schütz/Reger in Schütz/Bürgers/Riotte, Hdb/KGaA, § 5 Rdnr. 207 a.E., S. 149.

[574] So die ganz h.M. vgl. Herfs in MünchHdb/GesR, AG, § 76 Rdnr. 9; Schütz/Reger in Schütz/Bürgers/Riotte (Hrsg.), § 5 Rdnr. 208; Semler/Perlitt in MünchKomm/AktG, 2. Aufl., § 278 Rdnr. 380 f..

[575] Diese Auffassung ist allerdings nicht unbestritten, vgl. Schlegelberger/Martens, Komm/HGB, 5. Aufl., § 164 Rdnr. 6.

der Verletzung der Treuepflicht die Möglichkeit, der Komplementärgesellschaft ihrerseits die Geschäftsführungs- und Vertretungsbefugnis entsprechend §§ 117, 127 HGB zu entziehen[576].

3.2.3. Abberufungsdurchgriff nach §§ 117, 127 HGB analog bei der KGaA?

Die Entziehung der Geschäftsführungs- und Vertretungsbefugnis der Komplementärin oder noch weitergehend ihr Ausschluss entspricht in vielen Fällen nicht den Interessen der Kommanditaktionäre. Deshalb wurde in der Literatur zur GmbH & Co. KG teilweise eine direkte Abberufung der Geschäftsführer der Komplementärgesellschaft durch die Kommanditaktionäre mit Hilfe eines so genannten Abberufungsdurchgriffs befürwortet[577]. Als Begründung wird zunächst das Wertungsargument angeführt, dass anderenfalls die Verletzung der Treuepflicht durch die persönlich haftende Gesellschafterin ohne effektive Sanktion bliebe. Darüber hinaus wird der in §§ 130 a, 177 HGB enthaltene Einheitsgedanke auf den Fall der Abberufung des Geschäftsführers der Komplementärgesellschaft übertragen[578]. Hiernach macht sich der Geschäftsführer einer Komplementär-GmbH dann gegenüber der GmbH & Co. KG schadenersatzpflichtig, wenn er bei Zahlungsunfähigkeit oder Überschuldung der GmbH & Co. KG keinen Insolvenzantrag nach den §§ 177, 130 a HGB stellt. Angedacht worden ist zudem, das Recht der Gesamtheit der Kommanditaktionäre auf Abberufung des Geschäftsführers der Komplementärgesellschaft aus dem Gedanken des Vertrages mit Schutzwirkung zugunsten Dritter abzuleiten[579]. Der hierfür erforderliche Vertrag ist hiernach der Anstellungsvertrag zwischen der GmbH und ihrem Geschäftsführer.

Die überwiegende Ansicht im Schrifttum zur KGaA ist dieser Lehre vom so genannten „Abberufungsdurchgriff" nicht gefolgt[580]. Dem angeführten

---

[576] Assmann/Sethe in GroßKomm/AktG, 4. Aufl., § 278 Rdnr. 170; Herfs in MünchHdb/GesR, AG, § 77 Rdnr. 9.

[577] Hennerkes/Lorz, DB 1997, 1388, 1391; Overlack, RWS-Forum 10, S. 237, 254; Schaumburg/Schulte, KGaA, S. 42 f.; Sethe, KGaA, S. 170 f..

[578] Hennerkes/Lorz, DB 1997, 1388, 1391.

[579] Sethe, KGaA, S. 170. Sethe hat diese Position jedoch in der Kommentierung von Assmann/Sethe die Aufgabe seiner früheren Ansicht in § 278 Rdnr. 172 f. in Fn. 347, 356 dokumentiert.

[580] Vgl. Assmann/Sethe in GroßKomm/AktG, 4. Aufl., § 278 Rdnr. 172 mwN. in Fn. 351 zur GmbH & Co. KGaA, Fn. 350 zur GmbH & Co. KG; Semler/Perlitt in MünchKomm/AktG, 2. Aufl.,

Erfordernis eines solchen Abberufungsdurchgriffs wird zunächst entgegengehalten, dass die Entziehung der Geschäftsführungsbefugnis der Komplementärin ein ausreichendes Druckmittel darstelle, um die Gesellschafter der Komplementärgesellschaft zur Abberufung des Geschäftsführers zu veranlassen. Ein Durchgriffsanspruch lasse sich aufgrund des zwingenden Charakters von § 37 Abs. 2 GmbHG rechtlich nicht begründen. Zudem verletzt ein Abberufungsdurchgriff die Eigenständigkeit der Komplementärgesellschaft und die Rechte ihrer Gesellschafter[581]. Hiernach greifen die Kommanditaktionäre mit der Abberufung des Geschäftsführers direkt in die Willensbildung der Gesellschafter der Komplementärgesellschaft ein und setzen sich letztlich an die Stelle der Gesellschafter der Komplementärgesellschaft[582].

Der Versuch der Begründung eines Durchgriffsanspruchs unter Berufung auf die §§ 130 a, 177 HGB begegnet somit im Ergebnis durchgreifenden Bedenken. Diese genannten Regelungen führen lediglich zu einer partiellen Einheitsbetrachtung aus Gründen des Gläubigerschutzes. Verallgemeinerungsfähig sind sie jedoch nicht. Dass die KGaA in den Schutzbereich des Anstellungsvertrages einbezogen ist, führt für die Betrachtung auf der Primärebene im Ergebnis nicht weiter, da eine solche Anspruchsgrundlage keinen direkten vertraglichen Anspruch gegen die Geschäftsführer der Komplementärgesellschaft gewährleistet. Denkbar wäre jedoch gleichwohl das Bestehen von Schutz- bzw. außervertraglichen Ansprüchen.

3.2.4. Partieller Kompetenzentzug nach §§ 117, 127 HGB?

Diesen vorgenannten Einwänden Rechnung tragend, hat Hopt für den Bereich der GmbH & Co. KG angeregt, den Kommanditisten bei Vorliegen eines wichtigen Grundes das Recht zuzubilligen, dem Geschäftsführer die weitere Tätigkeit für die KG zu untersagen. Begründet wird diese Lösung auch mit dem Verweis auf die Pflichten des Gesellschafters zur Stellung eines Insolvenzantrages im Falle der Überschuldung oder der Zahlungs-

§ 278 Rdnr. 381; Schütz/Reger in Schütz/Bürgers/Riotte (Hrsg.), Hdb/KGaA, § 5 Rdnr. 211, S. 150; Herfs in MünchHdb/GesR, AG, § 77 Rdnr. 9; Ihrig/Schlitt, ZHR-Beiheft 67, 1998, S. 33, 53 f.; Wichert, AG 2000, 268, 275.

[581] Ihrig/Schlitt, ZHR-Beiheft 67 (1998), S. 33, 53 f..

[582] Schütz/Reger in Schütz/Bürgers/Riotte (Hrsg.), Hdb/KGaA, § 5 Rdnr. 211, S. 150.

unfähigkeit der GmbH & Co. KG nach den §§ 130 a Abs. 1 S. 2, 177a HGB[583]. Im Unterschied zu einem Abberufungsdurchgriff aufgrund einer Verletzung der Treuepflicht erfolge durch eine solche Untersagung der Ausübung der Geschäftsführung für die KG kein Eingriff in die interne Organisation der GmbH. Das geschilderte Vorgehen soll auch bei nur einem Geschäftsführer möglich sein. Die Rechtsprechung zur Entziehung der Geschäftsführung des einzigen Geschäftsführers in der GmbH & Co. KG[584] steht dieser Lösung nicht entgegen, da bei der GmbH & Co. KGaA wegen ihrer Nähe zu Körperschaften für eine Übergangszeit auch die Bestellung eines Notgeschäftsführers in Betracht kommt[585].

Dieser Ansatz hat in der Literatur teilweise Zustimmung erfahren[586]. Ihm stehen jedoch ebenfalls durchgreifende Bedenken gegenüber, da ein Recht der Kommanditaktionäre, dem Geschäftsführer der Komplementärgesellschaft „wenigstens" die Geschäftsführungs- und Vertretungsmacht zu entziehen, nicht begründet werden kann. Vielmehr verstößt auch ein solches Recht gegen die zwingende Regelung von § 37 Abs. 2 GmbHG. Dieser bestimmt, dass die Vertretungsbefugnis des GmbH-Geschäftsführers gegenüber Dritten nicht beschränkbar ist. Die Annahme der Verletzung der Bestimmung durch einen Entzug der Geschäftsführungs- und Vertretungsmacht ist zwar nicht unbestritten[587]. So hat Hopt für die GmbH & Co. KG eingewandt, dass diese Vorschrift nicht verletzt sei, weil es hier nicht um die Außenwirkung einer internen Beschränkung des Geschäftsführers durch die GmbH, sondern um einen Ausschluss seitens der dritten Gesellschaft gehe. Die reine Innenwirkung dieser Maßnahme lässt sich bei genauer Betrachtung der Folgen der Entziehung jedoch nicht begründen. Durch die Entziehung der Vertretungsmacht ist die Gesellschafterversammlung der Komplementärgesellschaft gezwungen, einen neuen Geschäftsführer zu bestimmen, der die KGaA vertritt. Somit handelt es sich im Ergebnis doch um eine Beschränkung der organschaftlichen Ver-

583 Hopt, ZGR 1979, 1, 16 f..
584 BGHZ 51, 198, 199 f..
585 Assmann/Sethe in GroßKomm/AktG, § 278 Rdnr. 168 in Fn. 334.
586 Vgl. nur Schilling in GroßKomm/HGB, 4. Aufl., Anh. § 161 Rdnr. 38 mwN..
587 Vgl. Hopt, ZGR 1979, 1, 7.

tretungsmacht, die § 37 Abs. 2 GmbHG gerade ausschließt[588]. Im Ergebnis ist deshalb auch die Ansicht von Hopt abzulehnen.

3.2.5. Abberufung des Geschäftsführers als außergewöhnliche Geschäftsführungsmaßnahme nach § 164 Satz 1 HS 2 HGB?

Einen anderen Ansatz hat das OLG München in einer jüngst ergangenen Entscheidung zur Frage der Bestellung und Abberufung des Geschäftsführers in einer GmbH & Co. KG vorgeschlagen[589]. Es nimmt hierin an, dass die Bestellung und Abberufung des Geschäftsführers der Komplementär-GmbH auf der Ebene der KG ein außergewöhnliches Geschäft darstellt, so dass den Kommanditisten bei Bestellung und Abberufung ein Zustimmungsvorbehalt zusteht, § 164 S. 1 HS. 2 HGB[590]. Die Begründung des OLG München ist abzulehnen.

Für die Anwendung des § 164 S. 1 HS. 2 HGB wäre es zunächst erforderlich, dass die Bestellung und Abberufung des Geschäftsführers der Komplementär-GmbH eine Maßnahme darstellt, die die Komplementär-GmbH als persönlich haftende Gesellschafterin der KG im Verhältnis zu deren Kommanditisten vornimmt. Bei der Bestellung und Abberufung von Geschäftsführern handelt es sich jedoch um Angelegenheiten der Gesellschafter der Komplementär-GmbH, die diese grundsätzlich in der Gesellschafterversammlung beschließen werden, § 46 Nr. 5 GmbHG[591]. Gegen diese Lösung des OLG München spricht darüber hinaus, dass – in Ermangelung anderer vertraglicher Regelungen – bei der Bestellung dann alle Kommanditisten zustimmen müssten.

3.2.6. Abberufungsdurchgriff durch statutarische Regelungen?

Denkbar bleibt die Absicherung des Abberufungsdurchgriffs durch statutarische Regelungen. Solche in der Satzung der KGaA und der GmbH aufzunehmenden vertraglichen Ansprüche werden von einer verbreiteten Ansicht befürwortet, um die Trennung zwischen Geschäftsführungs- und

[588] Schlegelberger/Martens, 5. Aufl., § 164 Rdnr. 6; Wirth in MünchHdb/GesR, KG, 2. Aufl., § 6 Rdnr. 18; Hesselmann/Tillmann, Hdb/GmbH & Co. KG, Rdnr. 492.
[589] OLG München, NZG 2004, 374 ff..
[590] OLG München, NZG 2004, 374, 375.
[591] Hierzu auch jüngst Kessler, NZG 2005, 145, 148.

Kommanditgesellschaft aufzuheben[592]. Die Übertragung personalpolitischer Kompetenzen an gesellschaftsfremde Dritte ist jedoch mit der zutreffenden herrschenden Meinung abzulehnen. Die Begründung liegt in dem unzulässigen Eingriff in die Leitungsmacht der GmbH-Gesellschafter[593]. Deshalb wird auch die Übertragung der entsprechenden Stimmrechte der GmbH-Gesellschafter auf die Hauptversammlung oder den Aufsichtsrat der KGaA durch eine Regelung der GmbH-Satzung als nicht zulässig angesehen. Folglich ist auch dem Vorschlag, eine Abberufungskompetenz des KGaA-Aufsichtsrates in der GmbH-Satzung zu verankern[594], die Gefolgschaft zu verweigern.

3.3. Zwischenergebnis

Der Gesamtheit der Kommanditaktionäre stehen keine direkten Ansprüche auf Abberufung einzelner Geschäftsführer der Komplementärgesellschaft zu. Die zur GmbH & Co. KG angedachten und von der herrschenden Meinung verworfenen Anspruchsgrundlagen ergeben auch für die GmbH & Co. KGaA keinen Durchgriffsanspruch gegen die Geschäftsführer der Komplementärgesellschaft. Eine andere Sichtweise ergibt sich auch nicht durch den Verweis des BGH auf die Treuepflicht. Die Auslegung der Rechtsprechungspassage hat dabei ergeben, dass der BGH lediglich eine Treuepflicht der Komplementärgesellschaft gegenüber der KGaA annimmt. Durchgreifende Einwände stehen zudem der Ansicht des OLG München, wonach jeder Bestellung und Abberufung der Geschäftsführer der Komplementär-GmbH eine außergewöhnliche Geschäftsführungsmaßnahme nach § 164 S. 1 HS. 2 HGB darstellt, entgegen. Im Ergebnis haben die Kommanditaktionäre einer KGaA gegenüber den Ge-

---

592 Hennerkes/Lorz, DB 1997, 1388, 1391; Sethe, KGaA, S. 169 f.; Hennerkes/Lorz führen als Begründung eines solchen Einwirkungsrechtes die gesetzliche Wertung der §§ 130 a Abs. 1, S. 2, Abs. 2 und 3, 130 b, 177 a HGB. Sethe führt als Begründung eine Einwirkung aus dem Vertrag mit Schutzwirkung zugunsten Dritter an.

593 Assmann/Sethe in GroßKomm/AktG, 4. Aufl., § 278 Rdnr. 173 mwN.; Semler/Perlitt in MünchKomm/AktG, 2. Aufl., 2. Aufl., § 278 Rdnr. 381. Wirth in MünchHdb/GesR, KG, 2. Aufl., § 6 Rdnr. 18; Binz, GmbH & Co. KG, 9. Aufl., § 8 Rdnr. 5 ff.; a.A. Schilling in GroßKomm/HGB, Anh. § 161 Rdnr. 38. Vgl. zur Frage der Übertragung von Leitungsmacht an gesellschaftsfremde Dritte: Ablehnend Scholz/Schneider, Komm/GmbHG, 12. Aufl., § 38 Rdnr. 24 ff.; Scholz/K.Schmidt, Komm/GmbHG, 12. Aufl., § 45 Rdnr. 15; als zulässig sehen dies hingegen Lutter/Hommelhoff/Bayer, Komm/GmbHG, 16. Aufl.; § 46 Rdnr. 11 an.

594 So insbesondere Hommelhoff, ZHR-Beiheft 67, 1998, S. 9, 25; Schilling, BB 1998, 1905, 1907.

schäftsführern der Komplementärin keine Möglichkeit zur Geltendmachung von Abberufungsansprüchen.

4. Ergebnis

Die bisherige Untersuchung hat zunächst ergeben, dass der Aufsichtsrat lediglich für den Fall einer Beschlussfassung über die Abberufung der Komplementärgesellschaft ein Einberufungsrecht der Gesamtheit der Kommanditaktionäre in die Hauptversammlung hat.

Neben der Möglichkeit der Abberufung der Komplementärin bei Vorliegen eines wichtigen Grundes stehen der Gesamtheit der Kommanditaktionäre keine direkten Ansprüche gegen einzelne Geschäftsführer der Komplementärgesellschaft zu. Der für die GmbH & Co. KG von der herrschenden Meinung herausgearbeitete Befund konnte auf die GmbH & Co. KGaA übertragen werden. Eine andere Betrachtungsweise ergibt sich auch nicht aus einer beiläufigen Bemerkung des BGH in seiner Entscheidung aus dem Jahre 1997.

IV. Ersatzansprüche gegen pflichtwidrig handelnde Geschäftsführer

Die vorstehenden Ausführungen haben ergeben, dass direkte Ansprüche auf Abberufung gegen einzelne Geschäftsführer der Komplementärgesellschaft ausscheiden. Denkbar wäre jedoch die Geltendmachung von Ersatzansprüchen gegen pflichtwidrig handelnde Geschäftsführer der Komplementär-GmbH, für deren gerichtliche Geltendmachung der Aufsichtsrat nach §§ 283 Nr. 8, 112, 93 Abs. 2 AktG zur Vertretung befugt ist.

Die nachfolgende Untersuchung soll zunächst das Bestehen einer Anspruchsgrundlage für Ersatzansprüche gegen Geschäftsführer der Komplementärgesellschaft belegen (unter 1.). Im Anschluss hieran ist das Verhältnis der Ersatzansprüche gegen die Geschäftsführer der Komplementärgesellschaft im Verhältnis zu den Abberufungsansprüchen gegenüber der Komplementärin zu untersuchen (unter 2.) In einem letzten Abschnitt sollen die Voraussetzungen erörtert werden, unter denen eine Geltendmachung von Ersatzansprüchen gegen Geschäftsführer der Komplementärgesellschaft zu erfolgen hat (unter 3.)

1. Ersatzansprüche gegen die Geschäftsführer der Komplementärgesellschaft

Ersatzansprüche gegen die Geschäftsführer der Komplementärgesellschaft könnten zwanglos dann hergeleitet werden, wenn der Anstellungsvertrag des Geschäftsführers der GmbH mit der KGaA direkt abgeschlossen worden ist und eine Pflichtverletzung des Geschäftsführers vorliegt, die zu einem Schadensersatzanspruch geführt hat. Durch eine solche vertragliche Regelung wird die Möglichkeit eines direkten Anspruchs bei Verletzung der im Anstellungsvertrag geregelten Pflichten und dem nachfolgenden Eintritt eines Schadens eröffnet. Von dieser bei der GmbH & Co. KG häufig genutzten Gestaltungsmöglichkeit wird in der GmbH & Co. KGaA kaum Gebrauch gemacht. Nachfolgend sollen für den Regelfall des Abschlusses eines Anstellungsvertrages des Geschäftsführers mit der GmbH die denkbaren Anspruchsgrundlagen geklärt werden.

1.1. Bestimmung der Auswirkungen der Geschäftsführung auf die KGaA

Ein Deliktsanspruch der KGaA gegen die Geschäftsführer der Komplementärgesellschaft lässt sich dabei nur dann rechtfertigen, wenn Tatsachen vorliegen, die eine Durchbrechung der juristischen Trennung zwischen Komplementärgesellschaft und KGaA rechtfertigen. Die Durchbrechung muss zunächst aus tatsächlichen Gründen erforderlich und durch eine Anspruchsgrundlage rechtlich abgesichert sein.

1.1.1. Pflichtenbestimmung des Geschäftsführers gegenüber der GmbH

Die Pflichten des Geschäftsführers ergeben sich in erster Linie aus seiner Stellung als geschäftsleitendes Organ der GmbH. Er hat daher in den Angelegenheiten der Gesellschaft die Sorgfalt eines ordentlichen Kaufmanns anzuwenden. Bei der Ausübung seiner Vertretungsmacht hat er die Beschränkungen einzuhalten, die sich aus dem Gesetz, dem Gesellschaftsvertrag, dem Anstellungsvertrag und den Beschlüssen der Gesellschafter ergeben. Bei Verletzung dieser Pflichten haftet er der Gesellschaft nach § 43 Abs. 2 GmbHG auf Schadenersatz.

1.1.2. Pflichtenbestimmung der GmbH gegenüber der KGaA

Die GmbH hat als Komplementärin der KGaA bei der Geschäftsführung die Sorgfalt eines ordentlichen und gewissenhaften Geschäftsleiters anzuwenden, §§ 283 Nr. 3, 93 Abs. 1 AktG, sie unterliegt einem Wettbewerbsverbot, § 284 AktG, und haftet der KGaA für aufgrund von Pflichtverletzungen entstandene Schäden, §§ 283 Nr. 3, 93 Abs. 2 AktG. Ein etwaiges Verschulden ihres Geschäftsführers wird der Komplementärgesellschaft nach § 31 BGB zugerechnet.

1.1.3. Pflichtenbestimmung des Geschäftsführers der Komplementärgesellschaft gegenüber der KGaA

Die vorangestellte Pflichtenbindung setzt an der Trennung der beiden Gesellschaften an. Sie wird jedoch den Auswirkungen sorgfaltswidrigen Verhaltens nicht gerecht. So liegt die eigentliche Zuständigkeit für die Geschäftsführung der KGaA beim Geschäftsführer der Komplementärgesellschaft[595]. Führt er die Geschäfte nicht mit der erforderlichen Sorgfalt, so wird hierdurch die KGaA geschädigt, während die Komplementär-GmbH, abgesehen von möglichen eigenen Schadenersatzpflichten, lediglich mittelbar durch die Minderung des Werts ihrer eventuellen Beteiligung an der KGaA betroffen ist.

Aus einem pflichtwidrigen, die KGaA schädigenden Verhalten stehen den Gesellschaftern der KGaA gegen die Geschäftsführer zunächst keine vertraglichen Ansprüche zu, da der Anstellungsvertrag nach der hier zugrunde liegenden Annahme zwischen dem Geschäftsführer und der Gesellschafterversammlung der GmbH abgeschlossen ist. Gleichwohl ist eine Ausdehnung der Haftung des Geschäftsführungs- und Vertretungsorgans der Komplementärgesellschaft gegenüber der KGaA denkbar. Ein solcher Durchgriffsanspruch missachtet nicht die rechtliche Selbständigkeit der Komplementärgesellschaft und die Souveränität der Gesellschafter, da der Anspruch der geschädigten KGaA gegen das Geschäftsführungsorgan ihrer Komplementärgesellschaft nicht die Ausübung etwaiger Rechte der Gesellschafter der Komplementärgesellschaft gegenüber dem Geschäftsführer der Komplementärgesellschaft berührt[596].

[595] So auch Arnold, GmbH & Co. KGaA, S. 89.

[596] Schütz/Reger in Schütz/Bürgers/Riotte (Hrsg.), Hdb/KGaA, § 5 Rdnr. 157, S. 134.

Ein direkter Anspruch kann jedoch nur dann begründet werden, wenn man die KGaA in den Schutzbereich des zwischen den Gesellschaftern der GmbH und dem Geschäftsführer abgeschlossenen Anstellungsvertrages einbezieht. Ausgeschlossen sind bei dieser Konstruktion zwar direkte vertragliche Leistungsansprüche. Denkbar ist gleichwohl, den Dritten in den Schutzbereich des Vertrages einzubeziehen[597]. Diese Trennung zwischen Primär- und Sekundäransprüchen wird in der Literatur häufig nicht gezogen[598]. Sie findet jedoch ihre Rechtfertigung in der Tatsache, dass der Kreis der durch ein vertragliches Leistungsverhältnis Gebundenen kleiner als der Personenkreis ist, der vom sachlichen Anwendungsbereich der Sorgfalts- und Treuepflichten erfasst wird[599].

1.2. Dogmatische Grundlagen für Ersatzansprüche gegen die Geschäftsführer der Komplementärgesellschaft

Nachdem nunmehr geklärt worden ist, dass Ersatzansprüche der KGaA gegen die Geschäftsführer der Komplementärgesellschaft auch bei Fehlen eines Anstellungsvertrages zwischen der KGaA und den Geschäftsführern der Komplementärgesellschaft möglich sind, ist nachfolgend die einschlägige Anspruchsgrundlage herauszuarbeiten.

1.2.1. Denkbare Anspruchsgrundlagen

a) BGH: Haftung des Geschäftsführers aus einem Vertrag mit Schutzwirkung für Dritte

Die ständige Rechtsprechung nimmt für den Bereich der GmbH & Co. KG Ersatzansprüche der KG gegen den GmbH-Geschäftsführer auf der Grundlage eines Vertrages mit Schutzwirkung für Dritte an. Da die wesentliche Aufgabe der Komplementär-GmbH darin besteht, die Geschäfte der KG zu führen, sei die KG in den vertraglichen Schutzbereich des zwischen der GmbH und ihrem Geschäftsführer geschlossenen Anstellungsvertrages einbezogen[600]. Das Interesse der Komplementär-GmbH ist da-

---

[597] Gottwald in MünchKomm/BGB, 4. Aufl., § 328 Rdnr. 108.

[598] Angeführt wird dieser Gesichtspunkt bsw von Overlack, RWS Forum 10, S. 237, 254; die Darstellung von Arnold, KGaA, insbes. S. 87 enthält eine saubere Trennung der beiden Problemkreise.

[599] Vgl. allgemein zum Vertrag mit Schutzwirkung für Dritte Gottwald in MünchKomm/BGB, 4. Aufl., § 328 Rdnr. 97 ff., speziell zur Schutzwirkung des Anstellungsvertrages § 328 Rdnr. 148.

[600] BGHZ 75, 321 = WM 1980, 30; BGHZ 76, 326, 337 f. = BGH WM 1980, 589, 592; BGH WM 1980, 593; BGH WM 1980, 1190; BGH WM 1981, 440, 441; BGH NJW 1982, 2869; BGHZ 100, 190 = NJW

bei auf eine ordnungsgemäße Leitung der KG gerichtet, da sich Fehlleistungen der Geschäftsführung unmittelbar zum Nachteil der KG auswirken.

Gegen diese Rechtsprechung ist zunächst eingewandt worden, dass sich die Fallgruppe der GmbH & Co. KG nicht nahtlos in die Dogmatik des Vertrages mit Schutzwirkung für Dritte einfügen lässt und damit die Konturen dieses Rechtsinstituts verwischt werden[601]. Die Rechtsprechung stellt zunächst eine Erweiterung des Anwendungsbereichs des Vertrages mit Schutzwirkung für Dritte insoweit dar, als nicht nur die Verletzung von Fürsorge- und Obhutpflichten als Nebenpflichten zu Ersatzansprüchen führen, sondern vielmehr auch vertragliche Hauptpflichten Drittschutz entfalten können[602].

Sie enthält darüber hinaus eine Erweiterung des persönlichen Anwendungsbereiches. Für den Vertrag mit Schutzwirkung zugunsten Dritter wurde früher nahezu ausnahmslos ein personenrechtliches Schutz- und Fürsorgeverhältnis in der Weise verlangt, dass der Gläubiger sozusagen für das Wohl und Wehe des Dritten als nahem Angehörigen mitverantwortlich ist[603]. Dieses Erfordernis ist auch für die GmbH & Co. KG aufgegeben worden[604].

Die Lösung über die Annahme eines Vertrages mit Schutzwirkung für Dritte bereitet in der GmbH & Co. KG zudem Folgeprobleme. Nach dem Rechtsgedanken des § 334 BGB kann der Dritte keine weiterreichenden Rechte als der Versprechensempfänger selbst herleiten. Probleme bereiten deshalb die Beschlüsse der Gesellschafter der GmbH, die eine Haftungsbeschränkung, einen Verzicht sowie eine Weisung zu einem bestimmten Handeln enthalten. Eine Lösung dieser Frage wird durch die

---

1987, 2008; BGH WM 1992, 691, 692 f.; OLG Düsseldorf WM 1984, 1080, 1087; vgl. OLG München DStR 1991, 1291.

[601] H.P. Westermann, NJW 1982, 2870.

[602] So die Feststellung des BGH, WM 1980, 30, 31.

[603] St. Rspr., seit BGHZ 51, 91, 96 = NJW 1969, 269, 272, weitere Nachweise bei Grüneberg in Palandt, BGB, 65. Aufl., § 328 Rdnr. 17, 17 a; Gottwald in MünchKomm/BGB, 4. Aufl., § 328 Rdnr. 112 f.; 148.

[604] Der BGH hat dieses Erfordernis in mehreren Bereichen als obsolet angesehen, vgl. im Ausgangspunkt BGHZ 69, 82, 86 = NJW 1977, 1916 zum Lastschriftverfahren, BGH NJW 1986, 249, 250 zum Scheckinkasso; BGH WM 1988, 1828, 1830 zur sog. Expertenhaftung.

neuere Rechtsprechung des BGH dadurch erreicht, dass § 334 BGB bei der Verfolgung gegenläufiger Interessen zwischen Versprechensempfänger und Versprechenden abbedungen ist[605].

Ein letzter Einwand gegen die Geltendmachung eines vertraglichen Anspruchs stellt sich auf Konkurrenzebene. Der vertragliche Anspruch müsste grundsätzlich neben dem organschaftlichen Anspruch aus § 43 Abs. 2 GmbHG anwendbar sein. Der BGH selbst misst – und damit im Gegensatz zu der geschilderten Rechtsprechung zu den Ersatzansprüchen der Kommanditisten einer GmbH & Co. KG – dem Ersatzanspruch aus dem Geschäftsführervertrag gegenüber der gesetzlichen Organhaftung grundsätzlich keine eigenständige Bedeutung zu. Nach dieser Rechtsprechung nimmt vielmehr § 43 Absatz 2 GmbHG als Spezialregelung die vertragliche Haftungsgrundlage in sich auf[606].

b) Ansprüche aus der Organstellung des GmbH-Geschäftsführers, § 43 GmbHG analog

Aufbauend auf dem Vorrang der Organhaftung vor der vertraglichen Haftung, die im Anstellungsvertrag begründet ist, möchte eine verbreitete Literaturansicht für einen Ersatzanspruch an § 43 GmbHG, der die Haftung des Organs Geschäftsführer normiert, anknüpfen[607]. § 43 GmbHG soll dabei zu einem GmbH & Co. KG- bzw. GmbH & Co. KGaA spezifischen Sonderrechtsverhältnis mit Schutzwirkung zugunsten der KG bzw. KGaA fortgebildet werden[608]. Eine andere Spielart der einen Ersatzanspruch aus der Organstellung befürwortenden Ansicht führt als Anspruchsgrundlage § 43 GmbHG analog an[609]. Gegen diese Ansicht wird für den Bereich der GmbH & Co. KG im wesentlichen eingewandt, dass die Übertragung des § 43 GmbHG auf eine Personenhandelsgesellschaft nicht passe, da dort keine Organhaftung, sondern nur die – nach § 708

---

605 BGHZ 127, 378, 384 ff. = NJW 1995, 392, 393 f.; BGH NJW 1998, 1059, 1061.
606 So grundsätzlich die Ansicht des BGH, vgl. BGH WM 1989, 1335, 1337; BGH NJW 1997, 741, 742
607 Schilling in GroßKomm/HGB, 4. Aufl., § 164 Rdnr. 16; Scholz/Schneider, Komm/GmbHG, 9. Aufl., Anh. § 45 Rdnr. 8;
608 Vgl. nur K. Schmidt, Gesellschaftsrecht, § 56 IV 3 b.
609 Heymann/Horn, Komm/HGB, § 161 Rdnr. 137, zu einer Gesamtanalogie eingehend Wilm, Die Geschäftsführerhaftung, S. 168 ff., 208 ff..

BGB beschränkte – Haftung des geschäftsführenden Gesellschafters bestehe[610].

Dieser wesentliche Einwand ist für den Bereich der KGaA hinfällig, da der individuelle Haftungsmaßstab von § 708 BGB durch die Regelung in §§ 278 Abs. 3, 93 Abs. 4 Satz 3 AktG, wonach der Vorstand einer AG auch für einfache Fahrlässigkeit haftet, ersetzt worden ist. Ein auf § 43 GmbHG analog begründeter organschaftlicher Anspruch ist demnach keinen durchgreifenden Bedenken ausgesetzt.

c) Ersatzanspruch aus §§ 309, 317 AktG analog

Eine weitere von Krebs vertretene Ansicht versucht die Stellung des GmbH-Geschäftsführers gegenüber der KG konzernrechtlich zu erfassen. Zur Begründung werden die §§ 309 Absatz 2, 317 Absatz 3, 323 Absatz 1 Satz 2 i.V.m. § 309 Absatz 2 AktG herangezogen[611]. Die genannten Vorschriften normieren die Voraussetzungen einer Haftung der Organe des herrschenden Unternehmens bei sorgfaltswidriger Leitung des abhängigen Unternehmens. Krebs bejaht die Voraussetzungen einer Analogie für die GmbH & Co. KG, da der Geschäftsführer der GmbH in gleicher Weise die Unternehmensleitung in der KG ausübe wie die Organe des herrschenden Unternehmens im Konzern. Über die Analogiefähigkeit dieses allgemeinen Rechtssatzes bejaht er ein umfassendes Prinzip der Haftung für sorgfaltswidrige Leitung als allgemeinen organisationsrechtlichen Rechtssatz, der unserer Rechtsordnung zugrunde liege[612].

Gegen diesen Ansatz lässt sich einwenden, dass die Analogiefähigkeit dieser konzernrechtlichen Bestimmungen gerade nicht gegeben ist. Den konzernrechtlichen Bestimmungen liegt der Grundsatz von Herrschaft und Haftung zugrunde. Dieser Grundsatz findet sich jedoch nur im AG-Vertragskonzernrecht[613].

---

[610] Krebs, Geschäftsführerhaftung, S. 152 ff..
[611] Krebs, Geschäftsführerhaftung, S. 155 f..
[612] Krebs, Geschäftsführerhaftung, S. 155 f..
[613] Bitter, ZIP 2001, 265, 270 mwN..

Darüber hinaus wird im Schrifttum zur KGaA gelegentlich diskutiert, ob die Satzung der KGaA, die den Komplementären über die gesetzestypischen Rechte hinaus Einflussmöglichkeiten gewährt, einen Beherrschungsvertrag i.S.d. § 291 AktG darstellen kann[614]. Dies hätte zur Folge, dass zwischen dem damit herrschenden Komplementär und der KGaA – unwiderleglich – ein Konzern angenommen wird, § 18 Abs. Satz 2 AktG.

1.2.2. Stellungnahme und Zwischenergebnis

Gegen eine Haftung des Geschäftsführers aus dem Anstellungsverhältnis mit Schutzwirkung lässt sich einwenden, dass das Institut des Vertrages mit Schutzwirkung für Dritte damit überdehnt wird. Eine Haftung des Geschäftsführers gegenüber der Kommanditgesellschaft scheidet zudem dann aus, wenn man den vertraglichen Ansprüchen gegenüber den Ansprüchen aus der Organhaftung keine eigenständige Bedeutung zukommen und die vertraglichen Ansprüche in § 43 Abs. 2 GmbHG aufgehen lassen will.

Gegen die Ansicht von Krebs im Hinblick auf eine Analogie zum Konzernrecht lässt sich einwenden, dass diese Vorschriften kein im gesamten Gesellschaftsrecht allgemeingültiges Prinzip der Haftung für sorgfaltswidriges Verhalten enthalten. Gewichtiger ist dagegen der in der Literatur zur KGaA verschiedentlich enthaltene Hinweis darauf, dass ein Unterordnungskonzern auch im Verhältnis zwischen Komplementär-GmbH und KGaA gegeben sein kann. Dieser Ansicht ist zuzugeben, dass die Satzung wie der Beherrschungsvertrag organisationsrechtlichen Charakter aufweist und damit bei entsprechender Ausgestaltung von Weisungsrecht und ähnlichen korporativen Elementen ein Gleichlauf von Satzung und Beherrschungsvertrag angenommen werden könnte[615]. Dabei darf jedoch die überkommene und noch ganz überwiegende Ansicht in der Literatur nicht außer Betracht bleiben, nach der die Leitung einer Gesellschaft durch eine Komplementärin überhaupt nur unter der Voraussetzung, dass diese nicht Komplementärin einer weiteren Gesellschaft ist, einen Unter-

---

[614] Vgl. etwa Assmann/Sethe in GroßKomm/AktG, 4. Aufl., Vor § 278 Rdnr. 83 ff.; Semler/Perlitt in MünchKomm/AktG, 2. Aufl., § 278 Rdnr. 320.

[615] Assmann/Sethe in GroßKomm/AktG, 4. Aufl., Vor § 278 Rdnr. 83.

ordnungskonzern darstellen kann[616]. Soweit dies wie im Regelfall ausscheidet, kommt es auf eingeräumte Beherrschungsmöglichkeiten letztlich nicht an[617] Darüber hinaus spricht gegen diesen Ansatz auch, dass die mit der Annahme eines Beherrschungsvertrages verbundene unwiderlegliche Konzernvermutung gemäß § 18 Abs. 1 Satz 2 AktG schon aus Gründen der Rechtssicherheit nicht bei einer letztlich einzelfallabhängigen Qualifizierung von Elementen der Satzung einer KGaA ausgelöst werden sollte. Die prinzipiellen Einwände gegenüber einem vertraglichen Anspruch vermeidet der eine Organhaftung befürwortende Ansatz in der Literatur, der sich auf § 43 Abs. 2 GmbHG analog stützt[618]. Der gegen diesen Ansatz im Recht der GmbH & Co. KG vorgetragene Einwand der Möglichkeit der Vereinbarung von Haftungserleichterungen lässt sich auf die GmbH & Co. KGaA nicht übertragen. Im Unterschied zur Rechtslage bei der GmbH nach § 43 Abs. 1 GmbHG, bei der vertragliche Haftungsbeschränkungen in Abweichung von dem in § 43 Abs. 1 GmbHG festgelegten Sorgfaltsmaßstab zugelassen werden[619], ist der Haftungsmaßstab in der KGaA nach § 93 Abs. 4 S. 3 AktG, wonach der Vorstand einer AG für jede Form der Fahrlässigkeit haftet, nicht disponibel. Die Komplementärgesellschaft ist demnach gegenüber der KGaA zu einer den Anforderungen des § 93 Abs. 1 AktG genügenden Geschäftsführung verpflichtet. Sie muss dafür Sorge tragen, dass der Geschäftsführer diesen Anforderungen entspricht. Bei Verletzung dieser Sorgfaltspflichten ist der Geschäftsführer grundsätzlich aus § 43 Abs. 2 GmbHG analog zum Ersatz des durch die sorgfaltswidrige Handlung resultierenden Schadens verpflichtet.

2. Konkurrenz von Abberufungsansprüchen gegen GmbH und Ersatzansprüchen gegen Geschäftsführern der GmbH

Nach den vorstehenden Ausführungen sind bei sorgaltswidrigem Handeln der Geschäftsführer sowohl Abberufungsansprüche gegen die Komplementär-GmbH als auch Ersatzansprüche gegen die Geschäftsführer der

616 Schlegelberger/Martens, Komm/HGB, 5. Aufl., Anh. § 105 Rdnr. 5; Hüffer, Komm/AktG, 6. Aufl., § 15 Rdnr. 8; Emmerich in MünchKomm/Konzernrecht, 3. Aufl., § 15 Rdnr. 6 ff., insbesondere 12 f..

617 Fett in Schütz/Bürgers/Riotte (Hrsg.), Hdb/KGaA, § 12 Rdnr. 42, S. 791.

618 Gegen eine Haftung grundsätzlich Binz/Sorg, BB 1988, 2041, 2049, die hierin ein Argument gegen die Zulässigkeit einer KGaA ohne natürliche Person sehen.

619 Vgl. zum Beispiel Scholz/Schneider, Komm/GmbHG, § 43 Rdnr. 185 ff. mwN., der Haftungserleichterungen für zulässig hält, jedoch nicht für grobe Fahrlässigkeit.

GmbH denkbar. In der Literatur wird das Verhältnis der Ersatzansprüche gegen den Geschäftsführer der Komplementärgesellschaft gegenüber der Entziehung der Geschäftsführung/Vertretungsmacht der Komplementärgesellschaft kaum thematisiert. Richtigerweise wird man jedoch im Einzelfall zu prüfen haben, ob die Geltendmachung der Ersatzansprüche gegen die Geschäftsführer der Komplementärgesellschaft das mildere Mittel gegenüber einer Einberufung der Hauptversammlung zum Zwecke der Beschlussfassung über die Abberufung der Komplementärin darstellt[620]. Der BGH hat verschiedentlich die bloße Entziehung oder Beschränkung der Vertretungsmacht oder der Geschäftsführung nach §§ 117, 127 HGB als milderes Mittel gegenüber dem Ausschluss des Gesellschafters angesehen[621].

3. Pflicht zur Geltendmachung der Ersatzansprüchen gegen Geschäftsführer der Komplementärgesellschaft

Vorausgesetzt, die Geschäftsführer der Komplementärgesellschaft haben durch ihr pflichtwidriges Handeln unmittelbar einen Schaden bei der KGaA verursacht, für den sie dieser gegenüber auch unmittelbar eintreten müssen, stellt sich die weitergehende Frage, unter welchen Voraussetzungen der Aufsichtsrat als Vertretungsorgan der KGaA zur Geltendmachung der Ansprüche verpflichtet ist. Dabei entspricht eine Rechtslage, nach der der Aufsichtsrat grundsätzlich zur Geltendmachung der Ansprüche gegen die Geschäftsführer der Komplementärgesellschaft verpflichtet ist, den Interessen der Kommanditaktionäre. Die Verpflichtung zur Geltendmachung des Anspruchs soll dabei nicht nur zu einem Ausgleich des Schadens führen. Neben dieser Ausgleichsfunktion haben der Schadensersatzanspruch und die Voraussetzungen seiner Geltendmachung auch anlegerschützende Funktion insoweit, als sie eine Disziplinierung der Geschäftsführung herbeiführen sollen.

Nachfolgend sollen die von der Rechtsprechung für die AG konkretisierten gesetzlichen Voraussetzungen einer Pflicht des Aufsichtsrates zur Geltendmachung von Schadensersatzansprüchen aufgezeigt und die Relevanz dieser Entscheidung für die KGaA dargestellt werden.

---

[620] So Bürgers in Schütz/Bürgers/Riotte (Hrsg.), Hdb/KGaA, § 5 Rdnr. 487, S. 236.
[621] BGH WM 1971, 20,22; BGH WM 1977, 500, 502 f.; st. Rspr..

3.1. Voraussetzungen von Haftungsansprüchen gegen die Geschäftsführung nach der „ARAG/Garmenbeck-Entscheidung“[622]

Die im Gesetz angelegte strenge Organhaftung des Vorstandes einer AG nach § 93 Abs. 1 AktG geht mit einer die klagende Gesellschaft begünstigenden Beweislastverteilung in § 93 Abs. 2 AktG einher, so dass das Leitungsorgan im Zweifel den schwierigen Beweis zu erbringen hat, dass die Sorgfalt eines ordentlichen und gewissenhaften Geschäftsleiters angewandt worden ist.

Im Gegensatz zu dieser weitgehenden Anspruchsgrundlage spielte die Durchsetzung dieser Ansprüche bis zur Mitte der 90er Jahre keine relevante Rolle[623]. Dies beruhte teilweise auf den tatsächlichen Gegebenheiten, insbesondere den persönlichen Interdependenzen zwischen Leitungs- und Kontrollorganen. Neben diesen tatsächlichen Gegebenheiten besteht die Schwierigkeit einer präzisen Beschreibung von Aufsichtsratspflichten in der Unzulänglichkeit der zur Verfügung stehenden gesetzlichen Regelungen. Abzustellen ist dabei auf § 111 Abs. 1 AktG, der in seinem Absatz 1 zwar grundsätzlich bestimmt, dass der Aufsichtsrat die Geschäftsführung zu überwachen hat. Diese allgemeine Aussage wird jedoch in den folgenden Absätzen nur unzureichend präzisiert. Auch aus den in den folgenden Absätzen enthaltenen Regelungen lassen sich nur wenige klare Vorstellungen über die Funktion und damit den Pflichtenkreis des Aufsichtsrates in der AG gewinnen[624]. Insbesondere in Randbereichen der Überwachungspflicht verschwimmen die Grenzlinien leicht[625].

Die zunehmende Bedeutung der Fähigkeiten qualifizierter und umsichtiger Vorstände, Geschäftsführer und Aufsichtsräte rücken aufgrund von Firmeninsolvenzen stärker als sonst in den Blickpunkt. Während sich früher das Personalkarussell eher im Stillen drehte, geht das Ausscheiden von

---

[622] BGH vom 21. 4. 1997 – III ZR 175/95, abgedruckt in BGHZ 135, 244 ff = DB 1997, 1068 = ZIP 1997, 883 = EwiR 1997, 677 (Priester); zustimmend etwa Götz, NJW 1997, 3275; Horn ZIP 1997, 1129; Thümmel, DB 1997, 1117; a.A. Dreher, JZ 1997, 1074; kritisch Hüffer, Komm/AktG, 6. Aufl., § 111 Rdnr. 4 b.

[623] Vgl. hierzu die Analyse von Hopt, Festschrift Mestmäcker, S. 909, 910, 914 f., der feststellt, dass die Rechtsprechung zu §§ 93, 116 AktG „praktisch inexistent“ sei und sich diese Umstände erst allmählich in jüngster Zeit änderten, in der Substanz ebenso Horn, ZIP 1997, 1129, 1131.

[624] Raiser, NJW 1996, 552, 553.

[625] Thümmel, DB 1997, 1117, 1118.

Leitungsorganen heutzutage auch mit Schadenersatzprozessen (Metallgesellschaft, Harpener und ARAG) einher[626].

Die „ARAG-Garmenbeck Entscheidung" des BGH ist für den Bereich der AG ergangen. Im Folgenden sollen die Kernsätze dieser BGH-Entscheidung dargestellt und die hiergegen vorgebrachten Argumente bewertet werden. Im Anschluss hieran ist die praktische Bedeutung dieser Entscheidung im Recht der KGaA aufzuzeigen.

3.1.1. Kernsätze der „ARAG/Garmenbeck-Entscheidung"

Der BGH betrat in der „ARAG/Garmenbeck Entscheidung"[627] Neuland bei den vom Aufsichtsrat zu prüfenden Voraussetzungen im Hinblick auf die Verfolgung von Ansprüchen gegenüber dem Vorstand. Der Entscheidung lassen sich drei Kernsätze entnehmen:

Zum einen hat der Aufsichtsrat in eigener Verantwortung zu prüfen, ob Schadenersatzansprüche gegenüber dem Vorstand geltend gemacht werden sollen. Er kann sich dieser Verantwortung nicht dadurch entziehen, dass er auf die Hauptversammlung und deren Recht verweist, nach § 147 Abs. 1 und 3 AktG selbst über die Verfolgung von Ansprüchen zu entscheiden[628].

Der zweite Kernsatz besteht darin, dass der Aufsichtsrat in seiner Prüfung zunächst den zum Schadensersatz verpflichtenden Tatbestand in tatsächlicher wie rechtlicher Sicht festzustellen sowie das Prozessrisiko und die Einbringlichkeit der Forderung zu analysieren hat[629]. Bei der Prüfung steht dem Aufsichtsrat keinerlei Ermessen zu. Es handelt sich hierbei nicht um eine Entscheidung zwischen verschiedenen Handlungsalternativen, sondern um eine Maßnahme im Erkenntnisbereich, die in vollem Umfang gerichtlich überprüfbar sei[630].

---

[626] Diese – nicht abschließende Beispiele - werden von Heermann, ZIP 1998, 761 angeführt.

[627] BGH vom 21. 4. 1997 – III ZR 175/95, abgedruckt in BGHZ 135, 244 ff = DB 1997, 1068 = ZIP 1997, 883 = EwiR 1997, 677 (Priester); zustimmend etwa Götz, NJW 1997, 3275; Horn ZIP 1997, 1129; Thümmel, DB 1997, 1117; a.A. Dreher, JZ 1997, 1074; kritisch Hüffer, Komm/AktG, 6. Aufl., § 111 Rdnr. 4 b.

[628] BGHZ 135, 244, 252 f..

[629] BGHZ 135, 244, 253.

[630] BGHZ 135, 244, 254 f..

Wenn die Prüfung des Anspruchs und des Prozessrisikos positiv verläuft, ist der Aufsichtsrat in der Regel gezwungen, diese Ansprüche auch zu verfolgen – dritter Kernsatz[631].

Der BGH unterscheidet für die Präzisierung der Pflichtenkategorien zwischen unternehmerischen Aufgaben einerseits und nachträglicher Überwachungstätigkeit andererseits[632]. Der BGH ordnet diesen beiden Bereichen auf der Ebene des Aufsichtsrates unterschiedliche Handlungsspielräume zu[633]. Soweit der Aufsichtsrat bspw. durch die Zustimmung zu Geschäftsführungsmaßnahmen unternehmerisch tätig wird, besitzt er ein entsprechendes Ermessen. Demgegenüber besteht bei der rückschauenden Kontrolle für den Aufsichtsrat kein Handlungsspielraum, weil es allein um die Bewertung abgeschlossener Tatbestände geht.

3.1.2. Einwände gegen die vom BGH aufgestellten Kernsätze

Dreher[634] greift sowohl die vom BGH aufgestellten Beurteilungsmaßstäbe als auch die Prämisse des BGH an, dass sich die präventive von der repressiven Kontrolle in der vom BGH festgestellten Weise trennen lasse. Er wendet zunächst ein, dass das vom BGH nur für den Bereich der repressiven Aufsichtsratstätigkeit als maßgeblich angeführte Unternehmensinteresse für die gesamte Aufsichtsratstätigkeit gilt[635]. Sofern dieses Unternehmensinteresse aber für den gesamten Bereich der Aufsichtsratstätigkeit anzuwenden ist, kann die Gegenüberstellung von Unternehmensinteresse im Bereich repressiver Aufsichtsratstätigkeit und von unternehmerischem Ermessen im Bereich präventiver Aufsichtsratstätigkeit nicht überzeugen[636]. Neben der Kritik an den rechtlichen Beurteilungsmaßstäben lassen sich nach Ansicht von Dreher die vom BGH unterschiedenen Tätigkeitsbereiche des Aufsichtsrates kaum trennen[637]. Als Beleg wird von ihm die Ausübung der Personalkompetenz genannt. Die Abberufung von Vorstandsmitgliedern enthält eine Übertragung unternehmerischer Aufga-

---

631 BGHZ 135, 244, 254.
632 Lutter/Krieger, Aufsichtsrat, 4. Aufl., Rdnr. 421; Thümmel, DB 1997, 1117, 1118.
633 Thümmel, DB 1997, 1117, 1118.
634 Dreher, JZ 1997, 1074 = Anm. zu BGH JZ 1997, 1071ff. („ARAG-Garmenbeck").
635 Dreher, JZ 1997, 1074 = Anm. zu BGH JZ 1997, 1071ff. („ARAG-Garmenbeck").
636 Dreher, JZ 1997, 1074 f..
637 Dreher, JZ 1997, 1075.

ben an den Aufsichtsrat und ist damit dem Bereich der präventiven Kontrolle zuzuordnen. Dreher hinterfragt diese Zuordnung unter dem Gesichtspunkt, dass die Abberufung von Vorstandsmitgliedern nichts anderes ist als repressives Aufsichtsratshandeln, da diese nachträgliche Aufsichtsratstätigkeit dazu dient, Schäden von der Gesellschaft abzuwenden[638]. Dreher hat zwar durch seine Einwände auf Abgrenzungsschwierigkeiten zwischen präventiver und nachträglicher Kontrolle hingewiesen. Materiell besteht gleichwohl eine Notwendigkeit dafür, die präventive Kontrolle, in der der Aufsichtsrat die Tätigkeit des Vorstandes begleitend mitgestaltet und deshalb ebenfalls einen größeren Handlungsspielraum benötigt, von der nachträglichen Überwachungstätigkeit zu unterscheiden[639].

Ein zweiter Einwand[640] bezieht sich darauf, dass die vom BGH vorgenommene Erfassung der Grenzen des unternehmerischen Handlungsspielraumes des Vorstandes in der Entscheidung nicht hinreichend präzisiert worden sind, so dass es weiterer Konkretisierungen bedürfe, um die § 93 Abs. 2 AktG für die praktische Rechtsanwendung berechenbarer zu gestalten[641]. Der BGH hat zur Frage des unternehmerischen Handlungsspielraumes in der Entscheidung festgestellt, dass dem Vorstand ein weites Ermessen in der Leitung der Gesellschaft zusteht, ohne dass eine erfolgreiche unternehmerische Tätigkeit nicht denkbar ist[642]. Daraus resultiert zwar, dass mit dem bewussten Eingehen von geschäftlichen Risiken auch die Gefahr von Fehleinschätzungen verbunden ist. Dies muss grundsätzlich akzeptiert werden, soweit für die vom Vorstand gewählte Handlungsalternative vertretbare Gründe vorliegen. Hierfür wird jedoch eine sorgfältige Analyse der maßgeblichen Entscheidungsgrundlagen vorausgesetzt. Vor der Übernahme geschäftlicher Risiken ist demgemäß deren Art, Grad und quantitatives Ausmaß für den geschäftlichen Erfolg zu ermitteln. Je größer der Risikograd ist, desto geringer hat das quantitative Ausmaß des einzugehenden Risikos zu sein. Bei der Bewertung ist eine vernünftige Relation zur Eigenkapitalausstattung des Unternehmens einzuhalten. Dies heißt konkret, dass durch Geschäfte, die bei einer ex-

[638] Dreher, JZ 1997, 1075.
[639] So Götz, NJW 1997, 3275, 3277.
[640] Vertreten von Heermann, AG 1998, 201, 204; Götz, NJW 1997, 3275 f. jeweils mwN..
[641] Vgl. zu diesem Befund Heermann, AG 1998, 201, 204; Götz, NJW 1997, 3275 f. jeweils mwN..
[642] Zu den Grenzen des Ermessens sogleich unter 3.

ante Betrachtung als riskant einzustufen sind, der Bestand des Unternehmens nicht gefährdet werden darf[643]. Dieses Ermessen oder die Bereitschaft, unternehmerische Risiken einzugehen, müsste nach dem Ansatz des BGH in unverantwortlicher Weise überschritten worden sein, um eine Schadensersatzpflicht zu begründen. Götz wendet ein, dass der BGH dadurch, dass er eine deutliche Überschreitung der Ermessensgrenzen fordert, einen sanktionsfreien Grenzstreifen schafft, der sich nicht eindeutig definieren lässt[644]. Sachgemäßer erscheint es, bei der Überschreitung des weit gefassten Handlungsermessens eine Schadenersatzpflicht anzunehmen[645]. Gleich gelagert ist der Einwand von Götz gegen die vom BGH als Voraussetzung einer Schadensersatzverpflichtung geforderte unverantwortliche Überspannung der Bereitschaft unternehmerische Risiken einzugehen[646]. Eingewendet wird hiergegen, dass in dem Falle, in dem die eingegangenen Risiken nicht mehr von dem unternehmerischen Gestaltungsspielraum des Vorstandes gedeckt sind, die Schadensersatzsanktion einzugreifen habe, ohne dass noch eine gesonderte Prüfung darüber anzustellen wäre, ob die Grenzüberschreitung unverantwortlich ist[647].

Zur Bestimmung der Grenzen unternehmerischen Ermessens gemäß § 93 Abs. 2 AktG ist in der Literatur mit zunehmender Intensität die Frage der Heranziehung der im US-amerikanischen Gesellschaftsrecht bestehenden Grundsätze der business judgement rule gestellt worden[648]. Eine genauere Betrachtung dieser Grundsätze würde den Rahmen dieser Arbeit sprengen[649]. Zunächst ist darauf zu verweisen, dass im Gegensatz zum US-amerikanischen Gesellschaftsrecht das Verschulden eines Geschäftsleiters nach § 93 Abs. 2 Satz 2 AktG vermutet wird, das betroffene Vorstandsmitglied also auch bei unternehmerischen Ermessensentscheidungen die fehlende objektive Pflichtwidrigkeit seiner Handlung und sein

---

643 Hierüber besteht im Grundsatz Einigkeit, vgl. nur die ausführliche Abhandlung von Mertens in KölnKomm/AktG, 2. Aufl., § 93 Rdnr. 48 f. mwN..

644 Götz, NJW 1997, 3275, 7276.

645 Götz, NJW 1997, 3275, 3276.

646 Götz, NJW 1997, 3275, 7276.

647 Götz, NJW 1997, 3275, 3276.

648 Vgl. zum Meinungsstand Heermann, AG 1998, 201, 204.

649 Grundlegend hierzu Merkt, US-amerikanisches Gesellschaftsrecht, 1. Aufl., Rdnr. 673 ff.; 682; Heermann, AG 1998, 201, 204.

fehlendes Verschulden darzutun und zu beweisen hat - §§ 116 AktG i.V.m. 93 Abs. 2 Satz 2 AktG[650]. Möglich bleibt die Heranziehung der business judgement rule im Rahmen des Entlastungsbeweises der Vorstände bzw. Geschäftsleiter jedoch dann, wenn die im deutschen Recht vorhandenen und im Rahmen der Rechtsanwendung herausgearbeiteten Präzisierungen im Hinblick auf die konkrete Rechtsanwendung nicht ausreichend sind[651].

Der dritte wesentliche Einwand[652] setzt an dem allgemein als praktisch wirkungslos eingeschätzten Sanktionsmechanismus an. Nach dem gegenwärtigen Recht muss ein Aufsichtsrat nichts befürchten, wenn er – entgegen den Grundsätzen der „ARAG/Garmenbeck-Entscheidung" – Vorstandsmitglieder nicht auf Schadenersatz in Anspruch nimmt. Der Grund hierfür liegt darin, dass für die Haftbarmachung von Aufsichtsratsmitgliedern der Vorstand zuständig ist. Hiernach könne nicht erwartet werden, dass derjenige Ansprüche verfolgt, der selbst ersatzpflichtig ist oder sein kann[653]. Deshalb werde sich auch durch das Urteil am bisherigen Zustand einer haftungsrechtlichen Folgenlosigkeit pflichtwidrigen Vorstands- und Aufsichtsratsverhaltens trotz des begrüßenswerten Beitrages des BGH durch die „ARAG-Garmenbeck Entscheidung" nichts ändern[654]. Dieser Einwand scheint sich bisher vordergründig insoweit zu bestätigen, als es seither keine nennenswerte Erhöhung der Schadensersatzklagen gegen pflichtwidrig handelnde Geschäftsführer gegeben hat. Andererseits zeigen die in jüngster Zeit vermehrten Beispiele einer Ablehnung von Aufsichtsratsposten sowie die Schwierigkeiten, eine „D-O Versicherung" für Aufsichtsratsmitglieder zu vertretbaren Konditionen abschließen zu können, dass der Markt an die Aufsichtsratsmitglieder inzwischen andere Erwartungen stellt und die Tätigkeit der Aufsichtsräte vom Markt als risikoträchtig eingestuft wird.

---

[650] Vgl. nur OLG Hamm, ZIP 1995, 1263,1265; Mertens in KölnKomm/AktG, 2. Aufl., § 93 Rdnr. 100 ff.; Heermann, AG 1998, 201, 206 mit weiteren Ausführungen zu Möglichkeiten einer eingeschränkten Anwendung der Grundsätze der Business Judgement Rule.

[651] Vgl. hierzu sogleich unter 3.

[652] So insbesondere Götz, NJW 1997, 3275, 3278; ihm folgend Heermann, AG 1998, 201, 211; hiergegen bspw. Thümmel, DB 1997, 1117, 1120.

[653] So Götz, NJW 1997, 3275, 3278 mN in Fn. 24.

[654] So insbesondere Götz, NJW 1997, 3275, 3278; ihm folgend Heermann, AG 1998, 201, 211; a.A. Thümmel, DB 1997, 1117, 1120.

3.2. Bedeutung der „ARAG/Garmenbeck-Entscheidung" für die KGaA

Die vom BGH aufgestellten Kriterien im Hinblick auf die Kontrolle der unternehmerischen Aufgaben haben für die KGaA insoweit keine Bedeutung, als die unternehmerische Führung in der KGaA in der Hand des Komplementärs liegt. Dem Aufsichtsrat der KGaA ist dieser Bereich grundsätzlich entzogen. Aufgrund des fehlenden Weisungsrechtes kann die Entscheidung des BGH für die KGaA lediglich im Bereich der rückschauenden Kontrolle der Geschäftsleitung Bedeutung erlangen. Denn nur in diesen Fällen geht es um die Aufarbeitung bereits abgelaufener (unternehmerischer) Geschehnisse.

Der BGH hat in der „ARAG/Garmenbeck-Entscheidung" auch die Frage der Geltendmachung von Innenhaftungsansprüchen gegenüber Vorstandsmitgliedern der rückschauenden Kontrollaufgabe des Aufsichtsrates zugeordnet und damit nach den von ihm aufgestellten Voraussetzungen die Annahme eines wie auch immer gearteten Ermessensspielraumes für den Aufsichtsrat bei der Verfolgung solcher Ansprüche grundsätzlich abgelehnt[655]. Diese Ablehnung eines Ermessenspielraumes betrifft beide Stufen der Entscheidung, nämlich die Feststellung von etwaigen Haftungsansprüchen wie auch deren Durchsetzung.

Inwieweit ein Haftungsanspruch gegenüber dem Vorstand einer AG besteht, ergibt sich aus § 93 Abs. 2 AktG. Der Aufsichtsrat hat daher zu prüfen, ob der feststellbare und beweisbare Sachverhalt einen solchen Anspruch trägt. Hierfür ist zunächst die Einhaltung der Grenzen des unternehmerischen Ermessens zu überprüfen. Die anerkannten Rechtsquellen des unternehmerischen Ermessens ergeben sich dabei aus dem Gesetz[656], der Satzung[657] und der Geschäftsordnung, dem Unternehmens-

---

[655] In diesem Punkt entscheidet der BGH im Gegensatz zur Vorinstanz, vgl. zur Kritik an der vorinstanzlichen Entscheidung, zustimmend Raiser, NJW 1996, 552 ff.; Fischer, BB 1996, 225; Thümmel, DB 1997, 1117, 1118 mwN.. Dies gilt auch für die vom OLG Düsseldorf als Vorinstanz angedachte, an das Verwaltungsrecht angelehnte Konstruktion einer möglichen Ermessensreduzierung auf Null in bestimmten Fällen. Stattdessen sieht der BGH die Entscheidung des Aufsichtsrates als in vollem Umfang gerichtlich nachprüfbar an.

[656] §§ 57, 71 – 71e, 83, 88, 90, 92, 93 Abs. 1, 93 Abs. 3, 131 AktG.

[657] Vgl. OLG München, AG 1997, 575, 576 – die Entscheidung basiert auf einem Verstoß gegen die in der Satzung festgelegte Gesamtgeschäftsführung.

gegenstand[658], dem Unternehmensinteresse und der Treuepflicht[659]. Zunehmende praktische Bedeutung erlangt die Begrenzung des Ermessensspielraumes durch die in der Literatur aufgestellten Grundregeln ordnungsgemäßer Unternehmensführung[660]. Diese können im Einzelfall zu einer Konkretisierung des in § 93 Abs. 1 Satz 1 AktG normierten Haftungsmaßstabes führen. Demnach kann ein Leitungsorgan nur innerhalb der Grenzen der gesicherten Erkenntnisse und bewährten Erfahrungen unternehmerischen Verhaltens entscheiden. Gewährleistet werden muss eine angemessene Vorbereitung und Kontrolle unternehmerischer Entscheidungen durch die Installation eines den betriebswirtschaftlichen Erkenntnissen genügenden Planungs- und Controlling-Systems[661]. Darüber hinaus ist die Geschäftsführung verpflichtet, ein Frühwarnsystem einzurichten. Ungeklärt ist dagegen, ob darüber hinaus auf die Grundregeln ordnungsgemäßer Unternehmensführung durch den Gesetzgeber, die im Referentenentwurf zur Änderung des Gesetzes zur Kontrolle und Transparenz im Unternehmensbereich (KonTraG)[662] enthalten, jedoch nicht in das Gesetz aufgenommen worden sind[663], zurückgegriffen werden kann.

Die Einhaltung der Grenzen unternehmerischen Ermessens hat der Aufsichtsrat der KGaA zu überprüfen. Er hat sich hierfür seiner Überwachungsinstrumente zu bedienen. Im Vordergrund steht dabei das Einholen detaillierter Informationen. Hierher gehören das Abhalten von Aufsichtsratssitzungen, die Bewertung der Berichte der Geschäftsführung und das Hinterfragen beabsichtigter Maßnahmen der Geschäftsführung. Der Umfang der Kontrolle lässt sich dabei zwar nicht absolut feststellen. Er verschärft sich jedoch insbesondere in Krisensituationen[664]. Im Verhältnis zum Aufsichtsrat einer AG ist der Aufsichtsrat einer KGaA jedoch nicht berechtigt, Maßnahmen der Geschäftsführung abzulehnen. Er ist zudem

---

[658] Vgl. hierzu Hüffer, Komm/AktG, 6. Aufl., § 23 Rdnr. 21ff. m.w.N..

[659] Vgl. zu den organschaftlichen Treuebindungen Mertens in KölnKomm/AktG, 2. Aufl., § 93 Rdnr. 57 ff., insbes. Rdnr. 57-74.

[660] Zu den Grundregeln ordnungsgemäßer Unternehmensführung Heermann, ZIP 1998, 761, 763.

[661] Zu betriebswirtschaftlichen Aspekten der Einrichtung eines Überwachungssystems und eines Risikomanagementsystems vgl. Lück in: Dörner/Menold/Pfitzer-Reform des Aktienrechts, S. 139-176; aus der juristischen Literatur vgl. Mertens in KölnKomm/AktG, 2. Aufl., § 93 Rdnr. 40.

[662] Der Referentenentwurf ist bsw. abgedruckt in ZIP 1996, 2129 ff..

[663] BR-Drucksache 872/97 v. 7.11.1997; der Gesetzesentwurf ist einschließlich Begründung auch abgedruckt in ZIP 1997, 2059 ff. sowie ZIP 1997, 2100 ff..

[664] Potthoff/Trescher, Das Aufsichtsratsmitglied, 4. Aufl., S. 197 f..

nach der hier vertretenen Ansicht[665] nicht berechtigt, außerordentliche Hauptversammlungen einzuberufen. Ihm steht ferner nicht das Recht zu, die Geschäftsführer abzuberufen. Der Aufsichtsrat einer KGaA hat jedoch grundsätzlich die Pflicht, in letzter Konsequenz Schadensersatzansprüche gegen den Vorstand im Namen der KGaA geltend zu machen. Unterlässt der Aufsichtsrat dies, obwohl eine Geltendmachung geboten war, so begeht er nach der insoweit zu übertragenen Rechtsprechung des BGH in „ARAG/Garmenbeck" ebenfalls eine Pflichtverletzung[666].

3.3. Übertragung der Grundsätze auf die bekannten Sachverhalte der Borussia Dortmund GmbH & Co. KGaA

Wendet man die im vorstehenden Absatz entwickelten Erkenntnisse auf die bekannten Sachverhalt bei der Borussia Dortmund GmbH & Co. KGaA an, so müsste sich im Rahmen der Kontrolltätigkeit des Aufsichtsrates der KGaA die Frage gestellt haben, ob sich die Geschäftsführer der Komplementärin innerhalb der Grenzen des Unternehmensgegenstandes bewegen und dabei die Grenzen ihres unternehmerischen Ermessens eingehalten haben. Von der ehemaligen Geschäftsführung wird dabei zunächst eingewendet, dass der wirtschaftliche Misserfolg der Gesellschaft ausschließlich auf das unheimliche Verletzungspech und den weiteren Ausfall von Leistungsträgern zurückzuführen ist. In diesem Zusammenhang müsste geklärt werden, welche der riskanten Geschäfte mit dem Sportbetrieb zu tun hatten und welche ihre Ursache außerhalb desselben hatten. Soweit man zugunsten der Geschäftsführung die Richtigkeit ihrer Behauptung einmal unterstellt, stellt sich die Folgefrage, ob eine Geschäftsführung, die bei ihren Ertrags- und Jahresplanungen durchweg mit einer Beteiligung an der europäischen Champions League und den dadurch möglichen TV-Mehreinnahmen in Höhe von Euro 30 Mio. kalkuliert, das ihr eingeräumte unternehmerische Ermessen verletzt. Dies insbesondere vor dem Hintergrund, dass ein zweimaliges Nichterreichen der Planungen zu einer existenziellen Bedrohung der Gesellschaft führen würde und letztlich auch geführt hat. Die Geschäftsführung hat ihre Mittel auch vor dem Hintergrund der möglichen Auswirkungen eines Nichteintritts des mit der Maßnahme verfolgten Zieles zu überprüfen. Soweit die Nichterrei-

[665] Verweis auf den Streit auf Zweiten Teil unter A III. 1., S. 182 ff..
[666] Vgl. zu dieser Konsequenz Thümmel, DB 1997, 1117, 1119.

chung des mit einer Maßnahme verfolgten Ziels zu einer Existenzbedrohung der Gesellschaft führt, hat sie dabei grundsätzlich zu unterbleiben. Der Aufsichtsrat wäre hiernach zu einem (verbalen) Einwirken auf die Geschäftsführung der KGaA verpflichtet gewesen.

4. Ergebnis

Der Bedarf auf Abberufung der Geschäftsführer der Komplementärgesellschaft besteht grundsätzlich auch bei der GmbH & Co. KGaA. Hierfür kann im Einzelfall ein starkes praktisches Bedürfnis bestehen. Die Abberufung eines Geschäftsführers stellt jedoch dann, wenn sein Verhalten von der Gesellschaftermehrheit in der GmbH gedeckt wird, keine geeignete Lösung dar.

Die Untersuchung hat zunächst den von der überwiegenden Ansicht zur GmbH & Co. KG herausgearbeiteten Befund für die GmbH & Co. KGaA insoweit bestätigt, als Durchgriffsansprüche der Gesellschafter der Kommanditgesellschaft auf Abberufung der Geschäftsführer der Komplementärgesellschaft dogmatisch nicht begründet werden können. Primäransprüche der Gesamtheit der Kommanditaktionäre gegen die Geschäftsführer der Komplementärgesellschaft bestehen somit nicht.

In einem weiteren Schritt konnte jedoch das Bestehen von Durchgriffsansprüchen gegen die Geschäftsführer der Komplementärgesellschaft bei pflichtwidrigem, die KGaA schädigenden Verhalten nachgewiesen werden. Als dogmatische Grundlage ist dabei auf § 43 analog GmbHG zurückzugreifen. Durchgreifende Bedenken bestehen hingegen gegen die Verankerung solcher Ansprüche in einem Vertrag mit Schutzwirkung für Dritte. Nicht gefolgt werden kann darüber hinaus der Begründung von Durchgriffsansprüchen aufgrund einer Analogie aktienkonzernrechtlicher Regelungen oder der Annahme eines Beherrschungsvertrages bei entsprechender Ausgestaltung der Satzung.

Im Unterschied zu Haftungsnormen im GmbH-Recht wird im Recht der KGaA weder auf einen individuellen Haftungsmaßstab abgestellt noch sind Haftungsausschlüsse für einfache Fahrlässigkeit möglich. Der Geschäftsführer der Komplementärgesellschaft einer KGaA haftet demnach auch für Pflichtverletzungen, die auf einer leichten Fahrlässigkeit beruhen.

Ersatzansprüche gegen die Geschäftsführer der Komplementärgesellschaft stellen ein milderes Mittel gegenüber der Einberufung der Hauptversammlung zum Zwecke der Beschlussfassung über die Abberufung der Komplementärgesellschaft dar, so dass deren Einberufung erst dann in Betracht kommt, wenn die Geltendmachung von Schadenersatzansprüchen gegen die Geschäftsführer der Komplementärgesellschaft nicht ausreichend bzw. die Ansprüche nicht durchsetzbar erscheinen.

In der weiteren Untersuchung ist der praktische Anwendungsbereich der „ARAG/Garmenbeck Entscheidung" für die KGaA herausgearbeitet worden. Der BGH hat in dieser Entscheidung den Versuch unternommen, die Verhaltenspflichten des Aufsichtsrates der AG bei der Überprüfung des Vorstandshandelns mit Hilfe einer Unterscheidung zwischen der unternehmerischen Tätigkeit in der Form der präventiven Kontrolle und der repressiven Tätigkeit durch eine rückschauende Kontrolle zu konkretisieren. Aufgrund der fehlenden Mitwirkungskompetenz des Aufsichtsrates einer KGaA bei Maßnahmen der Geschäftsführung erhält diese Rechtsprechung deshalb lediglich Bedeutung im Bereich der rückschauenden Kontrolle. Dem Aufsichtsrat steht bei der Überprüfung abgeschlossener Tatbestände des Geschäftsführerhandelns kein Ermessen zu. Dies bedeutet, dass der Aufsichtsrat sicher feststellen muss, ob die Geschäftsleitung innerhalb der Grenzen unternehmerischen Ermessens gehandelt hat. Um diese Entscheidung treffen zu können, hat sich der Aufsichtsrat der ihm zustehenden Überwachungsinstrumente zu bedienen. Im Vordergrund steht dabei das Einholen der relevanten Informationen. Soweit die Auswertung der Informationen die Grundlage für einen Schadenersatzanspruch darstellt, trifft den Aufsichtsrat grundsätzlich die Pflicht, diesen geltend zu machen.

V. Zulässigkeit von Entsendungsrechten der Gesellschafter/Geschäftsführer der Komplementärgesellschaft bei der Besetzung des Aufsichtsrates

Die über die Komplementäreinlage an der KGaA beteiligten Gesellschafter können ein Interesse daran haben, die Besetzung des Aufsichtsrates durch Normierung von Entsendungsrechten zu beeinflussen. Das Entsendungsrecht in den Aufsichtsrat besteht in der einer bestimmten Person oder dem Inhaber bestimmter Anteile eingeräumten Möglichkeit, Mitglieder in den Aufsichtsrat zu entsenden. Die Gesamtzahl der entsandten Mitglieder darf zwar den dritten Teil der sich aus dem Gesetz oder der Satzung ergebenden Zahl der Aufsichtsratsmitglieder nicht übersteigen, § 101 Abs. 2 Satz 4 AktG. Bedeutsam ist jedoch die mit der Entsendung verbundene Möglichkeit der Informationserlangung[667]. und die – entsprechend der Beteiligungsverhältnisse – verbundene reale Möglichkeit der Einwirkung. Einzelne Satzungen börsennotierter Kapitalgesellschaft & Co. KGaA haben hiervon Gebrauch gemacht[668]. Die Möglichkeiten und der Umfang der Entsendungsrechte werden nachfolgend dargestellt.

Denkbar sind Entsendungsrechte zugunsten bestimmter Aktionäre oder Inhaber bestimmter Aktien, §§ 278 Abs. 3, 101 Abs. 2 Satz 1 AktG[669]. Ist das Entsendungsrecht zugunsten einer bestimmten Person vorgesehen, so ist der Begünstigte in der Satzung namentlich zu benennen[670]. Die Satzung kann das Entscheidungsrecht auch einer Mehrzahl von Aktionären einräumen oder die Ausübung des Entsendungsrechts von bestimmten Voraussetzungen abhängig machen. Kriterien können dabei ein bestimmter Aktienbesitz, die Zugehörigkeit zu einem bestimmten Familien-

---

[667] Dieser Aspekt wird von Sagasser, Sonderrechte, S. 117 f. herausgearbeitet.

[668] Vgl. nur § 11 Abs. 1 der Satzung der Mühlbauer Holding AG & Co. KGaA mit einer sogleich zu erörternden Beschränkung, www.muehlbauer.de/bausteine.net/file/showfile.aspx?downdaid =10948&sp =E&domid=1016&fd=2.; § 15 Abs. 1 der Satzung der Merck KGaA vom 15. Februar 2006, www.merck.de/servlet/PB/show/1330390/Satzung_170504.pdf; kein Entsendungsrecht zugunsten des persönlich haftenden Komplementärs enthält die Satzung der Henkel KGaA.

[669] Siehe hierzu die Formulierungsvorschläge bei Schlitt, Satzung der KGaA, S. 162 mit den anschließenden Erläuterungen auf S. 165 f, bei dem vom BGH Urt. v. 05.12.2005 - II ZR 291/03, ZIP 2006, S. 177 = BB 2006, 453 stand dem Inhaber zweier Namensaktien das Recht zu, zwei Mitglieder in den Aufsichtsrat zu entsenden, hierzu sogleich.

[670] Schlitt, Satzung der KGaA, S. 165.

stamm oder die Aktionärseigenschaft des Entsandten sein[671]. Besonderheiten bestehen bei Namensaktien. Ein Entsendungsrecht kann bei Namensaktien nach § 101 Abs. 2 Satz 2 AktG nur dann begründet werden, wenn die Aktien auf den Namen lauten und ihre Übertragung von der Zustimmung der Gesellschaft abhängig ist. Dabei muss die Aktie, an die das Entsendungsrecht gekoppelt ist, in der Satzung so konkret bezeichnet werden, dass sie hinreichend individualisierbar ist[672].

Klärungsbedürftig ist, ob in der börsennotierten KGaA auch der Komplementärgesellschaften oder den Gesellschaftern/Geschäftsführern von Komplementärgesellschaften Entsendungsrechte eingeräumt werden können.

1. Keine Entsendungsrechte zugunsten von Komplementärgesellschaften und deren Funktionsträgern

Nach ganz überwiegender Auffassung sind Entsendungsrechte zugunsten von Komplementärgesellschaften in der KGaA unzulässig[673]. Dies gilt auch für den Fall, dass die Komplementäre zugleich Kommanditaktionäre sind. Dies ergibt sich jedoch nicht aus einer reinen Wortlautauslegung. Zunächst erfasst § 287 Abs. 3 AktG nach seinem Wortlaut nur „persönlich haftende Gesellschafter" der KGaA. Dabei ging der historische Gesetzgeber bei Schaffung der Vorgängervorschrift, § 328 Abs. 4 HGB 1897 davon aus, dass Komplementär einer KGaA nur eine natürliche Person sein kann und diese nicht zur Überwachung ihrer selbst berufen werden kann[674]. Der Gesetzgeber hat es darüber hinaus bei der Einfügung des § 279 Abs. 2 AktG durch das Handelsrechtsreformgesetz unterlassen, § 287 Abs. 3 AktG, der auf natürliche Personen als Komplementäre zugeschnitten ist, abzuändern[675]. Gleichwohl nimmt der BGH mit der einhelligen Auffassung im Schrifttum eine Einbeziehung der Funktionsträger der Komplementär-GmbH in den Anwendungsbereich des § 278 Abs. 3 AktG

---

[671] Schlitt, Satzung der KGaA, S. 165.
[672] Vgl. hierzu den Formulierungsvorschlag Alt. 4 von Schlitt, Satzung der KGaA, S. 162.
[673] Assmann/Sethe in GroßKomm/AktG, 4. Aufl., § 287 Rdnr. 6; Semler/Perlitt in MünchKomm/AktG, 2. Aufl., §§ 278 Rdnr. 333; 285 Rdnr. 26; 287 Rdnr. 18 f.; Herfs in MünchHdb/GesR, AG, 2. Aufl., § 77 Rdnr. 44; Mertens in KölnKomm/AktG, 1. Aufl., § 285 Rdnr. 5; Schlitt, Satzung der KGaA, S. 165.
[674] Vgl. hierzu die Darstellung in BGH ZIP 2006, 177, 178 = BB 2006, 453,454 mwN..
[675] BGH ZIP 2006, 177, 178 = BB 2006, 453, 454.

aus dem Sinn und Zweck der Regelung heraus an. Da die Komplementär-GmbH als juristische Person gemäß § 100 Abs. 1 (i.V.m. § 278 Abs. 3) AktG ohnehin nicht Aufsichtsratsmitglied sein kann, sie jedoch die ihr in der KGaA zugewiesenen Kompetenzen letztlich nur durch natürliche Personen als gesetzliche Vertreter ausüben kann, ist es zur Vermeidung eines Zusammenfallens von Geschäftsführungs- und Überwachungsfunktion geboten, diese Funktionsträger in den Anwendungsbereich des § 278 Abs. 3 AktG einzubeziehen[676]. Im Ergebnis besteht somit Einigkeit, dass Entsendungsrechte zugunsten von Funktionsträgern der Komplementär-GmbH in den Aufsichtsrat der KGaA unzulässig sind.

Ungeklärt war, ob eine darüber hinausgehende „Ausdehnung" des § 278 Abs. 3 AktG auf Gesellschafter der Komplementär-GmbH einer KGaA ohne entsprechende gesetzliche Anordnung überhaupt in Betracht kommt. Dabei geht es zunächst um die Frage, ob jeder oder nur der „mehr als nur unmaßgeblich" beteiligte Gesellschafter der Komplementärgesellschaft einbezogen werden muss[677]. Klärungsbedürftig ist darüber hinaus die Frage, ob in der Übertragung des verbrieften Entsendungsrechtes auf einen Dritten ein unzulässiges Umgehungsgeschäft liegt.

2. Zulässigkeit von Entsendungsrechten zugunsten von Gesellschaftern der GmbH ?

Der BGH hat in gleicher Weise wie das OLG München als Vorinstanz einer Ausdehnung des § 287 Abs. 3 AktG auf sämtliche unmittelbaren – und erst recht auf die mittelbaren – Gesellschafter der Komplementärgesellschaft eine Absage erteilt[678]. Eine solche Ausdehnung widerspricht nicht nur dem grundsätzlich geltenden Prinzip der Trennung zwischen der Gesellschaft als selbständiger Rechtsträgerin und ihren Mitgliedern, sondern ginge auch über den Sinn und Zweck der Vorschrift hinaus[679].

---

[676] BGH ZIP 2006, 177, 178 = BB 2006, 453, 454.

[677] Vgl. zu dieser Differenzierung Assmann/Sethe in GroßKomm/AktG, 4. Aufl., § 287 Rdnr. 10; Ihrig/Schlitt, ZHR-Beiheft 67, 1998, S. 33, 43 f., bereits im Ansatz zurückhaltend und auf den Einzelfall abstellend, Semler/Perlitt in MünchKomm/AktG, 2. Aufl., § 278 Rdnr. 332.

[678] BGH ZIP 2006, 177, 178 = BB 2006, 453, 455; OLG München ZIP 2004, 214, 217 ff..

[679] BGH ZIP 2006, 177, 178; BB 2006, 453, 455.

Der BGH hat jedoch dahinstehen lassen, ob er eine Einbeziehung maßgeblich beteiligter Gesellschafter der Komplementär-GmbH in den Anwendungsbereich des § 287 Abs. 3 AktG befürwortet. Die überwiegende Ansicht bejaht dies[680], wobei die hierfür angeführten Argumente nachfolgend untersucht werden sollen.

Soweit angeführt wird, dass ein Verbot daraus resultiere, dass zwischen den Kommanditaktionären und den Komplementären ein ständiger Interessengegensatz bestehen würde, so hält dies einer genaueren Überprüfung nicht stand. Zwar hat der Aufsichtsrat einer KGaA gemäß § 287 Abs. 1, 2 AktG die Beschlüsse der Kommanditaktionäre auszuführen und die Gesamtheit der Aktionäre in einem Rechtsstreit mit den persönlich haftenden Gesellschaftern zu vertreten. Hieraus lässt sich aber nicht folgern, dass der Aufsichtsrat nur mit Interessenvertretern der Kommanditaktionäre besetzt sein dürfe[681]. Hiergegen spricht schon die Existenz gerade der Entsendungsrechte einzelner Aktionäre, aber auch der Arbeitnehmervertreter im Aufsichtsrat, deren Interessen mit denen der (übrigen) Aktionäre nicht gleichgerichtet sein müssen[682]. Darüber hinaus handelt der Aufsichtsrat bei der Ausführung von Hauptversammlungsbeschlüssen nicht als Vertreter der Gesamtheit der Kommanditaktionäre[683], sondern als Organ der Gesellschaft und hat deren Interessen u.a. auch im Fall eines Konflikts mit denjenigen der Kommanditaktionäre wahrzunehmen[684]. Das gleiche gilt bei Abschluss eines Rechtsgeschäfts zwischen der Gesellschaft und einem Komplementär[685].

Hiernach ist eine (analoge) Anwendung des § 287 Abs. 3 AktG auf diejenigen Gesellschafter der Komplementärgesellschaft, die organähnliche

[680] Die Erstreckung des Verbot von Entsendungsrechten zugunsten der Geschäftsführer der Komplementärgesellschaft als auch der an der Gesellschaft maßgeblich beteiligten Gesellschafter wird bejaht von Assmann/Sethe in GroßKomm/AktG, 4. Aufl., § 287 Rdnr. 7; Ihrig/Schlitt, ZHR-Beiheft 67, 1998, S. 45; Schlitt, Satzung der KGaA, S. 165 f.; Binz/Sorg, DB 1997, 313, 319. Herfs in MünchHdb/GesR, AG, 2. Aufl., § 77 Rdnr. 44 erfasst die maßgeblich beteiligten Gesellschafter in seiner Argumentation nicht.

[681] Assmann/Sethe in GroßKomm/AktG, 4. Aufl., § 287 Rdnr. 7; Semler/Perlitt in MünchKomm/AktG, 2. Aufl., § 278 Rdnr. 335.

[682] BGH ZIP 2006, 177, 179 = BGH BB 453, 455.

[683] So aber Semler/Perlitt in MünchKomm/AktG, 2. Aufl., § 287 Rdnr. 60, 78.

[684] BGH ZIP 2006, 177, 179 = BGH BB 453, 455.

[685] Insoweit zustimmend Semler/Perlitt in MünchKomm/AktG, 2. Aufl., § 278 Rdnr. 60.

Leitungsfunktionen tatsächlich ausüben oder an der Komplementärgesellschaft maßgeblich beteiligt sind und deshalb bestimmenden Einfluss auf deren Geschäftsführung ausüben können, beschränkt[686].

Der BGH hat durch seine neue Entscheidung darüber hinaus den Begriff der maßgeblichen Beteiligung näher präzisiert. In dem der BGH-Entscheidung zugrunde liegenden Sachverhalt war Eigentümerin der das Entsendungsrecht verbriefenden zwei Inhaberaktien eine GbR, die ihrerseits über eine GmbH einen Minderheitsanteil an der persönlich haftenden, aber nicht geschäftsführungsbefugten Komplementärgesellschaft der KGaA hielt. Diese beiden Inhaberaktien sind später an eine dritte Person übertragen worden, die vormals der GbR angehört hatte. Die Revision nahm insbesondere an der Tatsache Anstoß, dass einer der entsandten Aufsichtsräte früher selbst unmittelbar (Minderheits)gesellschafter der GbR gewesen ist, und nunmehr, nach Einbringung der GbR-Anteile in eine neu gegründete GmbH & Co. KG und Übertragung des Anteils auf seine beiden Kinder, an seinem ursprünglich 14,4%igen Anteil ein Nießbrauchsrecht vorbehalten hatte. Der BGH führte hierzu aus, dass der entsandte Aufsichtsrat weder an der KG (früher GbR) noch an der GmbH maßgeblich beteiligt gewesen ist. Er konnte mit seiner Beteiligung nicht einmal auf die Besetzung des Beirates der GmbH, geschweige denn auf die Geschäftsführung Einfluss nehmen. Erst recht fehlt ihm ein maßgeblicher Einfluss auf die Geschäftsführung der Komplementärin[687].

3. „Umgehung“ des Entsendungsverbotes durch Übertragung der Inhaberaktien ?

Der BGH akzeptiert darüber hinaus den von Praktikern unterbreiteten Vorschlag, Aktien und das mit Ihnen verbundene Entsendungsrecht auf eine genehme Person übertragen zu können[688]. Hiernach infiziert der (vormalige) Aktienbesitz nicht das in der Satzung begründete Entsendungsrecht als solches. Das Entsendungsrecht konnte sich selbst dann, wenn es in der Person des ursprünglichen Inhabers keine bzw. nur eine

---

[686] BGH ZIP 2006, 177, 179 = BGH BB 453, 455, so bereits Herfs in MünchHdb, AG, 2. Aufl., § 77 Rdnr. 45; Mertens/Cahn in KölnKomm/AktG, 2. Aufl., § 287 Rdnr. 8; Arnold, GmbH & Co. KGaA, S. 107.

[687] BGH ZIP 2006, 177, 179 = BGH BB 453, 455.

[688] Hoffmann-Becking/Herfs, Festschrift Sigle, S. 273, 289 f..

eingeschränkte Wirkungskraft entfaltet hatte, wieder voll entfalten[689]. Darüber hinaus liegt in der Übertragung von Inhaberaktien, die zur Ausübung von Entsendungsrechten berechtigen, auch dann kein unzulässiges Umgehungsgeschäft, sondern eine zulässige Gestaltungsform[690], wenn der Erwerber über die jeweiligen Entsendungen frei entscheiden kann und keinen Weisungen seitens der Komplementärin unterliegt. Dabei genüge die bloße Erwartung, der Entsendungsberechtigte werde sich im Zweifel für einen Kandidaten aus der Familie entscheiden, für die Annahme eines Umgehungsgeschäftes nicht[691].

4. Stellungnahme und Ergebnis

Der BGH hat in Übereinstimmung mit dem Schrifttum die Anwendung der auf eine natürliche Person zugeschnittenen Inhabilitätsvorschrift des § 287 Abs. 3 AktG auf die Funktionsträger der Komplementär-GmbH bejaht. In einem weiteren Schritt hat er die aus dem Wortlaut und der ratio legis folgenden Grenzen einer erweiternden Anwendung des § 287 Abs. 3 AktG bestimmt. Hiernach folgt aus den Regelungen des § 287 AktG sowie der Zulässigkeit insbesondere von Entsendungsrechten einzelner Aktionäre, §§ 278 Abs. 3, 101 Abs. 2 AktG, nicht, dass der Aufsichtsrat nur mit Interessenvertretern der Kommanditaktionäre besetzt oder zumindest „gegnerfrei" besetzt sein müsse. Ausgeschlossen ist vielmehr nur ein Zusammenfallen von Leitung und Kontrolle in einer Person bzw. dem gleichgestellte Sachverhalte. Hiernach sind nur Gesellschafter einer Komplementär-GmbH von der Aufsichtsratstätigkeit ausgeschlossen, die einen Einfluss auf ihre Geschäftsführung haben und entsprechend ausüben. Hierfür ist eine maßgebliche Beteiligung an der Komplementär-GmbH erforderlich.

Der BGH hat mit seiner Absage einer extensiven Auslegung des § 285 Abs. 1 Satz 2 Nr. 1 AktG das aktienrechtlich zulässige Instrumentarium des satzungsmäßigen Sonderrechts und damit auch die Gestaltungsfreiheit im Recht der KGaA gefördert[692]. Zudem hat der BGH – in Konkre-

[689] BGH ZIP 2006, 177, 180 = BGH BB 453, 456.
[690] BGH ZIP 2006, 177, 180 = BGH BB 453, 456.
[691] BGH ZIP 2006, 177, 180 = BGH BB 453, 456.
[692] Dem BGH zustimmend auch Ek/Schiemzik, Anmerkung zu BGH BB 2006, 453, 456f..

tisierung früherer Rechtsprechung – die Reichweite eines unzulässigen Umgehungsgeschäftes näher bestimmt.

Für die Gesellschaftsrechtspraxis bedeutet dies, dass bei der Wahl oder Entsendung von Aufsichtsratsmitgliedern diese keinen bestimmenden Einfluss auf die Komplementär-GmbH ausüben dürfen, sei es, weil sie Geschäftsführer sind oder eine maßgebliche Beteiligung an der Komplementär-GmbH besitzen[693].

VI. Erweiterung der Kompetenzen des Aufsichtsrates in der mitbestimmten KGaA?

Den vorstehenden Abschnitten ist die Aussage zu entnehmen, dass der Aufsichtsrat einer mitbestimmungsfreien KGaA zwar zu einer umfassenden Überwachung der Geschäftsführung befugt und somit auch in der KGaA diesbezüglich ein taugliches Instrument des Anlegerschutzes darstellt. Die anlegerschützende Wirkung ist jedoch eingeschränkt, als ihm im Übrigen deutlich verminderte Kompetenzen zustehen. Ausdruck dessen ist insbesondere die fehlende Mitwirkungskompetenz bei der Einsetzung und Abberufung der Geschäftsführer als auch die fehlenden, zunehmende praktische Bedeutung erlangenden, Mitwirkungsbefugnisse des Aufsichtsrates bei Geschäftsführungsmaßnahmen.

Denkbar ist, dass diese Rechtslage auf Gesellschaften, die der Mitbestimmung unterliegen, nicht übertragen werden kann. Der Gedanke einer anlegerschützenden Wirkung des Mitbestimmungsgesetzes erscheint auf den ersten Blick fremd, da er nicht Schutzobjekt des Mitbestimmungsgesetzes ist. Die Folge der Anwendung mitbestimmungsrechtlicher Normen könnte jedoch gleichwohl in der verstärkten Einflussnahme auf die Geschäftsführung liegen. Dieses Ergebnis liegt zunächst vordergründig im Interesse der Kommanditaktionäre. Dabei ist jedoch zu berücksichtigen, dass solche Einflussmöglichkeiten von einem Aufsichtsrat wahrgenommen werden, der neben Vertretern der Kommanditaktionäre auch aus Vertretern der Arbeitnehmerseite besteht. Solche Einwirkungsmöglichkei-

---

[693] Ek/Schiemzik, Anmerkung zu BGH BB 2006, 453, 456, 457.

ten können demnach nur im Einzelfall anlegerschützende Wirkung entfalten, nämlich dann, wenn die Interessenlage der Anleger und der Arbeitnehmer gleichgerichtet ist. Dies ist vom konkreten Einzelfall abhängig. Praktisch relevant wird diese Frage jedoch nur dann, wenn und soweit die nachfolgende Untersuchung eine Anwendung mitbestimmungsrechtlicher Normen auf die KGaA ergeben hat.

1. Mitbestimmung über die KGaA ?

Der Systematik des Mitbestimmungsgesetzes entsprechend, lässt sich eine Mitbestimmung sowohl über die Kommanditgesellschaft als auch über die Komplementärgesellschaft verwirklichen. In aller Regel werden jedoch die Arbeitnehmer bei der KGaA beschäftigt sein.

Die KGaA unterliegt wie die AG, die GmbH und die Genossenschaft gemäß § 1 Abs. 1 Nr. 1 MitbestG der Mitbestimmung nach dem Mitbestimmungsgesetz, wenn sie mehr als 2000 Arbeitnehmer beschäftigt und nicht als Tendenzunternehmen gemäß § 1 Abs. 4 MitbestG aufzufassen ist. Nach § 6 Abs. 1 MitbestG ist in mitbestimmten Unternehmen ein Aufsichtsrat zu bilden, soweit sich dies nicht bereits aus anderen Vorschriften ergibt. Dieser muss nach § 7 Abs. 1 MitbestG je zur Hälfte aus Vertretern der Anteilseigner und der Arbeitnehmer bestehen. Dabei müssen unter den Arbeitnehmervertretern Arbeiter, Angestellte und leitende Angestellte entsprechend ihrem zahlenmäßigen Verhältnis im Unternehmen repräsentiert sein. Mindestens muss aber je ein Vertreter jeder Gruppe vertreten sein, § 15 Abs. 2 MitbestG.

Gleichwohl sind die Befugnisse des mitbestimmten Aufsichtsrates in der KGaA eingeschränkt. So hat der Aufsichtsrat in der mitbestimmten AG die Befugnis nach § 33 Abs. 1 Satz 2 MitbestG als gleichberechtigtes Mitglied der Geschäftsführung einen Arbeitsdirektor zu bestellen. Von diesen Regelungen wird jedoch die KGaA ausdrücklich ausgenommen, §§ 31 Abs. 1 Satz 2, 33 Abs. 1 Satz 2 MitbestG. Auch in der mitbestimmten KGaA ist demnach der Komplementär das geborene Geschäftsführungs- und Vertretungsorgan der Gesellschaft.

Man könnte zwar überlegen, die gesetzlichen Bestimmungen auf die KGaA mit einer natürlichen Person zu beschränken oder hinterfragen, ob die gesetzliche Privilegierung auch auf die GmbH & Co. KGaA zu übertragen ist. Überwiegend wird angeführt, dass die Privilegierung der KGaA auch auf die GmbH & Co. KGaA zu erstrecken ist[694]. Das hiergegen vorgebrachte Argument, der Gesetzgeber habe durch die §§ 31 Abs. 1 S. 2, 33 Abs. 1 S. 2 MitbestG keine bewusste Privilegierung der GmbH & Co. KGaA vornehmen wollen, sondern vielmehr mit dieser Regelung lediglich die formalen Konsequenzen aus den vorgefundenen Strukturen gezogen[695], kann nicht überzeugen.

Im Ergebnis ist es deshalb für die Frage einer Mitbestimmung über die Kommanditgesellschaft ohne Belang, ob eine KGaA mit einer natürlichen Person vorhanden oder eine Kapitalgesellschaft als einzige Komplementärin eingesetzt worden ist. Eine Mitbestimmung über die KGaA lässt sich angesichts der klaren Gesetzeslage nicht verwirklichen.

2. Mitbestimmung über die Komplementärgesellschaft ?

Denkbar wäre jedoch auch die Verwirklichung der Mitbestimmung über die Komplementärgesellschaft. Diesbezüglich wird an eine analoge Anwendung des § 4 MitbestG oder des § 5 MitbestG gedacht. § 4 MitbestG bestimmt, dass im Falle einer KG eine Anwendung auf den persönlich haftenden Gesellschafter dann in Betracht kommt, wenn die Arbeitnehmer der Kommanditgesellschaft als Arbeitnehmer des persönlich haftenden Gesellschafters gelten. Dies ist dann gegeben, wenn die Mehrheit der Kommanditisten der Komplementärgesellschaft gleichzeitig die Mehrheit der Anteile oder der Stimmen in dem Unternehmen des persönlich haftenden Gesellschafters innehat, und sofern die persönlich haftende Gesellschafterin nicht einen eigenen Geschäftsbetrieb mit in der Regel mehr als 500 Arbeitnehmern hat. § 5 MitbestG bestimmt eine Anwendung mitbestimmungsrechtlicher Regeln für den Fall, dass zwischen der Komplementärgesellschaft und der KGaA eine konzernrechtliche Beziehung besteht.

---

[694] Raiser, MitbestG, § 32 Rdnr. 45; Ulmer in: Hanau/Ulmer, § 1 Rdnr. 38.
[695] So Joost, ZGR 1998, 334, 340, bereits früher Hennerkes/May, BB 1988, 2393, 2399.

Nachfolgend sind die Anwendbarkeit der Normen und die Voraussetzungen für eine Analogie zu überprüfen und das Verhältnis der beiden Normen zueinander zu klären.

2.1. Anwendung von § 4 MitbestG auf die GmbH & Co. KGaA ?

Von einer verbreiteten Literaturansicht wird eine entsprechende Anwendung der § 4 Abs. 1 S. 1 und 2 MitbestG auf die GmbH & Co. KGaA verlangt[696]. Eine Gegenansicht lehnt eine Analogie zu § 4 MitbestG mit dem Hinweis auf das Fehlen einer Regelungslücke bei der GmbH & Co. KGaA ab[697].

Letzterer Ansicht scheint auch der BGH zu vertreten. Der BGH ist in seinem Beschluss vom 24.2.1997 zwar nicht ausdrücklich auf § 4 MitbestG eingegangen. Er hat jedoch darauf verwiesen, dass der Gesetzgeber nach Erlass des Mitbestimmungsgesetzes durch die Abschaffung der gewerbesteuerlichen Doppelbelastung der GmbH & Co. KGaA mit den §§ 9 Nr. 2b, 12 Abs. 3 Nr. 2 GewStG und durch die Regelung des Formwechsels in § 218 Abs. 2 UmwG von der Existenz der KGaA mit einer GmbH als Komplementärin ausgegangen sei[698]. Deshalb sei es nach Auffassung des BGH nicht die Aufgabe der Gerichte, den auf politischem Wege gefundenen Mitbestimmungskompromiss durch eine Rechtsfortbildung zu korrigieren. Es sei vielmehr Sache des Gesetzgebers, das Mitbestimmungsgesetz gegebenenfalls zu ändern[699]. In rechtspraktischer Hinsicht wird es entscheidend darauf ankommen, ob die Arbeitsgerichte der zu richterlicher Zurückhaltung mahnenden Ansicht des BGH folgen[700].

---

[696] Oetker in GroßKomm/AktG, 4. Aufl., § 4 MitbestG Rdnr. 2; Th. Raiser, MitbestG, 3. Aufl., § 32 Rdnr. 45; Joost, ZGR 1998, 334, 344 ff.; Binz/Sorg, DB 1997, 313, 316; im Ergebnis auch H.P.Westermann/Paefgen, JZ 2003, 138, 143; aus der älteren Literatur Hanau-Ulmer, MitbestG, 1981, § 1 Rdnr. 39 f..

[697] Assmann/Sethe in GroßKomm/AktG, 4. Aufl., Vor § 287 Rdnr. 10 ff., 15; Jaques, NZG 2000, 401, 404; aus der Literatur zur KGaA vgl. Graf, KGaA, S. 137 ff.; Hartel, DB 1992, 2329, 2332; Hennerkes/May, BB 1988, 2393; Mertens, Festschrift Ritter, S. 731, 734.

[698] BGHZ 134, 392, 400.

[699] BGHZ 134, 392, 400.

[700] Dieser Gesichtspunkt wird von H.P.Westermann/Paefgen, JZ 2003, 138, 143 herausgearbeitet.

Gegen die Auffassung des BGH, der Gesetzgeber habe durch seine Regelung im Gewerbesteuerrecht die Gestaltung anerkannt, spricht, dass sie sich nicht durch die Gesetzesmaterialien belegen lässt[701]. Aus der nicht erfolgten Festlegung des Gesetzgebers kann vielmehr lediglich geschlossen werden, dass diese Frage der Rechtsprechung und Literatur überlassen bleiben sollte[702].

Die Anwendung von § 4 MitbestG wird darüber hinaus mit der Begründung abgelehnt, der Gesetzgeber habe nur bestimmte Gesellschaftsformen der Mitbestimmung unterwerfen wollen[703]. Eine Anwendung der mitbestimmungsrechtlichen Normen auf die KGaA mit einer Kapitalgesellschaft als Komplementärin würde darüber hinaus zu Verformungen des Rechtsformtypus der KGaA führen[704]. Aus der nicht erfolgten Regelung der GmbH & Co. KGaA wird zudem der Schluss eines Vorrangs der gesellschaftsrechtlichen Gestaltungsfreiheit gezogen[705]. Diesen Einwänden ist jedoch entgegenzuhalten, dass § 4 MitbestG den allgemeinen Rechtsgedanken enthält, dass auch der Einsatz einer Kapitalgesellschaft als persönlich haftender Gesellschaft unter bestimmten Voraussetzungen zur Anwendung des Mitbestimmungsgesetzes auf die Kapitalgesellschaft führen kann[706]. Eine analoge Anwendung von § 4 MitbestG ist somit grundsätzlich denkbar.

Voraussetzung für eine Anwendung des § 4 MitbestG ist jedoch das Vorliegen einer Beteiligungsidentität zwischen der Gesellschaft und dem persönlich haftenden Gesellschafter[707]. Nur unter dieser Voraussetzung hat der Gesetzgeber eine Zurechnung bei der GmbH & Co. KG für gerechtfertigt gehalten. Die Vorschrift hat deshalb bei der GmbH & Co. KG kaum eine praktische Bedeutung erlangt[708]. Unwahrscheinlich ist, dass diese

---

[701] BT-Drucks. 11/8346, S. 22: Beschlussempfehlung des Finanzausschusses zum Entwurf eines Gesetzes zur steuerlichen Förderung von Kunst und Kultur von Stiftungen.
[702] Vgl. hierzu im Ersten Teil unter A. II. 2., S. 26 f..
[703] Graf, KGaA, S. 213 f..
[704] Assmann/Sethe in GroßKomm/AktG, 4. Aufl., Vor § 287 Rdnr. 15; in diesem Punkt zustimmend H.P.Westermann/Paefgen, JZ 2003, 138, 143.
[705] Graf, KGaA, S. 211.
[706] Vgl. hierzu Joost, ZGR 1998, 334, 344 mwN. in Fn. 30.
[707] Vgl. Th. Raiser, MitbestG, 3. Aufl., § 4 Rdnr. 7; Joost, ZGR 1998, 334, 343.
[708] Vgl. zu dem beschränkten Anwendungsbereich die Angaben bei Th. Raiser, MitbestG, 3. Aufl., § 4 Rdnr. 4, der auf 15 bisher von dieser Regelung erfasster Gesellschaften gelangt, Binz/Sorg,

Norm im Bereich der GmbH & Co. KGaA überhaupt eine praktische Relevanz erlangt. Arnold hat zu recht darauf verwiesen, dass eine Beteiligungsidentität bei der GmbH & Co. KGaA praktisch kaum vorstellbar ist, da der Zweck dieser Gesellschaftsform gerade darin besteht, den Zugang zum Kapitalmarkt und damit zu „fremdem“ Eigenkapital zu gewährleisten[709]. Einzelne Ansätze in der Literatur wollen aufgrund der erkannten praktischen Bedeutungslosigkeit auf das Merkmal der Beteiligungsidentität zwischen Komplementärgesellschaft und KGaA verzichten[710]. Hiergegen wird zutreffend eingewendet, dass es für die Frage der Zurechnung erforderlich ist, dass die Mehrheit der Kommanditaktionäre auch die Mehrheit an der Komplementärgesellschaft innehat[711]. Die denkbare Zurechnung nach § 4 Abs. 1 S. 1 MitbestG wird deshalb aufgrund der fehlenden Beteiligungsidentität in den meisten Fällen ausscheiden.

2.2. Anwendung von § 5 MitbestG auf die GmbH & Co. KGaA ?

Eine verstärkte Mitbestimmung in der GmbH & Co. KGaA kann zudem über die Komplementärgesellschaft nach § 5 Abs. 2 MitbestG verwirklicht werden. § 5 Abs. 2 MitbestG ist eine Fiktion und bestimmt, dass die Arbeitnehmer der Kommanditgesellschaft als Arbeitnehmer des persönlich haftenden Gesellschafters insoweit gelten als der persönlich haftende Gesellschafter herrschendes Unternehmen eines Konzerns ist. Diese Zurechnung kann dazu führen, dass die Gesellschaft in den Anwendungsbereich des MitbestG fällt.

Gegen die Anwendung von § 5 MitbestG wird von einer verbreiteten Ansicht eingewandt, dass § 4 MitbestG gegenüber § 5 MitbestG lex specialis ist[712]. Damit wäre bei der GmbH & Co. KGaA eine Zurechnung der Arbeitnehmer der Kommanditgesellschaft zur Komplementärgesellschaft selbst

---

GmbH & Co. KG, 9. Aufl., § 14 Rdnr. 4 in Fn. 4 verweisen auf eine Auskunft der Hans-Böckler-Stiftung, nach der es Ende 2002 lediglich 10 GmbH & Co. KG mit einem mitbestimmten Aufsichtsrat gegeben hat; vgl. auch Binz/Sorg, DB 1997, 313, 314 gelangen nur zu einer aktuell mitbestimmten GmbH & Co. KG, nämlich dem Otto-Versand.

[709] Arnold, GmbH & Co. KGaA, S. 118, vgl. die Ausführungen im Ersten Teil unter D I. 2.2., S. 107 ff..

[710] So Steindorff, Festschrift Ballerstedt, S. 127, 139.

[711] So die ganz überwiegende Ansicht, vgl. Joost, ZGR 1998, 334, 345 f.; Arnold, GmbH & Co. KGaA, S. 119; Semler/Perlitt in MünchKomm/AktG, 2. Aufl., § 278 Rdnr. 306 f..

[712] Semler/Perlitt in MünchKomm/AktG, 2. Aufl., § 278 Rdnr. 309; Hoffmann-Becking/Herfs, Festschrift Sigle, S. 273, 279; Joost, ZGR 1998, 334, 347; für die KGaA hat diesen Standpunkt Graf, KGaA, S. 226 vertreten.

dann ausgeschlossen, wenn die Komplementärin und die Gesellschaft einen Konzern im Sinne des § 18 AktG bilden. Dem ist jedoch entgegenzuhalten, dass § 4 MitbestG und § 5 MitbestG unterschiedliche Tatbestandsvoraussetzungen aufstellen[713]. Zudem wird der Anwendungsbereich von § 4 MitbestG durch eine Anwendung des § 5 MitbestG beim Vorliegen eines Konzerns im Sinne des § 18 AktG nicht vollständig aufgehoben[714]. § 5 MitbestG ist jedenfalls dann anzuwenden, wenn die GmbH & Co. KGaA einen Konzern darstellen würde. Dabei ist grundsätzlich auf den aktienrechtlichen Konzernbegriff abzustellen[715]. Ein Konzern kann nach der allgemein anerkannten Herleitung sowohl bei einem Unterordnungs- als auch einem Gleichordnungskonzern vorliegen.

Ein Unterordnungskonzern nach § 18 Abs. 1 AktG ist gegeben, sofern die Komplementärgesellschaft ein Unternehmen im konzernrechtlichen Sinne darstellt. Weitgehende Übereinstimmung besteht darin, dass die bloße Eigenschaft als Formkaufmann hierfür nicht ausreichend ist[716]. Vielmehr ist für ein Unternehmen im konzernrechtlichen Sinne eine natürliche oder juristische Person erforderlich, die über ihre beherrschende Stellung in der Gesellschaft ein anderes Unternehmen betreibt oder über maßgeblichen Einfluss auf eine andere Gesellschaft verfügt[717]. Dies allein wird jedoch nicht ausreichen können. Hinzukommen muss, dass der Gesellschafter anderweitige wirtschaftliche Interessenbindungen hat, die nach Art und Intensität die Sorge begründen, er könne wegen dieser Bindung seinen aus der Mitgliedschaft folgenden Einfluss auf die Gesellschaft zu deren Nachteil ausüben[718]. Demnach kann ein Unterordnungskonzern bei der Komplementärgesellschaft dann in Betracht kommen, wenn sich die Komplementärgesellschaft außerhalb ihres unternehmerischen Engagements als Komplementärin der GmbH & Co. KGaA noch anderweitig un-

---

[713] Oetker in GroßKomm/AktG, 4. Aufl., § 5 MitbestG, Rdnr. 9.
[714] Arnold, GmbH & Co. KGaA, S. 122.
[715] Zum Versuch, hiervon Ausnahmen vorzunehmen, sogleich.
[716] Vgl. Hüffer, Komm/AktG, 6. Aufl., § 15 Rdnr. 11, a.A. Ammenwerth, KGaA, S. 92 für die Frage der Konzernrechnungslegung nach § 290 HGB.
[717] Schlegelberger/Martens, Komm/HGB, 5. Aufl., Anh. § 105 Rdnr. 5; Hüffer, Komm/AktG, 6. Aufl., § 15 Rdnr. 8; Emmerich in MünchKomm/Konzernrecht, 3. Aufl., § 15 Rdnr. 6 ff., insbesondere 12 f..
[718] Hüffer, Komm/AktG, 6. Aufl., § 15 Rdnr. 9.

ternehmerisch betätigt und diese unternehmerische Betätigung zum Nachteil der Gesellschaft ausübt[719].

Eine Benachteiligung der (jeweils) anderen Gesellschaft kann praktisch nur dann eintreten, wenn sich die Unternehmensgegenstände der beteiligten Gesellschaften zumindest teilweise überschneiden. Soweit dies nicht der Fall ist, sind rechtliche Einwände gegen die Komplementäreigenschaft einer Komplementärin bei zwei KGaA nicht ersichtlich. Deutlich wird dies bei den börsennotierten Themis Equity Partners GmbH & Co. KGaA und der Heliad Equity GmbH & Co. KGaA, die dieselbe geschäftsführungsbefugte Komplementärin, die Sigma Capital Management GmbH (die frühere VCH Management GmbH) haben[720]. Beide Gesellschaften sind zwar im Venture Capital Markt tätig. Während die Heliad Equity GmbH & Co. KGaA direkte Beteiligungen sowohl in Start-up Unternehmen als auch Gesellschaften, die kurz vor dem Gang an die Börse stehen oder bereits börsennotiert sind, eingeht[721], investiert die Themis Equity Partners GmbH & Co. KGaA ausschließlich in Fonds, die ihrerseits direkte Beteiligungen an Start-up Unternehmen eingehen[722]. Die beiden Gesellschaften stehen damit nicht in Konkurrenz zueinander dergestalt, dass die Komplementärin bei der Beteiligung an einer konkreten Zielgesellschaft vor der Alternative stehen würde, Geschäftschancen nur zugunsten einer der Gesellschaften wahrnehmen zu können. Dagegen begründet das bloße Tätigwerden auch für ein anderes Unternehmens keine Konzerneigenschaft nach § 18 Abs. 1 AktG. Hinzukommen muss vielmehr die konkrete Möglichkeit der Nachteilszufügung der (jeweils) anderen Gesellschaft.

Die Zuordnung der Arbeitnehmer der KGaA als Arbeitnehmer der Komplementärgesellschaft nach § 5 Abs. 2 AktG kann zudem dann erfolgen,

---

[719] Schaumburg/Schulte, KGaA, S. 51.

[720] Vgl. § 6 Abs. 1 der Satzung der Themis Equity Partners GmbH & Co. KGaA, www.Themis-equity.de/diversepdf/Satzung_Themis_11.05.2006_geschuetzt.pdf. sowie die Angaben unter www.heliad.de/presse/pm-27-01-2006.php4; die zum Zeitpunkt der Drucklegung aktuelle Fassung der Satzung der Heliad Equity GmbH & Co. KGaA in der Fassung vom 11. April 2006 enthält noch die alte Firmierung, vgl. § 7 Abs. 1, www.heliad.de/investor-relations/satzung.php4..

[721] Vgl. den Unternehmensgegenstand in § 2 Abs. 1 der Satzung der Heliad Equity GmbH & Co. KGaA in der Fassung vom 13. April 2006, www.heliad.de/investor-relations/satzung.php4..

[722] Vgl. den Unternehmensgegenstand in § 2 Abs. 1 der Satzung der Themis Equity Partners GmbH & Co. KGaA, www.Themis-equity.de/diversepdf/Satzung_Themis_11.05.2006_geschuetzt.pdf..

wenn die Kapitalgesellschaft & Co. KGaA als ein Gleichordnungskonzern zu qualifizieren ist. Ein Gleichordnungskonzern nach § 18 Abs. 2 AktG liegt vor, wenn zwei rechtlich selbständige Unternehmen unter einer einheitlichen Leitung zusammengefasst werden, ohne dass das eine Unternehmen von dem anderen abhängig ist. Letztlich dürften die Voraussetzungen für einen Gleichordnungskonzern in der Kapitalgesellschaft & Co. KGaA nicht vorliegen. Ein Gleichordnungskonzern setzt zunächst voraus, dass es sich bei den beteiligten Gesellschaften um Unternehmen handelt. Zudem darf für das Bestehen der Gleichrangigkeit trotz der einheitlichen Leitung keine Abhängigkeit der KGaA gegenüber der Komplementärgesellschaft gegeben sein. Diese Abhängigkeit dürfte im Regelfall vorliegen, so dass ein Gleichordnungskonzern ausscheidet. Im Ergebnis sind somit die Voraussetzungen für das Vorliegen eines Gleichordnungskonzerns und damit eine Anwendung von § 5 Abs. 2 MitbestG abzulehnen.

Dieser Befund wird im Grundsatz allgemein geteilt. Eine Literaturansicht[723] strebt gleichwohl eine Anwendung von § 5 MitbestG für den Fall an, dass die Gesellschafter der Komplementärgesellschaft nur einen kleinen Kreis der Kommanditaktionäre bilden oder zugleich persönlich haftende Gesellschafter der KGaA sind. Begründet wird diese Ausnahme damit, dass in diesem Fall das Kommanditaktienkapital nur der Verbreiterung der Finanzierungsbasis diene. Die Minderheit gestalte in diesem Fall über den Weg der Komplementärgesellschaft die Geschicke der KGaA[724]. Gegen diese Ansicht lässt sich einwenden, dass sie von dem aktienrechtlichen Konzernbegriff, der auch im Anwendungsbereich des MitbestG gilt, abweicht. Zudem kann in diesem Fall die Anwendung der Mitbestimmung dadurch umgangen werden, dass sich die Gesellschafter der Komplementärgesellschaft nicht an der KGaA beteiligen[725]. Die Ansicht ist mithin im Ergebnis abzulehnen.

[723] Bayer, ZGR 1977, 173 ff, insbes. 191 f..
[724] In diesem Sinne Bayer, ZGR 1977, 173, 192.
[725] Arnold, GmbH & Co. KGaA, S. 120; Graf, KGaA, S. 225.

In die gleiche Richtung geht ein verbreiteter Ansatz in der Literatur[726], wonach in Abweichung von dem Grundsatz eines einheitlichen Konzernbegriffs das MitbestG einen eigenen Konzernbegriff enthalte. Für diesen Konzernbegriff komme es nicht auf eine anderweitige wirtschaftliche Betätigung an. Entscheidend sei eine Verschiebung von Zuständigkeiten auf die herrschende Gesellschaft[727]. Die Vertreter dieser Ansicht wollen § 5 MitbestG dann anwenden, wenn die Komplementärin sich in der Satzung der KGaA spezifische Beherrschungsmöglichkeiten einräumen lässt. Was dies genau bedeutet, kann eigentlich nur im Rahmen einer Gesamtbetrachtung bewertet werden. Noch weitergehend will eine Ansicht eine Beherrschung bereits dann annehmen, wenn das im organisationsrechtlichen Bereich bestehende Zustimmungsrecht der Kommanditisten nach § 164 HGB Satz 2 abbedungen wird[728].

Gegen diesen Konzernbegriff lässt sich einwenden, dass in den übrigen mitbestimmungsrechtlichen Gesetzen der aktienrechtliche Konzernbegriff uneingeschränkt Anwendung findet[729]. Der Gesetzgeber selbst hat durch seinen ausdrücklichen Bezug auf § 18 AktG zu erkennen gegeben, dass er den aktienrechtlichen Konzernbegriff angewendet haben will. Eine andere Beurteilung hätte sich dann ergeben, wenn der Gesetzgeber von herrschenden und abhängigen Gesellschaften gesprochen hätte[730]. Die Annahme einer Beherrschungsmöglichkeit bei der bloßen Abbedingung des § 164 HGB führt darüber hinaus zu dem untragbaren Ergebnis, dass eine nach dem Recht des Ersten Buches des Aktienrechtes zwingende vorgeschriebene Kompetenzverteilung im Recht der GmbH & Co. KG bzw. der GmbH & Co. KGaA zur Annahme eines Konzerns führt.

---

726 Diesen eigenen Konzernbegriff vertreten Oetker in GroßKomm/AktG, 4. Aufl., § 5 MitbestG, Rdnr. 6; Th. Raiser, Komm/MitbestG, 3. Aufl., § 5 Rdnr. 5; Ulmer in Hanau/Ulmer, KommMitbestG, § 5 Rdnr. 11.

727 Oetker in GroßKomm/AktG, 4. Aufl., § 5 MitbestG, Rdnr. 6; Th. Raiser, Komm/MitbestG, 3. Aufl., § 5 Rdnr. 5; Ulmer in Hanau/Ulmer, KommMitbestG, § 5 Rdnr. 11; in diese Richtung auch OLG Stutgart, BB 1979, 1005, 1006.

728 In diesem Sinne argumentiert Raiser, MitbestG, 3. Aufl., § 5 Rdnr. 21, die Frage wird von Oetker offengelassen, in GroßKomm/AktG, § 5 MitbestG Rdnr. 6.

729 Darauf weist auch Arnold, GmbH & Co. KGaA, S. 121 hin.

730 Binz, GmbH & Co. KG, 9. Aufl., § 14 Rdnr. 51 ff., 53 ff..

3. Stellungnahme und Ergebnis

Eine Anwendung des MitbestG auf Gesellschaften, deren Geschäftsführung durch eine juristische Person ausgeübt wird, ist dann möglich, wenn die Gesellschafter der KGaA identisch mit den Gesellschaftern der Komplementärgesellschaft sind, § 4 MitbestG. Eine solche Identität dürfte im Regelfall einer börsennotierten GmbH & Co. KGaA, die gerade wegen des Bedarfs nach „fremdem" Eigenkapital an die Börse gegangen ist, nicht vorliegen. So erfolgt insbesondere bei den unternehmergeführten Gesellschaften eine Beteiligung über die Sondereinlage, während die neuen Gesellschafter Kommanditaktien zeichnen. Den Gesellschaften ist darüber hinaus gemeinsam, dass die sonstigen Kommanditaktionäre an der Komplementärin nicht beteiligt sind[731].

Eine Anwendung des MitbestG ist zudem dann denkbar, wenn die Arbeitnehmer der KGaA der Komplementärgesellschaft zugerechnet werden. Eine solche Zurechnung setzt eine konzernrechtliche Verbindung zwischen Komplementärgesellschaft und KGaA voraus, § 5 MitbestG. Diese ist jedoch nur dann zu bejahen, wenn sich die Komplementärgesellschaft auch außerhalb ihrer Komplementärfunktion unternehmerisch und diese Tätigkeit die Möglichkeit der Nachteilszufügung eröffnet. Außerhalb dieser Voraussetzungen ist es jedoch grundsätzlich denkbar, dass eine Komplementärin für mehrere Gesellschaften tätig wird.

VII. Ergebnis

Die vorstehende Untersuchung sollte die dem Aufsichtsrat in seiner Doppelfunktion als Kontrollorgan und als Vertretungsorgan der Kommanditaktionäre zustehenden Befugnisse bestimmen.

Sie hat dabei zunächst ergeben, dass die häufiger geäußerte Behauptung, wonach der Aufsichtsrat aufgrund seiner Einflusslosigkeit als Mittel des Anlegerschutzes in der KGaA ausscheidet, als grundsätzliche Aussa-

---

[731] Vgl. die Angaben in § 8 f. der Satzung der Merck KGaA, www.merck.de/servlet/PB/show/1330390/Satzung_170504.pdf; § 7 f. der Satzung der Mühlbauer Holding AG & Co. KGaA in der Fassung vom 28. April 2005, www.muehlbauer.de/bausteine.net/file/showfile.aspx?downdaid=10948&sp=E&domid=1016&fd=2.

ge sicher nicht aufrechterhalten werden kann. Gleichwohl stellen die nach dem Gesetz eingeschränkten Einwirkungsrechte des Aufsichtsrates in der börsennotierten GmbH & Co. KGaA insbesondere aufgrund der Novellierung des § 111 Abs. 4 Satz 2 AktG und der veränderten tatsächlichen Anforderungen an eine wirksame Aufsichtsratstätigkeit in der AG ein zunehmendes Problem für die Akzeptanz eines Börsenganges in der Rechtsform der GmbH & Co. KGaA bzw. für die Ausgestaltung von Satzungen börsenwilliger Gesellschaften in der Rechtsform der GmbH & Co. KGaA dar.

Soweit der Aufsichtsrat in der AG als Kontrollorgan betroffen ist, ergeben sich keine inhaltlichen Abweichungen zu den Kompetenzen eines Aufsichtsrates in der AG.

Ein anderer Befund ergibt sich im Hinblick auf die Einwirkungs- und Teilhaberechte des Aufsichtsrates der KGaA. Der Aufsichtsrat ist in der KGaA kraft Gesetzes nicht befugt, auf die Geschäftsführung einzuwirken. Dies ergibt sich daraus, dass unternehmerische Entscheidungen in der KGaA grundsätzlich zwischen den Komplementären und der Gesamtheit der Kommanditaktionäre vorgenommen werden, und der Aufsichtsrat ggf. nur die Interessen der Kommanditaktionäre bei der Vertretung der Gesellschaft zu berücksichtigen hat.

Da dem Aufsichtsrat eigene Einwirkungsrechte nicht zustehen, ist er für den Fall, dass er zur Geschäftspolitik eine andere Auffassung als die Geschäftsführer der Komplementärgesellschaft hat, darauf beschränkt, im Gespräch die Geschäftsführung von den eigenen Vorstellungen zu überzeugen. Er ist jedoch, soweit kein Zustimmungsvorbehalt besteht, außer im Ausnahmefall der Beschlussfassung über die Abberufung der Komplementärgesellschaft (aus wichtigem Grund) nicht befugt, die Gesamtheit der Gesellschafterversammlung einzuberufen.

Dieser Befund steht im Gegensatz zu den Einwirkungsrechten des Aufsichtsrates einer AG, die Ausdruck eines veränderten tatsächlichen Anforderungsprofils an das Aufsichtsratshandeln sind und damit auch tatsächlich eine zunehmende praktische Bedeutung erfahren. Der Aufsichtsrat der AG hat nunmehr nach § 111 Abs. 4 Satz 2 AktG die Verpflichtung zur Aufstellung eines Kataloges zustimmungsbedürftiger Rechtsgeschäfte. Dabei wird man allgemein eine Zustimmungspflicht bei allen Geschäften, die aufgrund einer laufend zu erfolgenden Risikobetrachtung für den Erfolg der Gesellschaft von Bedeutung und damit auch ggf. anzupassen sind, annehmen müssen.

Etwas anderes gilt für die Befugnis des Aufsichtsrates zur Geltendmachung von Ersatzansprüchen gegen pflichtwidrig handelnde Geschäftsführer der Komplementärin. Diese gesetzlich geregelte Kompetenz, § 283 Nr. 8 AktG, die letztlich Ausfluss der Kontrollbefugnis des Aufsichtsrates ist, verpflichtet den Aufsichtsrat zur Geltendmachung von Schadensersatzansprüchen dann, wenn die Geschäftsführer bei Vornahme von Geschäftshandlungen sich außerhalb des unternehmerischen Ermessens bewegen. Dieser Durchgriffsanspruch gegen die Geschäftsführer der Komplementärgesellschaft, der neben der Befugnis der Gesamtheit der Kommanditaktionäre steht, die Abberufung der Komplementärin aufgrund satzungsmäßiger Vereinbarung zu beschließen oder in einem gerichtlichen Verfahren klären zu lassen und überdies im Regelfall als milderes Mittel vor der Einberufung der Hauptversammlung zum Zwecke der Abberufung der Komplementärin geltend zu machen ist, hat nach richtiger Ansicht seine Anspruchsgrundlage in § 43 analog GmbHG.

Die früher bestehende Frage, ob der Aufsichtsrat zur Geltendmachung der Befugnisse verpflichtet oder ihm ein entsprechendes Ermessen zusteht, ist durch die „ARAG/Garmenbeck-Entscheidung" des BGH geklärt worden. Dabei haben die Feststellungen des BGH für die KGaA lediglich im Hinblick auf die Anforderungen an die rückschauende Kontrollaufgabe praktische Relevanz. Der Aufsichtsrat hat hiernach für den Fall, dass die Grenzen ordnungsgemäßer Geschäftsführung und damit die Grenzen des der Geschäftsleitung zustehenden unternehmerischen Ermessens in unverantwortlicher Weise überschritten worden sind, den Schadenersatzanspruch gegen die Geschäftsführung geltend zu machen.

Diese Ergebnisse erfahren auch bei Gesellschaften, die der Mitbestimmung unterliegen, keine Abänderung. Dabei ist zu bedenken, dass mitbestimmungsrechtliche Vorschriften keine anlegerschützende Wirkung haben, ja sogar im Widerspruch zu diesen stehen (können). Denkbar bleibt gleichwohl, dass eine veränderte rechtliche Möglichkeit zur Einflussnahme des Aufsichtsrates rechtstatsächliche Auswirkungen auf den Anlegerschutz in der GmbH & Co. KGaA haben kann. Diese Frage braucht in den meisten Fällen nicht beantwortet werden, da die Anwendung mitbestimmungsrechtlicher Normen in der GmbH & Co. KGaA ausscheidet. Denkbar wäre rechtlich zwar eine Mitbestimmung über die Komplementärgesellschaft nach § 4 Abs. 1 Satz 1 Satz 1 MitbestG. Praktisch wird die Anwendung von § 4 Abs. 1 Satz jedoch in der Praxis nicht vorkommen, da die nach dem Wortlaut erforderliche Beteiligungsidentität zwischen GmbH und KGaA jedenfalls bei börsennotierten Gesellschaften nicht vorliegen wird.

B. Teilhabe- und Einwirkungsrechte der Kommanditaktionäre in der Hauptversammlung

Die im vorstehenden Abschnitt erfolgte Feststellung, wonach dem Aufsichtsrat nach der gesetzlichen Normenlage weder Teilhaberechte an der Geschäftsführung noch Einwirkungsmöglichkeiten auf die Komplementärin zustehen, lässt für sich genommen noch nicht auf eine Aufweichung der aktienrechtlichen Gewaltenteilung schließen, da die unternehmerischen Entscheidungen in der KGaA nach der gesetzlichen Diktion im Verhältnis zwischen Komplementär und der Gesamtheit der Kommanditaktionäre getroffen werden. Durch die nachfolgende Untersuchung soll überprüft werden, ob die Abweichung von der nach dem dispositiven Recht bestehenden Gewaltenteilung in der KGaA durch zulässige satzungsmäßige Vereinbarungen auch eine qualitative Abweichung zur aktienrechtlichen Gewaltenteilung (in der AG) darstellt.

Den Kommanditaktionären stehen Kompetenzen zunächst als Gesellschaftergruppe, zum anderen individuell zu[732]. Soweit solche Kompetenzen der Gesamtheit der Kommanditaktionäre zustehen, werden sie in der

[732] Semler/Perlitt in MünchKomm/AktG, 2. Aufl., Vor § 278 Rdnr. 56.

Hauptversammlung ausgeübt. Demgegenüber entsprechen die individuellen Rechte und Pflichten der Kommanditaktionäre mit einigen noch aufzuzeigenden Besonderheiten den individuellen Rechten und Pflichten der Aktionäre einer AG.

Rechte der Kommanditaktionäre können sich bei bestimmten organisationsbezogenen und strukturverändernden und bei Maßnahmen ergeben, die Auswirkungen auf das Gesamtkapital haben. Bereits im Ersten Teil wurde grundsätzlich aufgezeigt, dass diese Maßnahmen im Einzelfall durch ein unterschiedliches Regelungssystem erfasst werden. Dies macht es erforderlich, die Rechte der Kommanditaktionäre bei diesen Maßnahmen jeweils gesondert darzustellen.

In einem Ersten Abschnitt (unter I.) sind die zwingenden Kompetenzen der Gesamtheit der Kommanditaktionäre bei organisations- und strukturverändernden Maßnahmen darzustellen. Solche zwingenden Kompetenzen können sich zunächst aus dem geschriebenen Recht der §§ 279 ff. AktG, subsidiär aus der Anwendung der Grundsätze der Inhaltskontrolle am Maßstab des § 242 BGB ergeben. Dabei soll zwischen Kernbereichsrechten, Grundlagengeschäften und außerordentlichen Geschäftsführungsmaßnahmen unterschieden werden. Im Ersten Teil ist bereits herausgearbeitet worden, dass die Kernbereichsrechte im Recht der KGaA nur eine geringe praktische Bedeutung besitzen. Die Untersuchung beschränkt sich daher auf die Überprüfung der dem Personengesellschaftsrecht unterliegenden Grundlagengeschäfte und außergewöhnlichen Geschäftsführungsmaßnahmen am Maßstab des § 242 BGB.

Neben den organisationsbezogenen und strukturverändernden Maßnahmen sind für die Bewertung des Maßes an Anlegerschutz insbesondere die Maßnahmen interessant, die zu einer Veränderung des Gesamtkapitals führen (unter II.). Entsprechend dem im Ersten Teil aufgezeigten Dualismus von personengesellschafts- und aktienrechtlichen Elementen sind die einzelnen Kapitalmaßnahmen anhand ihres einschlägigen Rechts zu beurteilen. Dabei richtet sich die Erhöhung des Grundkapitals nach Aktienrecht, §§ 278 Abs. 3, 182 ff. AktG, und die Erhöhung der Sondereinlagen folgt den Regelungen des Personengesellschaftsrechts, § 281 AktG[733].

Im Ersten Teil ist bereits die Frage aufgeworfen worden, ob bei den durch das Erste Buch des Aktienrechtes geregelten Kapitalerhöhungsmaßnahmen auch Sachverhalte denkbar sind, bei denen neben Aktienrecht auch Personengesellschaftsrecht anzuwenden ist. Denkbar ist dies bei Großfusionen, die durch einen Aktientausch erfolgen und bei der übernehmenden KGaA durch eine Kapitalerhöhung mit Hilfe eines genehmigten Kapitals unter Ausschluss des Bezugsrechtes der Kommanditaktionäre erfolgen sollen. Solche Kapitalerhöhungen können gleichzeitig eine strukturverändernde Maßnahme für die aufnehmende Gesellschaft, die KGaA darstellen. Deshalb ist die Reichweite der Regelung zum genehmigten Kapital herauszuarbeiten und zu klären, ob auf diese Fälle auch Personengesellschaftsrecht anzuwenden ist (unter III).

Bereits angesprochen worden ist darüber hinaus das bei einer KGaA ab einer gewissen Größenordnung bestehende Interesse, Kompetenzen der Gesamtheit der Kommanditaktionäre auf einen Beirat zu verlagern. Deshalb sind die Grenzen einer Verlagerung von Kompetenzen der Kommanditaktionäre auf einen Beirat zu klären (unter IV).

I. Zwingende Kompetenzen der Gesamtheit der Kommanditaktionäre

Die (jedenfalls) an der Komplementär-Gesellschaft beteiligten Unternehmer-Gesellschafter sind auch aufgrund ihres fehlenden Stimmrechtes (als über die Sondereinlage Beteiligte) bestrebt, in weitem Umfang Kompetenzen der Gesamtheit der Kommanditaktionäre auf die Komplementärgesellschaft zu übertragen, um die Flexibilität der Unternehmensführung und ihren Einfluss zu erhalten. Der nachfolgende Abschnitt soll die rechtlichen Grenzen der Verlagerung der Kompetenzen auf die Komplementär-Gesellschaft klären. Die rechtlichen Grenzen ergeben sich dabei aus den zwingenden gesetzlichen Regelungen und der Inhaltskontrolle am Maß-

---

[733] Fett in Schütz/Bürgers/Riotte (Hrsg.), Hdb/KGaA, § 7 Rdnr. 15, S. 358.

stab des § 242 BGB. Das OLG Stuttgart hat als erstes Obergericht teilweise zu diesen Fragen Stellung genommen[734].

Die Diskussion in der Literatur zur KGaA konzentriert sich überwiegend auf die Frage der Zulässigkeit des vollständigen, ersatzlosen Ausschlusses des Zustimmungserfordernisses bei außergewöhnlichen Geschäftsführungsmaßnahmen[735]. Durch eine solche Betrachtungsweise werden jedoch die sich stellenden Fragen nicht umfassend erfasst. Eine Erfassung der den Kommanditaktionären zustehenden Kompetenzen hat anhand der Abgrenzung zwischen Maßnahmen, die in die Geschäftsführungsbefugnis der Komplementäre einzuordnen sind, von Maßnahmen, die der ausschließlichen Zuständigkeit der Kommanditaktionäre in ihrer Gesamtheit unterfallen und in der Dogmatik als Grundlagen- und Kernbereichsrechte bezeichnet werden, zu erfolgen. Dabei ist im Ersten Teil herausgearbeitet worden, dass die Kernbereichsrechte im Recht der KGaA im Rahmen einer Untersuchung zum Anlegerschutz eine nur geringe praktische Bedeutung haben[736].

Durch die nachfolgende Untersuchung soll eine Bestimmung des praktischen Anwendungsbereichs der Grundlagengeschäfte in der KGaA erfolgen.

Bei einer Durchsicht von Satzungen börsennotierter KGaA fällt zunächst auf, dass eine ausdrückliche Festlegung der Kompetenzen der Hauptversammlung zunächst für die Maßnahmen erfolgt ist, die wie die Kompetenz zur Feststellung des Jahresabschlusses und der Gewinnverwendung in den §§ 279 ff. AktG ausdrücklich geregelt werden[737]. Neben diesen Feststellungen enthalten die Satzungen darüber hinaus Aussagen zur Abbedingung des Zustimmungsrechtes der Kommanditaktionäre bei außerge-

---

[734] OLG Stuttgart, ZIP 2003, 1981 = DB 2003, 1944 = NZG 2003, 778 = AG 2003, 527 („Eff Eff Fritz Fuss GmbH & Co. KGaA").

[735] Dieser Befund wird geteilt von Assmann/Sethe in GroßKomm/AktG, 4. Aufl., § 278 Rdnr. 114; Schütz/Reger in Schütz/Bürgers/Riotte (Hrsg.), Hdb/KGaA, § 5 Rdnr. 98 f., S. 118.

[736] Vgl. hierzu im Ersten Teil unter C. II. 2., S. 62 f..

[737] Eine rudimentäre Regelung der Kompetenz findet sich in § 18 Abs. 3 der Mühlbauer Holding AG & Co. KGaA, in dem geregelt wird, dass auch Satzungsänderungen (die dem KG-Recht unterliegen – Anm. des Verf.) nur mit einfacher Mehrheit der abgegebenen Stimmen gefasst werden können, www.muehlbauer.de/bausteine.net/file/showfile.aspx?downdaid=10948&sp=E&domid=1016&fd=2.

wöhnlichen Geschäftsführungsmaßnahmen. Dagegen normieren die Satzungen ausdrücklich nicht den Ausschluss der Kompetenz der Gesamtheit der Kommanditaktionäre im Bereich der Grundlagengeschäfte. Eine solche allgemeine Regelung enthielt auch die Satzung der „Eff Eff Fritz Fuss GmbH & Co. KGaA“, die das OLG Stuttgart in seiner neueren Entscheidung zum Gegenstand hatte[738].

Obwohl die ausgewerteten Satzungen keine direkte Regelung der Zustimmungsbefugnisse der Kommanditaktionäre bei Grundlagengeschäften enthalten, sehen sie gleichwohl ein Vetorecht bei allen Fällen von Grundlagengeschäften, insbesondere bei Satzungsänderungen, vor[739]. Voraussetzung für die Ausübung eines Vetorechtes ist jedoch, dass die Kommanditaktionäre überhaupt einen Beschluss gefasst haben, den es dann ggf. mit dem Vetorecht zu verhindern gilt. Damit ist zwar geklärt, dass in den meisten Satzungen börsennotierter KGaA die Hauptversammlung zur Beschlussfassung über Grundlagengeschäfte befugt ist. Aus dieser Befugnis der Hauptversammlung kann man gleichwohl noch nicht die konkreten Maßnahmen entnehmen, für deren Beschlussfassung eine Hauptversammlung einzuberufen ist.

1. Zwingende Stimmrechte der Kommanditaktionäre in Grundlagengeschäften

Durch die nachfolgende Untersuchung soll die Reichweite der Grundlagengeschäfte, deren praktische Relevanz im Recht der KGaA und die Möglichkeiten der Abbedingung der Stimmrechte der Gesamtheit der Kommanditaktionäre bestimmt werden.

1.1. Allgemeine Begriffsbestimmung

Nach wohl allgemeiner Ansicht im Personengesellschaftsrecht lässt sich

---

[738] OLG Stuttgart, ZIP 2003, 1981, = DB 2003, 1944, 1946 = NZG 2003, 778, 780 = AG 2003, 527, 529 („Eff Eff Fritz Fuss GmbH & Co. KGaA“).

[739] Keine Erweiterung des Zustimmungsrechtes der Komplementärin enthalten die Satzungen der VCH-Best-of-VC GmbH & Co. KGaA, der Mühlbauer Holding AG & Co. KGaA. Eine Erweiterung des Vetorechtes enthalten die Satzungen der AIG International Real Estate GmbH & Co. KGaA, der Borussia Dortmund GmbH & Co. KGaA, für die KGaA: Die Satzung der Merck KGaA vom 15. Februar 2006 stellt in § 25 Abs. 1 lediglich lapidar fest, dass Beschlüsse der Hauptversammlung, ausgenommen die Sachverhalte des § 285 Abs. 2 AktG, der Zustimmung der persönlich haftenden Gesellschafter bedürfen, www.merck.de/servlet/PB/show/1330390/Satzung_170504.pdf.

der Bereich der Grundlagengeschäfte negativ als die Summe der Maßnahmen begreifen, die nicht zur Geschäftsführung gehören. Grundlagengeschäfte werden weder von der Geschäftsführungsbefugnis noch von der Vertretungsmacht des handelnden Organs erfasst[740].

1.2. Grundlagengeschäfte im Recht der KGaA

Der praktische Anwendungsbereich der Grundlagengeschäfte im Personengesellschaftsrecht ist nicht abschließend geklärt. Zu den Grundlagengeschäften gehören jedenfalls alle Änderungen des Gesellschaftsvertrages und, soweit eine Vertragsänderung nicht erforderlich ist, alle Geschäfte, die vorhersehbare Auswirkungen auf die Grundlagen der Tätigkeit, der Organisationsverfassung, bzw. die Zusammensetzung der Gesellschaft haben[741]. Als Grundlagengeschäfte sind im Personengesellschaftsrecht neben der Änderung des Gesellschaftsvertrages anerkannt die Entziehung der Geschäftsführungs- und Vertretungsmacht, die Aufnahme und Ausschließung von Komplementären oder die Veräußerung des Handelsgeschäfts mit Firma[742]. Bei diesen Geschäften besteht grundsätzlich eine Zustimmungspflicht der Gesellschafter, die in der personalistischen Gesellschaft jedoch abbedungen werden kann. Insoweit besteht weitgehend Einigkeit.

Streit besteht dagegen darüber, ob auch Strukturmaßnahmen wie die Gesellschaftsauflösung, die teilweise Einstellung des Geschäftsbetriebes, die vollständige oder teilweise Veräußerung oder Verpachtung des Unternehmens, die Übertragung (des) wesentlichen Gesellschaftsvermögens[743], aber auch der im Recht der KGaA erkennbar nicht diskutierte Fall der Durchführung einer Großfusion unter Ausnutzung des genehmigten Kapitals, der die Struktur der Gesellschaft verändert, zu den Grundlagengeschäften gerechnet werden sollen. Bei diesem Streit geht es (auch) darum, ob die Lehre von den Grundlagengeschäften überhaupt als Abgrenzung gegenüber den Geschäftsführungsmaßnahmen taugt.

---

[740] Koller in Koller/Roth/Morck, Komm/HGB, 5. Aufl., § 126 Rdnr. 2 mwN..

[741] Assmann/Sethe in Großkomm/AktG, 4. Aufl., § 278 Rdnr. 123.

[742] Assmann/Sethe in GroßKomm/AktG, 4. Aufl., § 278 Rdnr. 124; Schütz/Reger in Schütz/Bürgers/Riotte (Hrsg.), Hdb/KGaA, § 5 Rdnr. 90.

[743] Vgl. zur wohl herrschenden Meinung Assmann/Sethe in GroßKomm/AktG, 4. Aufl., § 278 Rdnr. 124 Fn. 243; vgl. zur Gegenansicht die gründliche Darstellung bei Fett/Föhrl, NZG 2004, 210, 212 ff..

Darüber hinaus ist zu klären, ob es Einwände gegen eine Übertragung der für das Personengesellschaftsrecht entwickelten und dort anerkannten Lehre der Grundlagengeschäfte auf die KGaA gibt.

1.2.1. Faktische Satzungsänderung als Fall eines Grundlagengeschäfts

Strukturmaßnahmen stellen nach allgemeiner Ansicht jedenfalls dann Grundlagengeschäfte dar, wenn mit ihnen eine faktische Satzungsänderung verbunden ist. Die Begrifflichkeit ist diesbezüglich nicht einheitlich und teilweise verwirrend[744]. Die überwiegende Ansicht versteht hierunter einen Satzungsverstoß durch die Organe der Gesellschaft. Ein solcher wird auch dann angenommen, wenn der Unternehmensgegenstand dauerhaft unterschritten wird. Auch die Entscheidung des OLG Stuttgart betraf einen derartigen Sachverhalt. Das OLG Stuttgart hatte ein Rechtsgeschäft einer börsennotierten KGaA zu bewerten, durch das dessen Unternehmenssegment „elektronische Sicherheitstechnik" vollständig veräußert worden war. Der Unternehmensgegenstand der KGaA umfasste die „Herstellung und den Vertrieb von elektromechanischen, elektronischen und sonstigen Geräten, Werkzeugen und Einrichtungsgegenständen aller Art[745]. Die Gesellschaft führte somit nach der streitgegenständlichen Veräußerung diesen Unternehmensgegenstand nicht mehr durch ihre Geschäftstätigkeit aus. In dieser Unterschreitung des Unternehmensgegenstandes sieht das OLG Stuttgart zutreffend eine faktische Satzungsänderung[746].

Es prüft dann jedoch gleichwohl weiter, ob die Veräußerung der Sparte der „elektronische Sicherheitstechnik" eine bedeutende Strukturmaßnahme und damit ein Grundlagengeschäft darstellt, das eine Zuständigkeit der Gesamtheit der Kommanditaktionäre in der Hauptversammlung auslösen muss. Im Ergebnis ergibt sich die vom OLG Stuttgart zu entscheidende Frage einer Zustimmungspflicht zwanglos daraus, dass durch diese Maßnahme der Unternehmensgegenstand unterschritten und damit eine Zustimmungspflicht ausgelöst wird, wobei nachfolgend noch zu klären

---

[744] Vgl. hierzu Hüffer, Komm/AktG, 6. Aufl., § 179 Rdnr. 9.
[745] OLG Stuttgart, ZIP 2003, 1981 = NZG 2003, 778.
[746] OLG Stuttgart, ZIP 2003, 1981, 1987 = NZG 2003, 778, 783.

sein wird, ob auf die damit verbundene Satzungsänderung die Regeln des Personengesellschaftsrechts anzuwenden sind. Die Begründung für die Zustimmungspflicht ergibt sich für diesen Fall aus der fehlenden Vertretungsbefugnis der Geschäftsführung für die Vornahme eines solchen Geschäfts[747].

1.2.2. Andere Strukturmaßnahmen als Grundlagengeschäfte

Soweit dagegen mit der Strukturmaßnahme keine faktischen Satzungsänderungen verbunden sind, wird die Frage aufgeworfen, ob diese im Einzelfall als Grundlagengeschäfte aufzufassen sind oder normale Geschäftsführungsmaßnahmen darstellen. Bei diesem Streit geht es letztlich darum, ob die Kommanditisten/Kommanditaktionäre originär zur Zustimmung berufen oder sich der Fall dem § 164 Satz 2 HGB zuordnen lässt.

a) Eine Ansicht: Einordnung als Grundlagengeschäft

Die wohl herrschende Meinung im Recht der Personengesellschaften nimmt ein Grundlagengeschäft mit der Folge der Zustimmungspflicht der Gesamtheit der Kommanditaktionäre auch dann an, wenn die strukturverändernde Maßnahme zu keiner faktischen Satzungsänderung führt[748]. Die herrschende Meinung ordnet auch den Fall der Verpflichtung zur Verfügung über wesentliche Teile des Gesellschaftsvermögens der Vorschrift des § 278 Abs. 2 AktG zu und erfasst diesen Sachverhalt als Grundlagengeschäft [749].

b) Andere Ansicht: Einordnung als außergewöhnliche Geschäftsführungsmaßnahme

Hiergegen haben sich insbesondere Fett/Föhrl unter Heranziehung der gegen die Lehre von den „Grundlagengeschäften" vorgebrachten Einwän-

[747] Das OLG Stuttgart sieht das Problem mit der fehlenden Zustimmungsbefugnis nicht. Es erörtert vielmehr einen Anspruch der Gesamtheit der Kommanditaktionäre auf Rückgängigmachung in Bezug auf das „Grundlagengeschäft", NZG 2003, 778, 782.

[748] Vgl. zur wohl herrschenden Meinung Assmann/Sethe in GroßKomm/AktG, 4. Aufl., § 278 Rdnr. 124 Fn. 243.

[749] Zur Anwendung des § 179 a Abs. 1 AktG gelangt eine wohl überwiegende Meinung, wobei die Begründung nicht immer deutlich wird, vgl. hierzu Assmann/Sethe in GroßKomm/AktG, 4. Aufl., § 278 Rdnr.6, Fett/Föhrl, NZG 2004, 210, 211., In der Begründung auf Assmann/Sethe abstellend OLG Stuttgart, NZG 2003, 778, 784.

de gewandt[750]. Die Veräußerung eines wesentlichen Unternehmensteiles sei als ein Verkehrsgeschäft der Gesellschaft gegenüber Dritten zu qualifizieren und damit dem Bereich der Geschäftsführungsmaßnahmen zuzuordnen.

Dagegen lässt sich einwenden, dass von der Frage der Einstufung einer Maßnahme als Verkehrsgeschäft im Außenverhältnis die Frage zu unterscheiden ist, ob die gesellschaftsinterne Entscheidung über dieses Veräußerungsgeschäft dem Alleinentscheidungsrecht der Geschäftsführung unterfällt oder eine entsprechende Zustimmung der Gesamtheit der Kommanditaktionäre eingeholt werden muss. Dabei ist zu beachten, dass sich der Umfang der Vertretungsbefugnis der geschäftsführenden Komplementäre nach den §§ 161 Abs. 2, 126 Abs. 2 HGB richtet und Dritten gegenüber unbeschränkbar ist. Eine solche Vertretungsmacht erstreckt sich jedoch nach allgemeiner Ansicht nicht auf Grundlagengeschäfte[751]. Stellt sich somit die Veräußerung eines wesentlichen Unternehmensteiles als Grundlagengeschäft dar, fehlt es an der Geschäftsführungsbefugnis der geschäftsführungsbefugten Komplementäre.

Gegen die Lehre von den „Grundlagengeschäften" bzw. deren Anwendung im Einzelfall stehen nach Ansicht von Fett/Föhrl auch Gründe des Verkehrsschutzes entgegen. Die von der Lehre von den „Grundlagengeschäften" erfassten Fälle seien weder gesetzlich bestimmt noch tatsächlich sicher bestimmbar; zudem sei eine Beschränkung der Vertretungsmacht wie bspw. bei der „ultra-vires" Doktrin nach angloamerikanischem Zuschnitt dem deutschen Gesellschaftsrecht fremd[752]. Verwiesen wird zudem auf die „Holzmüller-Entscheidung" des BGH, der es hierin abgelehnt hat, dem Rechtsverkehr die Abgrenzungsschwierigkeiten zuzumuten, die daraus entstünden, dass jeweils im Einzelfall geprüft werden

[750] Fett/Förl, NZG 2004, 210 ff..

[751] Vgl. aus der Literatur zur OHG/KG: Baumbach/Hopt, Komm/HGB, 32. Aufl., § 126 Rdnr. 3; Habersack in GroßKomm/HGB, 4. Aufl., § 126 Rdnr. 4; Ulmer in GroßKomm/HGB, 4. Aufl., § 114 Rdnr. 15; aus der Literatur zur KGaA, Fett in Schütz/Bürgers/Riotte, KGaA, § 3 Rdnr. 19.

[752] Fett/Förl, NZG 2004, 210, 213 unter Verweis auf K.Schmidt, GesR, 4. Aufl., § 8 V 2; Wiedemann, GesR, Bd. I, § 10 II 1 a.

müsse, ob die Vertretungsmacht der Geschäftsführung für den konkreten Fall eingeschränkt sei[753].

c) Stellungnahme

Der von Fett/Föhrl angesprochenen Analyse ist zuzugeben, dass durch eine Einbeziehung sonstiger, nicht die gesellschaftsvertraglichen Bindungen der Gesellschafter unmittelbar berührender Sachverhalte in den Begriff der Grundlagengeschäfte für den Rechtsverkehr Schwierigkeiten in der Grenzziehung auftreten können. Jedoch ist der Behauptung, durch die Einordnung der Veräußerung wesentlicher Unternehmensteile als Grundlagengeschäft würde die Dogmatik der Grundlagengeschäfte missachtet und im Hinblick auf die Vertretungsmacht inkonsequent angewendet, die Gefolgschaft zu verwehren. Fett/Föhrl gehen in ihrer Betrachtung ausschließlich vom Verständnis bei der AG aus, die im Ersten Buch des Aktienrechtes normiert worden ist. Hiernach besteht außer im Falle von „Holzmüller" Sachverhalten, die überdies durch die „Gelatine-Entscheidungen" des BGH[754] nur noch im Ausnahmefall Anwendung finden, ein Gleichlauf zwischen Geschäftsführungsbefugnis und Vertretungsmacht. Ein solcher Gleichlauf ist dem Recht der Personengesellschaften aber gerade fremd. Hiernach sind alle Maßnahmen, die über den gewöhnlichen Geschäftsverlauf hinausgehen, im Innenverhältnis den Gesellschafter zur Entscheidung vorzulegen, §§ 164, 116 Abs. 2 HGB, 278 Abs. 2 AktG. Diese Grundentscheidung kann jedoch im Ergebnis zu einem Auseinanderfallen der internen Kompetenzen der Entscheidungsfindung im Hinblick auf das Verkehrsgeschäft einerseits und dem externen Vollzug führen[755]. Diese Betrachtungsweise führt dazu, dass für einen Teil der Grundlagengeschäfte gleichwohl eine Geschäftsführungsbefugnis und Vertretungsmacht der Komplementäre besteht.

---

[753] BGHZ 83, 122, 129 = NJW 1982, 1703, 1705; vgl. hierzu Joost; ZHR 163 (1999), 164, 184 ff..

[754] BGH v. 26.04.2004, II ZR 154/02 („Gelatine I"), ZIP 2004, 1001 = NZG 2004, 575 = Der Konzern 2004, 421 = WM 2004, 1085.; BGH v. 26.04.2004, II ZR 155/02 („Gelatine II"), BGHZ 159, 30 = ZIP 2004, 993 = DB 2004, 1200 = DStR 2004, 922 = BB 2004, 1182 = NJW 1860 = Der Konzern 2004, 427 = NZG 2004, 571 = WM 2004, 1090 = AG 2004, 384.

[755] So im Ergebnis auch Martens in Schlegelberger/KommHGB, 5. Aufl., § 114 Rdnr. 7, der die Vorbereitung und Durchführung von Grundlagengeschäften im Sinne von Strukturänderungen dem Bereich der Geschäftsführung zuweist, nicht jedoch die Entscheidung als solche, vgl. hierzu auch K.Schmidt, ZGR 1995, 675, 680, der für die Frage der Kompetenzüberschreitung von Komplementären zwischen Innen- und Außenwirkung unterscheidet.

1.2.3. Anwendung der Lehre von den Grundlagengeschäften auf die KGaA

Nach ganz herrschender Meinung wird die Lehre von den Grundlagengeschäften auch im Recht der KGaA angewendet[756]. Die Besonderheit der Grundlagengeschäfte im Vergleich zu den Kernbereichsrechten als auch im Vergleich zu den zwingenden aktienrechtlichen Kompetenznormen besteht darin, dass sie (zumindest) in einer personalistisch strukturierten KGaA nicht schlechthin zwingend sind.

Eines Rückgriffs auf die ungeschriebenen Grundsätze der Grundlagengeschäfte bedarf es zunächst dann nicht, wenn die genannten Sachverhalte durch das Aktienrecht der §§ 279 ff. AktG speziell geregelt oder für diese Fragen im Einzelfall die Verweisung von § 278 Abs. 3 AktG auf das Recht des Ersten Buches des Aktienrechtes greifen würde.

Darüber hinaus wird von Fett/Föhrl der Einwand vorgebracht, dass die Fälle der Grundlagengeschäfte weder gesetzlich bestimmt noch tatsächlich sicher bestimmbar seien und deshalb (wohl) eine Anwendung in der KGaA nicht in Betracht kommt[757]. Aus den von Fett/Föhrl angesprochenen Schwierigkeiten in der Abgrenzung lässt sich jedoch kein Einwand gegen eine Übertragung der ungeschriebenen Lehre herleiten. Vielmehr sind Abgrenzungsschwierigkeiten bei allen – auch gesetzlich geregelten – Instituten denkbar, sofern man bei der Abgrenzung mit nicht feststehenden und somit der Interpretation zugänglichen Begrifflichkeiten arbeitet bzw. arbeiten muss.

Denkbar wäre zudem eine Nichtanwendung der Lehre von den Grundlagengeschäften vor dem Hintergrund dieser „Gelatine-Entscheidungen". Im Ersten Teil ist herausgearbeitet worden, dass es im Recht der AG ungeschriebene Hauptversammlungskompetenzen nur bei Sachverhalten gibt, die dem in § 179 a AktG geregelten Fall der Verpflichtung zur Veräußerung des gesamten Gesellschaftsvermögens entsprechen. Gegen diesen Einwand spricht, dass die KGaA einen eigenständigen Rechtsformtyp

---

[756] OLG Stuttgart, NZG 2004, 778, 783; Assmann/Sethe in GroßKomm/AktG, 4. Aufl., § 278 Rdnr. 122; klar in der Formulierung auch Kessler, NZG 2005, 145, 148.
[757] Fett/Förl, NZG 2004, 210, 213.

darstellt, dessen anzuwendendes Recht und seine Beschränkungen nur dann durch das Erste Buch des Aktienrechtes geregelt werden, soweit dies durch die §§ 278 Abs. 3, 279 ff. angeordnet oder bei Vorliegen der Analogievoraussetzungen gerechtfertigt ist. Für eine Analogie aktienrechtlicher Normen bei Sachverhalten, die durch das Personengesellschaftsrecht geregelt werden, ist jedoch zunächst das Vorliegen einer Regelungslücke erforderlich. An einer solchen fehlt es jedoch dann, wenn der betreffende Sachverhalt bereits im Personengesellschaftsrecht geregelt wird, wobei hierfür auch ungeschriebene Grundsätze ausreichen. Legt man zugrunde, dass auch im Recht der KGaA die Lehre von den Grundlagengeschäften Anwendung findet, bleibt ein Rückgriff auf die aktienrechtlich anerkannten, ungeschriebenen Hauptversammlungskompetenzen nur dann möglich, wenn diese von ihrem sachlichen Anwendungsbereich weiter sind als die Grundlagengeschäfte. Dies ist jedoch nach den „Gelatine-Entscheidungen“, die einen sehr eingeschränkten Anwendungsbereich der ungeschriebenen Hauptversammlungskompetenzen im Aktienrecht bestimmen, ausgeschlossen.

1.2.4. Zwischenergebnis

Im Ergebnis lässt sich somit festhalten, dass der Geltungsbereich der Grundlagengeschäfte im Personengesellschaftsrecht über die Fälle der unmittelbaren oder mittelbaren gesellschaftsvertraglichen Bindung hinaus auch strukturverändernde Maßnahmen erfasst. Soweit eine Maßnahme als Grundlagengeschäft einzuordnen ist, ist im Hinblick auf die Kompetenz zur Entscheidungsfindung im Innenverhältnis und seinem externen Vollzug zu unterscheiden. Nur bei den Maßnahmen, die unmittelbar oder mittelbar die gesellschaftsvertragliche Bindung der Gesellschafter betreffen und damit der Zustimmung im Innenverhältnis bedürfen, ist auch die Geschäftsführungsbefugnis und Vertretungsmacht der geschäftsführenden Komplementäre beschränkt. In diesen Fällen ist die Geschäftsführung gehalten, im Vorgriff auf die konkrete Maßnahme die Zustimmung der Gesamtheit der Kommanditaktionäre einzuholen.

Die Lehre von den Grundlagengeschäften ist auch im Recht der KGaA insoweit anwendbar, als der Sachverhalt durch das Personengesellschaftsrecht geregelt ist

1.3. Bestimmung des auf Grundlagengeschäfte anzuwendenden Rechtes

Nachdem im vorstehenden Abschnitt der Begriff der Grundlagengeschäfte geklärt worden ist, sind nachfolgend die Grundlagengeschäfte zu bestimmen, die auch im Recht der KGaA durch das Kommanditrecht geregelt werden.

1.3.1. Satzungsänderungen

Das anzuwendende Recht bei Satzungsänderungen wird durch das Rechtsverhältnis bestimmt, das durch die Änderung betroffen ist. Eine Vielzahl von Satzungsänderungen betrifft das Verhältnis der Komplementäre zur Gesamtheit der Kommanditaktionäre. Zu nennen sind beispielsweise die Aufnahme neuer persönlich haftender Gesellschafter[758], das Ausscheiden eines Komplementärs, die Änderung der Kompetenzverteilung zwischen den Komplementären und der Gesamtheit der Kommanditaktionäre[759].

Darüber hinaus ist bei Satzungsänderungen insbesondere auf die in § 281 Abs. 1 AktG enthaltene Verweisung auf § 23 Abs. 3 und § 23 Abs. 4 AktG zu achten. Hiernach muss die Satzung bspw. auch den Unternehmensgegenstand enthalten. Aus dieser Verweisung wird allgemein der Schluss gezogen, dass eine Änderung des Unternehmensgegenstandes der KGaA nach §§ 281 Abs. 1, 23 Abs. 3 Nr. 2 AktG stets durch die entsprechenden Bestimmungen des Aktienrechtes geregelt werden[760]. Eine Änderung der Satzung bedarf hiernach § 278 Abs. 3, 179 AktG stets eines zustimmenden Beschlusses der Hauptversammlung der KGaA sowie der persönlich haftenden Gesellschafter nach § 285 Abs. 2 AktG. Ein Rückgriff auf das personengesellschaftsrechtliche Institut der Grundlagengeschäfte scheidet mithin aus.

Dagegen ist für Satzungsänderungen, die sich auf das Gesamtkapital, d.h. die Summe von Grundkapital und den von den Komplementären zu

[758] Schütz/Reger in Schütz/Bürgers/Riotte (Hrsg.), Hdb/KGaA, § 5 Rdnr. 313.
[759] Schütz/Reger in Schütz/Bürgers/Riotte (Hrsg.), Hdb/KGaA, § 5 Rdnr. 391 f., S. 209.
[760] Vgl. nur Assmann/Sethe in GroßKomm/AktG, 4. Aufl., § 281 Rdnr. 5; Semler/Perlitt in MünchKomm/AktG, § 281 Rdnr. 6 f..

erbringenden Sondereinlagen, auswirken, wie folgt zu unterscheiden. Die Kommanditaktionäre zeichnen und übernehmen Kommanditaktien, die das Grundkapital bilden, § 278 Abs. 1, 2. Alt AktG. Die Komplementäre haben daneben die Möglichkeit, Sondereinlagen zu leisten, vgl. § 281 Abs. 2 AktG. Dabei richtet sich die Erhöhung des Grundkapitals nach den allgemeinen zwingenden aktienrechtlichen Vorschriften, §§ 278 Abs. 3, 182 ff. AktG, wobei für den Komplementär die für den Vorstand einer AG geltenden Vorschriften über die Ausgabe von Aktien bei bedingter Kapitalerhöhung und bei genehmigten Kapital sinngemäß gelten, § 283 Nr. 12 AktG. Dagegen richtet sich die Erhöhung der Sondereinlagen nach Personengesellschaftsrecht, § 278 Abs. 2 AktG, §§ 161 Abs. 2, 105 ff. HGB.

1.3.2. Strukturmaßnahmen

Die vorstehenden Untersuchungen haben ergeben, dass auch sonstige strukturverändernde Maßnahmen, die mit keiner (faktischen) Satzungsänderung verbunden sind, vom Geltungsbereich der Grundlagengeschäfte erfasst sein können. Hiervon werden die teilweise Einstellung des Geschäftsbetriebes, die vollständige oder teilweise Veräußerung oder Verpachtung des Unternehmens sowie die vollständige Vermögensübertragung erfasst. Diese betreffen das Verhältnis der Gesamtheit der Kommanditaktionäre zu den Komplementären und werden damit durch das Personengesellschaftsrecht geregelt.

1.3.3. Gemeinsame Auflösung der Gesellschaft durch Komplementäre und Kommanditaktionäre

Die Komplementäre und die Kommanditaktionäre können jederzeit gemeinsam die Auflösung der Gesellschaft beschließen. Dies gilt auch dann, wenn die Satzung eine bestimmte Dauer der Gesellschaft vorsieht. Der Beschluss der Kommanditaktionäre bedarf einer Mehrheit von drei Vierteln des bei der Beschlussfassung vorhandenen Grundkapitals, soweit nicht die Satzung eine größere Kapitalmehrheit oder weitere Erfordernisse bestimmt, § 289 Abs. 4 Satz 3, Satz 4 AktG. Der Beschluss der Komplementärgesellschaft bedarf der Einstimmigkeit, sofern die Satzung nicht einen Mehrheitsbeschluss ausreichen lässt.

1.3.4. Zwischenergebnis

Nach den vorstehenden Ausführungen bestehen Teilhaberechte der Gesamtheit der Kommanditaktionäre nicht nur bei satzungsändernden, sondern auch bei strukturverändernden Maßnahmen, wobei sich die Teilhaberechte bei einzelnen Satzungsänderungen aus dem Aktiengesetz ergeben. Nach dem Recht der Personengesellschaften sind alle Satzungsänderungen zu beurteilen, die mit der Aufnahme oder dem Ausscheiden eines Gesellschafters sowie mit der Veränderung der Vertretungsverhältnisse im Zusammenhang stehen. Darüber hinaus werden alle sonstigen Strukturmaßnahmen, die nicht mit einer Satzungsänderung verbunden sind, wie der Fall der teilweisen Einstellung des Gewerbebetriebes, die Veräußerung oder Verpachtung des Unternehmens oder eines Teils davon, die Übertragung des gesamten Vermögens der Gesellschaft vom Recht der Personengesellschaften erfasst[761]. Die Kommanditaktionäre haben somit für alle durch das Personengesellschaftsrecht geregelten Grundlagengeschäfte grundsätzlich ein Stimmrecht.

Nachfolgend sollen die Möglichkeiten der Abbedingung dieses zwingenden Stimmrechtes bzw. die Voraussetzungen für eine antizipierte Zustimmung der Kommanditaktionäre geklärt werden.

1.4. Zulässigkeit einer Abbedingung der Zustimmungskompetenz bei Grundlagengeschäften

Die vorstehenden Ausführungen haben ergeben, dass eine Zustimmung der Gesamtheit der Kommanditaktionäre bei Vorliegen eines Grundlagengeschäfts nicht schlechthin zwingend ist[762]. Denkbar ist zunächst die Übertragung der Zuständigkeit der Gesamtheit der Kommanditaktionäre auf die Geschäftsführung. Sie scheidet jedoch in der Publikums-KGaA dann aus, wenn eine Übertragung auf die Geschäftsführung einer Inhaltskontrolle nach § 242 BGB nicht standhält und deshalb nichtig ist. Eine Klausel ist dann nach § 242 BGB nichtig, wenn sie ohne einen ausreichenden sachlichen Grund einseitig die Belange der Komplementär-

[761] Die Kommentarliteratur rechnet die Vermögensübertragung zu den Grundlagengeschäften, vgl. Assmann/Sethe in GroßKomm/AktG, 4. Aufl., § 278 Rdnr. 124; aus der Rechtsprechung vgl. BGH ZIP 1995, 278, 279.

[762] Vgl. hierzu nur Hopt in Baumbach/Hopt, 32. Aufl., § 114 Rdnr. 3.

GmbH verfolgt und unangemessen und unbillig die berechtigten Interessen der Kommanditaktionäre beeinträchtigt[763].

Wendet man den Maßstab des § 242 BGB an, so ist zunächst zu prüfen, ob der Ausschluss des Stimmrechts in den Fällen der Grundlagengeschäfte eine grobe einseitige Benachteiligung der Kommanditaktionäre darstellt. Die Änderung der Satzung der KGaA, die Änderung des Unternehmensgegenstandes oder die Übertragung der wesentlichen Vermögensgegenstände der Gesellschaft stellen durchweg Maßnahmen dar, die die Grundlagen der Investitionsentscheidung der Anleger berühren. Ein Ausschluss des Stimmrechts in diesen Fällen stellt demnach eine grobe, einseitige Benachteiligung der Anleger dar.

Diese Benachteiligung kann nur bei Vorliegen besonderer Rechtfertigungsgründe zulässig sein. Der für eine Verlagerung der Entscheidungszuständigkeit auf die Komplementärgeschäftsführung angeführte Grund der Erhaltung der schnellen Entscheidungsfindung im laufenden Geschäft kann angesichts der Tragweite eines Grundlagengeschäftes nicht als rechtfertigender Grund herangezogen werden. Andere Rechtfertigungsgründe sind nicht ersichtlich. Es bestehen mithin keine Rechtfertigungsgründe, die die Zustimmung der Kommanditaktionäre im Rahmen einer ordentlichen oder durch die Einberufung einer außerordentlichen Gesellschafterversammlung als entbehrlich erscheinen lassen. Der Ausschluss des Stimmrechts der Kommanditaktionäre ist mithin unzulässig.

1.5. Antizipierte Zustimmung zu einem Grundlagengeschäft

Nachdem vorstehend geklärt worden ist, dass die allgemeine Übertragung von Grundlagengeschäften auf die Geschäftsführung in Publikums-KGaA unzulässig ist, bleibt gleichwohl eine Zustimmung der Kommanditaktionäre zu konkreten Maßnahmen bereits im Gesellschaftsvertrag möglich, sog. antizipierte Zustimmung. Die Anwendung des Bestimmtheitsgrundsatzes in diesen Fällen wird dabei in der Literatur zur KGaA nicht in Frage gestellt[764].

---

[763] Vgl. BGHZ 104, 50 ff..

[764] Assmann/Sethe in GroßKomm/AktG, 4. Aufl., Vor § 278 Rdnr. 102; Mertens/Cahn in KölnKomm/AktG, 2. Aufl., § 278 Rdnr. 87.

Die Zustimmung muss dabei den Voraussetzungen des Bestimmtheitsgrundsatzes genügen, wobei diese nicht absolut bestimmt werden können. Vielmehr wird von der herrschenden Meinung für die Bestimmung der Voraussetzungen nach dem jeweiligen Gegenstand differenziert. Bei Grundlagengeschäften ist den Voraussetzungen dann genügt, wenn der Beschlussgegenstand in der Satzung mitgeteilt wird und der Gesellschafter einer solchen Maßnahme durch den Beitritt zustimmt. Etwas anderes gilt bei einer antizipierten Zustimmung zu einer Maßnahme, die in den Kernbereich fällt. Hierfür ist neben der genauen Bestimmung des Beschlussgegenstandes die Bestimmung des Beschlussinhalts erforderlich[765].

Im Schrifttum zur KGaA werden die Voraussetzungen nur vereinzelt angesprochen. So verlangen Assmann/Sethe für die antizipierte Zustimmung zu einem Grundlagengeschäft die Bekanntgabe von Beschlussgegenstand und Beschlussinhalt[766]. Diese Ansicht wird vom OLG Stuttgart ohne Diskussion mit der Gegenansicht im Schrifttum zur GmbH & Co. KG[767].

In dem der Entscheidung des OLG Stuttgart zugrunde liegenden Sachverhaltes war ein Beschluss der Gesamtheit der Kommanditaktionäre nach der Satzung nicht erforderlich gewesen und auch nicht eingeholt worden. Das OLG Stuttgart prüft unter Gleichsetzung der Begriffe Kernbereich und Grundlagengeschäft eine antizipierte Zustimmung unter Verweis auf die von Assmann/Sethe angewandten Grundsätze. Es verlangt hiernach die Bekanntgabe des Beschlussgegenstandes und des Beschlussinhalts. Das OLG Stuttgart verneint beide Voraussetzungen.

Dem OLG Stuttgart kann schon bei der Feststellung, dass antizipierte Zustimmungen zu einem Grundlagengeschäft und zu einer den Kernbereich der Mitgliedschaftsrechte berührenden Maßnahme den gleichen

---

765 Zu den Voraussetzungen vgl. Wichert, AG 1999, 362, 364.

766 Assmann/Sethe in GroßKomm/AktG, Vor § 278 Rdnr. 102.

767 OLG Stuttgart, NZG 2004, 778, 782 f. unter Verweis auf Assmann/Sethe in GroßKomm/AktG, 4. Aufl., Vor § 278 Rdnr. 102; vgl. zur Gegenansicht die Ausführungen im Ersten Teil unter C. II. 1., S. 58 ff..; C. II. 3, S. 71 f.; vgl. bspw. Wichert AG 1999, 362, 364 mN..

Voraussetzungen genügen müssen, nicht gefolgt werden[768]. Vielmehr findet die entsprechend der Intensität der Maßnahme vorgenommene Unterscheidung zwischen dem Kernbereich und den Grundlagengeschäften ihre Fortsetzung in den Voraussetzungen einer antizipierten Zustimmung. Hiernach ist für eine antizipierte Zustimmung zu einem Grundlagengeschäft lediglich die Bestimmung des Beschlussgegenstandes in der Satzung erforderlich[769].

Konsequenzen hat die Ansicht des OLG Stuttgart für den zu entscheidenden Fall gleichwohl nicht gehabt, weil auch der Beschlussgegenstand in der Satzung der KGaA nicht bestimmt worden ist. Hierfür wären Aussagen zur Veräußerung des Betriebsteils „elektronische Sicherheitstechnik" erforderlich gewesen, die jedoch praktisch kaum vorstellbar sind.

Im Ergebnis lässt sich festhalten, dass eine antizipierte Zustimmung zu einem Grundlagengeschäft bereits im Gesellschaftsvertrag, den der beitretende Gesellschafter akzeptiert, zwar theoretisch denkbar ist. Da jedoch eine antizipierte Zustimmung zu einem Grundlagengeschäft die Mitteilung des Beschlussgegenstandes erforderlich macht, und dies in der Praxis zu Nachfragen und Verwirrungen führen würde, wird eine antizipierte Zustimmung zu einem Grundlagengeschäft kaum praktisch werden.

2. Ausschluss des Rechts auf Zustimmung für außergewöhnliche Geschäftsführungsmaßnahmen?

Nach den vorstehenden Überlegungen lässt sich das Recht der Gesamtheit der Kommanditaktionäre auf Zustimmung zu einer Maßnahme, die als Grundlagengeschäft zu qualifizieren ist, praktisch nicht durch eine antizipierte Zustimmung ersetzen. Die nachfolgende Untersuchung soll die Einwände gegen eine vollständige Übertragung der Geschäftsführungsangelegenheiten auf die Komplementär-GmbH in der Publikums-KGaA überprüfen.

Im Ausgangspunkt entspricht es allgemeiner Meinung, dass die gesetzliche Kompetenzverteilung zwischen der Geschäftsführung und den Kom-

---

[768] Vgl. hierzu im Ersten Teil, CII 2. und C II 3.
[769] Wichert, AG 1999, 362, 364.

manditaktionären aufgrund der nach §§ 278 Abs. 2 AktG, 163 HGB eingeräumten Gestaltungsfreiheit geändert werden kann. Dies bedeutet, dass sich das Widerspruchsrecht der Kommanditisten gegen außergewöhnliche Maßnahmen der Geschäftsführung grundsätzlich ausschalten lässt.

Für einen derartigen Ausschluss besteht häufig ein praktisches Bedürfnis. Die Hauptversammlung einer börsennotierten Gesellschaft ist nur umständlich zu laden, §§ 278 Abs. 3, 121 ff. AktG. Die Einberufungsfrist beträgt gemäß § 123 Abs. 1 AktG mindestens einen Monat. Die Hauptversammlung ist damit viel zu unflexibel, um kurzfristig unternehmerische Entscheidungen treffen zu können. Hinzu kommt, dass die Kommanditaktionäre in Abhängigkeit von den Entscheidungsgegenständen informiert werden müssen. Die Beschlüsse der Hauptversammlung sind überdies grundsätzlich durch die Kommanditaktionäre anfechtbar. Eine solche Anfechtung führt zu einer vorläufigen Blockade der Entscheidung. Vor dem Hintergrund dieser Erwägungen haben börsennotierte KGaA das Widerspruchsrecht weitgehend ausgeschlossen[770]. Streitig ist, ob § 164 Satz 2 HGB in einer börsennotierten GmbH & Co. KGaA ersatzlos abbedungen werden kann.

2.1. Meinungsstand

Nach einer verbreiteten Ansicht ist eine Klausel in Satzungen börsennotierter Gesellschaften, die das Zustimmungsrecht in der Hauptversammlung bei außergewöhnlichen Geschäftsführungsmaßnahmen

[770] § 13 Abs. 4 der Satzung der Merck KGaA vom 15. Februar 2006, www.merck.de/servlet/PB/show/1330390/Satzung_170504.pdf; § 10 Abs. 3 der Satzung der Themis Equity Partners GmbH & Co. KGaA (der früheren VCH Best-of-VC GmbH & Co. KGaA); www.Themis-equity.de/diversepdf/ Satzung_Themis_11.05.2006_geschuetzt.pdf.; S. 51 des Emissionsprospektes der Borussia Dortmund GmbH & Co. KGaA; Vgl. § 10 Abs. 2 der Satzung der Mühlbauer Holding AG & Co. KGaA vom 28. Mai 2006, in dem zwar das Zustimmungsrecht für außergewöhnliche Geschäftsführungsmaßnahmen abbedungen worden ist, gleichwohl eine Kompetenz des Aufsichtsrates bei einem nachfolgend aufgeführten Katalog normiert hat, www.muehlbauer.de/bausteine.net/file/showfile.aspx?downdaid=10948&sp=E&domid=1016&fd=2. Weitergehender die Satzung der AIG International Real Estate GmbH & Co. KGaA, in der das Zustimmungsrecht der Gesamtheit der Kommanditaktionäre auf den Aufsichtsrat übertragen worden ist und Nr. 26 der Satzung der Henkel KGaA vom April 2006, abrufbar unter www.henkel.de/int_henkel/ir_de/binarydata/pdf/SatzungApril_2006.pdf.; nach der ein von der Hauptversammlung eingesetzter Gesellschafterausschuss bei der Ausübung der Geschäftsführung mitwirkt.

ausgleichslos abbedungen hat, unwirksam[771]. Nach dieser Ansicht sind Klauseln vielmehr nur dann zulässig, wenn dem Aufsichtsrat oder dem Beirat als Ausgleich für den Ausschluss des Zustimmungsrechtes eine entsprechende Mitwirkung zugewiesen wird. Die Vertreter dieser Ansicht plädieren dafür, einen Katalog von Rechtsgeschäften – entsprechend den in § 111 Abs. 4 Satz 2 AktG geregelten Zustimmungsvorbehalten des Aufsichtsrates – in die Satzung aufzunehmen, die der Zustimmung des Beirates oder Aufsichtsrates unterliegen. Soweit die Satzung einen solchen Katalog enthalte, sei im Rahmen einer Inhaltskontrolle der Satzung durch die Gerichte lediglich zu prüfen, ob der Katalog alle an sich der Zustimmung unterliegenden außergewöhnlichen Geschäftsführungsmaßnahmen erfasst[772].

Demgegenüber sind nach einer Gegenansicht auch bei einer kompensationslosen Abbedingung des Zustimmungsrechtes der Gesamtheit der Kommanditaktionäre bei außergewöhnlichen Geschäftsführungsmaßnahmen die Voraussetzungen für eine Inhaltskontrolle nicht gegeben[773]. Begründet wird diese Ansicht mit einer vergleichenden Betrachtung zum Recht der AG, wonach die Aktionäre kein Zustimmungsrecht bei außergewöhnlichen Geschäftsführungsmaßnahmen haben. Da der Ausschluss des Zustimmungsrechtes somit nur dazu führt, dass die Kommanditaktionäre den Aktionären einer AG gleich gestellt sind, ist eine unverhältnismäßige Benachteiligung der Kommanditaktionäre unter rechtsvergleichenden Gesichtspunkten zu verneinen.

2.2. Kritik und Zwischenergebnis

Eine Unangemessenheit im Sinne des § 242 BGB setzt zunächst voraus, dass den Kommanditaktionären durch den Ausschluss des Widerspruchs-

---

[771] Diese Ansicht wird insbesondere vertreten von Ihrig/Schlitt, ZHR-Beiheft 67, 1998, S. 33, 65 ff.; Hommelhoff, ZHR-Beiheft 67, 1998, S. 20; Kiefer, Anlegerschutz, S. 168; Schaumburg/Schulte, KGaA, Rdnr. 59; Schilling, BB 1998, 1385; wohl auch Hennerkes/Lorz, DB 1997, 1391; Priester, ZHR 160 (1996), 250, 262; Dirksen/Möhrle, ZIP 1998, 1381, 1385.

[772] Ihrig/Schlitt, ZHR-Beiheft 67, 1998, S. 33, 65 ff.; Hommelhoff, ZHR-Beiheft 67, 1998, S. 20; Kiefer, Anlegerschutz, S. 168; Schaumburg/Schulte, KGaA, Rdnr. 59; Schilling, BB 1998, 1385; wohl auch Hennerkes/Lorz, DB 1997, 1391; Priester, ZHR 160 (1996), 250, 262; Dirksen/Möhrle, ZIP 1998, 1381, 1385.

[773] Vgl. hierzu Semler/Perlitt in MünchKomm/AktG, 2. Aufl., § 278 Rdnr. 369 mwN.; Heermann, ZGR 2000, 81 f.; Jaques, NZG 2000, 408; Overlack, RWS-Forum 10, 1997, S. 259; Wichert, AG 2000, 268, 270.

rechtes unverhältnismäßige Nachteile entstehen. Diese sind bei einer Abbedingung des Widerspruchsrechtes nicht gegeben. Die Konsequenz einer Abbedingung des Widerspruchsrechtes besteht lediglich darin, dass die Kommanditaktionäre diesbezüglich in ihren Rechten den Aktionären einer AG gleich stehen[774]. Selbst wenn man in der Abbedingung einen unverhältnismäßigen Nachteil sehen würde, besteht für seine Regelung häufig ein praktisches Bedürfnis. Gründe hierfür können im Einzelfall die umständliche Ladung der Hauptversammlung einer börsennotierten Gesellschaft, §§ 278 Abs. 3, 121 ff. AktG, sein, die gemäß § 123 Abs. 1 AktG mindestens einen Monat im Voraus erfolgen muss. Darüber hinaus müssen die Kommanditaktionäre in Abhängigkeit von den Entscheidungsgegenständen entsprechend informiert werden. Die Beschlüsse der Hauptversammlung sind überdies anfechtbar.

Somit sind die Satzungsausgestaltungen, nach denen die Geschäftsführung neben den gewöhnlichen auch alle außergewöhnlichen Geschäftsführungsmaßnahmen eigenverantwortlich ohne weitere Abstimmung oder Zustimmung des Aufsichtsrates oder der Hauptversammlung vornehmen kann, als zulässig anzusehen.

3. Zustimmungsrechte des Komplementärs

Nach § 285 Abs. 2 Satz 1 AktG bedürfen Beschlüsse der Hauptversammlung der Zustimmung der persönlich haftenden Gesellschafter, soweit sie Angelegenheiten betreffen, für die bei einer Kommanditgesellschaft das Einverständnis der persönlich haftenden Gesellschafter und der Kommanditisten erforderlich ist. Welche Beschlüsse dies sind, ergibt sich in erster Linie aus der Satzung, §§ 161 Abs. 2, 109 HGB; 278 Abs. 2 AktG. Auch im Hinblick auf die Modalitäten des Zustimmungsbeschlusses sind zunächst die Regelungen der Satzung maßgeblich. Nur soweit hierin nichts anderes geregelt wird, gilt das im Personengesellschaftsrecht geregelte Einstimmigkeitsprinzip, §§ 161 Abs. 2, 119 Abs. 1 HGB. Soweit die Satzung keine besonderen Regelungen über die zustimmungspflichtigen Rechtsgeschäfte enthält, besteht Einigkeit darüber, dass Satzungsänderungen und Grundlagengeschäfte gemeinsame Angelegenheiten aller

---

[774] So Heineke, Anlegerschutz in der KGaA, S. 215.

Gesellschafter sind und deshalb der Zustimmung der persönlich haftenden Gesellschafter, einschließlich derjenigen, die von der Geschäftsführung ausgeschlossen sind, bedürfen[775].

Die Diskussion in der Literatur zur GmbH & Co. KGaA ist von der Feststellung eines Gestaltungswunsches geprägt, wonach die persönlich haftenden Gesellschafter ein Interesse im Hinblick auf die Erweiterung der ihnen zustehenden Zustimmungsrechte haben. Soweit ein solches Bedürfnis unterstellt werden kann, hat es jedenfalls in den Satzungen börsennotierter Kapitalgesellschaft & Co. KGaA nicht den entsprechenden Widerhall gefunden. Hierin wird eine Erweiterung der Zustimmungsrechte über die Fälle des § 285 Abs. 2 Satz 1 hinaus kaum angestrebt[776]. Aber auch in rechtstatsächlicher Hinsicht macht die Diskussion im Regelfall nur für die Fälle Sinn, in denen der Gesamtheit der Kommanditaktionäre ein zwingendes Stimmrecht zusteht.

Soweit darüber nachgedacht wird, Vetorechte für außergewöhnliche Geschäftsführungsmaßnahmen zu regeln, so wird dabei gelegentlich vergessen, dass sämtliche Geschäftsführungsmaßnahmen auf die Komplementärgesellschaft verlagert worden sind. Theoretisch macht in diesen Fällen eine Erweiterung der Zustimmungsbefugnisse nur dann überhaupt Sinn, wenn nicht alle Gesellschafter der Komplementärgesellschaft geschäftsführungsbefugt sind, gleichzeitig aber ihr Widerspruchsrecht nach § 285 Abs. 2 Satz 1 AktG behalten sollen[777]. Aber gerade in diesem Fall besteht kein Bedürfnis einer Erweiterung der Zustimmungsrechte der persönlich haftenden Gesellschafter, die sowohl von der Geschäftsführung als auch der Mitwirkung nach Personengesellschaftsrecht ausgeschlossen werden sollen[778].

---

[775] Assmann/Sethe in GroßKomm/AktG, 4. Aufl., § 285 Rdnr. 54; Hüffer, Komm/AktG, 6. Aufl., § 285 Rdnr. 2; Mertens/Cahn in KölnKomm/AktG, 2. Aufl., § 285 Rdnr. 35 f..

[776] Keine Erweiterung der Zustimmungsvorbehalte enthält bsw. die Satzung der Henkel KGaA, in der Satzung der Mühlbauer Holding ist der Zustimmungsvorbehalt auf den Fall der Feststellung des Jahresabschlusses beschränkt, § 19 Abs. 4 der Satzung vom 28. Mai 2005, www.muehlbauer.de/bausteine.net/file/showfile.aspx?downdaid=10948&sp=E&domid=1016&fd=2.; anders dagegen bei der AIG International Real Estate GmbH & Co. KGaA.

[777] Vgl. zu dieser Differenzierung Mertens/Cahn in KölnKomm/AktG, 2. Aufl., § 285 Rdnr. 36.

[778] Assmann/Sethe in GroßKomm/AktG, 4. Aufl., § 285 Rdnr. 51, 54 f.; Mertens/Cahn in KölnKomm/AktG, § 285 Rdnr. 35; Kessler, Einwirkungsrechte auf die Kommanditaktionäre, S. 205 mwN..

Denkbar ist dagegen zwar ein Zustimmungsrecht der Komplementäre in den Fällen, in denen nach dem Gesetz der Gesamtheit der Kommanditaktionäre eine zwingende Kompetenz zur Beschlussfassung zugewiesen ist. Das in diesem Zusammenhang am meisten zitierte Beispiel ist die Frage der Verwendung des auf die Kommanditaktionäre entfallenden Bilanzgewinns, über den die Hauptversammlung gemäß §§ 278 Abs. 3, 174 Abs. 1 AktG allein entscheidet. Sie ist dabei an den festgestellten Jahresabschluss, nicht aber den Gewinnverwendungsvorschlag der geschäftsführenden Komplementäre gebunden, §§ 283 Nr. 9, 170 Abs. 2 AktG[779].

Die Regelung eines Zustimmungsrechtes für die Komplementäre kann dazu führen, dass von dem erwirtschafteten und nach Abzug der Tätigkeitsvergütung und der Gewinnanteile der persönlich haftenden Gesellschafter bereinigten Bilanzgewinns nichts ausgeschüttet wird[780]. Diese Konsequenz wird von einigen zum Anlass genommen, eine Erweiterung der Zustimmungsrechte auf diesen Fall zu verweigern, wobei die Begründungen hierfür variieren. Für die eine Inhaltskontrolle befürwortenden Ansichten stellt eine Erweiterung des Zustimmungsrechtes auf den Fall der Verwendung des Bilanzgewinns eine unangemessene Benachteiligung der Interessen der Gesamtheit der Kommanditaktionäre dar[781].

Aber auch Assmann/Sethe, die eine Inhaltskontrolle bei Publikums-KGaA im Grundsatz ablehnen, gehen von der Unzulässigkeit einer solchen Zustimmungsbefugnis aus, weil anderenfalls durch die Einräumung eines Vetorechtes die in die ausschließliche Kompetenz der Hauptversammlung fallende Verwendung des Bilanzgewinns in den „Rang einer gemeinsamen Angelegenheit beider Gesellschaftergruppen" erhoben wird, wodurch gegen §§ 278 Abs. 3, 23 Abs. 5 AktG verstoßen wird[782].

---

[779] Vgl. hierzu Assmann/Sethe in GroßKomm/AktG, 4. Aufl., § 285 Rdnr. 80 ff.; Semler/Perlitt in MünchKomm/AktG, 2. Aufl., § 286 Rdnr. 80; Mertens/Cahn in KölnKomm/AktG, 2. Aufl., § 285 Rdnr. 39, 286 33; Heineke, Anlegerschutz in der KGaA, S. 216 f..

[780] So eine verbreitete Ansicht in der Literatur, Mertens/Cahn in KölnKomm/AktG, 2. Aufl., § 286 Rdnr. 33; Herfs in MünchHdb/GesR, AG, § 79 Rdnr. 19, früher auch Sethe, DB 1998, 1044, 1045.

[781] Schlitt, Satzung der KGaA, S. 213, 227 f, für den Einzelfall auch Semler/Perlitt in MünchKomm/AktG, 2. Aufl., § 286 Rdnr. 80.

[782] Assmann/Sethe in GroßKomm/AktG, 4. Aufl., § 285 Rdnr. 81.

Den eine Erweiterung der Zustimmungsrechte ablehnenden Ansichten ist im Ergebnis zuzustimmen. In der Sache besteht kein Bedarf, den Komplementären ein Zustimmungsrecht über die Verwendung des auf die Kommanditaktionäre entfallenden Bilanzgewinns zuzugestehen. Deren Interessen sind vielmehr hinreichend dadurch gewahrt, dass ihnen ein Zustimmungsrecht zum Beschluss der Hauptversammlung über die Feststellung des Jahresabschlusses zusteht und die auf die Sondereinlagen der Komplementäre entfallenden Gewinnanteile oder die in die Rücklage einzustellenden Beträge bereits für die Ermittlung des Bilanzgewinns in Abzug gebracht worden sind.

Praktische Bedeutung erlangt § 285 Abs. 2 Satz 1 AktG auch in den Fällen von Grundlagengeschäften, in denen die Gesamtheit der Kommanditaktionäre in der Hauptversammlung einen Beschlussvorschlag der Geschäftsführung abgelehnt hat. Nach dem Wortlaut des § 285 Abs. 2 Satz 1 AktG steht den Komplementären auch in diesen Fällen ein Zustimmungsrecht zu. Dieses vom Wortlaut gedeckte Ergebnis wird jedoch von der ganz herrschenden Meinung teleologisch reduziert. Hiernach unterfallen ablehnende Beschlüsse der Hauptversammlung bei den in § 285 Abs. 2 Satz 1 AktG genannten Fällen nicht der Zustimmung der Komplementäre[783] Die Begründung hierfür besteht darin, dass anderenfalls nicht nur das Mitwirkungsrecht der Kommanditaktionäre entwertet würde, sondern bei Meinungsverschiedenheiten zwischen den persönlich haftenden Gesellschaftern und den Kommanditaktionären eine Entscheidung gänzlich ausgeschlossen ist, da weder die Zustimmung noch die wirksame Ablehnung der betreffenden Maßnahme zustande kommen würde.

4. Ergebnis

Die Übertragung von Zuständigkeiten der Gesamtheit der Kommanditaktionäre auf die Komplementärgesellschaft findet in der börsennotierten GmbH & Co. KGaA ihre Grenze in den zwingenden Kompetenzen der Kommanditaktionäre bei allen die Grundlagen der Gesellschaft berührenden Sachverhalten unter der Voraussetzung, dass diese durch das Personengesellschaftsrecht erfasst werden.

[783] Assmann/Sethe in GroßKomm/AktG, 4. Aufl., § 285 Rdnr. 58; Mertens/Cahn in KölnKomm/AktG, 2. Aufl., § 285 Rdnr. 37; Semler/Perlitt in MünchKomm/AktG, 2. Aufl., § 285 Rdnr. 42.

Die zwingenden Kompetenzen ergeben sich dabei aufgrund einer Inhaltskontrolle von Satzungsgestaltungen am Maßstab von § 242 BGB. Hiernach sind Klauseln dann nichtig, wenn sie für die Kommanditaktionäre einen unangemessenen Nachteil darstellen, ohne dass hierfür ein rechtfertigender Gesichtspunkt ersichtlich ist. Eine Anwendung dieses Maßstabes hat ergeben, dass eine Entziehung der Kompetenzen zur Satzungsänderung und anderen Grundlagengeschäfte, die durch das Personengesellschaftsrecht erfasst werden, wie den Fall der Entziehung der Geschäftsführungs- und Vertretungsmacht, den Fall der vollständigen oder teilweisen Einstellung des Gewerbebetriebes, der Veräußerung oder Verpachtung des Unternehmens oder eines Teils davon sowie der Übertragung des gesamten Vermögens der Gesellschaft, für die Kommanditaktionäre einen unangemessenen Nachteil darstellen, ohne dass dieser durch einen Grund gerechtfertigt werden könnte[784]. Somit sind in der börsennotierten KGaA und vergleichbar der Situation in der Publikums-KG zwingende Stimmrechte der Gesellschafter auch außerhalb des Kernbereichs anzuerkennen. Denkbar bleibt zwar theoretisch eine antizipierte Zustimmung zu einzelnen Grundlagengeschäften in der Satzung der KGaA im Voraus und unter der Voraussetzung, dass den Kommanditaktionären der Beschlussgegenstand mitgeteilt wird. Praktisch wird ein beabsichtigtes Grundlagengeschäft in der Satzung kaum im Voraus mitgeteilt werden.

Der Ausschluss des Widerspruchsrechtes führt dagegen nicht zu unverhältnismäßigen Nachteilen für die Gesamtheit der Kommanditaktionäre. Deren Konsequenz besteht vielmehr lediglich darin, dass die Kommanditaktionäre diesbezüglich in ihren Rechten den Aktionären einer AG gleich stehen[785]. Für einen Ausschluss besteht darüber hinaus in vielen Fällen ein nachweisbares praktisches Bedürfnis.

Die in der Literatur zur Kapitalgesellschaft & Co. KGaA gestellte Frage einer Erweiterung der Vetorechte lässt unberücksichtigt, dass außergewöhnliche Geschäftsführungsmaßnahmen in vielen Fällen vollständig auf

---

[784] Die Kommentarliteratur rechnet die Vermögensübertragung zu den Grundlagengeschäften, vgl. Assmann/Sethe in GroßKomm/AktG, 4. Aufl., § 278 Rdnr. 124; BGH ZIP 1995, 278, 279.

[785] So Heineke, Anlegerschutz in der KGaA, S. 215.

die Komplementärin übertragen worden sind, so dass ein Bedürfnis nach einem Vetorecht nur für die von der Geschäftsführung ausgeschlossenen Gesellschafter der Komplementärgesellschaft bestehen kann. In diesen Fällen wird eine Erweiterung der Vetorechte dieser nicht geschäftsführungsbefugten Gesellschafter der Komplementärgesellschaft kaum angestrebt werden. Denkbar ist eine Erweiterung der Vetorechte gleichwohl bei Maßnahmen, die wie die Verteilung des auf die Kommanditaktionäre entfallenden Bilanzgewinns in die zwingende Kompetenz der Gesamtheit der Kommanditaktionäre fallen. Eine Erweiterung des Vetorechtes für diese Fälle ist jedoch unter Anwendung der Grundsätze der Inhaltskontrolle als unzulässig anzusehen.

II. Schutz der Kommanditaktionäre bei Kapitalmaßnahmen

Nachdem vorstehend der Schutz der Kommanditaktionäre bei satzungsändernden Maßnahmen insoweit, als sie durch das Personengesellschaftsrecht geregelt sowie bei organisationsbezogenen und strukturverändernden Sachverhalten dargestellt worden sind, soll in der nachfolgenden Untersuchung der Schutz der Kommanditaktionäre bei Kapitalmaßnahmen herausgearbeitet werden. Die rechtliche Behandlung von Kapitalmaßnahmen ist dabei besonders für Kleinaktionäre, die über kein relevantes Stimmengewicht in der Hauptversammlung verfügen, besonders interessant. Die Vermögensrechte stellen für diese Gruppe die entscheidenden gesellschaftsrechtlichen Kriterien für die Entscheidung über die Beteiligung an einer Gesellschaft dar.

Die nachfolgenden Überlegungen werden für die in der Rechtsform der GmbH & Co. KGaA betriebenen Lizenzabteilungen der Fußballvereine sowie für börsennotierte Beteiligungsgesellschaften teilweise praktisch nicht relevant werden, da jedenfalls bei den börsennotierten Beteiligungsgesellschaften die Gesellschafter der Komplementärgesellschaft regelmäßig nicht über die Sondereinlage an der KGaA beteiligt sind.

Bei der nachfolgenden Untersuchung soll davon ausgegangen werden, dass eine Beteiligung der Unternehmer-Gesellschafter über die Sondereinlage der Komplementärgesellschaft erfolgt. Damit einher geht der

Wunsch dieser Gesellschafter, mindestens eine Gleichbehandlung ihrer vermögensmäßigen Beteiligung im Verhältnis zu den Kommanditaktionären sicherzustellen. Darüber hinaus kann ein Bedürfnis an Satzungsklauseln bestehen, die das Recht auf Erhöhung der Komplementäreinlage ohne ein Mitziehen für die Kommanditaktionäre enthalten. Denkbar ist zudem, dass sich die Motive der Unternehmer-Gesellschafter, die zu einer Beteiligung über die Komplementärgesellschaft geführt haben, in der Folgezeit ändern. Folge dieser Änderung kann der Wunsch nach einer Umwandlung der Komplementäreinlage in Kommanditaktien sein.

Deshalb ist jeweils zunächst zu klären, ob sich die von den Unternehmer-Gesellschaftern angestrebten Interessen rechtlich absichern lassen. Sofern eine rechtliche Absicherung möglich ist, hat in einem weiteren Schritt die Überprüfung der Klauseln anhand des Maßstabes des § 242 BGB zu erfolgen.

1. Zulässige Ausgestaltungen für die einseitige Erhöhung der Komplementäreinlage

Für die Frage der Zulässigkeit ist zunächst zwischen dem Fall der festen Sondereinlage der Komplementärin und dem Fall einer betragsmäßig nicht feststehenden Höhe der Sondereinlage der Komplementärin zu unterscheiden. Dabei geht das Gesetz für den unbeschränkt haftenden Gesellschafter nur von der Existenz eines Kapitalkontos aus, auf dem Gewinne, Verluste, Entnahmen und Einlagen verbucht werden, §§ 161 Abs. 1, 120 Abs. 2 HGB. Es entspricht jedoch den Interessen zumindest der Kommanditaktionäre zur Wahrung ihres Anteils am Bilanzgewinn, die Sondereinlage der Komplementärgesellschaft betragsmäßig zu beschränken. In diesem Fall wird das Einlagenkonto als Festkapitalkonto oder aber zwar variabel geführt, jedoch mit einer Obergrenze versehen, die auch im Handelsregister einzutragen ist. Daneben wird in diesen Fällen zumindest ein variables Konto geführt, auf dem die nicht auf dem Einlagenkonto auszuweisenden Gewinne verbucht werden.

Nachfolgend soll geklärt werden, welche zwingenden Grenzen des Anlegerschutzes der Absicherung der Erhöhung der Sondereinlage bei deren variabler bzw. fester Ausgestaltung entgegenstehen.

1.1. Erhöhung der Komplementäreinlage bei variablem Sondereinlagenkonto

Die Erhöhung der Sondereinlage stellt eine Satzungsänderung dar, § 281 AktG. Diese Satzungsänderung lässt sich jedoch durch eine Regelung in der Satzung dergestalt vollziehen, dass die Kommanditaktionäre ihre Zustimmung zur Erhöhung geben. Daneben ist auch eine antizipierte Zustimmung der Kommanditaktionäre durch eine Regelung in der Satzung denkbar[786]. Ein solcher Inhalt der Satzungsklausel besteht in der Ermächtigung an die Komplementäre, nur ihre Anteile zu erhöhen. Aufgrund der antizipierten Zustimmung ist vor der jeweiligen Einlagenerhöhung ein weiterer Satzungsänderungsbeschluss nicht erforderlich[787]. Die Satzung muss jedoch zum Schutz der Kommanditaktionäre eine Obergrenze bestimmen[788].

1.2. Erhöhung der Komplementäreinlage bei festem Kapitalkonto

Soweit dagegen sowohl die Sondereinlage als auch grundsätzlich der Anteil der Kommanditaktionäre am Grundkapital fest ausgestaltet ist, ist bei jeder Erhöhung des Komplementäranteils ein Satzungsbeschluss durch die Hauptversammlung erforderlich, der jedoch bereits in der Satzung enthalten sein kann, sog. antizipierte Zustimmung. Soweit nur ein ordentlicher Hauptversammlungsbeschluss in Betracht kommt, besteht Streit darüber, ob dieser Beschluss mit einfacher oder mit satzungsändernder Mehrheit getroffen werden muss[789]. Neben dieser formellen Voraussetzung muss hinzukommen, dass der Ausgabebetrag für neue Komplementäranteile nicht wesentlich unter dem Börsenwert einer entsprechenden prozentualen Beteiligung in Form von Kommanditaktien liegt.

Schlitt hat eingewandt, dass ein einseitiges Recht zur Erhöhung der Komplementäreinlage einer Inhaltskontrolle nach § 242 BGB nicht standhalten

---

[786] Cahn, AG 2001, 579, 580; Wichert, AG 1999, 362, 363 mwN. in Fn.2 und Fn.3.

[787] Vgl. hierzu grundsätzlich Cahn, AG 2001, 579, 582.

[788] Herfs in MünchHdb/GesR, AG, 2. Aufl., § 78 Rdnr. 8; Heineke, Anlegerschutz in der KGaA, S. 138.

[789] Vgl. zu dieser Frage Wichert, Finanzen der KGaA, S. 162; Herfs, VGR Bd. 1 (1999), S. 33, 47. Wichert, AG 1999, 368 hält für den Beschluss nur die einfache Mehrheit für erforderlich, da es sich um einen kommanditrechtlich geregelten Satzungsbestandteil handelt, hiergegen Heineke, Anlegerschutz in der KGaA, S. 138, der anführt, dass dieser Beschluss wie jeder satzungsändernder Beschluss einer Mehrheit des § 179 Abs. 2 AktG bedarf.

würde[790]. Er verweist in diesem Zusammenhang auf eine Entscheidung des BGH zur Publikums-KG, wonach Satzungsbestimmungen unzulässig sind, die es dem Komplementär erlauben, in einem späteren Zeitpunkt die Kommanditbeteiligungen zu einem festgelegten Preis zu übernehmen[791].

Der von der Rechtsprechung zur Publikums-KG entschiedene Fall lässt sich jedoch mit dem vorstehend geschilderten Fall der Kapitalerhöhung bei festgelegter Höhe der Sondereinlage nicht vergleichen[792]. In dem vom BGH zu entscheidenden Sachverhalt ging es darum, dass der Komplementär die Kommanditbeteiligungen zu einem vorher festgelegten Preis in irgendeinem Zeitpunkt übernehmen konnte. Vergleicht man die denkbaren Alternativen in diesem Fall miteinander, so hat es in dem entschiedenen Sachverhalt bei keiner der Alternativen ein Risiko für den Komplementär gegeben. Denn für den Fall, dass die Geschäftsentwicklung des Unternehmens negativ verlaufen wäre, hätte er die Option nicht ausgeübt. Soweit dagegen der am Markt zu erzielende Betrag unter dem festgelegten Preis lag, hätte er grundsätzlich von der Ausübung der Option Abstand genommen. Nur für den Fall, dass der am Markt auch unter Berücksichtigung von Prognosen künftig erzielbare über dem festgelegten Preis liegt, hätte er die Option ausgeübt. Der Vergleich der möglichen eintretenden Fälle zeigt, dass in jedem dieser Fälle für den Kommanditaktionär kein Vorteil hinsichtlich seines in der Aktie verkörperten Vermögensrechtes entstanden wäre. Aufgrund dieser Bewertung hatte der BGH eine Inhaltskontrolle am Maßstab von § 242 BGB vorgenommen und die entsprechende Satzungsklausel kassiert.

Dagegen ist ein einseitiges Erhöhungsrecht des Komplementärs hinsichtlich seiner Komplementäreinlage, das zeitlich befristet und bei dem der Ausgabepreis unter objektiven Gesichtspunkten festgelegt wird, nicht zu beanstanden. Schließlich muss der Komplementär auch damit rechnen, dass seine Zuzahlung durch spätere Verluste der Gesellschaft aufgezehrt wird. Insofern ist nichts dagegen einzuwenden, wenn der Komplementär

---

790 Ihrig/Schlitt, ZHR-Beiheft 67, 1998, S. 33, 74 f.; Schlitt, Satzung der KGaA, S. 148.
791 BGHZ 84, 11 ff..
792 Starke Zweifel hinsichtlich der Übertragbarkeit der Rechtsprechung auf diesen Fall äußert auch Arnold, KGaA, S. 142 f..

eine von ihm angenommene vorübergehende Unterbewertung ausnutzt und sich so finanzielle Vorteile verschafft[793]. Somit ist ein einseitiges Erhöhungsrecht der Komplementäreinlage unter der Voraussetzung zulässig, dass dieses Recht den Gesellschaftern der Komplementärgesellschaft in der Satzung der KGaA mit einer entsprechenden zeitlichen Befristung eingeräumt wird[794].

1.3. Ergebnis

Eine Erhöhung der Komplementäreinlage ist bei deren variabler Ausgestaltung unter der Voraussetzung unproblematisch, dass eine Obergrenze festgelegt ist. In diesem Fall kann der Kommanditaktionär lediglich darauf vertrauen, dass sich die Komplementäreinlage innerhalb der in der Satzung angegebenen Obergrenze beläuft. Sofern die Komplementäreinlage fest ausgestaltet ist, bedarf es grundsätzlich eines ordentlichen Hauptversammlungsbeschlusses. In diesem Beschluss muss jedoch geregelt werden, zu welchem Ausgabepreis der Komplementär seine Sondereinlage erhöhen kann, wobei sich der zu Ausgabepreis grundsätzlich am Börsenkurs zu orientieren hat und den Zeitraum für die Ausübung der Erhöhungsmöglichkeit festsetzen muss. Dem gegen diese Vorgehensweise bereits im Schrifttum zur Publikums-KG vorgebrachten Einwand, wonach sich der Komplementär bei entsprechender Gewinnsituation finanzielle Vorteile verschafft, ist entgegenzuhalten, dass der die Verpflichtung zur Erhöhung der Sondereinlage abgebende Gesellschafter schließlich auch der Gefahr ausgesetzt wird, dass seine Zuzahlung durch spätere Verluste vermindert wird.

2. Recht zur Erhöhung der Komplementäreinlage bei Erhöhung des Grundkapitals

Eine Erhöhung des Grundkapitals der Gesellschaft, unabhängig davon, ob sie gegen Einlagen, §§ 182 ff. AktG, oder aus Gesellschaftsmitteln erfolgt, §§ 207 ff. AktG, geht bei unverändertem Kapitalanteil des Komplementärs mit einer Reduzierung seines Anteils am Gesamtkapital einher. Die Folge der Erhöhung des Grundkapitals ist deshalb eine Senkung des Anteils der

---

793 Vgl. Wichert, AG 1999, 362, 369.

794 Wichert, AG 1999, 362, 369; ders., AG 2000, 272.

Komplementäre am Gewinn- und Liquidationserlös[795]. Erwünscht ist deshalb eine entsprechende Satzungsklausel, die den Komplementären das Recht einräumt, das ursprüngliche Verhältnis von Kapitalanteil und Grundkapital wieder herzustellen.

Die entsprechenden Satzungsausgestaltungen dürfen die Kommanditaktionäre jedoch nicht willkürlich benachteiligen. Das Recht zum „Mitziehen" für die Komplementäre ist aus der Sicht der Kommanditaktionäre nur dann unproblematisch, wenn die Komplementäre das gleiche Aufgeld zu zahlen haben, das auf die neuen Aktien zu zahlen ist[796]. Ansonsten würden sie beim Erwerb neuer Anteile bevorzugt, ohne dass hierfür eine Rechtfertigung ersichtlich ist.

Problematisch sind Satzungsgestaltungen, bei denen zwar für alle Gesellschafter das gleiche Agio festgelegt wird, dem Komplementär jedoch freigestellt wird, ob und zu welchem Zeitpunkt er von dem Erhöhungsrecht Gebrauch machen will[797]. Das einmal festgelegte Agio würde dann auch für eine spätere Ausübung der Option zur Erhöhung der Komplementäreinlage gelten. Diese Regelung ist aus der Sicht der Komplementäre vorteilhaft. Sie können abwarten, ob nach der Kapitalerhöhung ein positiver Geschäftsverlauf eintritt, der eine Erhöhung der Komplementäreinlage zu den gesetzten Bedingungen als vorteilhaft erscheinen lässt. Der Komplementär könnte dann unverhältnismäßig an einer Gewinnerhöhung partizipieren[798].

In der Literatur ist die Diskussion darüber, ob eine solche Klausel der Inhaltskontrolle nicht standhält[799] oder ob sie selbst in diesem Fall unter der Voraussetzung der zeitlichen Begrenzung des Erhöhungsrechtes der

---

[795] Vgl. Hartel, Unternehmer-AG, S. 112; Heineke, Anlegerschutz in der KGaA, S. 140; Schlitt, Satzung der KGaA, S. 147.

[796] So ausdrücklich Herfs in MünchHdb/GesR, AG, § 78 Rdnr. 10; Schlitt, Satzung der KGaA, S. 147; Heineke, Anlegerschutz in der KGaA, S. 140; Semler/Perlitt und Assmann/Sethe setzen dies voraus.

[797] Die Zulässigkeit derartiger Satzungsklauseln bezweifelnd Ihrig/Schlitt, ZHR-Beiheft 67, 1998, S. 33, 74 f..

[798] Ihrig/Schlitt, ZHR-Beiheft 67, 1998, S. 33, 74 f.; vgl. auch Semler/Perlitt in MünchKomm/AktG, 2. Aufl., § 278 Rdnr. 404; Herfs in MünchHdb/GesR, AG, 2. Aufl., § 78 Rdnr. 10.

[799] Schlitt, KGaA, S. 148 schlägt die Koppelung an einen Unternehmenswert vor.

Komplementäre als zulässig anzusehen ist[800], noch nicht zu einem allgemeinen Ergebnis gelangt.

Sofern man der die Zulässigkeit einer solchen Klausel bejahenden Ansicht folgt, müsste jedoch mindestens eine zeitliche Begrenzung erfolgen, die ein halbes Jahr nicht übersteigen sollte[801]. Um die festgestellte Unsicherheit hinsichtlich der Rechtswirksamkeit der Erhöhungsklausel zu vermeiden, empfiehlt es sich, den von den Komplementären zu zahlenden Preis stets an der Wertentwicklung der Aktie der KGaA zu orientieren[802]. Dies wäre bei einer börsennotierten KGaA im Regelfall der Börsenkurs. Dies vorausgesetzt, ist auch bei einer Erhöhung zu einem späteren Zeitpunkt eine Gleichbehandlung von Komplementären und Kommanditaktionären gewährleistet[803].

3. Umwandlung von Komplementäranteilen in Grundkapital

Die vorstehenden Ausführungen haben die aus dem Kontrollmaßstab des § 242 BGB resultierenden rechtlichen Begrenzungen der Ausgestaltung einer einseitigen Erhöhung der Sondereinlage bzw. einem Mitziehen bei einer Erhöhung des Grundkapitals aufgezeigt. Ziel der nachfolgenden Untersuchung ist zu bestimmen, ob und unter welchen Voraussetzungen eine Umwandlung der Komplementäranteile in Grundkapital rechtlich zulässig bzw. gegen eine Umwandlung ggf. zwingende Regelungen stehen. Die Frage der Umwandlung des Komplementär- in Grundkapital wird dabei im Regelfall für die in der Rechtsform der GmbH & Co. KGaA organisierten Lizenzabteilungen der Fußballvereine und einige börsennotierte Beteiligungsgesellschaften praktisch nicht relevant werden.

3.1. Motive für die Umwandlung

In dem vorstehenden Abschnitt ist von der Prämisse ausgegangen worden, dass die Unternehmer-Gesellschafter vorwiegend über die Son-

---

[800] So schlägt Herfs in MünchHdb/GesR, AG, 2. Aufl., § 78 Rdnr. 11 einen Zeitrahmen von 6 Monaten vor. Zu weit dagegen Semler/Perlitt in MünchKomm/AktG, 2. Aufl., § 278 Rdnr. 404.

[801] Vgl. die Nachweise in der vorstehenden Randnummer, siehe jedoch auch die Kritik von Fett in Schütz/Bürgers/Riotte (Hrsg.), Hdb/KGaA, § 7 Rdnr. 15, S. 358.

[802] So Heineke, Anlegerschutz in der KGaA, S. 141.

[803] Dies entspricht wohl allg. Meinung, auch Ihrig/Schlitt hätten gegen eine so gefasste Klausel keine Bedenken.

dereinlage an der KGaA beteiligt sind. Diese Motivation kann sich jedoch in der Folgezeit ändern. Eine veränderte Motivation kann dazu führen, die Anteile an der Sondereinlage der Komplementärgesellschaft in Grundkapital umzuwandeln[804]. Die denkbaren Motive der Komplementäre für eine Umwandlung von Komplementäranteilen in Aktien sind dabei vielgestaltig. Ein Grund ist der Wunsch, die durch den Börsengang oder weitere Kapitalerhöhungen verloren gegangene 50%ige oder 75%ige Mehrheit in der Hauptversammlung zurückzuerlangen. Dies funktioniert naturgemäß nur dann, wenn nicht allen Aktionären zwingend ein Bezugsrecht im Falle der Umwandlung zusteht[805]. Ein zweiter Grund besteht darin, durch die Umwandlung in Aktien eine erleichterte Veräußerung der Komplementäranteile zu erreichen. Praktisch relevant wird dies insbesondere dann, wenn in einer Familiengesellschaft einzelne Erben das Unternehmen nicht aktiv weiterführen wollen[806]. Das Umwandlungsrecht kann auch in den Fällen, in denen der ausscheidende Gesellschafter der Komplementärgesellschaft einen Abfindungsanspruch hat, dazu dienen, diesen auf die Umwandlung des Kapitalanteils in Grundkapital zu verweisen[807]. Hierdurch kann ein Liquiditätsabfluss in der Komplementärgesellschaft vermieden werden. Denkbare Motivation eines Wechsels in die andere Beteiligungsform kann zudem in steuerlichen Gesichtspunkten begründet sein. Die Vielzahl der Motive zeigt, dass den Interessen der Unternehmer-Gesellschafter am besten durch eine größtmögliche Flexibilität in der Ausgestaltung der Beteiligung entsprochen werden würde.

Die aufgezeigten Interessen stellen überwiegend Partikularinteressen einzelner Gesellschafter oder Gesellschaftergruppen dar. Insoweit ergibt sich in vielen Fällen ein Konflikt mit den Interessen der Kommanditaktionäre, die bei Umwandlung der Beteiligung eine Verwässerung ihrer Stimmrechte befürchten müssen. Die nachfolgende Betrachtung muss

---

[804] Vgl. zu diesen Motiven insbesondere Krug, AG 2000, 510 f.; eine allgemeine Aufzählung der Motive enthalten auch die Darstellungen von Hoffmann-Becking/Herfs, Festschrift Sigle, S. 273, 294 f.; Herfs in MünchHdb/GesR, AG, § 78 Rdnr. 11; Schlitt, Satzung der KGaA, S. 151; Heineke, Anlegerschutz in der KGaA, S. 141.

[805] Vgl. Herfs in MünchHdb/GesR, AG, 2. Aufl., § 78 Rdnr. 11; Krug, AG 2000, 510 f..

[806] Krug, AG 2000, 510, 511.

[807] Krug, AG 2000, 510, 511.

zunächst klären, durch welches Verfahren die Komplementäreinlage in Kommanditkapital umgewandelt werden kann.

3.2. Verfahren der Umwandlung der Komplementär- in Kommanditkapital

Die Umwandlung der Sondereinlage ist eine Herabsetzung der Sondereinlage mit anschließender hiermit kausal verknüpfter Erhöhung des Grundkapitals[808]. Daraus folgt, dass eine bloße „Umbuchung" der Kapitalkonten – wie beispielsweise in der KG bei der Umwandlung der Sondereinlage in Kommanditkapital – nicht in Betracht kommt[809]. Das Verfahren der Umwandlung der Sondereinlage ist dabei im Einzelnen ungeklärt. Einigkeit besteht im Ausgangspunkt, dass es sich bei der Grundkapitalerhöhung um eine solche gegen Sacheinlagen handeln muss. Hinsichtlich der Bewertung besteht weitgehend Übereinstimmung, dass ein entsprechender „Gleichlauf" zwischen Komplementär- und Kommanditeinlage erfolgen muss. Dabei muss schon aus haftungsrechtlichen Gründen der anwaltliche Berater der Frage nach dem zutreffenden Sacheinlagegegenstand mit besonderer Aufmerksamkeit nachgehen, als der Sacheinlagegegenstand im Kapitalerhöhungsbeschluss konkret bezeichnet werden muss, §§ 278 Abs. 3, 183 Abs. 1 AktG. Sofern die Bezeichnung des Sacheinlagegegenstandes unzutreffend ist und demnach ein Anspruch eingebracht wird, der von Anfang an auf etwas Unmögliches gerichtet ist, hat der Inferent am Ende die Einlage noch einmal bar zu leisten[810]. Daneben kann er gemäß § 280 Abs. 1, 3 i.V.m. § 283 BGB Schadenersatzansprüchen der Gesellschaft ausgesetzt sein.

Setzt man diese Maßstäbe an, ist die weit verbreitete Ansicht, wonach Sacheinlagegegenstand das Kapitalkonto des Komplementärs ist[811], zumindest problematisch. Die Bedenken resultieren daraus, dass der Komplementär einer KGaA gerade keinen ständigen Anspruch auf Auszahlung

[808] Assmann/Sethe in GroßKomm/AktG, § 278 Rdnr. 189; Fett in Schütz/Bürgers/Riotte (Hrsg.), Hdb/KGaA, § 7 Rdnr. 21, S. 362; Herfs in MünchHdb/AG, § 78 Rdnr. 12.

[809] Fett in Schütz/Bürgers/Riotte (Hrsg.), Hdb/KGaA, § 7 Rdnr. 21, S. 362; Wichert, Finanzen der KGaA, S. 165 f..

[810] Fett in Schütz/Bürgers/Riotte, Hdb/KGaA, § 7 Rdnr. 22, S. 362.

[811] Diese Ansicht wird aus der Praxis von Herfs in MünchHdb/GesR, AG, § 78 Rdnr. 12; Hoffmann-Becking/Herfs, Festschrift Sigle, S. 273, 295 referiert.

seines Kapitalkontos hat[812]. Demnach kann die Auszahlung des Kapitalkontos keinen Anspruch gegen die KGaA darstellen, den der Komplementär als Sacheinlage im Rahmen der Kapitalerhöhung einbringen kann. Es bedarf vielmehr eines besonderen Entnahmerechtes, das jeweils für den Fall der erforderlichen Entnahme einen Auszahlungsanspruch aktualisiert. Durch die Einbringung dieses Entnahmeanspruchs tritt der Komplementär seine Forderung gegen die Gesellschaft an diese ab, so dass Anspruchsinhaber und Anspruchsgegner zusammenfallen und der Anspruch auf die Entnahmeforderung durch Konfusion erlischt[813]. Die KGaA ist trotz des sofortigen Untergangs der Forderung im Einbringungszeitpunkt um diesen bereichert. Im Ergebnis kann deshalb dieser Anspruch gegen die KGaA tauglicher Sacheinlagegegenstand sein[814]. Dieser Anspruch wird als Einlage der Komplementärgesellschaft umgebucht und erhöht so das Grundkapital der Gesellschaft.

Als Zwischenergebnis lässt sich somit festhalten, dass eine Umwandlung der Komplementär- in die Kommanditeinlage nur durch eine Sachkapitalerhöhung realisiert werden kann.

3.3. Zulässigkeit der Umwandlung von Komplementär- in Kommanditkapital

Nachdem nunmehr feststeht, dass die Umwandlung des Komplementärs- in Kommanditkapital mit Hilfe einer Sachkapitalerhöhung durchgeführt werden kann, sind nachfolgend die unterschiedlichen Möglichkeiten einer Kapitalerhöhung darauf hin zu untersuchen, ob und ggf. bei welchen Interessen eine Absicherung des Umwandlungsbegehrens unter gleichzeitigem Ausschluss des Bezugsrechtes der Kommanditaktionäre erfolgen kann.

Dabei lässt sich bei der Durchsicht von Satzungen börsennotierter KGaA aus der Art der Regelung leicht erkennen, dass die Praxis von einer unsicheren Rechtslage ausgeht. So legt die Satzung der Mühlbauer Holding

---

[812] Assmann/Sethe in GroßKomm/AktG, 4. Aufl., § 281 Rdnr. 21; Fett in Schütz/Bürgers/Riotte (Hrsg.), Hdb/KGaA, § 7 Rdnr. 23, S. 362 f..

[813] Fett in Schütz/Bürgers/Riotte (Hrsg.), Hdb/KGaA, § 7 Rdnr. 23, S. 363. Denkbar ist darüber hinaus der Abschluss eines Erlassvertrages, Assmann/Sethe in GroßKomm/AktG, 4. Aufl., § 278 Rdnr. 189.

[814] Fett in Schütz/Bürgers/Riotte (Hrsg.), Hdb/KGaA, § 7 Rdnr. 23, S. 363.

AG & Co. KGaA fest, dass die Umwandlung durch eine Kapitalerhöhung zu erfolgen hat. Soweit genehmigtes Kapital vorhanden ist, ist die Kapitalerhöhung zur Umwandlung von Komplementärkapital in Aktien aus dem genehmigten Kapital vorzunehmen. Ist dies rechtlich nicht zulässig, soll dies im Wege der bedingten Kapitalerhöhung erfolgen[815].

3.3.1. Umwandlung durch eine einfache Kapitalerhöhung ohne Bezugsrecht für die Kommanditaktionäre ?

Eine Umwandlung kann zunächst durch eine ordentliche Kapitalerhöhung gem. §§ 186 ff. AktG durchgeführt werden. Hiernach ist grundsätzlich gem. § 186 Abs. 3 Satz 2 AktG eine Dreiviertelmehrheit erforderlich, die auch nicht durch eine Satzungsbestimmung herabgesetzt werden kann. Durch die Kapitalerhöhung wird aber grundsätzlich den Kommanditaktionären nach §§ 278 Abs. 3, 186 Abs. 1 AktG ein Bezugsrecht auf die neu ausgegebenen Aktien gewährt. Sinnvoll ist die Kapitalerhöhung für die Gesellschafter der Komplementärgesellschaft jedoch nur dann, wenn die Kommanditaktionäre von ihrem Bezugsrecht ausgeschlossen sind, § 186 Abs. 3 AktG. Daran sind die Kommanditaktionäre regelmäßig nicht interessiert. Vielmehr ist die Umwandlung der Komplementäreinlage für sie mit rechtlich und faktisch nachteiligen Auswirkungen verbunden[816]. Der Komplementär hatte mit seiner Vermögenseinlage kein Stimmrecht in der Hauptversammlung, als Aktionär steht ihm dieses jedoch zu. In der Folge der Umwandlung kann es zum Verlust der Hauptversammlungsmehrheit oder zum Verlust von Minderheitsrechten kommen. Denkbar ist zudem, dass durch die Umwandlung erhebliche Kursverluste auftreten. Das gewichtigste Argument besteht jedoch letztlich in der Verwässerung der Stimmrechte[817].

Das Gesetz regelt die Voraussetzungen eines Bezugsrechtsausschlusses nach § 186 Abs. 3 und 4 AktG nicht ausdrücklich. Es besteht jedoch Einigkeit, dass der Ausschluss einer sachlichen Rechtfertigung bedarf[818].

---

[815] § 8 Abs. 2 der Satzung der Mühlbauer Holding AG & Co. KGaA vom 28. Mai 2005, www.muehlbauer.de/bausteine.net/file/showfile.aspx?downdaid=10948&sp=E&domid=1016&fd=2.

[816] Krug, AG 2000, 510, 511.

[817] Krug, AG 2000, 510, 511.

[818] Vgl. statt aller Hüffer, Komm/AktG, 6. Aufl., § 186 Rdnr. 25; für die KGaA: Herfs in MünchHdb/GesR, AG, 2. Aufl., § 78 Rdnr. 12.

Die vom Gesetz nach § 186 Abs. 3 Satz 4 AktG eröffneten Erleichterungen des Bezugsrechtsausschlusses sind auf die Kapitalerhöhung gegen Bareinlage zugeschnitten. Die Rechtsprechung hat jedoch die für den Bezugsrechtsausschluss bei einer Barkapitalerhöhung herausgearbeiteten Grundsätze auf den Fall der Sachkapitalerhöhung übertragen[819]. Für die Rechtfertigung eines Bezugsrechtsausschlusses ist hiernach eine Abwägung zwischen den Interessen der Gesellschaft und der ihrer Aktionäre erforderlich. Der Ausschluss des Bezugsrechtes muss im Interesse der Gesellschaft liegen, zur Erreichung des angestrebten Zieles erforderlich sein und bei einem Vergleich der Vorteile für die Gesellschaft und der Nachteile der betroffenen Aktionäre der Grundsatz der Verhältnismäßigkeit gewahrt werden[820]. Folgerichtig muss in diesem Fall ein hinreichendes Interesse der Gesellschaft an dem Erwerb des Einlagegegenstandes bestehen[821].

Vorausgesetzt wird somit ein Ziel, das dem Fortbestehen der Gesellschaft dient. Nicht hiervon erfasst werden nach ganz herrschender Meinung das Interesse einzelner Aktionäre oder der Aktionärsmehrheit an einer Kapitalerhöhung. Die Rechtsprechung hat eine Reihe von Fällen herausgearbeitet, in denen ein Bezugsrechtsausschluss im Interesse der Gesellschaft liegt und damit möglich ist. Hierzu zählen der Bezugsrechtsausschluss zum Ausgleich von Spitzenbeträgen, zur Schaffung von Belegschaftsaktien, zur Ausgabe von Wandelschuldverschreibungen, Maßnahmen zur Stützung des Finanzierungsinteresses im Rahmen einer Börseneinführung[822]. Der Fall der Umwandlung von Komplementäranteilen in Aktien lässt sich jedoch nicht unter diese Fälle fassen. Ein grundsätzliches Interesse der Gesellschaft an der Einbringung der Forderung besteht

---

[819] Semler/Perlitt in MünchKomm/AktG, 2. Aufl., § 278 Rdnr. 396; Herfs in MünchHdb/GesR, AG; 2. Aufl., § 78 Rdnr. 12; Schlitt, Satzung der KGaA, S. 152.
[820] BGHZ 83, 319, 320 f.; BGHZ 71, 40, 83; vgl. Peifer in MünchKomm/AktG, 2. Aufl., § 186 Rdnr. 71 ff..
[821] BGHZ 71, 40, 46; Hüffer, Komm/AktG, 6. Aufl., § 186 Rdnr. 34; vgl. Peifer in MünchKomm/AktG, 2. Aufl., § 186 Rdnr. 71 ff..
[822] Vgl. Peifer in MünchKomm/AktG, 2. Aufl., Rdnr. 75 f..

demnach nicht, weil die Erhöhung des Grundkapitals ohne weiteres auch durch eine Barkapitalerhöhung erreicht werden kann[823].

Es kommt daher entscheidend darauf an, welches Interesse im Einzelfall mit der Umwandlung des Komplementärs erreicht werden soll. Soweit das Umwandlungsrecht für die Abgeltung des Abfindungsanspruchs oder zum Zwecke der Sanierung eingesetzt wird, ist dies als für die Gesellschaft dienend anzusehen, da dadurch aufwendige Abfindungsbewertungen und Abfindungszahlungen vermieden werden können. Dagegen besteht im Schrifttum weitgehend Einigkeit, dass der Wille, durch die Umwandlung eine Änderung der Mehrheitsverhältnisse in der Gesellschaft zu erreichen, einen Bezugsrechtsausschluss grundsätzlich nicht zu rechtfertigen vermag[824]. Eben so wenig ist die Umwandlung dann gerechtfertigt, wenn sie zum Zwecke erfolgt, um die dadurch erhaltenen Aktien am Markt alsbald zu veräußern. Die Begründung besteht darin, dass derartige Umwandlungsvorgänge im Wesentlichen den Interessen der Komplementäre dienen, da die Kommanditgesellschaft grundsätzlich kein Interesse an einer Veränderung der Mehrheitsverhältnisse hat. Von diesem Grundsatz mögen im Einzelfall Ausnahmen zu machen sein, etwa wenn die Mehrheit in der Hauptversammlung zurückerlangt wird, um durch einen anschließenden Hauptversammlungsbeschluss Schaden von der Gesellschaft abzuwehren[825].

Zusammenfassend lässt sich jedoch feststellen, dass eine Zulässigkeit zur Umwandlung der Komplementär- in die Kommanditeinlage bei gleichzeitigem Bezugsrechtsausschluss nur bei Vorliegen eines Interesses der Gesellschaft gerechtfertigt werden kann, das jedoch lediglich für die Fälle der Umwandlung zum Zwecke der Vermeidung einer anderenfalls zu zahlenden Abfindung oder zum Zwecke der Sanierung vorliegen dürfte.

---

[823] Vgl. Peifer in MünchKomm/AktG, 2. Aufl., § 186 Rdnr. 75 f.; Hüffer, Komm/AktG, 6. Aufl., § 186 Rdnr. 25 f.; für eine Anwendung der zur Barkapitalerhöhung entwickelten Grundsätze Krug, AG 2000, 510, 512.

[824] Vgl. hierzu Krug, AG 2000, 510, 512, Lutter in KölnKomm/AktG, 2. Aufl., § 186 Rdnr. 74.

[825] Krug, AG 2000, 510, 512; Wichert, Finanzen der KGaA, S. 182 ff; anders dagegen Herfs in MünchHdb/GesR, AG, 2. Aufl., § 78 Rdnr. 13, der eine Rechtfertigung darin sieht, dass die Eigenkapitalbildung erleichtert wird. Diese Begründung kann jedoch nicht richtig sein, da der Komplementäranteil zwar nicht Teil des Grundkapitals, wohl aber des Eigenkapitals gewesen ist. Krug, AG 2000, 510, 513 führt weitere Ausnahmefälle an, die jedoch – von ihm auch erkannt – sehr bemüht wirken.

3.3.2. Umwandlung durch Ausnutzung von genehmigtem Kapital?

Neben der Möglichkeit der Absicherung des Umwandlungsrechtes über eine ordentliche Kapitalerhöhung besteht weiterhin die Möglichkeit, die Umwandlung durch Ausnutzung eines genehmigten Kapitals zu realisieren[826]. Das genehmigte Kapital wird dadurch geschaffen, dass die Satzung eine Ermächtigung dergestalt vorsieht, nach der die Komplementäre mit Zustimmung des Aufsichtsrates das Grundkapital bis zu einem bestimmten Nennbetrag durch Ausgabe neuer Kommanditaktien erhöhen können, §§ 278 Abs. 3, 202 Abs. 1 AktG. Die Ermächtigung ist auf höchstens fünf Jahre begrenzt. Die Einführung des genehmigten Kapitals bedarf eines satzungsändernden Beschlusses der Hauptversammlung, bei dem die Komplementäre ein Mitspracherecht haben, § 285 Abs. 2 Satz 1 AktG. Der Nennbetrag des genehmigten Kapitals darf dabei die Hälfte des Grundkapitals, das zur Zeit der Ermächtigung vorhanden ist, nicht übersteigen, §§ 278 Abs. 3, 202 Abs. 3 Satz 1 AktG, §§ 278 Abs. 3, 203 Abs. 1, 186 AktG. Die Kommanditaktionäre haben auch bei einer Kapitalerhöhung aus einem genehmigten Kapital im Grundsatz ein Bezugsrecht, das nur unter den nachfolgend auszuführenden Voraussetzungen auch ausgeschlossen werden kann, §§ 278 Abs. 3, 203 Abs. 1, 186 AktG.

Das Aktiengesetz eröffnet hinsichtlich der Durchführung eines genehmigten Kapitals mit Bezugsrechtsausschluss zwei unterschiedliche Wege. Zunächst besteht die Möglichkeit, das Bezugsrecht der Aktionäre bereits im Beschluss der Hauptversammlung über die Schaffung des genehmigten Kapitals – also im Beschluss, den Vorstand zur Erhöhung des Kapitals zu ermächtigen – auszuschließen, §§ 202 Abs. 2, 203 Abs. 1; 186 Abs. 3 Satz 1 AktG. Zum anderen kann der Vorstand nicht nur zur Erhöhung des Kapitals, sondern auch zur Entscheidung über den Ausschluss des Bezugsrechtes ermächtigt werden, §§ 202 Abs. 2, 203 Abs. 2 AktG.

Dabei ist zwischen der Ermächtigung an die Geschäftsleitung zur Ausübung der Ermächtigung und der Ermächtigung zum Ausschluss des Bezugsrechtes zu unterscheiden: Die sachliche Rechtfertigung der Ausübung der Ermächtigung muss sich dabei konsequent aus der Ermächti-

---

[826] Schlitt, Satzung der KGaA, S. 152.

gung an die Geschäftsleitung ergeben[827]. Die Ausnutzung der Ermächtigung hat inhaltlich nach den gleichen Kriterien wie bei der regulären Kapitalerhöhung zu erfolgen[828].

Die Umwandlung des Komplementärkapitals in Kommanditkapital bei gleichzeitigem Bezugsrechtsausschluss ist demnach nur möglich, wenn die Umwandlung im Gesellschaftsinteresse liegt, dafür geeignet und überdies erforderlich sowie verhältnismäßig ist[829]. Die Ausnutzung des genehmigten Kapitals zur Realisierung von Interessen einzelner Gesellschafter scheidet mithin aus. Denkbar wäre die Umwandlung demnach im Falle der Vermeidung von Abfindungsansprüchen oder zum Zwecke der Sanierung der Gesellschaft. Über diese Fälle hinaus wird das genehmigte Kapital nicht geeignet sein, das Umwandlungsbegehren der Gesellschafter der Komplementärgesellschaft abzusichern.

3.3.3. Umwandlung durch Ausnutzung eines bedingten Kapitals?

Nachdem auch im Schrifttum weitgehend Einigkeit darüber besteht, dass die Umwandlung der Komplementäreinlage auch bei Ausnutzung eines genehmigten Kapitals im Regelfall aktienrechtlich unzulässig ist, wird über die Verwendung des bedingten Kapitals nachgedacht, § 192 Abs. 2 AktG[830]. Eine bedingte Kapitalerhöhung ist eine Erhöhung des Grundkapitals, die zu bestimmten, im Einzelnen im Gesetz aufgelisteten Zwecken möglich ist, §§ 278 Abs. 3, 192 AktG.

Streit besteht darüber, ob eine entsprechende Anwendung des § 192 Abs. 2 AktG auf den vorliegenden Fall der Umwandlung von Komplementär- in Kommanditkapital möglich ist. Eine gewichtige Ansicht in der Literatur spricht sich für eine analoge Anwendung von § 192 Abs. 2 Nr. 1 AktG – bedingte Kapitalerhöhung zur Gewährung von Umtausch- oder Bezugs-

---

[827] Vgl. hierzu Ekkenga, AG 2001, 567, 569, 572 mwN.; Natterer, ZIP 2002, 1672, 1678, ohne diese Differenzierung Krug, AG 2000, 510, 513, der allgemein ausführt, dass auch beim genehmigten Kapital letztlich die Kriterien herangezogen werden müssen, die auch für die Rechtfertigung des einfachen Bezugsrechtsausschlusses gelten.

[828] Vgl. hierzu Krug, AG 2000, 510, 513; Natterer, ZIP 2002, 1672, 1674 f..

[829] Vgl. Hüffer, Komm/AktG, 6. Aufl., § 203 Rdnr. 35; Dieser Grundsatz ist demnach auch nach BGHZ 136, 133 = NJW 1997, 2815 weiterhin anzuwenden, ebenso LG Darmstadt NJW-RR 1999, 1122, 1123.

[830] Herfs in MünchHdb/GesR, AG, § 78 Rdnr. 12; Wichert, Finanzen der KGaA, S. 171; Schlitt, Satzung der KGaA, S. 152.

rechten an Gläubiger von Wandelschuldverschreibungen – aus[831]. Diese von der Praxis geforderte analoge Anwendung wird letztlich auch durch einige Registergerichte gebilligt[832].

Dieser rechtlichen Bewertung stehen im Ergebnis durchgreifende Bedenken gegenüber. Den Interessen der Aktionäre wird zwar auf Kapital- und Gewinnseite durch den Sacheinlagebericht Rechnung getragen. Krug wendet jedoch zu Recht ein, dass die Beeinträchtigung der Stimmrechte durch eine Wertsicherung nicht behoben wird[833]. Gegen eine entsprechende Anwendung von § 192 Abs. 2 Nr. 1 AktG spricht darüber hinaus, dass die Regelung in erster Linie der erleichterten Aufnahme von Fremdkapital dienen soll, während es sich bei den Komplementäranteilen von vornherein um Eigenkapital handelt[834]. Ein weiteres Argument besteht im Vergleich mit der Ausgabe von Wandelschuldverschreibungen. Bei der Ausgabe von Wandelschuldverschreibungen haben die Aktionäre gemäß § 221 Abs. 4 i.V.m. § 186 AktG einen Anspruch, sich an der Wandelanleihe im Verhältnis ihres Aktienbesitzes zu beteiligen. Ein solches Recht soll den Kommanditaktionär bei der Umwandlung gerade nicht zustehen[835]. Eine analoge Anwendung ist mithin abzulehnen.

Selbst wenn man die analoge Anwendung befürwortet, lassen sich hiermit einige Probleme nicht lösen[836]. Ein bedingtes Kapital kann ein Umtauschrecht maximal bis zur Höhe der Hälfte des Grundkapitals abdecken. Dies ist in einigen Gesellschaften, in denen die Komplementäreinlage ein Vielfaches des Grundkapitals darstellt, häufig nicht ausreichend[837]. Problematisch bleibt darüber hinaus die Einhaltung der Sacheinlagevoraussetzungen des § 194 AktG[838].

---

[831] Eine Analogie bejahen bsw. Herfs in MünchHdb/GesR, AG, § 78 Rdnr. 13; Heineke, Anlegerschutz in der KGaA, S. 142, Wichert, Finanzen der KGaA, S. 176, dagegen Krug, AG 2000, 514, starke Zweifel bei Schlitt, Satzung der KGaA, S. 152, der bei Sacheinlagen ein Problem in den Voraussetzungen des § 194 AktG sieht.

[832] Einigen KGaA ist es offenbar gelungen, ein bedingtes Kapital eintragen zu lassen, das auch das Umtauschrecht absichert, vgl. hierzu Herfs in MünchHdb/GesR, AG, 2. Aufl., § 78 Rdnr. 13 in Fn. 25.

[833] Krug, AG 2000, 510, 514.

[834] Krug, AG 2000, 510, 514.

[835] Krug, AG 2000, 510, 514.

[836] Schlitt, Satzung der KGaA, S. 152.

[837] Schlitt, Satzung der KGaA, S. 152.

[838] Schlitt, Satzung der KGaA, S. 152.

3.3.4. Absicherung des Umtauschrechtes durch eine Satzungsgestaltung

Aufgrund der dargestellten Schwierigkeiten bei der Sachkapitalerhöhung mit Hilfe des bedingten und genehmigten Kapitals empfehlen die Kautelarjuristen für die Absicherung des Umwandlungsbegehrens eine Bestimmung in die Satzung der KGaA aufzunehmen, nach der es der Komplementärgesellschaft erlaubt wird, ihre Vermögenseinlage ganz oder teilweise in Grundkapital umzuwandeln[839]. Die Zulässigkeit einer solchen Klausel ist jedoch umstritten.

Zunächst ist fraglich, ob die Gesamtheit der Kommanditaktionäre in der Satzung überhaupt verpflichtet werden kann, einen entsprechenden Kapitalerhöhungsbeschluss zu fassen. Eine solche Bestimmung könnte gegen § 187 Abs. 2 AktG verstoßen[840]. Nach § 187 Abs. 2 AktG sind Zusicherungen auf den Bezug neuer Aktien vor dem Beschluss über die Erhöhung des Grundkapitals der Gesellschaft gegenüber unwirksam. Hiervon werden auch Zusicherungen in der Satzung erfasst[841]. Wird entgegen § 187 Abs. 2 AktG eine Zusicherung gegeben, so erwächst daraus keine Bindung für die Gesellschaft. Fraglich ist jedoch, ob § 187 Abs. 2 AktG überhaupt zur Anwendung gelangt. Gegen einen Verweis auf § 187 Abs. 2 AktG wird zutreffend eingewandt, dass dieser Verweis schon deshalb schief ist, da mit der Satzungsbestimmung regelmäßig nicht die Hauptversammlung als Organ der KGaA, sondern die Gesamtheit der Kommanditaktionäre als Gesellschaftergruppe verpflichtet werden wird, das Grundkapital auf Verlangen der Komplementäre zu erhöhen[842]. Dieses Recht der Komplementäre, eine Kapitalerhöhung zu fordern, betrifft jedoch das Verhältnis der Komplementäre zur Gesamtheit der Komman-

---

[839] Bspw. enthält die Satzung der Mühlbauer Holding AG & Co. KGaA vom 28. Mai 2005 in § 33 das Recht des Komplementärs, seine Sondereinlage in Kommanditkapital umzuwandeln, www.muehlbauer.de/bausteine.net/file/showfile.aspx?downdaid=10948&sp=E&domid=1016&fd=2.; vgl. Herfs in MünchHdb/GesR, AG, § 78 Rdnr. 11; Herfs in VGR Bd. 1 (1999), S. 23, 48 f.; Schlitt, Satzung der KGaA, S. 151 in § 8 seines Satzungsvorschlages.

[840] So Wichert, Finanzen der KGaA, S. 193; starke Bedenken auch bei Schlitt, Satzung der KGaA, S. 152.

[841] Vgl. Wichert, Finanzen der KGaA, S. 194; Hüffer, Komm/AktG, 6. Aufl., § 187 Rdnr. 2.

[842] So zutreffend Fett in Schütz/Bürgers/Riotte (Hrsg.), Hdb/KGaA, § 7 Rdnr. 27, S. 365; dagegen eine verbreitete Ansicht Herfs in MünchHdb/GesR, AG, § 78 Rdnr. 12; Hoffmann-Becking/Herfs, Festschrift Sigle, S. 273, 296.

ditaktionäre, das sich allein nach Personengesellschaftsrecht richtet[843]. Im Ergebnis laufen deshalb die Erwägungen mit Blick auf § 187 Abs. 2 AktG ins Leere. Das Recht der Komplementäre auf Umwandlung ihrer Komplementärbeteiligung in Kommanditkapital lässt sich deshalb durch eine Regelung in der Satzung erfassen[844].

Gleichwohl bleibt noch die Frage offen, ob das in der Satzung verankerte Umwandlungsrecht eine Zusicherung enthält, dass das Kommanditaktienkapital im Zeitpunkt der Ausübung des Rechts auch tatsächlich zur Verfügung stehen oder geschaffen werden soll. Verschiedentlich wird angeführt, dass man sich auf die Wirksamkeit einer in der Satzung niedergelegten Pflicht nicht verlassen solle[845].

Nimmt man jedoch eine Auslegung der Bestimmung vor, nach der ein „Recht der Komplementäre" bestehen soll, ihre Komplementäreinlage in Kommanditkapital umzuwandeln, so kann dies eigentlich nur in dem Sinne ausgelegt werden, dass den Komplementären eine Kapitalerhöhung nach Bedarf zugesichert wird[846]. Das Umtauschrecht soll den Komplementären gerade die Möglichkeit einräumen, ihre Sondereinlagen in Aktien umzuwandeln. Um dieses Ziel zu erreichen, wird der Gestaltungsspielraum ausgenutzt, den das hier anzuwendende Personengesellschaftsrecht bietet[847]. Sofern sich die Kommanditaktionäre weigern, den für die Erhöhung des Grundkapitals erforderlichen Hauptversammlungsbeschluss zu fassen, kann der Komplementär diesen im Weg der positiven Feststellungsklage gegen die Gesamtheit der Kommanditaktionäre einklagen[848]. Dieser Weg ist jedoch zeitintensiv. Deshalb ist verschiedentlich in den Satzungen börsennotierter KGaA ein Kündigungsrecht der Komplementäre vorgesehen, durch das Umwandlungsrecht der Komplementäre abgesichert werden soll.

---

[843] So zutreffend Fett in Schütz/Bürgers/Riotte (Hrsg.), Hdb/KGaA, § 7 Rdnr. 27, S. 365.
[844] Vgl. hierzu grundsätzlich Cahn, AG 2001, 579, insbes. 580 ff..
[845] Die Frage wird von Assmann/Sethe in GroßKomm/AktG, 4. Aufl., § 278 Rdnr. 192 aufgeworfen.
[846] So Fett in Schütz/Bürgers/Riotte (Hrsg.), Hdb/KGaA, § 7 Rdnr. 27, S. 365.
[847] Fett in Schütz/Bürgers/Riotte (Hrsg.), Hdb/KGaA, § 7 Rdnr. 27, S. 365.
[848] Fett in Schütz/Bürgers/Riotte (Hrsg.), Hdb/KGaA, § 7 Rdnr. 27 a.E., S. 365.

3.3.5. Absicherung des Umtauschrechtes durch ein Kündigungsrecht der Komplementäre

Nach § 289 Abs. 5 AktG können Komplementäre einer KGaA aus der Gesellschaft ausscheiden, wenn die Satzung es für zulässig erklärt. Sofern die Absicherung des Umwandlungsrechtes von den Alt-Gesellschaftern angestrebt wird, könnte die Normierung eines Kündigungsrechtes für die persönlich haftenden Gesellschafter – möglicherweise auch als Druckmittel – angedacht werden. Teilweise wird das Umwandlungsrecht explizit durch das Kündigungsrecht abgesichert[849]. Teilweise enthält die Satzung nur ein allgemein gefasstes Kündigungsrecht des Komplementärs mit einer entsprechend langen Laufzeit[850]. Im Gegensatz zur vorhandenen praktischen Bedeutung ist die Absicherung des Umwandlungsrechtes durch eine Kündigungsmöglichkeit in der Literatur zur KGaA kaum thematisiert worden.

In der Literatur ist im Anschluss an die Änderungen des HGB in den § 131 HGB die Frage gestellt worden, ob das in § 289 Abs. 5 AktG geregelte Kündigungsrecht der Komplementäre funktionslos geworden ist. § 289 Abs. 5 AktG erfasse hiernach nur solche Tatbestände, die nach der Satzung zum Ausscheiden führen[851]. Dagegen sei § 289 Abs. 5 AktG insoweit funktionslos geworden, als nach dem Gesetz in § 131 Abs. 3 HGB bereits gesetzliche Auflösungsgründe bestehen. Eine Wiederholung durch die Satzung sei demnach nicht erforderlich[852]. Dabei wird gelegentlich übersehen, dass ein allgemeines Kündigungsrecht gemäß § 131 Abs. 3 Nr. 3 AktG nicht im Interesse der Gesellschafter liegen dürfte. Insoweit wird die Satzung regelmäßig die Möglichkeiten für die Kündigung präzisieren und ggf. einschränken wollen.

---

849 Vgl. § 33 Abs. 4 der Satzung der Merck KGaA vom 15.02.2006, www.merck.de/servlet/PB/show/1330390/Satzung_170504.pdf; so auch die Angaben im Emissionsprospekt der früheren TFG Venture AG & Co. KGaA, S. 26.

850 Vgl. § 20 Abs. 1 der Satzung der Mühlbauer Holding AG & Co. KGaA vom 28. Mai 2005, www.muehlbauer.de/bausteine.net/file/showfile.aspx?downdaid=10948&sp=E&domid=1016&fd=2.

851 Hüffer, Komm/AktG, 6. Aufl., § 289 Rdnr. 8.

852 Hüffer, Komm/AktG, 6. Aufl., § 289 Rdnr. 8.

3.4. Zwischenergebnis

Die vorangegangenen Ausführungen haben gezeigt, dass das Aktienrecht dem Interesse der in der Komplementärgesellschaft organisierten Unternehmer-Gesellschafter an einer flexiblen Ausgestaltung des Umwandlungsrechtes enge Grenzen setzt. Der Wunsch nach Umwandlung einer Komplementäreinlage in Kommanditkapital bei einem Partikularinteresse eines Gesellschafters oder einer Gesellschaftergruppe lässt sich weder mit den aktienrechtlichen Instrumentarien der einfachen Kapitalerhöhung, durch Einrichtung eines bedingten oder genehmigten Kapitals erreichen. Eine einfache Kapitalerhöhung und die Einrichtung eines genehmigten Kapitals setzen eine sachliche Rechtfertigung des mit der Sachkapitalerhöhung verbundenen Bezugsrechtsausschlusses voraus. Eine sachliche Rechtfertigung ist jedoch wohl nur in den Fällen der Umwandlung der Komplementäreinlage in Kommanditkapital zum Zwecke der Vermeidung von Abfindungszahlungen und zum Zwecke der Sanierung gegeben. Die Möglichkeit der Ausnutzung eines bedingten Kapitals scheidet aus, da der Fall der Umwandlung mit keinem der in § 192 Abs. 2 AktG genannten Fälle vergleichbar ist. Hinzukommt, dass die Instrumente der Einrichtung eines bedingten und eines genehmigten Kapitals dann ausscheiden, wenn die Komplementäreinlagen ein Vielfaches des Grundkapitals ausmachen. Denkbar bleibt die Absicherung des Umwandlungsrechtes durch eine Verpflichtung der Gesamtheit der Kommanditaktionäre, bei Bedarf einen Beschluss zur Erhöhung des Kommanditkapitals zu fassen. Ein solcher Anspruch kann gegebenenfalls auch im Klagewege eingefordert werden. Da ein solches Verfahren zeitaufwendig ist, wird verschiedentlich für den Fall der Weigerung der Gesamtheit der Kommanditaktionäre dem Komplementär ein Kündigungsrecht in der Satzung eingeräumt.

4. Ergebnis

Den Kommanditaktionären einer KGaA muss beim Eintritt in die KGaA bewusst sein, dass die Unternehmer-Gesellschafter regelmäßig zu einem beachtlichen Teil über die Sondereinlage der Komplementärgesellschaft an der KGaA beteiligt sind. Da jedoch die gesetzliche Regelung die beiden Beteiligungsmöglichkeiten nicht gleich behandelt, werden die Unternehmer-Gesellschafter durch Bestimmungen in der Satzung mindestens eine Gleichbehandlung der Sondereinlage bei Kapitalerhöhungen erreichen wollen. Daneben besteht ein Interesse, die Sondereinlage in Kommanditkapital umzuwandeln. Derartige Vorstellungen lassen sich bei Einhaltung bestimmter Voraussetzungen auch in der börsennotierten GmbH & Co. KGaA in zulässiger Weise realisieren.

Sofern die Sondereinlage variabel ausgestaltet ist, ist eine einseitige Erhöhung der Sondereinlage der Komplementäre innerhalb der festgelegten Obergrenze zulässig. Sofern der Kapitalanteil der Komplementäre fest ausgestaltet ist, bedarf es zur Erhöhung der Komplementäreinlage eines Gesellschafterbeschlusses, der jedoch in der Satzung enthalten sein kann, sog. antizipierte Zustimmung.

Für den Fall der Erhöhung des Kommanditkapitals ist eine Regelung über die Behandlung der Vermögenseinlage in der Satzung erforderlich, deren zulässiger Umfang im Einzelnen noch streitig ist. Als problematisch werden dabei insbesondere Klauseln angesehen, die Komplementäre im Hinblick auf den Zeitpunkt und die Bedingungen, unter denen eine Kapitalerhöhung durchgeführt werden kann, begünstigen. In der Literatur ist die Diskussion darüber, ob eine Klausel nach den Grundsätzen über die Inhaltskontrolle jedenfalls dann zur Anwendung gelangt, wenn die Komplementäre die Chancen der unternehmerischen Entwicklung haben und den Kommanditaktionären die Risiken zugewiesen werden oder ob eine Klausel selbst in diesem Fall unter der Voraussetzung der zeitlichen Begrenzung des Erhöhungsrechtes der Komplementäre zulässig ist, noch nicht zu einem allgemeinen Ergebnis gelangt. Sofern man der die Zulässigkeit einer solchen Klausel bejahenden Ansicht folgt, müsste jedoch mindestens eine zeitliche Begrenzung erfolgen, die ein halbes Jahr nicht übersteigen sollte. Um die festgestellte Unsicherheit hinsichtlich der Rechtswirksamkeit der Erhöhungsklausel zu vermeiden, empfiehlt es sich daher, den von den Komplementären zu zahlenden Preis stets an der Wertentwicklung der Aktie der KGaA zu orientieren. Dies wäre bei einer börsennotierten KGaA im Regelfall der Börsenkurs. Dies vorausgesetzt, ist auch bei einer Erhöhung zu einem späteren Zeitpunkt eine Gleichbehandlung von Komplementären und Kommanditaktionären gewährleistet.

Das Interesse der in der Komplementärgesellschaft organisierten Unternehmer-Gesellschafter an einer flexiblen Ausgestaltung des Umwandlungsrechtes ihrer Komplementäreinlage in Kommanditkapital kann nicht mit den aktienrechtlichen Instrumentarien der einfachen Kapitalerhöhung, durch Einrichtung eines bedingten oder genehmigten Kapitals erreicht werden. Denkbar bleibt jedoch die Absicherung durch die in der Satzung verankerte Verpflichtung der Gesamtheit der Kommanditaktionäre, den Komplementären auf deren Wunsch den Umtausch der Sondereinlage durch einen Beschluss der Hauptversammlung zu bewilligen. Zudem kann das Umtauschrecht durch ein anderenfalls bestehendes Kündigungsrecht der KGaA zugunsten der Komplementäre abgesichert werden.

III. Ausschluss des Stimmrechts der Gesamtheit der Kommanditaktionäre bei Strukturmaßnahmen im Anwendungsbereich der „Siemens-Nold Entscheidung“[853]?

Ein Ergebnis der bisherigen Untersuchungen liegt in der Feststellung zwingender Kompetenzen der Gesamtheit der Kommanditaktionäre bei den durch das Personengesellschaftsrecht geregelten Grundlagengeschäften. Dagegen werden Maßnahmen der Kapitalbeschaffung entweder nach § 278 Abs. 2 AktG oder § 278 Abs. 3 AktG grundsätzlich durch das Erste Buch des Aktienrechtes geregelt. Nicht untersucht worden ist dabei die bereits im Ersten Teil herausgearbeitete Fragestellung, inwieweit die durch § 278 Abs. 2 AktG oder § 278 Abs. 3 AktG geregelten Maßnahmen der Kapitalbeschaffung auch Auswirkungen auf das Organisationsrecht haben können[854].

Praktisch relevant wird dies insbesondere bei größeren Fusionen. Sofern eine solche Fusion durch einen Aktientausch und bei dem aufnehmenden Unternehmen im Rahmen einer ordentlichen Kapitalerhöhung erfolgt, besteht hiernach die Notwendigkeit einer Zustimmung durch die Aktionäre der aufnehmenden Gesellschaft nach § 186 Abs. 1 AktG. Neben einer ordentlichen Kapitalerhöhung ist jedoch auch der Einsatz des genehmigten Kapitals für den Erwerb größerer Unternehmenseinheiten denkbar.

---

[853] BGHZ 136, 133 = ZIP 1997, 1499 = WM 1997, 1704 = NJW 1997, 2815 = AG 1997, 465 ff..
[854] Vgl. die Ausführungen im Ersten Teil unter C. II. 5.4., S. 99 f..

Dieser hat insbesondere durch die „Siemens-Nold Rechtsprechung“ neue Bedeutung erlangt. Die „Siemens-Nold Entscheidung“ enthält Feststellungen zur Frage der Mitwirkungskompetenzen bei der Errichtung und Ausnutzung des genehmigten Kapitals und zur Frage der sachlichen Gründe eines Bezugsrechtsausschlusses[855]. Für die nach-folgende Untersuchung sind dabei jedoch nur die Reichweite der Aussagen und ihre Grenzen im Hinblick auf die den Kommanditaktionär zustehenden Mitwirkungskompetenzen interessant.

Die Stoßrichtung einer Begrenzung der Delegation von Entscheidungszuständigkeiten auf die Geschäftsleitung bei Kapitalmaßnahmen mag zwar in der bestehenden Diskussion über den Anlegerschutz in der börsennotierten KGaA, die weitgehend von der Sorge über das Maß an Anlegerschutz in den durch das Personengesellschaftsrecht geregelten Bereichen geprägt ist, neu erscheinen. Sie ergibt sich jedoch zwanglos dann, wenn man mit der herrschenden Ansicht auch strukturverändernde Maßnahmen zu den Grundlagengeschäften zählt und eine Inhaltskontrolle von Satzungsklauseln am Maßstab von § 242 BGB befürwortet.

1. Begrenzung von Entscheidungszuständigkeiten auf die Geschäftsleitung in der AG vor den „Gelatine-Entscheidungen“[856]

Im Anschluss an die „Siemens-Nold Entscheidung“[857] hat im aktienrechtlichen Schrifttum eine eingehende Diskussion darüber stattgefunden, ob die BGH-Entscheidung eine Verallgemeinerung des Gedankens der Delegation von Kompetenzen auf die Geschäftsleitung enthält. Eine solche Verallgemeinerung hätte eine Beschränkung oder Beseitigung der in der „Holzmüller-Entscheidung“ begründeten ungeschriebenen Kompetenzen

[855] Vgl. aus der umfangreichen Literatur zur „Siemens-Nold Entscheidung“ Lutter, JZ 1998, 50; Volhard AG 1998, 397; Bungert, NJW 1998, 488; Hofmeister, NZG 2000, 713; Grundsätzliche Darstellungen enthalten bsw. die Ausführungen von Natterer, Kapitalveränderungen der Gesellschaft, S. 114 ff.; Schumann, Bezugsrecht und Bezugsrechtsausschluss, insbes. S. 39 ff, S. 60 ff. Ekkenga, AG 2001, 567 ff.; Cahn, ZHR 163 (1999), 554, insbes. 572 ff..

[856] BGH v. 26.04.2004, II ZR 154/02 („Gelatine I“), ZIP 2004, 1001 = NZG 2004, 575 = Der Konzern 2004, 421 = WM 2004, 1085.; BGH v. 26.04.2004, II ZR 155/02 („Gelatine II“), BGHZ 159, 30 = ZIP 2004, 993 = DB 2004, 1200 = DStR 2004, 922 = BB 2004, 1182 = NJW 1860 = Der Konzern 2004, 427 = NZG 2004, 571 = WM 2004, 1090 = AG 2004, 384.

[857] BGHZ 136, 133 = ZIP 1997, 1499 = WM 1997, 1704 = NJW 1997, 2815 = AG 1997, 465 ff..

der Hauptversammlung bei wesentlichen Strukturentscheidungen zur Folge[858].

Insbesondere Tröger hat mit gewichtigen Gründen Grenzen einer Delegation von Entscheidungszuständigkeiten der Hauptversammlung auf die Geschäftsleitung bei Strukturmaßnahmen herausgearbeitet[859]. Solche Grenzen sieht er in dem Zweck der Einräumung von Entscheidungszuständigkeiten sowie aus der analogen Anwendung des Umwandlungsgesetzes im Einzelfall.

Tröger nimmt eine Zulässigkeit von Ermächtigungsbeschlüssen an die Geschäftsleitung erst dann an, wenn bei typisierender Betrachtungsweise die Strukturmaßnahme auch bei Durchführung einer außerordentlichen Hauptversammlung[860] nicht mehr rechtzeitig umgesetzt werden kann, um sich bietende Marktchancen wahrzunehmen. Die Einberufung gegebenenfalls erforderlicher außerordentlicher Gesellschafterversammlungen entspreche dabei der Konzeption des Aktiengesetzes, das in dem Einberufungsgrund des § 121 Abs. 3 Alt. 3 AktG („Wohl der Gesellschaft") deutlich zum Ausdruck kommt[861]. Dem steht auch nicht entgegen, dass durch die Hauptversammlung eine erhebliche Belastung mit Einberufungsaufwand und Einberufungskosten verbunden ist, da diese Gesichtspunkte bisher weder vom Gesetzgeber noch von der Rechtsprechung als Rechtfertigung für eine Delegationsbefugnis angesehen werden.

Zudem sei die Entscheidung über die Finanzierung strikt von der Entscheidung zur Reorganisation zu trennen. Die herrschende Meinung gehe

---

[858] Vgl. aus der umfangreichen Literatur zur „Siemens-Nold Entscheidung" Lutter, JZ 1998, 50; Volhard AG 1998, 397; Bungert, NJW 1998, 488; Hofmeister, NZG 2000, 713; Grundsätzliche Darstellungen enthalten bspw. die Ausführungen von Natterer, Kapitalveränderungen der Gesellschaft, S. 114 ff.; Schumann, Bezugsrecht und Bezugsrechtsausschluss, insbes. S. 38 ff., S. 60 ff.; H.P. Westermann, Festschrift Koppensteiner, S. 274 f.; Cahn, ZHR 163 (1999), S. 554, insbes. 572 ff..

[859] Tröger, ZIP 2001, 2029, 2040.

[860] Dieses Instrument wird in der jüngeren Praxis durchaus effizient genutzt, vgl. hierzu die Mitteilung von Bungert, NJW 1998, 488, 491 insbesondere im Hinblick auf den Fall der Metro AG, die im Jahre 1997 noch vor der Veröffentlichung der schriftlichen Urteilsgründe der „Siemens-Nold Entscheidung" eine außerordentliche Hauptversammlung allein zu dem Zweck der Beschlussfassung über ein genehmigtes Kapital unter den erleichterten Bedingungen einberief.

[861] Werner in GroßKomm/AktG, 4. Aufl., § 121 Rdnr. 15; Hüffer, Komm/AktG, 6. Aufl., § 121 Rdnr. 3, 5.

zu pauschal davon aus, dass der Gesetzgeber den Einsatz eines Genehmigten Kapitals bis zum Nennwert der Hälfte des Grundkapitals erlaube und hiervon auch damit einhergehende Umstrukturierungen erfasst sind[862]. Dem wird von Tröger entgegengehalten, dass durch den Ermächtigungsbeschluss lediglich die Finanzierungsentscheidung auf den Vorstand übertragen wird. Von dieser Frage ist jedoch die Frage einer grundlegenden Reorganisation des von der Gesellschaft getragenen Unternehmens, die mit einer Kapitalerhöhung nicht zwingend einhergeht[863], zu trennen. Zur Unterstützung dieser Betrachtungsweise verweist er auf die Ausstrahlungswirkung des Umwandlungsrechtes im Einzelfall. Hiernach ist eine Anwendung umwandlungsrechtlicher Schutzvorschriften im Einzelfall dann denkbar, wenn die Maßnahme verschmelzungsgleiche Wirkungen hat. Die Rechtsprechung hat sich bisher nur in untergerichtlichen Entscheidungen und überwiegend anhand der Ausgliederung durch Einzelrechtsübertragung mit diesen Sachverhalten beschäftigt[864]. Die Meinungen im Schrifttum zur Frage der analogen Anwendung umwandlungsrechtlicher Normen sind ebenfalls geteilt. Eine verbreitete Auffassung in der Literatur lehnt eine analoge Anwendung der Vorschriften des Umwandlungsgesetzes auf die Ausgliederung durch Einzelrechtsübertragung generell ab[865]. Die wohl überwiegende Ansicht bejaht eine Ausstrahlungswirkung des Umwandlungsgesetzes auf Umstrukturierungsmaßnahmen im Wege der „klassischen Ausgliederung“ [866].

Eine Grenze der Delegation sieht Tröger jedenfalls dann als gegeben an, sofern die im Umwandlungsrecht bestehenden zwingenden Kompetenzen der Hauptversammlung auf Finanzierungsentscheidungen, die Auswirkungen auf die Struktur der Gesellschaft haben, übertragbar sind.

---

[862] H.M. Vgl. Hüffer, Komm/AktG, 6. Aufl., § 202, Rdnr. 2 ff..

[863] Tröger, ZIP 2001, 2029, 2040.

[864] Eine Anwendung umwandlungsrechtlicher Vorschriften im Einzelfall bejahen LG Karlsruhe („Badenwerk“), DB 1997, 120 = ZIP 1998, 385; LG Frankfurt („Altana-Milupa“), ZIP 1997, 1698 = BB 1998, 179, die Anwendung umwandlungsrechtlicher Vorschriften lehnt dagegen das LG Hamburg (“Wünsche“), DB 1997, 516 ab.

[865] Vgl. nur Aha, AG 1997, 345; Bungert, NZG 1998, 367, 368; Heckschen, DB 1998, 1385, 1386.

[866] Tröger, ZIP 2001, 2029, 2039, Tröger begründet die Einschränkung – Grenze – der Übertragung mit einer fundierten Analyse. Ansätze hinsichtlich der Heranziehung des Umwandlungsrechtes im Falle des Erwerbes eines größeren Unternehmens finden sich bei Groß, AG 1994, 266 ff.; Lutter/Leinekugel, ZIP 1998, 225 ff.; Joost, ZHR 163 (1999), 164 ff..

2. Nebeneinander von Organisations- und Finanzierungsentscheidungen im Recht der KGaA

Tröger ist es durch seine eingehenden Betrachtungen gelungen herauszuarbeiten, dass eine Finanzierungsentscheidung Auswirkungen auf das Organisationsstatut der Gesellschaft haben kann, wobei die Entscheidung über die Finanzierung nicht automatisch mit einer Entscheidung über das Organisationsstatut verbunden ist. Der im Recht der AG bisher bestehende praktische Möglichkeit einer Konkurrenz zwischen Finanzierungsentscheidungen und einer Entscheidung über das Organisationsstatut sind jedoch durch die „Gelatine-Entscheidungen" des BGH beseitigt worden. Nach diesen Entscheidungen besteht eine ungeschriebene Hauptversammlungskompetenz nur noch bei Maßnahmen, die einer Satzungsänderung vergleichbar sind[867].

Die Überlegungen von Tröger besitzen jedoch für den Bereich der KGaA weiterhin praktische Relevanz. Hiernach ist eine Konkurrenz zwischen den Regelungen der im Ersten Buch des Aktienrechtes geregelten Ausnutzung eines vorher eingeräumten genehmigten Kapitals und den personengesellschaftsrechtlichen Regelungen, die in der Publikums-KGaA zwingende Befugnisse bei Sachverhalten statuieren, die die Grundlagen der Gesellschaft betreffen, möglich.

Fraglich ist jedoch, ob man im Bereich der KGaA auf die von Tröger zur Begründung verwiesenen Wertungen des Umwandlungsrechtes angewiesen und eine Übertragung dieser Grundsätze im Einzelfall im Wege der Analogie bedarf. Dies erscheint insofern entbehrlich, als das Recht der KGaA im Gegensatz zum Recht der AG bisher keine genaue Abgrenzung zwischen Organisations- und Finanzierungsentscheidungen enthält. Vielmehr ist aufgrund des weiteren Anwendungsbereiches der Grundlagengeschäfte eine Schnittmenge zwischen beiden rechtlichen Regularien möglich.

Darüber hinaus wird in diesen Fällen eine antizipierte Zustimmung der Gesamtheit der Kommanditaktionäre (möglicherweise bereits im Haupt-

---

[867] Vgl. die Nachweise in Fn. 856 „Gelatine".

versammlungsbeschluss über die Einräumung eines genehmigten Kapitals) an den Erfordernissen des Bestimmtheitsgrundsatzes über die Mitteilung des Beschlussgegenstandes scheitern, da dieser insoweit in den meisten Fällen nicht bekannt ist und vor Abschluss des Vertrages auch nicht bekannt werden sollte.

3. Ergebnis

Die vorstehenden Überlegungen haben ergeben, dass es Sachverhalte gibt, bei denen ein Nebeneinander von aktien- und personengesellschaftsrechtlichen Regelungen denkbar ist. So muss bei einer Fusion zwischen zwei Gesellschaften, die bei der aufnehmenden KGaA durch eine Kapitalerhöhung unter Ausnutzung eines genehmigten Kapitals bei gleichzeitigem Bezugsrechtsausschluss der Kommanditaktionäre durchgeführt werden soll, eine Einholung der Zustimmung der Gesamtheit der Kommanditaktionäre in einer außerordentlichen Hauptversammlung dann erfolgen, wenn diese Kapitalerhöhung zu einer Strukturänderung bei der aufnehmenden KGaA führt. Die grundsätzlich mögliche antizipierte Zustimmung der Gesamtheit der Kommanditaktionäre bspw. bereits im Hauptversammlungsbeschluss zur Einräumung eines genehmigten Kapitals wird regelmäßig daran scheitern, dass der Beschlussgegenstand vor Abschluss des Vertrages nicht bekannt ist und darüber hinaus auch nicht öffentlich werden darf.

IV. Grenzen der Übertragung der Rechte der Gesamtheit der Kommanditaktionäre auf einen Beirat

Im Ersten Teil ist bereits herausgearbeitet worden, dass in Gesellschaften mit einer Vielzahl von Kommanditaktionären bzw. bei Unternehmen mit bestehenden Strukturschwächen und damit verbundenen strukturellen Risiken ein Bedürfnis dafür besteht, bei Vorgängen ab einer gewissen Größenordnung oder bei einem Bedarf nach spezifischen Kenntnissen, den Rat sachkundiger und außenstehender Personen einzuholen[868]. Zweckmäßigerweise ist deshalb eine Bündelung von Funktionen der

---

[868] Vgl. hierzu im Zweiten Teil unter B. IV. 2. S. 291 f.; zur Struktur mittelständischer Familienunternehmen und dem Beirat als Instrument des Ausgleichs struktureller Schwächen Ruter/Thümmel, Beirat, S. 15 ff., S. 29 ff..

Überwachung und der Mitgestaltung von Unternehmensprozessen ohne die kostenträchtige Einberufung von Hauptversammlungen[869].

Diese Übertragung von Gesellschafterkompetenzen auf ein anderes Organ stellt dabei nicht schlechthin einen Nachteil für die Gesellschafter dar. So führt die Einrichtung eines Gesellschafterausschusses insbesondere in größeren Publikumsgesellschaften zu einer schnelleren Entscheidungsfindung, die letztlich auch für die Kommanditaktionäre interessant ist. Im Schrifttum zur Publikums-KG ist dabei weitgehend anerkannt, dass Anlegerschutz auch durch einen Gesellschafterausschuss gewährleistet werden kann[870]. Ungeklärt ist dagegen gleichwohl, für welche Fragen eine Übertragung der Kompetenzen erfolgen kann, in welcher Form der Beirat in die Organisationsstruktur eingebunden werden muss und ob und inwieweit Gesellschaftsfremde in den Beirat entsandt werden können.

Im nachfolgenden Abschnitt soll herausgearbeitet werden, ob in der börsennotierten KGaA eine Übertragung von zwingenden Zuständigkeiten auf den Beirat möglich ist. Hierfür ist zunächst eine Begrenzung der Untersuchung auf den organschaftlichen Beirat vorzunehmen. Sofern eine Übertragung auf den organschaftlichen Beirat zulässig ist, ist in einem zweiten Schritt herauszuarbeiten, in welchen Fällen eine Übertragung denkbar ist und ob zusätzliche Grenzen einer Übertragungsfähigkeit dann bestehen, wenn Gesellschaftsfremde in den Beirat gewählt worden sind.

1. Grundsätzliches

Ein Beirat kann sowohl durch eine schuldrechtliche Vereinbarung mit der Gesellschaft als auch durch eine Regelung in der Satzung gebildet werden, wobei hierfür die Begriffe schuldrechtlicher und organschaftlicher Beirat verwendet werden[871]. Für die weitere Untersuchung wird eine Begrenzung auf den organschaftlichen, d.h. den ausdrücklich als Gesellschaftsorgan vorgesehenen Beirat vorgenommen. Dabei ist es im Perso-

---

[869] Der Beirat als Instrument zur Erhöhung der Flexibilität wird kaum thematisiert, man kann nur vermuten, dass dies selbstverständlich ist, vgl. die Erwähnung bei Ihrig/Schlitt, ZHR-Beiheft 67, 1998, S. 33, 66.

[870] Grote, Anlegerschutz durch Einrichtung eines Beirates, insbes. S. 57 ff. mwN..

[871] Riegger in MünchHdb/GesR, KG, § 8 Rdnr. 7; Nitschke, Personengesellschaft, § 6 I S. 96 f.; Thümmel in Ruter/Thümmel, Beirat im Mittelstand, S. 60 ff; Voormann, Beirat im Gesellschaftsrecht, S. 51f..

nengesellschaftsrecht durchaus zulässig und denkbar, dass Detailregelungen einer durch einfachen Gesellschafterbeschluss zu schaffenden Beiratsordnung, in gewissem Rahmen auch einer vom Beirat selbst erlassenen Geschäftsordnung überlassen bleiben[872].

Bei einem juristischen Auseinanderfallen zwischen Geschäftsführung und Kommanditgesellschaft stellt sich darüber hinaus die Frage, ob der Beirat in der Satzung der Komplementär-GmbH, im Gesellschaftsvertrag der KGaA oder in beiden Statuten verankert werden soll. Diese Frage ist in der Literatur eingehend nur für die GmbH & Co. KG gestellt worden[873]. Sie wird jedoch in gleichem Umfang für die GmbH & Co. KGaA praktisch relevant. Allgemein anerkannt ist, dass insbesondere in den Fällen, in denen der Beirat die Geschäftsleitung begleiten soll, eine Zuordnung zu dieser wünschenswert ist. Eine Auswertung von Satzungen börsennotierter KGaA hat ergeben, dass der Beirat fast ausschließlich als Organ der Komplementär-GmbH eingesetzt wird[874]. Dabei wird wie im Fall der Borussia Dortmund GmbH & Co. KGaA geschehen, das Widerspruchsrecht der Kommanditaktionäre in allen außergewöhnlichen Geschäftsführungsmaßnahmen abbedungen und die Zustimmung zu diesen Maßnahmen auf den Beirat übertragen.

Denkbar ist darüber hinaus, den Beirat als Organ der Kommanditaktionäre, das in bestimmten Umfang Kompetenzen der Hauptversammlung wahrnimmt, zu installieren. Ein solcher Beirat ist insbesondere bei Publikumsgesellschaften mit einem breit gestreuten Anlegerspektrum interessant, da in diesem Falle die kostenträchtige Einberufung einer Hauptversammlung vermieden werden kann. Darüber hinaus kann die Errichtung eines Beirates auch dazu dienen, für den Fall erwarteter oder möglicher Blockaden zwischen Gesellschaftern bzw. Gesellschaftergruppen die Entscheidungsfähigkeit der Gesellschaft zu erhalten. In der Praxis wird die

---

[872] Klaus, Der Firmenbeirat, S. 11; Riegger in MünchHdb/GesR, KG, § 8 Rdnr. 10; Thümmel in Ruter/Thümmel, Beirat im Mittelstand, S. 63.

[873] Binz, GmbH & Co. KG, § 10 Rdnr. 7; Hölters, DB 1980, 2225 ff.; Thümmel in Ruter/Thümmel, Beirat im Mittelstand, S. 63, für die KGaA vgl. die eingehende Darstellung bei Assmann/Sethe in GroßKomm/AktG, 4. Aufl., § 287 Rdnr.79 ff..

[874] Vgl. die ausführliche Darstellung im Emissionsprospekt der Borussia Dortmund GmbH & Co. KGaA hinsichtlich des Beirates in der Komplementärgesellschaft, der Borussia Dortmund Geschäftsführungs-GmbH auf den S. 59 f..

Einsetzung des Beirates als Organ der KGaA trotz der im Einzelfall bestehenden Vorteile (noch) nicht genutzt. Eine Ausnahme stellt die Satzung der Henkel KGaA[875] dar, die einen organschaftlichen Gesellschafterausschuss in die Kompetenzordnung integriert hat, auf den die Gesellschafter teilweise ihre Zuständigkeiten übertragen haben.

Die im Schrifttum zur KGaA vergleichsweise geringe Auseinandersetzung mit diesen Fragen erstaunt insbesondere unter dem Gesichtspunkt, als im Recht der Publikumspersonengesellschaften eine eingehende Diskussion über die Möglichkeiten der Übertragung von Kompetenzen auf den Beirat erfolgt ist[876]. Die Erklärung für die mangelnde Diskussion könnte darin liegen, dass in der KGaA neben der Komplementärin und der Gesamtheit der Kommanditaktionäre der Aufsichtsrat als drittes Organ zwingend vorgeschrieben ist. Die Einsetzung eines weiteren Organs auf der Ebene der KGaA ist deshalb mit einem weiteren Kostenaufwand verbunden. Ein weiterer Gesichtspunkt besteht darin, dass die Zulässigkeit des Beirates und der Umfang der auf ihn übertragbaren Befugnisse nicht abschließend geklärt sind.

2. Möglichkeit der Übertragung von Kompetenzen der Gesamtheit der Gesamtheit der Kommanditaktionäre auf Beiräte

Die Frage der Zulässigkeit eines organschaftlichen Beirates in der KGaA wird unterschiedlich bewertet. Gegen die Zulässigkeit eines Beirates hat sich soweit ersichtlich nur Martens ausgesprochen[877], der zur Begründung eine Parallele zur Aktiengesellschaft zieht. Hiernach wird bei der AG aus § 23 Abs. 5 AktG, wonach Abweichungen im Recht der AG und damit auch Abweichungen von der zwingenden Kompetenzverteilung nur in den durch das Gesetz ausdrücklich genannten Fällen zulässig sind, der Schluss gezogen, dass ein mit organschaftlichen Befugnissen ausgestatteter Beirat unzulässig ist. Gleiches gilt für ein ständiges Beratergremium auf Satzungsebene, dem bestimmte Auskunfts- und Anhörungsrechte eingeräumt werden.

---

[875] Abschnitt VII Nr. 26 ff. der Satzung vom April 2006, abrufbar unter www.henkel.de/int_henkel/ir_de/binarydata/pdf/SatzungApril_2006.pdf..

[876] Vgl. hierzu nur Grote, Anlegerschutz durch Einrichtung eines Beirates, insbes. S. 57–239.

[877] Martens, AG 1982, 113, insbes. 114 f., gegen ihn die ganz herrschende Meinung, vgl. nur Assmann/Sethe, Festschrift Lutter, S. 251, 256 f.; Mertens in KölnKomm/AktG, 1. Aufl., § 278 Rdnr. 96.

Die herrschende Ansicht hält im Gegensatz zur Ansicht von Martens Beiräte nicht generell für unzulässig, sondern differenziert zu Recht danach, ob es sich bei den dem Beirat zugewiesenen Kompetenzen um solche handelt, die freier Gestaltung zugänglich sind[878]. Deshalb ist hinsichtlich der konkreten Sachfrage zu entscheiden, ob § 278 Abs. 2 oder § 278 Abs. 3 i.V.m. § 23 Abs. 5 AktG anzuwenden ist. Sofern die konkrete Maßnahme von § 278 Abs. 2 AktG erfasst wird und die §§ 279 ff. AktG keine abschließende zwingende Regelung enthalten, ist das Kommanditrecht mit der Folge der grundsätzlich freien Ausgestaltung in der Satzung anwendbar. Von der Möglichkeit zur freien Ausgestaltung in der Satzung ist auch die Übertragung von Kompetenzen auf den Beirat erfasst.

3. Grenzen der Übertragung von Kompetenzen auf Beiräte

Die Grenzen der Gestaltungsfreiheit bei der Übertragung von Kompetenzen auf Beiräte sind im Schrifttum nicht abschließend geklärt. Von einem Teil des Schrifttums wird die Auffassung vertreten, dass nach dem Grundsatz der Gestaltungsfreiheit die Gesellschafter sämtliche Zuständigkeiten auf einen Beirat übertragen können, soweit nicht im Einzelnen näher aufgeführte gesetzliche Vorschriften entgegenstehen[879]. Bei einem solchen Verständnis der Gestaltungsfreiheit wird übersehen, dass sich die Unzulässigkeit einer Übertragung nicht nur aus konkreten gesetzlichen Vorschriften, sondern auch aus allgemeinen Wertungsprinzipien des Gesellschaftsrechts ergeben kann[880].

3.1. Gesetzliche zwingende Kompetenzen als Grenzen der Gestaltungsfreiheit

Die gesetzlichen zwingenden Kompetenzen sind in die zwingenden Kompetenzzuweisungen an die Geschäftsführer und die zwingenden Kompetenzzuweisungen an die Gesamtheit der Gesellschafter zu unterteilen.

---

[878] Assmann/Sethe in GroßKomm/AktG, 4. Aufl., § 287 Rdnr. 89 f., 109 ff.; Assmann/Sethe, Festschrift Lutter, S. 251, 257 f.; Herfs in MünchHdb/KG, Bd. 4, § 77 Rdnr. 61, Hommelhoff, ZHR-Beiheft 67, 1998, 9 ff., 18; Ihrig/Schlitt, ZHR-Beiheft 67, 1998, 33 ff., 40, 68; zur KGaA insbes. Grafmüller, KGaA, S. 145 ff.; Friedewald, Personalistische Aktiengesellschaft, 1991, S. 97 f.; Sethe, KGaA, S. 128.

[879] Vgl. zu den Grenzen der Gestaltungsfreiheit allgemein Ulmer in GroßKomm/HGB, 4. Aufl., § 109 Rdnr.20 ff.; zu den Grenzen der Gestaltungsfreiheit bei der Übertragung von Kompetenzen auf Beiräte Rohleder, Übertragung von Kompetenzen, insbes. S. 28 ff..

[880] Riegger in MünchHdb/GesR, KG, § 8 Rdnr. 11 f..

3.1.1. Gesetzlich zwingende Kompetenzzuweisungen an die Geschäftsführer

Eine Übertragung von Kompetenzen und Befugnissen der Geschäftsführer auf einen Beirat findet zum einen in den zwingenden Kompetenzzuweisungen an die Komplementäre ihre Grenze. Zwingende Kompetenzzuweisungen ergeben sich zunächst aus der in § 283 AktG geregelten Verantwortlichkeit der Komplementäre. Die Komplementäre müssen danach zwingend über diejenigen Geschäftsführungsbefugnisse verfügen, die notwendig sind, um die ihnen durch § 283 AktG übertragenen Pflichten zu erfüllen[881]. Zu diesen gehören die Berichtspflichten gegenüber dem Aufsichtsrat, § 283 Nr. 4 AktG, sowie die Pflicht, den Jahresabschluss und den Lagebericht aufzustellen und den Vorschlag über die Verwendung des Bilanzgewinns auszuarbeiten, § 283 Nr. 9 AktG. Die Komplementäre sind darüber hinaus zwingend berechtigt, die Hauptversammlung einzuberufen, § 283 Nr. 6 AktG, sowie Hauptversammlungsbeschlüsse mit einer Anfechtungs- oder Nichtigkeitsklage gerichtlich überprüfen zu lassen, §§ 283 Nr. 13, 245 Nr. 4, 249 AktG.

Neben diesen zwingenden Rechten, die den Komplementären in Abgrenzung zu anderen Organen zustehen, nimmt der Komplementär auch Pflichten wahr, die im öffentlichen Interesse liegen. Hierzu gehört die Pflicht, bei Eintritt der Zahlungsunfähigkeit Insolvenzantrag zu stellen sowie die Pflicht zur ordnungsgemäßen Buchführung und zur Einrichtung eines Risikomanagements[882]. Solche gesetzlichen Pflichten und Befugnisse bleiben daher in jedem Fall unberührt.

Ungeklärt ist, ob über diesen gesetzlich geregelten Bereich hinaus den Geschäftsführern ein eigenverantwortlicher Bereich zusteht. Eine verbreitete Ansicht führt hierzu bspw. an, dass den Gesellschafter und Geschäftsführern nur bei Angelegenheiten von grundsätzlicher oder wesentlicher Bedeutung Weisungen erteilt werden können. Den Geschäftsfüh-

---

[881] Assmann/Sethe in GroßKomm/AktG, 4. Aufl., § 287 Rdnr. 77.

[882] Schütz/Reger in Schütz/Bürgers/Riotte (Hrsg.), Hdb/KGaA, § 5 Rdnr. 113 ff., zur Insolvenzantragspflicht Rdnr. 131.

rern muss nach dieser Ansicht Raum zu eigener Willensbetätigung verbleiben[883].

Die Allgemeinheit der Formulierung zeigt, dass man bisher in der Literatur über die zwingenden gesetzlichen Kompetenzzuweisungen hinaus keinen sachlichen Anwendungsbereich für ungeschriebene zwingende Kompetenzzuweisungen herausarbeiten konnte. Diese Frage wird praktisch für den Bereich der Publikums-KGaA insoweit entschärft, als diese in der Regel komplementärdominiert sein werden und – soweit eine GmbH Komplementärin ist – die Unternehmer-Gesellschafter an einer Verlagerung auf den Beirat kein Interesse haben werden.

Etwas anders stellt sich zumindest in rechtstatsächlicher Hinsicht die Situation bei der Borussia Dortmund GmbH & Co. KGaA dar. Nach den Statuten des DFB wird vorausgesetzt, dass der Verein mehrheitlich an einer Kapitalgesellschaft beteiligt ist oder diese in anderer Form „beherrscht". Bei einer KGaA wird vorausgesetzt, dass der Verein selbst oder über eine 100%ige Tochtergesellschaft die Stellung des Komplementärs der Gesellschaft innehat und dem Komplementär die kraft Gesetzes zustehende Geschäftsführungs- und Vertretungsbefugnis uneingeschränkt zusteht. Darüber hinaus hat die Borussia Dortmund GmbH & Co. KGaA einen Beirat installiert, der Teilhaberechte bei bestimmten Geschäftsführungsmaßnahmen besitzt[884].

3.1.2. Gesetzlich zwingende Kompetenzzuweisungen an die Hauptversammlung

Für die weitere Untersuchung sind jedoch die gesetzlichen und ungeschriebenen Kompetenzzuweisungen an die Gesamtheit der Kommanditaktionäre praktisch von größerer Relevanz.

Gesetzlich zwingende Kompetenzzuweisungen sind im Gesetz für die das Verhältnis der Kommanditaktionäre untereinander betreffenden und damit dem Aktienrecht unterfallenden Bereiche enthalten. Diese ergeben sich dabei grundsätzlich aus den §§ 279 ff. AktG, insbesondere § 285 f. AktG.

[883] Rohleder, Übertragbarkeit von Kompetenzen auf GmbH-Beiräte, Ruter/Thümmel, Beirat, S. 73.
[884] Emissionsprospekt der Borussia Dortmund GmbH & Co. KGaA, S. 61.

Die Hauptversammlung ist danach insbesondere für die Wahl des Aufsichtsrates (§ 285 Abs. 1 Nr. 1 AktG), die Entlastung der persönlich haftenden Gesellschafter und des Aufsichtsrates (§ 285 Abs. 1 Nr. 2 AktG), die Wahl von Abschlussprüfern (§ 285 Abs. 1 Nr. 6 AktG), die Feststellung des Jahresabschlusses (§ 286 Abs. 1 Satz 1 AktG) sowie die Verwendung des verteilungsfähigen Bilanzgewinns zuständig. Im Hinblick auf den verteilungsfähigen Gewinn sind grundsätzlich Satzungsbestimmungen denkbar, die den Komplementären bzw. der Komplementärgesellschaft eine Haftungsvergütung in beträchtlichem Umfang gewähren lassen. Dies wird praktisch insbesondere dann relevant, wenn die Komplementäre bzw. die Gesellschafter der Komplementärgesellschaft über ihre Sondereinlage bzw. die Sondereinlage der Komplementärin an der KGaA beteiligt sind und die Haftungsvergütung einen bestimmten Prozentsatz dieser Sondereinlage beträgt. Dies mag in KGaA, die nicht einem breiteren Anlegerpublikum offen stehen, praktisch relevant werden. Soweit diese Gesellschaften börsennotiert sind, lassen sich solche Regelungen am Kapitalmarkt schwerlich durchsetzen. Die unternehmergeführten Gesellschaften enthalten solche Bestimmungen jedenfalls nicht[885].

3.2. Ungeschriebene zwingende Kompetenzzuweisungen an die Gesamtheit der Kommanditaktionäre und einzelne Kommanditaktionäre

Die Frage der ungeschriebenen zwingenden Kompetenzzuweisungen an die Gesamtheit der Kommanditaktionäre insoweit als Personengesellschaftsrecht betroffen ist, sind dagegen nicht abschließend geklärt[886]. Anerkannt ist, dass der Grundsatz der Verbandssouveränität eine Begrenzung der Übertragung von Kompetenzen auf einen organschaftlichen Beirat darstellen kann. Ungeklärt und in Einzelfragen in der Diskussion befindlich ist jedoch der Umfang des Grundsatzes der Verbandssouveränität. Die Diskussion in der Literatur zur KGaA wird dabei von einer ver-

---

[885] Ergebnisverteilung richtet sich ausschließlich nach den Beteiligungsverhältnissen, vgl. bspw. § 28 der Satzung der Merck KGaA vom 15. Februar 2006, www.merck.de/servlet/PB/show/1330390/ Satzung_170504.pdf; § 7 Abs. 5, 7 der Satzung der Mühlbauer Holding AG & Co. KGaA, www.muehlbauer.de/bausteine.net/file/showfile.aspx?downdaid =10948&sp =E&domid=1016&fd=2.

[886] Vgl. aus der Literatur zur KGaA Assmann/Sethe in GroßKomm/AktG, 4. Aufl., § 287 Rdnr. 77 ff., insbes. 102 f.; Semler/Perlitt in MünchKomm/AktG, 2. Aufl., § 278 Rdnr. 234 ff.; Bürgers in Schütz/Bürgers/Riotte (Hrsg.), Hdb/KGaA, § 5 Rdnr. 581 ff., S. 262.

breiteten Ansicht weitgehend ausschließlich unter Verweis auf Voormann[887] geführt[888]. Deshalb sind nachfolgend die vorhandene Rechtsprechung und die wesentlichen Ansätze in der Literatur auszuwerten. Neben dem Grundsatz der Verbandssouveränität kann eine Übertragung in all denjenigen Fällen ausscheiden, für die ein zwingendes Stimmrecht der Kommanditaktionäre besteht, das in der Hauptversammlung auszuüben ist[889].

3.2.1. Grenzen der Übertragung aus dem Grundsatz der Verbandssouveränität

Es ist weithin anerkannt, dass es der Grundsatz der Verbandssouveränität, der sowohl im Recht der Personengesellschaften als auch im Recht der Kapitalgesellschaften gilt, den Gesellschaftern verbietet, das Schicksal der Gesellschaft Dritten zu überlassen[890]. Die Gesellschafter sind hiernach berechtigt und verpflichtet, die Grundlagen der Gesellschaft selbst zu bestimmen. Inhalt und Umfang des Grundsatzes der Verbandssouveränität sind dabei nicht abschließend geklärt.

Für die weitere Rechtsanwendung muss der Grundsatz weiter konkretisiert werden. Dabei müssen insbesondere die Fragen geklärt werden, ob der Grundsatz der Verbandssouveränität eine konkurrierende Zuständigkeit der Kommanditaktionäre neben der Zuständigkeit des Beirates erfordert, ob er einer Verlagerung der Kompetenz auf Beiräte, die (auch) aus Nichtgesellschaftern bestehen, entgegensteht und ob eine Übertragung nur in den für die Publikums-KGaA besonderen Grenzen des Stimmrechtsausschlusses möglich ist.

---

887 Voormann, Der Beirat im Gesellschaftsrecht, insbes. S. 110 ff..

888 Vgl. die Kommentierung von Assmann/Sethe in GroßKomm/AktG, 4. Aufl., § 287 Rdnr. 77 ff.; Bürgers in Schütz/Bürgers/Riotte (Hrsg.), Hdb/KGaA, § 5 Rdnr. 582 in Fn. 1387, 1388 mit der Einschränkung in Fn. 1391.

889 BGH NJW 1985, 1900 = BGH WM 1985, 256, 257.

890 Ulmer in GroßKomm/HGB, 4. Aufl., § 109 Rdnr. 31 und 35; Schlegelberger/Martens, § 169 Rdnr. 119; Riegger in MünchHdb/GesR, KG, Bd. 2, § 8 Rdnr. 13; vgl. auch Wiedemann, Festschrift Schilling, S. 111.

a) Konkurrierende Kompetenz der Gesellschafter

Der BGH hat sich in einer gelegentlich unbeachtet gebliebenen Entscheidung die Voraussetzungen einer Übertragung von Kompetenzen auf einen organschaftlichen Beirat neben der Gesellschafterversammlung für den Bereich der Personengesellschaften näher bestimmt[891]. Hiernach sind die Gesellschafter berechtigt und verpflichtet, die Grundlagen der Gesellschaft selbst zu bestimmen. Sie können zwar den Beirat auch dazu ermächtigen, den Gesellschaftsvertrag zu ändern. Diese Ermächtigung kann jedoch keine verdrängende sein, die Gesellschafterversammlung muss vielmehr neben dem Beirat für Vertragsänderungen zuständig bleiben[892]. Die Begründung hierfür besteht darin, dass die Gesellschafter Träger aller Rechte und Pflichten sind und deshalb eine umfassende Entscheidungsbefugnis haben. Ausdruck dieser umfassenden Entscheidungsbefugnis ist, dass die Gesellschafter unter den Voraussetzungen, unter denen sie den Gesellschaftsvertrag ändern und den Beirat abschaffen können, auch seine Beschlüsse aufheben können müssen[893].

b) Kompetenzübertragung an Beiräte, die (auch) aus Nichtgesellschaftern bestehen?

Über die zuvor erörterte allgemeine Grenze der Kompetenzdelegation hinaus stellt sich der Einfluss der personellen Besetzung der Beiräte auf den Umfang der Übertragbarkeit von Kompetenzen insbesondere unter dem Gesichtspunkt der Beteiligung von Nichtgesellschaftern. Dabei geht es nicht mehr um die Frage, ob die den Organen der KGaA zugewiesenen Aufgaben als solche überhaupt übertragbar sind, sondern um die spezielle Berücksichtigung der personellen Besetzung der freiwillig geschaffenen Gesellschaftsorgane[894]. Die Fragestellung ergibt sich dabei zwangsläufig,

---

891 BGH NJW 1985, 1900.

892 BGH WM 1985, 256, 257; dem BGH zustimmend Riegger in MünchHdb/KG, § 8 Rdnr. 13; Grunewald in MünchKomm/HGB, § 161 Rdnr. 163; Thümmel in Ruter/Thümmel, Beirat im Mittelstand, S. 71, allerdings ohne auf die BGH-Entscheidung Bezug zu nehmen. Die Frage der konkurrierenden oder verdrängenden Zuständigkeit wird von Thümmel nicht dem Grundsatz der Verbandssouveränität zugeordnet. Die Frage der konkurrierenden und verdrängenden Zuständigkeit und ihre Zuordnung zur Frage der Verbandssouveränität wird in der Kommentarliteratur nicht durchweg thematisiert, Heymann in Komm/HGB, 2. Aufl., § 114 Rdnr. 13 gehen auf den Unterschied von konkurrierender und verdrängender Zuständigkeit nicht ein.

893 BGH WM 1970, 249, 250.

894 Anders hierzu Voormann, der die Frage der Übertragung an Nichtgesellschafter im Rahmen der Übertragbarkeit prüft, S. 110 ff..

da sich allein aus der im Grundsatz anerkannten Zulässigkeit einer Kompetenzübertragung auf einen Beirat noch nicht die zwingende Folge ergibt, dass auch Nichtgesellschafter an diesem Organ in beliebigem Umfang teilnehmen können. Materiell geht es mithin um die Frage, inwieweit organschaftliche Kompetenzen von Nichtgesellschaftern wahrgenommen werden können[895].

Eine über die allgemeine Grenze der Zuständigkeitsverlagerung hinausgehende Begrenzung des Fremdeinflusses durch Nichtgesellschafter in Beiräten wird trotz der möglichen Gefahr des Fremdeinflusses keineswegs allgemein bejaht. Die Rechtsprechung hat sich mit diesem Thema nur am Rande beschäftigt. Eine eindeutige Stellungnahme fehlt. Das mangelnde praktische Entscheidungsmaterial ist darauf zurückzuführen, dass diese Probleme überwiegend von satzungsmäßigen Schiedsklauseln erfasst werden und so nicht zur gerichtlichen Anhängigkeit der streitigen Angelegenheit führen[896].

(1) Die eine Übertragbarkeit an Nichtgesellschafter ablehnende Ansicht

Insbesondere eine ältere Ansicht in der Literatur hält (jedenfalls) in personalistisch geprägten Gesellschaften eine unmittelbare Mitwirkung von Gesellschaftsfremden an der internen Willensbildung in Form der Beteiligung an einem Organ für unzulässig. Das Hineindrängen demokratischer Selbstverständlichkeiten in das Privatrecht verbiete, dass Gesellschaftsfremde als Organmitglieder den Willen der Gesellschaft bilden[897]. Die aktive Mitwirkung in der Gesellschaft verlange hiernach als Voraussetzung die Mitgliedschaft[898]. Begründet wird die Ablehnung darüber hinaus mit der Beseitigung des Beziehungsgeflechts zwischen den Gesellschaftern und der Gesellschaft. Dieses Beziehungsgeflecht bestehe, weil jede Ent-

[895] Vgl. zu der Fragestellung auch Rohleder, Beirat, S. 73 ff..

[896] Nach dem Grundlagenurteil des BGH in BGHZ 132, 278 sind satzungsmäßige Schiedsvereinbarungen insoweit unwirksam, als sie sich auf Beschlussanfechtungs- bzw. Nichtigkeitsklagen gegen Gesellschafterbeschlüsse beziehen; vgl. hierzu aus der älteren Rechtsprechung BGH GmbHR 1951, 145; BGH NJW 1966, 2055; BGH NJW 1979, 2567, 2569.

[897] Teichmann, S. 191; in diesem Ansatz sieht Wiedemann, Festschrift Schilling, S. 113, den interessantesten Begründungsversuch des Grundsatzes der Verbandssouveränität. Er fordert aber eine nähere Überprüfung der Übertragbarkeit öffentlich-rechtlicher Ordnungsgrundsätze ins Privatrecht.

[898] Teichmann, S. 191.

scheidung auf die Mitglieder zurückfalle und sie hierdurch zu vorsichtigem Handeln veranlasst würden. Das Spüren der gemeinsamen Verantwortung für das Handeln der Gesellschaft verknüpfe die Gesellschafter mit der Gesellschaft[899].

In die gleiche Richtung gehen die grundsätzlichen Einwände von Wiedemann[900]. Er sieht die Unabhängigkeit der Gesellschaft als Ganzes bedroht, wenn Dritte in ein Gesellschaftsorgan berufen werden und einen Fremdeinfluss auf die Gesellschaft ausüben. Das Schicksal des Verbandes dürfe grundsätzlich nicht von außenstehenden Personen abhängen, die nicht die gleichen Interessen verfolgen wie die Gesellschafter selbst und deren Rechtsausübung deshalb nicht ausreichend beschränkt und kontrolliert werden könne. Der Grundsatz der Verbandssouveränität erfordere diese Grenze und beschränke den zulässigen Fremdeinfluss bei der Schaffung neuer Zuständigkeiten[901].

Der Grundsatz der Verbandssouveränität stellt auch für Voormann die Begrenzung für die Beteiligung von Nichtgesellschaftern an Gesellschaftsorganen dar[902]. Im Unterschied zu den Vorgenannten ist nach Voormann diese Grenze jedoch eine relative, variable Schranke. Diese sei vielmehr im Einzelfall aufgrund von Wertungen zu ermitteln[903]. Für die Beteiligung von Nichtgesellschaftern an Gesellschaftsorganen gelangt Voormann zu dem Ergebnis, dass die Bestellung von Nichtgesellschaftern zu Beiratsmitgliedern von der Intention der Bestellung abhängig zu machen sei. Sofern keine besonderen Umstände ersichtlich sind, sei der Grundsatz der Verbandssouveränität allein durch die Abberufungsmöglichkeit der gesellschaftsfremden Beiratsmitglieder und die Revidierbarkeit der Beiratsentscheidung gewahrt[904]. Eine absolute Grenze ist für Voormann jedenfalls dann überschritten, wenn eine mehrheitliche Beteiligung von Nichtgesellschaftern gegeben ist.

---

[899] Teichmann, S. 191 f..
[900] Wiedemann, Festschrift Schilling, S. 105, 111 ff..
[901] Wiedemann, Festschrift Schilling, S. 111.
[902] Voormann, S. 111 ff..
[903] Voormann, S. 111 ff..
[904] Voormann, S. 118 f..

(2) Literaturansicht, die den Grundsatz der Verbandssouveränität bei jederzeitiger Abberufbarkeit als gewährleistet ansieht

Nach einer verbreiteten Literaturansicht steht der Grundsatz der Verbandssouveränität einer Beteiligung von Nichtgesellschaftern an fakultativen Gesellschaftsorganen nicht entgegen[905]. Vielmehr sei der Grundsatz der Verbandssouveränität bereits dann gewahrt, wenn die Gesellschafterversammlung die Beiratsmitglieder jedenfalls auch wichtigem Grund abberufen könne und die Möglichkeit bestehe, den Beirat insgesamt abzuschaffen[906].

(3) Ansatz, der den Grundsatz der Verbandssouveränität als nicht tangiert ansieht

Teubner[907] will die Anforderungen für die innerorganisatorische Einbindung des Beirats an die Verantwortlichkeits- und Haftungsordnung so hoch schrauben, dass die Verbandssouveränität nicht berührt werden könne[908]. Hiernach sei bei strikter Einbindung in die Organisationsverfassung, insbesondere durch die Einpassung in das Kompetenzgefüge und die Verpflichtung auf das Verbandsinteresse der Grundsatz der Verbandssouveränität gar nicht betroffen, sondern das Problem löse sich über die Frage der organisationsinternen Verteilung der Kompetenzen und die Verpflichtung auf das Verbandsinteresse[909].

Hölters[910], Riegger[911] und in neuerer Zeit Thümmel[912] verneinen die Anwendung des Grundsatzes der Verbandssouveränität als Beschränkung für die Kompetenzübertragung auf Beiräte. Begründet wird dieser Ansatz damit, dass die Einsetzung eines mit Nichtgesellschaftern besetzten Beirates unbedenklich ist, da er als Organ sowieso in die gesellschaftsrechtliche Organisation integriert sei und Treuepflichten bestehen. Deshalb sei die Autonomie der Gesellschaft im Ergebnis nicht tangiert.

---

[905] Flume, Juristische Person, § 7 I 2, S. 190 ff., Raiser, Recht der Kapitalgesellschaften, § 34 II 2, S. 255; Scholz/K. Schmidt, Komm/GmbHG, 9. Aufl., § 45 Rdnr. 13.
[906] Flume, Juristische Person, § 7 I 2, S. 192; Raiser, Recht der Kapitalgesellschaften; § 34 II 2, S. 255.
[907] Teubner, ZGR 1986, 565 ff..
[908] Teubner, ZGR 1986, 565, 566, 568.
[909] Teubner, ZGR 1986, 565, 572.
[910] Hölters, Der Beirat, S. 22 f., ders., GmbHR 1980, 50, 52.
[911] Riegger in MünchHdb/GesR, KG, § 8 Rdnr.29.
[912] Thümmel in Ruter/Thümmel, Beirat, Rdnr. 257, S. 96 f..

3.2.2. Stellungnahme und Zwischenergebnis

Die Berufung von Nicht-Gesellschaftern in den organschaftlichen Beirat stellt kein zusätzliches Hindernis für eine Übertragung von Kompetenzen auf dieses Organ dar, und zwar selbst dann nicht, wenn der Beirat überwiegend aus Nicht-Gesellschaftern zusammengesetzt ist. Gegen die überkommene Ansicht, die eine Übertragung von Kompetenzen auf einen auch mit Nicht-Gesellschaftern besetzten organschaftlichen Beirat ablehnt, ist einzuwenden, dass diese Ablehnung der Beteiligung von Nicht-Gesellschaftern an fakultativen Gesellschaftsorganen einen Widerspruch zu der grundsätzlich bestehenden Möglichkeit darstellt, Nicht-Gesellschafter als Geschäftsführer einzusetzen. Dieser Widerspruch ist letztlich nicht aufzulösen. Dagegen ist dem von der neueren Dogmatik vertretenen Verständnis des Grundsatzes der Verbandssouveränität zu folgen. Dem Grundsatz der Verbandssouveränität ist dabei bereits dann genügt, wenn das fakultative Organ in die Kompetenzordnung der Gesellschaft in der Weise integriert ist, dass der Beirat jedenfalls aus wichtigem Grund abberufen werden kann und die Möglichkeit offen steht, Beiratsentscheidungen durch einen actus contrarius für die Zukunft aufheben zu können. Ein solcher actus contrarius ist jedoch praktisch nur dann denkbar, wenn es eine entsprechende Mehrheit der Gesamtheit der Kommanditaktionäre gibt. Daran fehlt es zumeist bei personalistisch strukturierten Personengesellschaften, die den Beirat als Mittel zur Überwindung sich gegenseitig blockierender Gesellschaftergruppen ansehen.

c) Grenze der Übertragung in den Grenzen des Stimmrechtsausschlusses

Nach der Rechtsprechung des BGH im Hinblick auf die GmbH & Co. KG ist eine Übertragung von Kompetenzen der Gesellschafter zudem nur für Sachverhalte zulässig, bei denen das Stimmrecht der Gesellschafter ausgeschlossen werden kann[913]. Für eine personalistisch strukturierte GmbH & Co. KG bedeutet dies, dass eine Verlagerung von Kompetenzen auf Beiräte nur bei Sachverhalten, die den Kernbereich der Gesellschafterrechte tangieren, ausscheidet.

---

[913] BGH WM 1985, 256, 257.

Das (wohl) überwiegende Schrifttum zur GmbH & Co. KG stellt dagegen nicht auf das Kriterium des Stimmrechtsausschlusses, sondern auf die mögliche Grenze durch Grundlagen- und Strukturentscheidungen ab[914]. Im Ergebnis verneint diese Literaturansicht über den Bereich des Stimmrechtsausschlusses hinaus auch eine Übertragung von Zuständigkeiten im Bereich der Grundlagenentscheidungen. Dies würde jedoch bei Gesellschaften, die keiner Inhaltskontrolle unterliegen, zu der Konsequenz führen, dass eine Übertragung von Zuständigkeiten auf einen Beirat bei Grundlagen- und Strukturentscheidungen zwar ausgeschlossen ist, gleichwohl der vollständige Ausschluss des Stimmrechts möglich ist. Zutreffend erscheint dagegen die Begründung von Nitschke für einen Gleichlauf von Kernbereich und Stimmrechtsausschluss. Ein solcher Gleichlauf bedeutet im Ergebnis, dass soweit man den völligen Ausschluss eines Teils der Gesellschafter von ihrem Stimmrecht zulässt, im Ergebnis auch alle Zwischenformen einräumen muss[915]. Hierfür ist jedoch eine entsprechende Regelung in der Satzung erforderlich.

Für die Publikums-KG und die Publikums-KGaA führt die Anwendung der Grundsätze über die Inhaltskontrolle zu einer Ausdehnung der stimmrechtsfesten Rechte über den Kernbereich hinaus auch auf die Grundlagengeschäfte insoweit, als sie durch das Personengesellschaftsrecht geregelt werden. Daraus folgt für die Übertragungsfähigkeit von Kompetenzen auf Beiräte zwanglos, dass eine solche nicht nur für die wenigen Kernbereichsrechte, die bei der KGaA praktische Relevanz besitzen, ausscheidet, sondern auch bei den Grundlagengeschäften, die durch Personengesellschaftsrecht geregelt werden. Praktisch wird dies beispielsweise bei Satzungsänderungen, wenn der Sachverhalt durch das Kommanditrecht geregelt wird, bei Änderungen des Unternehmensgegenstandes und bei der Übertragung des wesentlichen Gesellschaftsvermögens.

4. Ergebnis

Die Übertragung von Zuständigkeiten auf Beiräte ist in den durch das Kommanditrecht geregelten Bereichen innerhalb der gesetzlichen Schranken zwar grundsätzlich zulässig. Dabei sind neben den wenigen ge-

---

[914] Voormann, Beirat, S. 82 ff.; Rohleder, Übertragbarkeit von Kompetenzen auf GmbH-Beiräte, S. 35.
[915] Nitschke, Personengesellschaft, S. 279 ff., 285.

schriebenen Schranken der Übertragung von Kompetenzen auf einen Beirat die ungeschriebenen Grenzen zu beachten. Diese ergeben sich zunächst aus dem Grundsatz der Verbandssouveränität, wonach die Zuständigkeit des Beirates zulässigerweise nur eine konkurrierende neben der Zuständigkeit der Kommanditaktionäre sein kann. Eine zweite Grenze ergibt sich aus dem Maßstab des § 242 BGB, wonach neben diesen Grenzen zwingende Stimmrechte der Gesamtheit der Kommanditaktionäre in der börsennotierten Kapitalgesellschaft & Co. KGaA bei allen die Grundlagen der Gesellschaft betreffenden Sachverhalten bei den Kommanditaktionären verbleiben müssen.

Darüber hinausgehende Einschränkungen der Übertragung von Kompetenzen auf einen organschaftlichen Beirat bestehen entgegen einer verbreiteten Literaturansicht nicht. Eine solche Einschränkung ergibt sich auch nicht aus der Tatsache, dass Nicht-Gesellschafter Beiratsmitglieder sind. Selbst der Umstand, dass eine Mehrheit des Beirates aus Nicht-Gesellschaftern besteht, stellt unter der Voraussetzung, dass der Beirat in die Kompetenzordnung der Gesellschaft eingebunden ist, keine absolute Grenze für eine Übertragung von Kompetenzen auf einen Beirat dar.

C. Informations- und Auskunftsrechte der Kommanditaktionäre

Im Abschnitt unter B. sind (auch) die zwingenden Kompetenzen der Gesamtheit der Kommanditaktionäre herausgearbeitet worden. Diese ergeben sich zunächst aus dem Gesetz. So ist die Hauptversammlung für die Feststellung des Jahresabschlusses zuständig, § 286 Abs. 1 AktG. Neben dieser Kompetenz, die auf der jährlich stattfindenden ordentlichen Hauptversammlung auszuüben ist, haben die Kommanditaktionäre in börsennotierten KGaA zwingende Zustimmungsrechte bei den die Grundlagen der Gesellschaft betreffenden Sachverhalten, soweit sie durch das Personengesellschaftsrecht geregelt werden.

Diese Zweiteilung der Kompetenzen findet ihre Fortsetzung in den für die Informationsrechte anzuwendenden Normen. Grundsätzlich stehen jedem

Kommanditaktionär auf der jährlich stattfindenden Hauptversammlung Auskunftsrechte zu, die durch das Aktienrecht geregelt werden, § 131 AktG. Die Reichweite dieser Auskunftsrechte ist in einer GmbH & Co. KGaA im Hinblick darauf, dass die Hauptversammlung der KGaA über die Feststellung des Jahresabschlusses entscheidet und die Geschäftsleitung von einer juristischen Person ausgeübt wird, überprüfungsbedürftig (unter I.).

Für die effiziente Wahrnehmung der zwingenden Stimmrechte der Gesamtheit der Kommanditaktionäre bei Grundlagengeschäften, die dem Personengesellschaftsrecht unterliegen, sind beschlussbegleitende Informationen erforderlich. Das hierauf anzuwendende Personengesellschaftsrecht enthält dazu nur rudimentäre und zudem diese Fälle nicht erfassende Regelungen. Deshalb ist in diesem Zusammenhang im Ersten Teil der Gedanke einer Analogie zu den im Aktienrecht geregelten und von der Rechtsprechung weiterentwickelten Informationsrechten aufgeworfen worden, dem nachfolgend nachgegangen werden soll (unter II.)[916].

I. Auskunftsrechte der Kommanditaktionäre nach § 131 AktG

Die Reichweite des Auskunftsrechtes des Kommanditaktionärs erfährt insbesondere im Hinblick auf die Tatsache, dass er an der Feststellung des Jahresabschlusses beteiligt ist, eine Ergänzung. Darüber hinaus ist bei einer GmbH als Komplementärin der Umfang der Informationsrechte des Kommanditaktionärs überprüfungsbedürftig.

1. Grundsätzliches zum Auskunftsrecht in der KGaA

Wie der Aktionär ist auch der Kommanditaktionär nach § 131 AktG berechtigt, in der Hauptversammlung Auskunft über die Angelegenheiten der Gesellschaft zu verlangen[917]. Der Auskunftsanspruch erstreckt sich dabei auf alle Angelegenheiten der KGaA und damit auf alles, was mit der KGaA und ihrer Tätigkeit zusammenhängt[918]. Sofern die KGaA Konzern-

[916] Vgl. hierzu die Ausführungen im Ersten Teil unter C. II. 5.3., S. 98 f..
[917] Assmann/Sethe in GroßKomm/AktG, 4. Aufl., § 278 Rdnr. 83 f..
[918] Assmann/Sethe in GroßKomm/AktG, 4. Aufl., § 278 Rdnr. 83 f.; Semler/Perlitt in MünchKomm/AktG, 2. Aufl., § 278 Rdnr. 120; Schütz/Reger in Schütz/Bürgers/Riotte (Hrsg.), Hdb/KGaA, § 5 Rdnr. 366; S. 199.

gesellschaft ist, geht der Auskunftsanspruch auch auf Auskunft über die wirtschaftlichen Verhältnisse einer zum Konzern gehörenden verbundenen Gesellschaft[919]. Der Auskunftsanspruch des Kommanditaktionärs geht insofern über den Auskunftsanspruch des Aktionärs hinaus, als die Hauptversammlung der KGaA im Gegensatz zur Aktiengesellschaft gemäß § 286 Abs. 1 Satz 1 AktG auch über die Feststellung des Jahresabschlusses beschließt. Dementsprechend muss den Kommanditaktionären ein umfassendes Auskunftsrecht über die wirtschaftliche Lage der Gesellschaft zustehen. Deshalb haben die Kommanditaktionäre auch grundsätzlich das Recht, Auskunft über die Bildung stiller Reserven oder die angewandten Bilanzierungs- und Bewertungsmethoden zu verlangen, § 131 Abs. 3 Nr. 3, 4 AktG gelten deshalb für die KGaA nicht[920]. Von diesem Auskunftsrecht sind auch Fragen zum Gewinnanteil des persönlich haftenden Gesellschafters und dessen Berechnung erfasst[921]. Hiergegen kann auch nicht eingewandt werden, dass die Gewinn- und Verlustrechnung der Gesellschaft den Gewinnanteil der Komplementäre nicht gesondert auszuweisen hat, § 286 Abs. 3 und 4 AktG, und die Öffentlichkeit deshalb keine Kenntnis erlangen soll. Der Einwand greift bei dem Auskunftsbegehren der Kommanditaktionäre in der Hauptversammlung deshalb nicht, da diese nicht öffentlich ist[922].

Der Gesamtheit der Kommanditaktionäre steht darüber hinaus gegen die Geschäftsführung das Kontrollrecht nach § 166 HGB zu, doch besitzt dieses erkennbar kaum praktische Relevanz, da die aktienrechtlichen Minderheiten- und Auskunftsrechte von ihrem Anwendungsbereich weiter sind[923].

2. Durchbrechung des Trennungsprinzips im Hinblick auf das Auskunftsrecht

Die weitergehende Frage besteht darin, inwieweit vom Schutzbereich des

[919] BayOBlG, AG 2000, 131.
[920] Herfs in MünchHdb/GesR, AG, § 76 Rdnr. 45; Semler/Perlitt in MünchKomm/AktG, 2. Aufl., § 278 Rdnr. 120; Schütz/Reger in Schütz/Bürgers/Riotte (Hrsg.), Hdb/KGaA, § 5 Rdnr. 366, S. 198.
[921] Adler/Düring/Schmaltz, Rechnungslegung, 6. Aufl., Teilband 4, § 286 Rdnr. 14.
[922] Hüffer, Komm/AktG, 6. Aufl., § 118 Rdnr. 16; Schütz/Reger in Schütz/Bürgers/Riotte (Hrsg.), Hdb/KGaA, § 5 Rdnr. 366, S. 198 ff..
[923] Assmann/Sethe in GroßKomm/AktG, 4. Aufl., § 278 Rdnr. 140.

Auskunftsrechts auch Angelegenheiten der Komplementärgesellschaft erfasst sind. Der Kommanditaktionär ist typischerweise nicht an der Komplementärgesellschaft beteiligt, so dass der Auskunftsanspruch nach § 51 a GmbHG ausscheidet[924].

Die herrschende Meinung im Schrifttum bejaht einen Auskunftsanspruch der Kommanditaktionäre in der GmbH & Co. KGaA auch im Hinblick auf die Angelegenheiten der Komplementärgesellschaft immer dann, wenn die Informationen auch nur mittelbar im Zusammenhang mit der Komplementärstellung stehen[925]. Dieser Zusammenhang besteht jedenfalls bei Geschäftsführungsmaßnahmen der Komplementärgesellschaft, da es sich hierbei sowohl um Angelegenheiten der Komplementärgesellschaft als auch um Angelegenheiten der KGaA handelt. Ungeklärt bleibt gleichwohl, mit welcher Begründung die herrschende Meinung bei einem nur mittelbaren Bezug die Erstreckung des Informationsrechtes annimmt. Zu überlegen ist in diesem Zusammenhang die Übertragung einer BGH-Rechtsprechung zur Publikums-KG. Der BGH hat in stetiger Rechtsprechung dem Kommanditisten einer Publikums-KG im Wege der Rechtsfortbildung ein außergesetzliches Auskunftsrecht insoweit zugebilligt, als es zur sachgerechten Ausübung seiner Mitgliedschaftsrechte erforderlich ist und das retrospektive Einsichtsrecht dem Kommanditisten zur Wahrung seiner Belange nicht ausreicht[926]. Dabei erfasst das Auskunftsrecht Angelegenheiten der Komplementär-GmbH prinzipiell nicht. Anderes gilt jedoch dann, wenn ein Zusammenhang mit der Komplementär-Eigenschaft der GmbH besteht. In diesem Fall erfasst das Auskunftsrecht sämtliche Aspekte, die im Zusammenhang mit der Komplementärfunktion der Gesellschaft stehen[927].

---

[924] Das Auskunftsrecht des Gesellschafters der Komplementär-GmbH erstreckt sich dagegen nach herrschender Ansicht auch auf die Angelegenheiten der Kommanditgesellschaft, vgl. BGH WM 1988, 1448 (obiter dictum); Weipert in MünchHdb/GesR, KG, § 11 Rdnr. 12; U.H. Schneider, ZGR 1978, S. 1, 26.

[925] Assmann/Sethe in GroßKomm/AktG, 4. Aufl., § 278 Rdnr. 83; Semler/Perlitt in MünchKomm/AktG, 2. Aufl., § 278 Rdnr. 340; Schlitt, Satzung der KGaA, S. 210; Schütz/Reger in Schütz/Bürgers/Riotte (Hrsg.), Hdb/KGaA, § 5 Rdnr. 366, S. 198 ff..

[926] Vgl. BGH ZIP 1983, 935, 936; BGH BB 1992, 1024, 1025; Weipert in MünchHdb/GesR, KG, § 11 Rdnr. 9.

[927] Assmann/Sethe in GroßKomm/AktG, 4. Aufl., § 278 Rdnr. 83; Semler/Perlitt in MünchKomm/AktG, 2. Aufl., § 278 Rdnr. 340; Schlitt, Satzung der KGaA, S. 210, Arnold, GmbH & Co. KGaA, S. 139 f..

3. Ergebnis

Jedem Kommanditaktionär steht ein Auskunftsanspruch in der jährlich stattfindenden Hauptversammlung zu, der von seinem Umfang nicht hinter dem Auskunftsanspruch eines Aktionärs zurückbleibt, in Einzelfragen aufgrund der Feststellungskompetenz des Jahresabschlusses durch die Hauptversammlung sogar über diesen hinausgeht.

II. Beschlussbegleitende Informationsrechte der Gesamtheit der Kommanditaktionäre bei Grundlagengeschäften

Nachdem vorstehend die Reichweite der Auskunftsrechte jedes einzelnen Kommanditaktionärs bestimmt worden ist, soll nachfolgend untersucht werden, ob der Gesamtheit der Kommanditaktionäre zur effizienten Wahrnehmung ihrer zwingenden Beschlusskompetenzen in Grundlagengeschäften beschlussbegleitende Informationsrechte zur Verfügung stehen. Bei den zwingenden Stimmrechten handelt es sich um Sachverhalte, die von den Kommanditaktionären nur bei einer hinreichenden Informationsversorgung und bei der Möglichkeit zur Nachfrage und Erläuterung effektiv bewertet werden können.

Die nachfolgende Untersuchung soll die nach dem Personengesellschaftsrecht vorhandenen Informationsrechte aufzeigen und die Voraussetzungen für eine Analogie der aktien- und umwandlungsrechtlichen Normen nachweisen.

1. Bedürfnis für eine Übertragung der für die AG normierten beschlussbegleitenden Informationsrechte

Die Informationsrechte der Gesamtheit der Kommanditaktionäre werden durch § 166 Abs. 1 HGB geregelt und erschöpfen sich sachlich in der Prüfung des Jahresabschlusses. Dagegen enthalten die Regelungen des Personengesellschaftsrechtes keine Normierungen über beschlussbegleitende Informationsrechte bei Grundlagengeschäften[928]. Darüber hinaus geben die im Aktiengesetz in § 131 AktG geregelten Informationsrechte lediglich Auskunft über Umfang und Inhalt des dem Kommanditaktionär

---

[928] Weipert in Ebenroth u.a./KommHGB, § 166 Rdnr. 19.

während der jährlich stattfindenden Hauptversammlung zustehenden Informationsrechtes. Beide Regelungen enthalten mithin keine Aussage über Inhalt und Umfang der den Kommanditaktionären zur effizienten Wahrnehmung seines Stimmrechts bei den Grundlagengeschäften erforderlichen Informationsrechte.

Die Lückenhaftigkeit der gesetzlichen Regelungen führt zu der Überlegung der Übertragung der im Aktien- und Umwandlungsrecht an einzelnen Stellen geregelten beschlussbegleitenden Informationsrechte. Voraussetzung für eine solche Analogie ist jedoch die Planwidrigkeit der festgestellten Lücke. Die Regelungen im Recht der KG, OHG und der BGB-Gesellschaft gehen zunächst davon aus, dass der Gesellschafter auch Geschäftsführer der Gesellschaft ist und somit Zugang zu den wesentlichen, die Gesellschaft betreffenden Sachverhalten hat. Soweit der Gesellschafter in der personalistisch strukturierten KG nur Kommanditist und von der Geschäftsführung ausgeschlossen ist, können seine Mitwirkungskompetenzen in den Grenzen des Kernbereiches ersatzlos abbedungen werden. Diese Bewertung lässt sich auf eine börsennotierte Kapitalgesellschaft & Co. KGaA, bei der eine Inhaltskontrolle von Satzungsbestimmungen am Maßstab von § 242 BGB vorzunehmen ist, nicht übertragen. Die Gesellschafter einer börsennotierten GmbH & Co. KGaA besitzen vielmehr über die Kernbereichsrechte hinausgehende, zwingende Rechte in allen Grundlagenfragen. Die Herausbildung eines Sonderrechts für die börsennotierte Kapitalgesellschaft & Co. KGaA führt deshalb zunächst dazu, dass die Kommanditaktionäre zusätzliche zwingende Kompetenzen innehaben. Eine vergleichende Betrachtung mit dem Recht der AG nach den „Gelatine-Entscheidungen“ zeigt darüber hinaus, dass den Kommanditaktionären im Vergleich zu den Aktionären der AG ein größerer Bereich an zwingenden Mitwirkungsrechten zukommt.

Die Wahrnehmung dieser erweiternden Kompetenzen macht zudem eine Zuweisung entsprechender Informationsrechte an die Gesamtheit der Kommanditaktionäre erforderlich. Hierfür bieten sich die im Aktien- und Umwandlungsrecht an einzelnen Stellen normierten und von der Rechtsprechung im Wege der Einzel- bzw. Gesamtanalogie[929] auf andere Strukturvorgänge übertragenen Regelungen über einzelne Informationsrechte an, die nachfolgend darzustellen sind. Hierbei soll Inhalt und Umfang der für die AG anzuwendenden beschlussbegleitenden Informationsrechte festgestellt werden. Im Anschluss hieran sind diese Gesichtspunkte auf die börsennotierte Kapitalgesellschaft & Co. KGaA zu übertragen.

2. Grundsätze zum Umfang und Inhalt der beschlussbegleitenden Informationsrechte in der AG

Die Bestimmung der Reichweite der Informationsrechte hat sich dabei an dem für bestimmte Strukturmaßnahmen im Gesetz vorgesehenen Muster formalisierter Informationspflichten zu orientieren. Die Bestandteile des Musters sind die Verpflichtung zur Bekanntgabe des wesentlichen (Vertrags)inhalts der Maßnahme, der Auslage des Vertrages und seiner Zusendung auf Verlangen, sowie zur Erstellung von Vorstandsberichten, verbunden mit der Offenlegung von Prüfungsberichten und Bilanzen. Die Rechtsprechung des BGH in den „Gelatine-Entscheidungen", wonach eine ungeschriebene Beschlusszuständigkeit der Hauptversammlung der AG nur bei Fällen denkbar ist, die einer Satzungsänderung nahe kommen, hat dabei zu einer Neuakzentuierung geführt, die im Recht der AG auch zu einer Neubestimmung einzelner Informationspflichten führen kann[930]. Die weitere Darstellung beschränkt sich dabei auf den Bereich der vertragsförmigen Umgestaltung in den Fällen der Ausgliederung oder Einbringung von Unternehmensteilen. Denkbar ist darüber hinaus, dass die Zustimmung als Ermächtigung bereits im Vorfeld eingeholt worden ist[931].

2.1. Bekanntmachung des Inhalts des Grundlagengeschäftes

Sofern die strukturverändernde Maßnahme eine vertragsmäßige Ausgestaltung erfährt, die nur mit der Zustimmung der Hauptversammlung wirksam wird, ist neben dem Vorschlag von Vorstand und Aufsichtsrat der wesentliche Inhalt des Vertrages vorab bekannt zu machen. Soweit derartige Umgestaltungen nach dem Umwandlungsgesetz erfolgen, ist diese

---

[929] Vgl. zu diesem durch die Entscheidung „Altana/Milupa", ZIP 2001, 416 entfachten Streit sogleich.

[930] Vgl. hierzu Weißhaupt, AG 2004, 585, 588 ff.; Bungert, BB 2004, 1345, 1351.

[931] LG Frankfurt/Main, AG 2001, 431, 433 – AGIV; Lutter/Leinekugel, ZIP 1998, 805, 813; Groß, AG 1996, 111,114; Weißhaupt, AG 2004, 585, 589; skeptisch gegenüber einer lückenlosen Vorlage sämtlicher Vertragsunterlagen und Nebenverträge Götze, NZG 2004, 585, 589.

Tatsache ausdrücklich durch § 124 Abs. 2 Satz 2 AktG klargestellt. Bei anderen nicht dem Umwandlungsrecht unterfallenden Maßnahmen kann § 124 Abs. 2 AktG nicht unmittelbar angewendet werden. Dennoch kann das Informationsinteresse der Kommanditaktionäre hier nur dadurch effektiv erfüllt werden, dass sie sich in gleicher Weise über die Maßnahmen informieren können, wie bei einer Ausgliederung nach dem Umwandlungsgesetz.

Deshalb entspricht es für den Bereich der AG ganz herrschender Meinung in der Rechtsprechung[932] und im Schrifttum[933], dass der wesentliche Inhalt des Vertrages dann bekannt zu machen ist, allerdings nur dann, wenn die konkrete Maßnahme eine ungeschriebene Zuständigkeit der Hauptversammlung der AG verursacht. Denn nur in diesem Umfang ist die Zustimmung und damit auch die Vorlage überhaupt erforderlich. Die Literatur und die Gestaltungspraxis werden somit bei Maßnahmen in der AG, die zwar Grundlagengeschäfte darstellen, jedoch nicht die Nähe zu einer Satzungsänderung aufweisen, eine Bekanntmachungspflicht verneinen müssen[934].

Im Recht der Publikums-KGaA wird dagegen bei allen Grundlagengeschäften eine analoge Anwendung der umwandlungsrechtlichen Vorschriften über die Bekanntmachung, analog § 124 Abs. 2 Satz 2 AktG in Betracht kommen. Hiernach sind Verträge, die – übertragen auf Grundlagengeschäfte der KGaA – der Zustimmung der Hauptversammlung bedürfen, ihrem wesentlichen Inhalt nach in die Bekanntmachung, die in aller Regel im elektronischen Bundesanzeiger zu erfolgen hat, einzubeziehen.

Als wesentlicher Inhalt sind die Regelungen anzusehen, von denen ein verständiger Aktionär seine Entscheidung über den Vertrag abhängig machen würde. Hingegen kommt es nicht darauf an, was Geschäftsführung und Aufsichtsrat für wesentlich halten. Das Gesetz bestimmt nicht ausdrücklich, wo und in welcher Form der wesentliche Inhalt des Vertrages

---

[932] Vgl. insbesondere „Altana/Milupa“, ZIP 2001, 416; Tröger, ZHR 165 (2001), 593; ders., ZIP 2001, 2029.

[933] Vgl. nur die Nachweise bei Hüffer, Komm/AktG, 6. Aufl., § 124 Rdnr. 11; Krieger in MünchHdb/GesR, Bd. IV, § 69 Rdnr. 11.

[934] So wird man Weißhaupt, AG 2004, 585, 589; Bungert BB 2004, 1345, 1351 wohl verstehen müssen.

bekannt zu machen ist. Durch das Wort „auch" in § 124 Absatz 2 Satz 2 AktG wird jedoch eine Verbindung zu Satz 1 hergestellt. Die Angaben sind deshalb letztlich in derselben Form wie die Angaben nach Absatz 1 bekannt zu machen, d.h. durch Veröffentlichung in den Gesellschaftsblättern[935].

2.2. Die Pflicht zur Auslage des Vertrages und zur Übersendung auf Verlangen

Es entspricht allgemeiner Meinung, dass die zur Entscheidung über vertraglich fixierte Umstrukturierungsmaßnahmen zwingend berufene Hauptversammlung über die beabsichtigte Maßnahme zu informieren ist. Der BGH hat sich dagegen bereits in der Entscheidung „Altana/Milupa" gegen die pauschale Übertragung dieser Auslegungspflicht auf die freiwillige Vorlage nach § 119 Abs. 2 AktG ausgesprochen[936]. Dies führt nach der Rechtsprechung des BGH in Sachen „Gelatine" dazu, dass ohne Hinzutreten qualifizierender Umstände, die bei „Altana/Milupa" dadurch vorlagen, dass die Wirksamkeit des Vertrages von der Zustimmung der Hauptversammlung der (Mutter)gesellschaft abhängig gemacht worden ist, eine umfassende Auslegungspflicht nicht angenommen werden kann[937].

Soweit man im Recht der Publikums-KGaA davon ausgeht, dass bei allen Grundlagengeschäften eine zwingende Zuständigkeit der Gesamtheit der Kommanditaktionäre insoweit besteht, als die Sachverhalte durch Personengesellschaftsrecht geregelt werden, so hat grundsätzlich eine Auslage des gesamten Vertragstextes vor und während der Hauptversammlung sowie durch Erteilung einer Abschrift an die dies wünschenden Kommanditaktionäre zu erfolgen. Die gesetzliche Begründung für diese Informationsrechte ist dagegen streitig. Eine verbreitete Ansicht in der Literatur sieht die Begründung in einer Gesamtanalogie zu den §§ 179 a Abs. 2, 293 f Abs. 1 Nr. 1, Abs. 2, 293 g Abs. 1 AktG, §§ 63 Abs. 1 Nr. 1, 64 Abs.

---

[935] Kropff in MünchKomm/AktG, 1. Aufl.; § 124 Rdnr. 60.

[936] BGH v. 15.1.2001 – II ZR 124/99, BGHZ 146, 288, 295 f. = AG 2001, 261, hierzu eingehend Tröger, ZIP 2001, 2029, 2032 ff..

[937] So zutreffend Weißhaupt, AG 2004, 585, 591; Götze, NZG 2004, 585, 589; hiergegen wohl die herrschende Meinung vor den „Gelatine-Entscheidungen", vgl. zum Meinungsstand Kubis in MünchKomm/AktG, 2. Aufl., § 119 Rdnr. 52 mwN..

1 Satz 1 UmwG[938]. Dieser Ansicht ist der BGH in der „Altana/Milupa" Entscheidung nicht beigetreten[939]. Er lehnt die Gesamtanalogie insbesondere unter Verweis auf die ins Auge gefassten Verzichts- und Vergleichsverträge ab, bei denen ein vergleichsweise geringerer Informationsumfang besteht, und prüft vielmehr eine Analogie im Einzelfall. Hiergegen wird von Tröger eingewandt, dass der Senat die von ihm als Gegenargument ins Auge gefassten Verzichts- und Vergleichsverträge nicht richtig bewertet. Das Bestehen einer einheitlichen gesetzlichen Regelung für sämtliche Vertragstypen ist keine zwingende Voraussetzung für eine Gesamtanalogie zu den genannten Vorschriften. Tröger argumentiert, dass einer Gesamtanalogie nicht entgegensteht, dass einzelne Bestimmungen eine weniger detaillierte Unterrichtung der Aktionäre über den zustimmungsbedürftigen Vertrag vorsehen[940]. Der Streit im Hinblick auf die unterschiedliche Grundlage kann vorstehend dahinstehen bleiben, da sich aus der Diskussion derzeit keine unterschiedlichen praktischen Ergebnisse ableiten lassen.

2.3. Bericht der Geschäftsleitung

Im Gegensatz zur Bekanntmachungspflicht analog § 124 Abs. 2 Satz 2 AktG, die in der Rechtsprechung und Literatur bei Vorliegen eines „Holzmüller-Sachverhaltes" allgemein anerkannt war, bestand im Hinblick auf die Annahme und Begründung einer Berichtspflicht der Geschäftsleitung der AG über die Gründe der „Holzmüller-Maßnahme" keine Einigkeit. Diese Frage stellt sich im Lichte verschiedener neuer Entscheidungen zudem in einem veränderten Licht. Dabei muss beachtet werden, dass dem Bericht der Geschäftsleitung eine nicht zu unterschätzende eigenständige Rolle für die sachgerechte Unterrichtung der Aktionäre zukommt. Der Bericht gibt, anders als der Vertrag, die zur Überprüfung der Angemessenheit des Vertragskompromisses notwendigen Hintergrundinformationen. Er bildet zudem dann die einzige Quelle einer Vorabinformation, wenn die intendierten Strukturmaßnahmen keine Verkörperung in einem

---

[938] Vgl. aus der umfangreichen Literatur (vor „Gelatine") Krieger in MünchHdb/GesR, AG, § 69 Rdnr. 11; Lutter in Komm/UmwG, 2. Aufl., Einl. Rdnr. 45; Mecke, Konzernstruktur, S. 204; Wahlers, Konzernbildungskontrolle, S. 193 jeweils mwN..

[939] BGH – II ZR 124/99 in NJW 2001, 1277 = ZIP 2001, 416 = WM 2001, 569.

[940] Tröger, ZHR 165 (2001), 593, 604; ZIP 2001, 2029, 2032 zu den Grenzen der Gesamtanalogie auf Seite 2034.

Vertrag finden[941]. Denkbar sind schriftliche Vorstandberichte vor dem Hauptversammlungstermin, die nach der Neuregelung der § 131 Abs. 3 Nr. 8, 9 AktG[942] auch vorab über das Internet zur Kenntnis gebracht werden und in der Hauptversammlung dann nicht mehr wiederholt zu werden brauchen, sowie die mündlichen Vorstandsberichte im Zusammenkunftstermin, die jedoch naturgemäß fehleranfälliger sind und daher ein weit höheres Anfechtungsrisiko als die regelmäßig mit großer Sorgfalt entworfenen schriftlichen Vorstandberichte bergen[943].

Ungeklärt ist dagegen für die AG nach den „Gelatine-Entscheidungen" die Frage, inwieweit es eine Pflicht zur Erstellung eines Berichtes bei strukturverändernden Maßnahmen gibt[944]. Nach der (früher) überwiegenden Ansicht kann diese in einer Analogie zu den einschlägigen Bestimmungen bei gesetzlich geregelten Strukturbeschlüssen gesehen werden, §§ 186 Abs. 4, 293 a, 293 f Abs. 1 Nr. 3, 293 g Abs. 1, 319 Abs. 3 Satz 1 Nr. 3 und Satz 2 AktG; §§ 8, 63 Abs. 1 Nr. 4, Abs. 3, 64 Abs. 1 Satz 1, 127, 129 UmwG[945].

Gegen eine Gesamtanalogie kann eingewandt werden, dass § 179 a AktG eine Berichtspflicht nicht kennt. Soweit man in dem durch § 179 a AktG geregelten Vertrag über die Veräußerung des im wesentlichen ganzen Vermögens des Unternehmens eine dem Grundgedanken der „Holzmüller-Entscheidung" entsprechende Strukturentscheidung sieht, lässt sich daran zweifeln, ob der Bericht einen vom Gesetzgeber als unabdingbar angesehenen Standard darstellt. In diese Richtung wird auch von einer verbreiteten Ansicht argumentiert, die in der Neufassung des § 179 a AktG durch das UmwBerG eine bewusste Entscheidung des Gesetzgebers sehen, die nicht durch eine Rechtsfortbildung korrigiert werden

---

941 Tröger, ZIP 2001, 2029, 2035;

942 Vgl. Gesetz zur Unternehmensintegrität und Modernisierung des Anfechtungsrechts (UMAG) vom 22. September 2005, BGBl. I 2005, S. 2802 ff., www.bmj.bund.de/media/archive/1035.pdf..

943 Weißhaupt, AG 2004, 585, 590 mwN..

944 Weißhaupt, AG 2004, 585, 589 mit entsprechenden Differenzierungen, vorsichtig Götze, NZG 2004, 2004, 585, 589; nunmehr allerdings für eine Berichtspflicht Bungert, BB 2004, 1345, 1351.

945 Groß, AG 1996, 111, 116; Krieger in MünchHdb/GesR, AG, 2. Aufl., § 69 Rdnr. 11; Lutter, Festschrift Fleck, S. 176, 180 f.; Lutter/Leinekugel, ZIP 1998, 805, 814 f.; Weißhaupt, NZG 1999, 804, 808.

dürfe[946]. Gegen diese Ansicht lässt sich zu Recht einwenden, dass sich der Gesetzgeber bei der Neufassung der Bestimmungen über das Gesamtvermögensgeschäft darauf beschränkte, der Vorgängernorm von § 179 a AktG, § 361 AktG a.F., ihre systematisch zutreffende Stellung als „faktische Satzungsänderung“ zuzuweisen. Deshalb wurde der Regelungsgehalt von § 361 AktG a.F. ohne sachliche Änderungen übernommen. Eine hierüber hinausgehende, im Übrigen ursprünglich angedachte Regelung ist wegen Schwierigkeiten im Gesetzgebungsverfahren unterblieben[947].

Gegen eine Ausweitung der Berichtspflicht lässt sich auch einwenden, dass das BVerfG im „Moto-Meter-Beschluss“[948] deutlich gemacht hat, dass eine Analogie zu den für Strukturmaßnahmen geltenden Verfahrensvorschriften verfassungsrechtlich grundsätzlich nicht geboten ist, wenn ein Schutz der Minderheitsaktionäre auch auf anderem Wege gewährleistet werden kann[949]. Eine solche Gewährleistung kann dadurch erfolgen, dass der wesentliche Inhalt des Ausgliederungsvertrages in der Hauptversammlung zu veröffentlichen ist. Deshalb wird von einer Ansicht vorgetragen, dass die Aktionäre ihr Vorabinformationsbedürfnis in ausreichendem Umfang auch durch das ihnen in der Hauptversammlung zustehende Auskunftsrecht nach § 131 AktG befriedigen können[950].

Zudem hat der BGH in seiner „Macroton-Entscheidung“ die Zuständigkeit der Hauptversammlung zur Entscheidung über das reguläre Delisting nämlich nicht auf die „Holzmüller-Doktrin“ gestützt, sondern unmittelbar aus der Eigentumsgarantie des Art. 14 Abs. 1 GG gewonnen, die über das Aktieneigentum selbst hinaus auch den Verkehrswert der Aktie sowie die Möglichkeit seiner Realisierung durch Verkauf über die Börse schütze[951]. Der BGH führt hierin aus, dass in den Fällen des Delisting die individuelle Mitgliedschaftsposition jedes einzelnen Aktionärs betroffen werde,

---

[946] H.P.Westermann, Festschrift Koppensteiner, S. 259, 264 ff; Hüffer, Komm/AktG, 6. Aufl., § 179 a Rdnr. 12 a; Schumann, Bezugsrecht und Bezugsrechtsausschluss, S. 125.

[947] Vgl. hierzu Lutter, Komm/UmwG, 2. Aufl., Einl. Rdnr. 42; Tröger, ZIP 2001, 2029, 2036.

[948] BVerfG, ZIP 2000, 1670 ff.

[949] BVerfG, ZIP 2000, 1670, 1673.

[950] Lutter, Komm/UmwG, 2. Aufl., Einl. Rdnr. 42 f.

[951] BGH v. 25.11.2002 – II ZR 133/01, BGHZ 153, 47, 53 ff. = AG 2003, 273, 274 ff.(„Ingram Macroton AG“).

die eine Zustimmung der Hauptversammlung erforderlich macht, wohingegen es bei den „Holzmüller-Sachverhalten“ um den Schutz bei Eingriffen in die Mitwirkungsbefugnis des Verbandsverfassungsorgans durch die Gefahr einer Verwässerung der Herrschafts- und/oder Vermögensrechte der Gesamtheit aller Aktionäre geht[952].

Für den Bereich der Publikums-KGaA sind die nach den „Gelatine-Entscheidungen“ aufgeworfenen Fragestellungen insoweit irrelevant, als hierdurch die zwingenden Rechte der Kommanditaktionäre auf Zustimmung zu den durch das Personengesellschaftsrecht geregelten Grundlagengeschäften, nicht berührt werden. Gegen die in der neueren Rechtsprechung des BVerfG („Moto-Meter“) sowie des BGH („Macroton“) angeführten Argumente, die eine solche Berichtspflicht jedenfalls neben dem Auskunftsrecht nach § 131 AktG ablehnen, lässt sich aber einwenden, dass dies dem hier befürworteten einheitlichen Standard für den beschlussbegleitenden Minderheitenschutz bei Strukturmaßnahmen widersprechen würde. Zudem überzeugt nicht, weshalb man ungeschriebene Hauptversammlungskompetenzen im Hinblick auf die Berichtspflichten anders behandeln will als vergleichbare, kodifizierten Zuständigkeiten. Es spricht demnach vieles dafür, im Bereich der Publikums-KGaA bei vertraglichen Umstrukturierungen, die als Grundlagengeschäfte zu qualifizieren sind, eine Berichtspflicht der Geschäftsführer (der Komplementärin) anzunehmen, deren Umfang und konkrete Ausgestaltung jedoch noch nicht abschließend geklärt sind.

3. Vergleichbarkeit der Interessenlage der Aktionäre mit dem Kommanditaktionär

Die im Gesetz geregelten Fälle strukturverändernder Maßnahmen sind auch auf ungeschriebene zustimmungspflichtige Geschäfte grundsätzlich übertragungsfähig. Gegenargumente aus der spezifischen Struktur der KGaA sind nicht ersichtlich. Dies bedeutet im Ergebnis, dass für die wenigen, dem Kommanditrecht unterfallenden Grundlagengeschäfte hinsichtlich des Informationsumfanges die für die zustimmungspflichtigen Geschäfte des Aktienrechtes entwickelten Grundsätze gelten. Die Komman-

[952] Vgl. hierzu Weißhaupt, AG 2004, 585, 590 mN..

ditaktionäre haben damit grundsätzlich bei den Grundlagengeschäften, die eine vertragsförmige Ausgestaltung erfahren, Anspruch auf Mitteilung des wesentlichen Inhalts der Maßnahme, die Auslegung des Vertrages und darüber hinaus Anspruch auf einen, in seinem Umfang und der Art seiner Abfassung noch nicht abschließend geklärten Bericht der Geschäftsleitung.

D. Endergebnis

1. Im Rahmen der vorstehenden Untersuchung ist eine Bestandsaufnahme des Anlegerschutzes in der börsennotierten bzw. einem breiten Anlegerpublikum offen stehenden GmbH & Co. KGaA erfolgt. Dabei sind zunächst die für die Rechtsanwendung ungeklärten Fragen herausgearbeitet und die einer Regelung durch den Gesetzgeber bzw. die Rechtsprechung bedürftigen Fragen benannt worden. Die anschließende Untersuchung hat den Umfang und die Grenzen des Anlegerschutzes in der Publikums-KGaA, der bisher nur zu einem kleinen Teil durch die Rechtsprechung erfolgt ist, unter Einbeziehung einer vergleichenden Betrachtung mit dem Anlegerschutz in der AG bestimmt.

2. Die Schwierigkeit der Bestimmung des im Einzelfall anwendbaren Rechtes ergeben sich zunächst aus einer vom Gesetzgeber gewählten Verweisungstechnik sowie – für den Fall der Anwendung dispositiver Regelungen des Personengesellschaftsrechts – den noch nicht höchstrichterlich entschiedenen Grenzen dieser abdingbaren Normen. Zudem sind die Regelungen der §§ 279 ff. AktG auf natürliche Personen als Komplementäre zugeschnitten. Die Schwierigkeiten im Hinblick auf das anzuwendende Recht haben sich im Ersten Teil bis auf wenige Sachverhalte beseitigen lassen. Dabei ist herausgearbeitet worden, dass die vom Gesetzgeber gewählte Verweisungstechnik in den meisten Fällen eine saubere Zuordnung zu einem der in §§ 278 Abs. 2, 279 AktG geregelten Rechts- bzw. Kompetenzverhältnisse ermöglicht. Durch die Untersuchung konnte überdies festgestellt werden, dass die tatsächliche Anknüpfung eines Sachverhaltes im Personengesellschaftsrecht durch tatsächliche Auswirkungen auf aktienrechtlich geregelte Sachverhalte weder aufgehoben noch zu einem Nebeneinander beider Regelungssysteme führt. Darüber hinaus folgt bei Satzungsänderungen das formell anzuwendende dem Recht, das auf den Sachverhalt materiell anzuwenden ist, so dass bei Satzungsänderungen ein Gleichlauf von materiellem Recht und den formellen Voraussetzungen besteht.

Durch die Untersuchung sind jedoch einige Sachverhalte herausgearbeitet worden, bei denen ein Nebeneinander von Aktien- und Personengesellschaftsrecht denkbar bzw. der saubere Anknüpfungspunkt für das anzuwendende Recht erhebliche Schwierigkeiten bereitet. So ist durch die Arbeit letztlich bestätigt worden, dass ein Nebeneinander von aktien- und personengesellschaftsrechtlichen Regelungen im Bereich der Durchführung von Großfusionen besteht, die bei der als aufnehmende Gesellschaft beteiligten KGaA durch eine Kapitalerhöhung unter Ausnutzung des genehmigten Kapitals bei gleichzeitigem Bezugsrechtsausschluss der Kommanditaktionäre erfolgen soll und eine strukturverändernde Maßnahme darstellen kann, die der Zustimmung durch die Gesamtheit der Kommanditaktionäre bedarf. Daneben bereitet die Bestimmung des auf eine Kündigung durch die Gesamtheit der Kommanditaktionäre anzuwendenden Rechtes auch deshalb Schwierigkeiten, weil den hierzu vertretenen Ansichten jeweils erhebliche Bedenken gegenüberstehen. Diesbezüglich ist ein Eingreifen des Gesetzgebers hilfsweise der Rechtsprechung in Kenntnis der vorgebrachten Argumente wünschenswert.

Die Bestimmung des anzuwendenden Rechtes hat ergeben, dass alle Sachverhalte, die das Verhältnis der Gesamtheit der Kommanditaktionäre zu den Komplementären betreffen, durch das weitgehend dispositive Personengesellschaftsrecht geregelt werden. Die dadurch bestehende Gestaltungsfreiheit wird von den diese Gesellschaftsform wählenden und in der Arbeit als Unternehmer-Gesellschafter, Gründungs- oder Altgesellschafter bezeichneten Personen häufig genutzt, um weitgehende Befugnisse auf die Komplementärgesellschaft und letztlich auf deren Geschäftsführer zu übertragen. Eine solche Übertragung gewinnt insbesondere vor dem Gesichtspunkt, dass die Kommanditaktionäre grundsätzlich keine Möglichkeit zur Bestellung und Abberufung der Geschäftsführer der Komplementärgesellschaft haben, zusätzlich praktische Relevanz.

3. Unter anderem diese Auswirkungen sind Anlass gewesen, über eine Einschränkung der Gestaltungsfreiheit nachzudenken. Neben den wenigen Kernbereichsrechten, die auch im Recht der KGaA durch das Personengesellschaftsrecht geregelt werden, ist dabei im Schrifttum insbesondere eine Übertragung des zur Publikums-KG entwickelten Sonderrechts der Inhaltskontrolle thematisiert worden. Alleinige Legitimationsgrundlage dieses Sonderrechts ist dabei die bei Publikumsgesellschaften fehlende

Vertragsparität. Die der KGaA beitretenden Gesellschafter haben hiernach keinen Einfluss auf die Gestaltung bzw. die Beibehaltung bestimmter Regelungen in der Satzung. Dagegen stellt der Wegfall der Steuerungsfunktion der persönlichen Haftung keine weitere Voraussetzung für eine Inhaltskontrolle dar, so dass auch Satzungen von KGaA mit ausschließlich natürlichen Personen oder Gesamthandgesellschaften wie der OHG oder GmbH & Co. KG als Komplementären bei fehlender Vertragsparität einer Inhaltskontrolle zu unterwerfen sind. Eine Inhaltskontrolle von Satzungsbestimmungen hat dabei am Maßstab des § 242 BGB zu erfolgen, wonach eine Klausel immer dann unangemessen und im Ergebnis nichtig ist, wenn sie ohne einen ausreichenden sachlichen Grund einseitig die Belange der Komplementär-GmbH verfolgt und unangemessen und unbillig die berechtigten Interessen der Kommanditaktionäre beeinträchtigt.

Darüber hinaus ist herausgearbeitet worden, dass neben einer Erweiterung der Rechte der Kommanditaktionäre durch eine richterliche Überprüfung von Satzungsgestaltungen am Maßstab des § 242 BGB auch über die gesetzlichen Regelungen hinausgehende Informationsrechte der Gesamtheit der Kommanditaktionäre aufgrund einer Analogie zu den im Aktien- und Umwandlungsrecht entwickelten beschlussbegleitenden Informationsrechten auf Grundlagengeschäfte, soweit sie durch das Personengesellschaftsrecht geregelten werden, denkbar sind.

Ein weiterer gesellschaftsrechtlicher Anlegerschutz kann zudem durch eine Übertragung von Kompetenzen auf den Aufsichtsrat gewährleistet werden.

4. Die Untersuchung fokussiert auf den gesellschaftsrechtlichen Anlegerschutz, der durch bestehende kapitalmarktrechtliche Schutzinstrumente zu ergänzen ist. Der im Schrifttum vermehrt geäußerte Vorschlag, die Absicherung von Anlegerinteressen ausschließlich durch kapitalmarktrechtliche Schutzinstrumente, d.h. die Information an den Primär- und Sekundärmärkten und die jederzeitige Möglichkeit einer Veräußerung, zu gewährleisten, konnte nicht gefolgt werden. Gründe hierfür sind die bisher nicht hinreichend nachgewiesene Effizienz der Informationsrechte und der weitergehende Schutzbereich gesellschaftsrechtlicher Instrumente.

5. Nach der abstrakten Bestimmung des anzuwendenden Rechtes und den Möglichkeiten seiner Einschränkung ist im Zweiten Teil eine konkrete Bestimmung und Bewertung des Anlegerschutzes von Satzungsbestimmungen in der regelmäßig börsennotierten Publikums-KGaA vorgenommen worden. Dabei konnte lediglich vereinzelt auf Rechtsprechungsmaterial zurückgegriffen werden, da diesbezüglich lediglich bei zwei Sachverhalten obergerichtliche Entscheidungen im Zusammenhang mit der Frage des Anlegerschutzes bzw. dem Umfang der Gestaltungsfreiheit ergangen sind. In dem vom BGH kürzlich entschiedenen Sachverhalt ging es um die Reichweite des Verbots eines Zusammenfallens von Leitung und Kontrolle in einer Person gemäß § 287 Abs. 3 AktG. Das OLG Stuttgart hatte sich mit der Reichweite des Anlegerschutzes bei Grundlagengeschäften bzw. außergewöhnlichen Geschäftsführungsmaßnahmen auseinander zu setzen.

Die Untersuchung musste deshalb überwiegend anhand der im ersten Teil vorgestellten Satzungen börsennotierter Gesellschaften erfolgen. Dabei konnte herausgearbeitet werden, dass der häufig geäußerte Einwand, die aktienrechtliche Gewaltenteilung werde in der KGaA in einem erheblichen Maße aufgeweicht, in dieser Allgemeinheit falsch ist. Vielmehr konnte festgestellt werden, dass den Kommanditaktionären mehr Mitwirkungsrechte als den Aktionären einer AG zustehen. Darüber hinaus sind insbesondere in der Frage der Haftungsvergütungen der Komplementärin wohl aus Gründen der kapitalmarktrechtlichen Akzeptanz Gestaltungsexzesse unterblieben.

6. Die Achillesferse der KGaA im Hinblick auf ihre weitere Verbreitung und Akzeptanz stellen jedoch die fehlenden Einwirkungsmöglichkeiten des Aufsichtsrates bei risikobehafteten und nach der aktuellen Rechtslage in der AG einem Zustimmungsvorbehalt durch den Aufsichtsrat zu unterwerfenden Sachverhalten dar. Die fehlenden Einwirkungsmöglichkeiten, zusammen mit der nach richtiger Auffassung für den Fall des Ausschluss des Zustimmungsrechtes der Gesamtheit der Kommanditaktionäre bei Geschäftsführungsmaßnahmen fehlenden Einberufungsmöglichkeit der Hauptversammlung durch den Aufsichtsrat, führen dazu, dass dieser als Korrektiv ausfällt. Er ist vielmehr im Schwerpunkt auf seine Kontrollbefug-

nisse beschränkt. Darüber hinaus steht ihm zwar als Vertretungsorgan der KGaA die Befugnis und nach der neueren höchstrichterlichen Rechtsprechung die Verpflichtung zu, Schadensersatzansprüche gegen pflichtwidrig handelnde Geschäftsführer der Komplementärgesellschaft geltend zu machen. Von dieser Verpflichtung ist jedoch bisher in der Praxis nur in Einzelfällen Gebrauch gemacht worden.

Für die weitere Akzeptanz der KGaA als Alternative zur AG ist es jedenfalls außerhalb der Fußball-KGaA empfehlenswert, dem Aufsichtsrat in der Satzung oder durch die Zuweisung einer Geschäftsordnungsbefugnis für die Geschäftsführung die Möglichkeit einzuräumen, bestimmte wichtige Sachverhalte einem Zustimmungsvorbehalt zu unterwerfen.

Dagegen stellt die vom BGH in bestimmten Grenzen akzeptierte Möglichkeit der Entsendung von Aufsichtsratsmitgliedern für die Inhaber bestimmter Aktien aus Anlegerperspektive keinen (entscheidenden) Nachteil dar. Durch diese Rechtsprechung wird vermieden, dass Leitung und Kontrolle in einer Person zusammenfallen. Darüber hinausgehende Einschränkungen können nur für den Fall Anwendung finden, dass der das Entsendungsrecht Innehabende bestimmenden Einfluss auf die Komplementärin hat.

Eine Anwendung mitbestimmungsrechtlicher Vorschriften in der KGaA wird dagegen praktisch ausscheiden. Hierbei konnte zunächst nachgewiesen werden, dass ein Unterordnungskonzern zwischen Komplementär-GmbH und KGaA selbst für den Fall, dass die Komplementärin geschäftsführend und vertretend für mehrere KGaA tätig wird, und unter der Voraussetzung, dass ein konkret nachteiliges Handeln zulasten der jeweils anderen KGaA aufgrund der unterschiedlichen Unternehmensgegenstände ausscheidet, abzulehnen ist. Ein Gleichordnungskonzern wird regelmäßig an der nach § 4 MitbestG erforderlichen Beteiligungsidentität zwischen Komplementär-GmbH und KGaA scheitern, da die Wahl dieser Gesellschaftsform gerade darin besteht, den Zugang zum Kapitalmarkt und damit zu „fremdem“ Eigenkapital zu gewährleisten.

7. Nach dem dieser Arbeit zugrundeliegenden Ansatz stehen der Gesamtheit der Kommanditaktionäre in der Publikums-KGaA zwingende Mitwirkungskompetenzen bei allen Grundlagengeschäften zu, die durch das Personengesellschaftsrecht geregelt werden. Dies umfasst neben bestimmten Satzungsänderungen, Organisationsmaßnahmen auch die Mitwirkung bei strukturverändernden Sachverhalten. Hiernach haben die Kommanditaktionäre beispielsweise auch für den Fall der Veräußerung eines tragenden Unternehmensteiles, der nicht mit einer Änderung des aktienrechtlich geregelten Unternehmensgegenstandes verbunden und damit einer Satzungsänderung bedarf, die Kompetenz zur Mitwirkung in der Hauptversammlung. Dieser Ansatz führt zu mehr Teilhaberechten der Kommanditaktionäre im Vergleich zu den gesetzlichen und ungeschriebenen Hauptversammlungskompetenzen in der AG, wobei letztere durch die „Gelatine-Entscheidung" weitgehend ihren praktischen Anwendungsbereich verloren haben. Die notwendige Zustimmung der Kommanditaktionäre kann zwar auch im Voraus, antizipiert, erteilt werden und setzt darüber hinaus (nur) die Mitteilung des Beschlussgegenstandes voraus. Gleichwohl wird die antizipierte Zustimmung in der Praxis keinen größeren Anwendungsbereich erlangen, da man die bekannt zu machenden Beschlussgegenstände im Regelfall nicht im Voraus kennt, diese jedenfalls aber in der ganz überwiegenden Zahl der Sachverhalte nicht bekannt werden sollen.

Für die effiziente Wahrnehmung dieser Beschlusskompetenzen stehen den Kommanditaktionären die im Aktien- und Umwandlungsrecht entwickelten beschlussbegleitenden Informationsrechte zur Verfügung. Deren analoge Anwendung wird dadurch gerechtfertigt, dass diese im Recht der Personengesellschaften nicht geregelt und sie zur Wahrnehmung der Stimmrechte der Kommanditaktionäre erforderlich sind.

Dagegen ergeben sich keine zwingenden Zustimmungsrechte der Kommanditaktionäre bei den außergewöhnlichen Geschäftsführungsmaßnahmen. Der Ausschluss des Zustimmungsrechtes in diesen Fällen führt vielmehr lediglich dazu, dass die Kommanditaktionäre den Aktionären einer AG, die in Geschäftsführungsangelegenheiten kein Mitspracherecht besitzen, gleich gestellt werden. Durch die vollständige Verlagerung der Geschäftsführungsmaßnahmen auf die Komplementärgesellschaft hat die in der Literatur thematisierte Erweiterung der Zustimmungsvorbehalte der Komplementäre über die in § 285 Abs. 2 Satz 1 AktG hinaus geregelten Sachverhalte lediglich geringe praktische Relevanz.

8. Noch nicht abschließend geklärt sind die aus der Anwendung der Inhaltskontrolle folgenden Beschränkungen der Behandlung der Sondereinlage der Komplementäre, die im Prinzip dem Personengesellschaftsrecht unterliegt. Praktische Relevanz besitzen diese Fragestellungen nur bei denjenigen Gesellschaften, in denen die Altgesellschafter über ihre Sondereinlage bzw. die Sondereinlage der Komplementärin an der KGaA beteiligt sind. In diesen Fällen kann ein Interesse an der Erhöhung dieser Sondereinlage, am Mitziehen bei Kapitalerhöhungen bzw. im Einzelfall für die Umwandlung der Sondereinlage in Kommanditkapital bestehen, das durch satzungsrechtliche Bestimmungen abgesichert werden soll.

Dabei muss eine zulässige Satzungsbestimmung im Hinblick auf die einseitige Erhöhung der Sondereinlage als auch das Mitziehen bei einer Kapitalerhöhung eine objektive Bestimmung des Ausgabepreises enthalten, der regelmäßig am Börsenkurs festgemacht werden kann. Darüber hinaus sollten, um die Anwendung der Grundsätze der Inhaltskontrolle zu vermeiden, die Satzungsklauseln bei der Regelung des Rechts auf eine einseitige Erhöhung der Sondereinlage eine Obergrenze enthalten und das Mitziehen der über die Sondereinlage beteiligten Komplementäre bei einer Kapitalerhöhung nur innerhalb eines im Voraus festgelegten Zeitraumes zulässig sein.

Das Interesse der in der Komplementärgesellschaft organisierten Unternehmer-Gesellschafter an einer flexiblen Ausgestaltung des Umwandlungsrechtes ihrer Komplementäreinlage in Kommanditkapital kann zwar nicht mit den aktienrechtlichen Instrumentarien der einfachen Kapitalerhöhung, durch Einrichtung eines bedingten oder genehmigten Kapitals erreicht werden. Denkbar bleibt jedoch die Absicherung durch eine in der Satzung verankerte Verpflichtung der Gesamtheit der Kommanditaktionäre, den Komplementären auf deren Wunsch den Umtausch der Sondereinlage durch einen Beschluss der Hauptversammlung zu bewilligen.

Denkbar bleibt zudem, das Umtauschrecht durch ein anderenfalls bestehendes Kündigungsrecht der KGaA zugunsten der Komplementäre jedenfalls faktisch abzusichern.

9. Das Auskunftsrecht des einzelnen Aktionärs ergibt sich unter direkter Anwendung aktienrechtlicher Vorschriften der §§ 279 ff., 131 AktG und bleibt von seinem Umfang nicht hinter dem Informationsanspruch des Aktionärs zurück, es geht vielmehr im Einzelfall aufgrund der Kompetenz zur Feststellung des Jahresabschlusses darüber hinaus.

LITERATURVERZEICHNIS

Albach, Horst/ Corte, Christiane/ Friedewald, Rolf/ Lutter, Marcus (Hrsg.)	Deregulierung des Aktienrechtes: Das Drei-Stufen-Modell, Gütersloh 1988
Adler, Hans/ Düring, Walther/ Schmaltz, Kurt (Hrsg.)	Rechnungslegung und Prüfung der Unternehmen - Kommentar zum HGB, AktG, GmbHG, PublG nach den Vorschriften des Bilanzrichtlinien-Gesetzes, 6. Aufl.; Teilband 2 (§ 284-289 HGB), Stuttgart 1995 Teilband 4 (AktG, GmbHG, PublG), Stuttgart 1997
Aha, Christof	Einzel- oder Gesamtrechtsnachfolge bei der Ausgliederung?, AG 1997, 345-357
Ammenwerth, Michael	Die Kommanditgesellschaft auf Aktien (KGaA) – Eine Rechtsformalternative für Unternehmen? Dissertation, Frankfurt/Main 1997
Arnold, Arnd	Die GmbH & Co. KGaA, Köln 2001
Assmann, Heinz-Dieter/ Schütze, Rolf (Hrsg.)	Handbuch des Kapitalanlagerechts, 2. Aufl., München 1997
Assmann, Heinz-Dieter	Konzeptionelle Grundlagen des Anlegerschutzes, ZBB 1989, 49-63
Assmann, Heinz-Dieter/ Sethe, Rolf	Der Beirat der KGaA, Festschrift für Marcus Lutter zum 70. Geburtstag, Köln 2000, 251-265
Balzer, Peter	Die Umwandlung von Vereinen der Fußball-Bundesligen in Kapitalgesellschaften zwischen Gesellschafts-, Vereins- und Verbandsrecht, ZIP 2001, 175-184

Baumbach, Adolf/ Hopt, Klaus J.	Kommentar zum Handelsgesetzbuch, 32. Aufl. München 2006, zit. Baumbach/Hopt, Komm/HGB, 32. Aufl.
Bayer, Wilhelm	Der Anwendungsbereich des Mitbestimmungsgesetzes, ZGR (6) 1977, 173-194
Bayreuther, Frank	Die Kapitalgesellschaft & Co. KGaA, JuS 1999, 651-656
Bendfeld, Heiner	Die Satzungsstrenge im Aktienrecht und ihre Bedeutung für die Rechtssicherheit, Frankfurt/Main, 1999
Berding, Benjamin	Gesellschafts- und kapitalmarktrechtliche Grundsätze im Übernahmerecht, WM 2002, 1149-1158
Binz, Mark K./ Sorg, Martin H.	Die GmbH & Co. KG, 9. Aufl., München 2003
Binz, Mark K./ Sorg, Martin H.	Die GmbH & Co. Kommanditgesellschaft auf Aktien – Ausweg oder Irrtum für börsenwilllige Familienunternehmen? BB 1988, 2041-2051
Bison, Hildegard	Missbrauch der Anfechtungsklage durch den Aktionär, Zugl. Dissertation, Frankfurt/Main, Berlin New York u.a., 1997
Bitter, Georg	Konzernrechtliche Durchgriffshaftung bei Personengesellschaften, Köln 2000
Bitter, Georg	Das „TBB“ Urteil und das immer noch vergessene GmbH-Vertragskonzernrecht, ZIP 2001, 265-278
Boedefeld, Axel	Die steuerliche Behandlung von Mischformen des europäischen Gesellschaftsrechtes am Beispiel der Plc. & Co. KGaA, Festschrift Albert J. Rädler, München, 1999, S. 33-78

Brandes, Helmut — Die Rechtsprechung des BGH zur GmbH & Co. KG und zur Publikumsgesellschaft, WM 1987, SB, S. 1-19

Britsch, Werner — Die Rechte der Kommanditisten bei der Bestellung und Abberufung des Geschäftsführers der Komplementär-GmbH, Dissertation Mainz 1976

Bungert, Hartwin — Festschreibung der ungeschriebenen „Holzmüller" Hauptversammlungszuständigkeiten bei der Aktiengesellschaft, BB 2004, 1345-1352

Bungert, Hartwin — Ausgliederung durch Einzelrechtsübertragung und analoge Anwendung des Umwandlungsgesetzes, NZG 1998, 367-370

Bungert, Hartwin — Die Liberalisierung des Bezugsrechtsausschlusses im Aktienrecht, NJW 1998, 488-492

Cahn, Andreas — Die Änderung von Satzungsbestimmungen nach § 281 AktG bei der Kommanditgesellschaft auf Aktien, AG 2001, 579-585

Cahn, Andreas — Die Anpassung der Satzung der Aktiengesellschaft an Kapitalerhöhungen, AG 2001, 181-185

Cahn, Andreas — Pflichten des Vorstandes beim genehmigten Kapital mit Bezugsrechtsausschluss, ZHR (163)1999, 554-593

Cahn, Fritz — GmbH & Co. Kommanditgesellschaft, Diss. Mannheim Berlin 1922

Claussen, Carsten Peter — Der Corporate Governance-Kodex aus der Perspektive der kleinen und mittleren Börsen-AG, DB 2002, 1199-1206

Claussen, Carsten Peter	Zum zukünftigen Aufsichtsrat – Anstöße für die nächste Reform, in Dörner u.a. (Hrsg.), Reform des Aktienrechtes, S. 297-319
Claussen, Carsten Peter	Überlegungen zur Rechtsform der GmbH – Ist die KGaA eine Alternative? GmbHR 1996, 73-80
Claussen, Carsten Peter	Perspektiven für die Kommanditgesellschaft auf Aktien, Festschrift für Theodor Heinsius zum 65. Geburtstag, Berlin-New York 1991, 1991, S. 61-77
Coester-Waltjen, Dagmar	Die Inhaltskontrolle von Verträgen außerhalb des AGBG, AcP 190 (1990), 1-34
Dirksen, Dirk/ Möhrle, Florian	Die kapitalistische Kommanditgesellschaft auf Aktien, ZIP 1998, 1377-1386
Dörner, Dietrich/ Menold/Dieter/ Pfitzer, Norbert (Hrsg.)	Reform des Aktienrechts, der Rechnungslegung und Prüfung, Stuttgart 1999; zit.: Bearbeiter in Dörner u.a.(Hrsg.), Reform des Aktienrechts
Dreher, Meinrad	Anmerkung zu BGH, Urt. v. 21.4.1997 („ARAG-Garmenbeck"), JZ 1997, 1071, 1074-1076
Drinkuth, Henrik	Formalisierte Informationsrechte bei Holzmüller-Beschlüssen, AG 2001, 256-259
Ebenroth, Carsten Thomas/ Boujong, Karlheinz Joost, Detlev (Hrsg.)	Kommentar zum Handelsgesetzbuch, München 2001; zit.: Bearbeiter in Ebenroth/ Boujong u.a. (Hrsg.), Komm/HGB
Ekkenga, Jens	Anlegerschutz, Rechnungslegung und Kapitalmarkt – Eine vergleichende Studie zum europäischen, deutschen und britischen Bilanz-, Gesellschafts- und Kapitalmarktrecht, Habilitation München 1998

Ekkenga, Jens — Das Organisationsrecht des genehmigten Kapitals:
Teil 1, AG 2001, 567-579
Teil 2, AG 2001, 615-629

Elschenbroich, Manfred — Die Kommanditgesellschaft auf Aktien-Rechtliche Gestaltung und wirtschaftliche Bedeutung, Dissertation Wiesbaden 1959

Emmerich, Volker/ Habersack, Matthias — Aktien und GmbH Konzernrecht, 3. Auflage, München 2003

Escher-Weingart, Christina — Reform durch Deregulierung im Kapitalgesellschaftsrecht – Eine Analyse der Reformmöglichkeiten unter besonderer Berücksichtigung des Gläubiger- und Anlegerschutzes, Zugl. Habilschrift, Tübingen 2000; zit.: Escher-Weingart, Deregulierung

Fastrich, Lorenz — Richterliche Inhaltskontrolle im Privatrecht, Zugl. Diss., München 1992

Feddersen, Dieter/ Hommelhoff, Peter/ Schneider, Uwe H. (Hrsg.) — Corporate Governance: Optimierung der Unternehmensführung und der Unternehmenskontrolle im deutschen und amerikanischen Aktienrecht, Köln 1996; zit.: Bearbeiter in Feddersen u.a.(Hrsg.), Corporate Governance

Fett, Torsten/ Förl, Thomas — Die Mitwirkung der Hauptversammlung einer KGaA bei der Veräußerung wesentlicher Unternehmensteile, NZG 2004, 210-216

Fischer, Michael — Die Besteuerung der KGaA und ihrer Gesellschafter, DStR 1997, 1519-1526

Fleischer, Holger — Grundfragen der ökonomischen Theorie im Gesellschafts- und Kapitalmarktrecht, ZGR 2001, 1-32

Flume, Werner — Allgemeiner Teil des Bürgerlichen Rechts, Erster Band, Erster Teil, Berlin, Heidelberg, New York, 1977

Flume, Werner — Allgemeiner Teil des Bürgerlichen Rechts, Erster Band, Zweiter Teil, Berlin, Heidelberg New York, 1983

Freudenberg, Götz/ Sorg, Martin — Die KGaA mit beschränkter Haftung (GmbH KGaA), Heidelberger Musterverträge, Heft 5, 1999

Friedewald, Rolf — Die personalistische Aktiengesellschaft, Köln, Berlin 1991

Fuhrmann, Lambertus — „Gelatine" und die Holzmüller-Doktrin: Ende einer juristischen Irrfahrt?, AG 2004, 339-342

Gaul, Björn/ Otto, Björn — Auswirkungen des TransPuG auf das Verhältnis zwischen GmbH-Geschäftsführung und Aufsichtsrat, GmbHR 2003, 6-14

Geck, Reinhard — Überlegungen zur Verwendung der GmbH & Co. KGaA in der mittelständischen Wirtschaft, NZG 1998, 586-589

Geßler, Ernst/ Hefermehl, Wolfgang/ Eckardt, Ulrich/ Kropff, Bruno (Hrsg.) — Kommentar zum Aktiengesetz;
Band I (§§1-75), München 1984;
Band II (§§ 76-147), München 1974;
Band IV (§§ 179-240), München 1994,
Band V (§§ 241-290), München 1986;
Zitiert: Bearbeiter in MünchKomm/AktG, 1. Aufl.

Göbel, Reinhard — Mehrheitsentscheidungen in Personengesellschaften, zugl. Dissertation, Baden-Baden 1992

Gonnella, Robert/ Mikic, Sanja — Die Kapitalgesellschaft & Co. KGaA als „Einheitsgesellschaft", AG 1998, 508-514

Götz, Heinrich — Rechte und Pflichten des Aufsichtsrates nach dem Transparenz- und Publizitätsgesetz, NZG 2002, 599-604

Götz, Heinrich — Die Pflicht des Aufsichtsrates zur Haftbarmachung von Vorstandsmitgliedern – Besprechung des ARAG-Urteils des BGH, NJW 1997, 3275-3278

Götz, Heinrich — Die Überwachung der Aktiengesellschaft im Lichte jüngerer Unternehmenskrisen, AG 1995, 337-353

Grabbe, Hartwig/ Fett, Torsten — Pflichtangebot im Zuge von Verschmelzungen. Zugleich ein Beitrag zur Schnittstelle von Kapitalmarkt- und Gesellschaftsrecht, NZG 2003, 755-763

Graf, Helmut Andreas — Die Kapitalgesellschaft & Co. KG auf Aktien – Gesichtspunkte der Unternehmensformwahl und Zulässigkeit der Gesellschaftsform, Dissertation Heidelberg 1993

Grafmüller, Frank — Die Kommanditgesellschaft auf Aktien als geeignete Rechtsform für börsenwillige Familienunternehmen, Dissertation Frankfurt/Main 1994

Groß, Wolfgang — Vorbereitung und Durchführung von Hauptversammlungsbeschlüssen zu Erwerb und Veräußerung von Unternehmensbeteiligungen, AG 1996, 111-119

Grote, Friedrich — Anlegerschutz bei der Publikums-KG durch Einrichtung eines Beirates, Zugl. Diss, Berlin, New York 1995

Grunewald, Barbara — Rückverlagerung von Entscheidungskompetenzen der Hauptversammlung auf den Vorstand, AG 1990, 133-139

Haase, Karsten	Die Vorteile der GmbH oder der GmbH & Co. KGaA in gesellschaftsrechtlicher Sicht, GmbHR 1997, 917-923
Halasz, Christian/ Kloster, Lars/ Kloster, Anja	Die GmbH & Co. KGaA – eine Rechtsformalternative zur GmbH & Co. KG? GmbHR 2002, 77-92
Hanau, Peter/ Ulmer, Peter	Mitbestimmungsgesetz, München 1981,
Hansen, Herbert	AG-Branchen und Unternehmens-Report – Die rechtliche Organisationsform deutscher Unternehmen, AG 2003,R 518-R 522
Hartel, Ulrich M.	Registerprobleme bei der GmbH als einziger Komplementärin einer KGaA, WiB 1997, 298-299
Hartel, Ulrich M.	Die Unternehmer-AG – Rechtsformoptimierung für mittelständische Unternehmen, München 1996
Hartel, Ulrich M.	Umwandlung einer GmbH & Co. KG in eine KGaA, DB 1992, 2329-2335
Härer, Ralf-Dietmar	Erscheinungsformen und Kompetenzen des Beirates in der GmbH, Frankfurt/Main 1991
Heckschen, Heribert	Die Entwicklung des Umwandlungsrechtes aus Sicht der Rechtsprechung und der Praxis, DB 1998, 1385-1399
Heermann, Peter W.	Unentziehbare Mitwirkungsrechte der Minderheitsaktionäre bei außergewöhnlichen Geschäftsführungsmaßnahmen in der GmbH & Co. KGaA, ZGR 2000, 61-85
Heermann, Peter W.	Die Ausgliederung von Vereinen auf Kapitalgesellschaften, ZIP 1998,1249

Heermann, Peter W.	Unternehmerisches Ermessen, Organhaftung und Beweislastverteilung, ZIP 1998, 761-769
Heermann, Peter W.	Wie weit reicht die Pflicht des Aufsichtsrates zur Geltendmachung von Schadensersatzansprüchen gegen Mitglieder des Vorstandes?, AG 1998, 201-211
Hennerkes, Brun-Hagen/ Lorz, Rainer	Roma locuta finita: Die GmbH & Co. KGaA ist zulässig, DB 1997, 1388-1394
Hennerkes, Brun-Hagen/ May, Peter	Überlegungen zur Rechtsformwahl bei Familienunternehmen, DB 1988, 483-489, 537-542
Hennerkes, Brun-Hagen/ May, Peter	Noch einmal: die GmbH & Co. KG auf Aktien als Rechtsform für börsenwillige Familienunternehmen? BB 1988, 2393-2405
Hennerkes, Brun-Hagen/ May, Peter	Die Steuerungsfunktion des Beirates in der Familiengesellschaft, DB 1987, 469-475
Heineke, Matthias	Anlegerschutz in der Kommanditgesellschaft auf Aktien – Zur Erforderlichkeit von Restriktionen in der Satzungsgestaltung börsennotierter Gesellschaften, Zugl. Diss. Münster, Hamburg 2002
Henze, Hartwig	Entscheidungen und Kompetenzen der Organe in der AG: Vorgaben der höchstrichterlichen Rechtsprechung, BB 2001, 53-61
Henze, Hartwig	Prüfungs- und Kontrollaufgaben des Aufsichtsrates in der Aktiengesellschaft, NJW 1998, 3309-3312
Herfs, Achim	Die Kapitalgesellschaft & Co. KGaA als Rechtsformoptimierung mittelständischer Unternehmen, WiB 1997, 688-691

Herfs, Achim	Die Satzung der börsennotierten GmbH & Co. KGaA – Gestaltungsfreiheit und Grenzen, in Gesellschaftsrecht in der Diskussion. Jahrestagung 1998 der gesellschaftsrechtlichen Vereinigung (VGR), Band 1. (Bd.1), 1999, S. 23-55
Herschel, Wilhelm	Der Geschäftsführer der GmbH & Co. KG, in: Gedächtnisschrift für Rudolf Schmidt, Berlin 1966, S. 329-337
Hesselmann, Malte/ Tillmann, Bert	Handbuch der GmbH & Co., 18. Aufl., Berlin 1997
Hesselmann, Malte	Die kapitalistische Kommanditgesellschaft auf Aktien, BB 1989, 2344-2349
Heymann, Ernst (Begr.)	Handelsgesetzbuch, Kommentar, 2. Aufl., Berlin 1995 ff.
Hille, Hans-Eduard	Inhaltskontrolle von Gesellschaftsverträgen, Diss. Köln 1986
Hölters, Wolfgang	Der Beirat der GmbH und der GmbH & Co. KG, Köln 1979
Hölters, Wolfgang	Sonderprobleme des Beirates der GmbH & Co. KG, DB 1980, 2225-2228
Hoffmann-Becking, Michael (Hrsg.)	Münchener Handbuch des Gesellschaftsrechtes, Band. 4, (Hrsg.) Aktiengesellschaft, 2. Aufl. 1999; zit.: Bearbeiter in MünchHdb/GesR, AG, 2. Aufl.
Hoffmann-Becking, Michael/ Herfs, Achim	Struktur und Satzung der Familien-KGaA, Festschrift für Walter Sigle, Köln 2000, S. 273-299
Hoffmann-Becking, Michael	Gesetz zur „kleinen AG" – unwesentliche Randkorrekturen oder grundlegende Reform?, ZIP 1995, 1-10

Hofmeister, Holger — Der Ausschluss des aktiengesetzlichen Bezugsrechts bei börsennotierten AG, NZG 2000, 713-719

Hommelhoff, Peter — Anlegerschutz in der GmbH & Co. KGaA, in: Die GmbH & Co. KGaA nach dem Beschluss BGHZ 134, 392 – Die Tragweite des Beschlusses und seine Bedeutung für die Kautelarpraxis, ZHR-Beiheft 67, Hrsg. Peter Ulmer, 1998, S. 9-31

Hommelhoff, Peter/ Mattheus, Daniela — Corporate Governance nach dem KontrAG, AG 1998, 249-259

Hopt, Klaus/ Wiedemann, Herbert (Hrsg.) — Großkommentar zum Aktiengesetz, 4. Aufl. 1992 ff.:
Einleitung A-D; 1. Lieferung 1992;
§§ 179-191 AktG, 5. Lieferung;
§§ 278-290 AktG, 17. Lieferung Mai 2001;
Bearbeiter in der 4. Aufl. Assmann/Sethe, Bearbeiter in der 3. Aufl. (1970 ff.): Barz; MitbestG, 12. Lieferung 1999; zitiert: Bearbeiter in GroßKomm/AktG, 4. Aufl.

Hopt, Klaus — Die Haftung von Vorstand und Aufsichtsrat – zugleich ein Beitrag zur Corporate Governance Debatte, Festschrift Ernst-Joachim Mestmäcker, Baden-Baden 1996, S. 909

Hopt, Klaus — Zur Abberufung des GmbH-Geschäftsführers bei der GmbH & Co., insbesondere der Publikumskommanditgesellschaft, ZGR 1979, 1-30

Horbach, Matthias — Verfahrensfragen bei Holzmüller Beschlüssen der Hauptversammlung, BB 2001, 893-899

Horn, Norbert — Die Haftung des Vorstandes der AG nach § 93 AktG und die Pflichten des Aufsichtsrates – zugleich Besprechung der Urteile des Bundesgerichtshofes vom 21. April 1997, ZIP 1997, 883 und des OLG Düsseldorf vom 28. November 1996, ZIP 1997, 27 im Fall ARAG/Garmenbeck, ZIP 1997, 1129–1139

Hüffer, Uwe — Aktiengesetz, Kommentar (Komm/AktG), 6. Aufl., München 2004

Ihrig, Hans-Christoph/ Wagner, Jens — Die Reform geht weiter: Das Transparenz und Publizitätsgesetz kommt, BB 2002, 789-797

Ihrig, Hans-Christoph/ Schlitt, Michael — Die KGaA nach dem Beschluss des BGH vom 24.02.1997 – organisationsrechtliche Folgerungen, in: Die GmbH & Co. KGaA nach dem Beschluss BGHZ 134, 392 – Die Tragweite des Beschlusses und seine Bedeutung für die Kautelarpraxis; ZHR-Beiheft Nr. 67, Hrsg. Peter Ulmer, 1998, S. 33-83

Immenga, Ulrich — Die Minderheitsrechte des Kommanditisten, ZGR 1974, 385-426

Jaques, Henning — Börsengang und Führungskontinuität durch die kapitalistische KGaA – Zugleich ein Beitrag zur Frage der gesellschaftsrechtlichen Treuepflichten in der KGaA und der Anwendbarkeit der Grundsätze über die Publikums-KG, NZG 2000, 401-409

Joost, Detlev — „Holzmüller 2000“ vor dem Hintergrund des Umwandlungsgesetzes, ZHR 163 (1999), 164-186

Joost, Detlev — Mitbestimmung in der kapitalistischen Kommanditgesellschaft auf Aktien, ZGR 1998, 334-351

Kallmeyer, Harald	Rechte und Pflichten des Aufsichtsrates in der Kommanditgesellschaft auf Aktien, ZGR (12) 1983, 57-75
Kessler, Alexander	Die rechtlichen Möglichkeiten der Kommanditaktionäre einer GmbH & Co. KGaA zur Einwirkung auf die Geschäftsführung, Köln, Berlin, Bonn, München 2003
Kessler, Alexander	Die Entwicklung des Binnenrechts der KGaA seit BGHZ 134, 392 = NJW 1997, 1923, NZG 2005, 145-150
Kiefer, Sascha	Anlegerschutz durch Gesellschaftsrecht in der börsennotierten GmbH & Co. KGaA, Osnabrück 2001
Koch, Stefan	Mitwirkungsrechte der Kommanditaktionäre bei der GmbH & Co. KGaA: Grenzen satzungsmäßiger Einschränkung, DB 2002, 1701-1704
Koller, Ingo/ Roth, Wulf-Henning/ Morck, Winfried	Handelsgesetzbuch, Kommentar, 5. Aufl., München 2005
Kraft, Alfons	Die Rechtsprechung des Bundesgerichtshofes zur Publikums-KG zwischen Vertragsauslegung und Rechtsfortbildung, Festschrift für Robert Fischer, Berlin, New York 1979, S. 321-337
Krebs, Peter	Geschäftsführerhaftung bei der GmbH & Co. KG und das Prinzip der Haftung für sorgfaltswidrige Leitung, Baden-Baden 1991
Kropff, Bruno/ Semler, Johannes (Hrsg.)	Münchener Kommentar zum Aktiengesetz, Band 8, §§ 278-328, 2. Aufl., München 2000

Krug, Tobias M. — Gestaltungsmöglichkeiten bei der KGaA durch Umwandlung von Komplementäranteilen in Aktien, AG 2000, 510-515

Kübler, Friedrich — Gesellschaftsrecht, 5. Aufl., Heidelberg 1998

Kübler, Friedrich — Institutioneller Gläubigerschutz oder Kapitalmarkttransparenz? ZHR (159) 1995, 550-566

Kübler, Friedrich — Aktie, Unternehmensfinanzierung und Kapitalmarkt, Köln 1989

Kümpel, Siegfried — Bank- und Kapitalmarktrecht, 3. neubearbeitete und wesentlich erweiterte Aufl., Köln 2004

Kusterer, Stefan — Die ertragsneutrale Übertragung des Betriebs einer GmbH & Co. KG auf eine GmbH & Co. KGaA, DB 2000, 250-251

Ladwig, Peter/ Motte, Frank — Die GmbH & Co. KGaA nach der Zulassung durch den BGH – die neue Rechtsform für den Mittelstand? DStR 1997, 1539-1542

Lambsdorff, Otto Graf — Die Überwachungstätigkeit des Aufsichtsrates – Verbesserungsmöglichkeiten de lege lata und de lege ferenda, in Feddersen u.a. (Hrsg.), Corporate Governance, Köln 1996, S. 217-234

Lange, Oliver — Zustimmungsvorbehaltspflicht und Kataloghaftung des Aufsichtsrates nach neuem Recht, DStR 2003, 376-381

Larenz, Karl/ Canaris, Claus-Wilhelm — Methodenlehre der Rechtswissenschaft, 3. Aufl., Berlin, Heidelberg 1995

Lockowandt, Peter | Stimmrechtsbeschränkungen im Recht der Personengesellschaften, Kernbereichslehre und Stimmrechtsausschluss, zugl. Diss., Berlin 1996

Löffler, Joachim | Der Kernbereich der Mitgliedschaft als Schranke für Mehrheitsbeschlüsse bei Personengesellschaften, NJW 1989, 2656-2662

Lorz, Rainer | Die GmbH & Co. KGaA und ihr Weg an die Börse. In: Gesellschaftsrecht in der Diskussion. Jahrestagung 1998 der Gesellschaftsrechtlichen Vereinigung (VGR), Band 1 1999, S. 57-85, zit.: Lorz in VGR Bd. 1 (1999)

Lück, Wolfgang | Betriebswirtschaftliche Aspekte der Einrichtung eines Überwachungssystems und eines Risikomanagementsystems, in Dörner u.a. (Hrsg.), Reform des Aktienrechtes, S. 139-176

Lutter, Marcus | Vergleichende Corporate Governance – Die deutsche Sicht, ZGR 2001, 224-237

Lutter, Marcus | Gesellschaftsrecht und Kapitalmarkt, Festschrift Wolfgang Zöllner Bd. I, Köln 1998, 363-383

Lutter, Marcus | Anmerkung zu BGHZ 136, 133 ff. („Siemens/Nold"), JZ 1998, 50-53

Lutter, Marcus | Die kleine Aktiengesellschaft – ein Angebot an die Praxis, Festschrift für Ralf Vieregge, Berlin, New York 1995, S. 603-616

Lutter, Marcus | Zur Vorbereitung und Durchführung von Grundlagenbeschlüssen in Aktiengesellschaften, Festschrift Hans-Joachim Fleck, Berlin, New York 1988, 169-190

Lutter, Marcus — Organzuständigkeiten im Konzern, Festschrift für Walter Stimpel zum 68. Geburtstag, Berlin, New York, 1985, S. 825-854

Lutter, Marcus — Theorie der Mitgliedschaft – Prolegomena zu einem Allgemeinen Teil des Korporationsrechtes, AcP 180 (1980), 84-159

Lutter, Marcus — Zum Verhältnis von Information und Vertraulichkeit im Aufsichtsrat, BB 1980, 291–294

Lutter, Marcus — Information und Vertraulichkeit im Aufsichtsrat, Köln 1979

Lutter, Marcus (Hrsg.) — Umwandlungsgesetz, Kommentar, Bd. I – §§ 1-151, 2. Aufl., Köln 2000, zit.: Bearbeiter in Lutter/KommUmwG

Lutter, Marcus/ Hommelhoff, Peter Walter Bayer (Hrsg.) — Kommentar zum GmbH-Gesetz, 16. Aufl., Köln 2004

Lutter, Marcus/ Krieger, Gerd — Rechte und Pflichten des Aufsichtsrates, 4. Aufl., Köln 2002

Lutter, Marcus Leinekugel, Rolf — Kompetenzen von Hauptversammlung und Gesellschafterversammlung beim Verkauf von Unternehmensteilen, ZIP 1998, S. 225-232

Martens, Klaus-Peter — Der Bezugsrechtsausschluss anlässlich eines ausländischen Beteiligungserwerbs, Festschrift für Ernst Steindorf, Berlin, New York, 1990, S. 151-172

Martens, Klaus Peter — Der Beirat in der Kommanditgesellschaft auf Aktien, AG 1982, 113-122

May, Peter — Die Sicherung des Familieneinflusses auf die Führung der börsengehandelten Aktiengesellschaft, Köln 1992

Meilicke, Wienand — Die Pflicht des Vorstands der AG zur Unterrichtung der Aktionäre vor dem Bezugsrechtsausschluss beim genehmigten Kapital, DB 2000, 2358-2361

Merkt, Hanno — US-amerikanisches Gesellschaftsrecht, Heidelberg 1991

Mertens, Hans-Joachim — Die Auflösung der KGaA durch Kündigung der Kommanditaktionäre, AG 2004, 333-339

Mertens, Hans-Joachim — Zur Berichtspflicht des Vorstands gegenüber dem Aufsichtsrat, AG 1980, 67-74

Mertens, Hans-Joachim — Die Handelsgesellschaft KGaA als Gegenstand gesellschaftsrechtlicher Diskussion und die Wissenschaft vom Gesellschaftsrecht, Festschrift für Wolfgang Ritter, Köln 1997, S. 731-743

Mertens, Hans-Joachim — Zur Existenzberechtigung der Kommanditgesellschaft auf Aktien, Festschrift für Carl Hans Barz zum 65. Geburtstag, Berlin, New York, 1974, S. 253-269

Möllers, Thomas M.J. — Anlegerschutz durch Aktien- und Kapitalmarktrecht, ZGR 1997, 334-367

Mülbert, Peter O. — Aktiengesellschaft, Unternehmensgruppe und Kapitalmarkt, 2. Aufl., München 1996

Müller, Welf/ Rödder, Thomas (Hrsg.) — Becksches Handbuch der AG – mit KGaA, München 2004; zit.: Bearbeiter in BeckHdb/AG

Natterer, Joachim — Sachkontrolle und Berichtspflicht beim genehmigten Kapital – Nold/Siemens abermals auf dem Weg durch die Instanzen?, ZIP 2002, 1672-1679

Natterer, Joachim — Kapitalveränderung der Aktiengesellschaft, Bezugsrecht der Aktionäre und „sachlicher Grund", zugl. Dissertation, Bielefeld 2000

Neuling, Jasper — Präsenzpflicht in der Bilanzsitzung des Aufsichtsrates, AG 2002, 610-614

Niederlag, Hans-Hermann — Juristische Person als persönlich haftender Gesellschafter einer Kommanditgesellschaft auf Aktien, Diss. Münster 1973

Niedner, Jochen/ Kusterer, Stefan — Die atypisch ausgestaltete Familien-KGaA aus der Sicht des Kommanditaktionärs, DB 1997, 1451-1454

Niedner, Jochen/ Kusterer, Stefan — Die atypisch ausgestaltete Familien-KGaA als Instrument zur Gestaltung des Generationenwechsels in mittelständischen Unternehmen, DB 1997, 2010-2013

Nitschke, Manfred — Die körperschaftlich strukturierte Personengesellschaft, zugl. Habilschrift, Bielefeld, 1970

Overlack, Arndt — Der Komplementär in der GmbH & Co. KGaA, in: RWS-Forum Bd. 10, Gesellschaftsrecht 1997, Hrsg. Peter Hommelhoff und Volker Röhricht, 1998, S. 237-261

Palandt, Otto — Bürgerliches Gesetzbuch, 65., neubearbeitete Auflage, München 2005; zit. Palandt/ Bearbeiter, BGB, 65. Aufl.

Pellens, Bernhard/ Hillebrandt, Franca — Vorzugsaktien vor dem Hintergrund der Corporate Governance-Diskussion, AG 2001, 57-67

Pflug, Hans-Joachim — Der persönlich haftende Gesellschafter in der Kommanditgesellschaft auf Aktien, NJW 1971, 345-351

Potthoff, Erich — Das Aufsichtsratsmitglied, 5. Aufl., Stuttgart 2001

Priester, Hans-Joachim — Die Kommanditgesellschaft auf Aktien ohne natürlichen Komplementär, ZHR (160) 1996, 250-264

Priester, Hans-Joachim — Die kleine AG – ein neuer Star unter den Rechtsformen?, BB 1996, 333-338

Raiser, Thomas — Recht der Kapitalgesellschaften, 3. Auflage, München 2001

Raiser, Thomas — Mitbestimmungsgesetz, Kommentar, 3. Aufl., Berlin, New York, 1998

Raiser, Thomas — Pflicht und Ermessen von Aufsichtsratsmitgliedern. Zum Urteil des OLG Düsseldorf im Fall ARAG/Garmenbeck, NJW 1996, 552-554

Reichert, Jochen/ Winter, Martin — Die „Abberufung" und die Ausschließung des geschäftsführenden Gesellschafters der Publikums-Personengesellschaft, BB 1988, 981-992

Reinfeld, Jörn — Die Haftung des Geschäftsführers der GmbH & Co. KG, Diss. Hamburg 1970

Reuter, Dieter — Privatrechtliche Schranken der Perpetuierung von Unternehmen, Diss. Frankfurt/ Main 1973

Rodewald, Jörg — Zivil- und steuerrechtliche Bedeutung der Gestaltung von Gesellschafterkonten, GmbHR 1998, 521-527

Rohleder, Michael — Die Übertragbarkeit von Kompetenzen auf GmbH-Beiräte, Diss. Köln 1991

Röttger, Robert — Die Kernbereichslehre im Recht der Personenhandelsgesellschaften, zugl. Diss., Heidelberg 1989

Ruter, Rudolf X/ Thümmel, Roderich C. — Beiräte in mittelständischen Familienunternehmen, Stuttgart, München 1994

Sagasser, Bernd — Sondervorteile bei der Gründung einer Aktiengesellschaft: die Entwicklung zu § 26 Abs. 1 AktG nach der 2. Richtlinie d. EG, Diss. München 1986

Scharpf, Paul — Risikomanagement- und Überwachungssystem im Finanzbereich, in Dörner u.a. (Hrsg.), Reform des Aktienrechtes, S. 177-203

Schaumburg, Harald — Die KGaA als Rechtsform für den Mittelstand? DStR 1998, 525-544

Schaumburg, Harald/ Schulte, Christoph — Die KGaA – Recht und Steuern in der Praxis, Köln 2000

Schenck, Kersten v. — Die laufende Information des Aufsichtsrates einer Aktiengesellschaft durch den Vorstand, NZG 2002, 64-68

Schilling, Wolf Ulrich — Die GmbH & Co. KGaA zwischen Unternehmergeist und Aktionärs- bzw. Anlegerschutz, BB 1998, 1905-1909

Schindler, Joachim Rabenhorst, Dirk — Auswirkungen des KonTraG auf die Abschlussprüfung (Teil I), BB 1998, 1886-1893

Schlitt, Michael — Die Satzung der Kommanditgesellschaft auf Aktien, München 1999

Schlegelberger, Franz — Kommentar zum HGB, 5. Aufl., Band III, 1. Halbband (§§ 105-160), München 1992; 2. Halbband (§§ 161-177a, 335-342), München 1986

Schmidt, Karsten — Deregulierung des Aktienrechts durch Denaturierung der Kommanditgesellschaft auf Aktien? ZHR (160) 1996, 265-287

Schmidt, Karsten — Gesellschaftsrecht, 4. neubearbeitete Aufl., Köln, Berlin 2002

Schneider, Uwe H. — Die Inhaltskontrolle von Gesellschaftsverträgen, ZGR 1978, 1-35

Schneider, Uwe H. — Sonderrecht für Publikumsgesellschaften, ZHR (142) 1978, S. 228

Scholz, Franz — Kommentar zum GmbH-Gesetz, 9. Aufl., Köln 2000; zit.: Scholz/Bearbeiter, GmbHG, 9. Aufl.

Schrick, Alexandra — Die GmbH & Co. KGaA in der Form der Einheitsgesellschaft als börsenwillliges Unternehmen?, NZG 1998, 675-679

Schütz, Carsten/ Bürgers, Tobias/ Riotte, Michael (Hrsg.) — Die Kommanditgesellschaft auf Aktien, Handbuch, München 2004; zit.: Bearbeiter in Schütz/Bürgers/Riotte, Hdb/KGaA

Schumann, Alexander — Bezugsrecht- und Bezugsrechtsausschluss bei Kapitalbeschaffungsmaßnahmen von Aktiengesellschaften, Baden-Baden 2001

Schwark, Eberhard — Anlegerschutz in der Publikums-AG – ein Paradigmenwechsel, Festschrift Marcus Lutter, Köln 2000, 1529 1550

Schwark, Eberhard — Anlegerschutz durch Wirtschaftsrecht, zugl. Habilitation, München 1979

Seibert, Ulrich — Im Blickpunkt: Der Deutsche Corporate Governance Kodex ist da, BB 2002, 581-584

Seibert, Ulrich — Das „TransPuG“, NZG 2002, 608–617

Seibert, Ulrich/ Kiem, Roger (Hrsg.) | Handbuch der kleinen AG, 4. Aufl., Köln 2000

Seibt, Christoph H. | Kapitalmarktrechtliche Überlegungen im Aktienrecht, in Jahrestagung der Gesellschaftsrechtlichen Vereinigung, Band 3 (2001), Köln, S. 38-75; zit.: Seibt in VGR Bd. 3 (2001), S. 38-75

Semler, Johannes (Hrsg.) | Arbeitshandbuch für Aufsichtsratsmitglieder, 2. Aufl., München 2004

Semler, Johannes | Leitung und Überwachung der Aktiengesellschaft, 2. Aufl., 1996

Semler, Johannes | Abgestufte Überwachungspflicht des Aufsichtsrates, AG 1984, 21- 22

Sethe, Rolf | Die personalistische Kapitalgesellschaft mit Börsenzulassung, Zugl. Dissertation, Köln 1996

Sethe, Rolf | Die Besonderheiten der Rechnungslegung bei der KGaA, DB 1998, 1044-1048

Sethe, Rolf | Bewegung im Recht der Kommanditgesellschaft auf Aktien, ZIP 1996, 2053-2058

Sethe, Rolf | Aufsichtsratsreform mit Lücken – Die Einbeziehung der Kommanditgesellschaft auf Aktien in die gegenwärtige Reformdiskussion, AG 1996, 289-301

Spindler, Gerald | Deregulierung des Aktienrechtes? AG 1998, 53-73

Steindorff, Ernst | Kommanditgesellschaft auf Aktien und Mitbestimmung, Festschrift Ballerstedt, Berlin 1975, 127-140

Stimpel, Walter — Anlegerschutz durch Gesellschaftsrecht in der Publikums-Kommanditgesellschaft, Festschrift für Robert Fischer, Berlin 1979, S. 771-785

Strieder, Thomas/ Graf, Michael — Zusammenarbeit zwischen Abschlussprüfer und Aufsichtsrat, BB 1997, 1943-1945

Teichmann, Arndt — Gestaltungsfreiheit in Gesellschaftsverträgen, Diss. München 1970

Teubner, Günther — Der Beirat zwischen Verbandssouveränität und Mitbestimmung – zu den Schranken der Beiratsverfassung in der GmbH, ZGR 15 (1986), 565-579

Theisen, Manuel R. — Zur Reform des Aufsichtsrates – eine betriebswirtschaftliche Bestandsanalyse und Perspektive, in Dörner u.a. (Hrsg.), Reform des Aktienrechtes, S. 203-252

Theisen, Manuel R./ Salzberger, Wolfgang — Die Berichterstattung des Aufsichtsrates – eine empirische Analyse der Überwachungsberichte von 1984-1994, DB 1997, 105-114

Theisen, Manuel R. — Die Kommanditgesellschaft auf Aktien auf dem Prüfstand, DBW 49 (1989), 137-183

Theisen, Manuel R. — Die Besteuerung der KGaA, DB 1989, 2191-2197

Thümmel, Roderich C. — Aufsichtsräte in der Pflicht? – Die Aufsichtsratshaftung gewinnt Konturen, DB 1999, 1891-1893

Thümmel, Roderich C. — Zu den Pflichten des Aufsichtsrates bei der Verfolgung von Haftungsansprüchen gegenüber dem Vorstand der AG, DB 1997, 1117-1120

Tröger, Tobias	Vorbereitung von Zustimmungsbeschlüssen bei Strukturmaßnahmen, ZIP 2001, 2029-2042
Tröger, Tobias	Informationsrechte der Aktionäre bei Beteiligungsveräußerungen, ZHR 165 (2001), 593-605
Ulmer, Peter	Der Deutsche Corporate Governance Kodex – ein neues Regulierungsinstrument für börsennotierte Aktiengesellschaften, ZHR 166 (2002), 150-181
Ulmer, Peter/ Brandner, Hans Erich/ Hensen-Horst Diether	Kommentar zum AGB-Gesetz, 9. Auflage, Köln 2001
Ulmer, Peter	Testamentsvollstreckung und Kommanditanteil – Voraussetzungen und Rechtsfolgen, NJW 1990, 73-82
Veil, Rüdiger	Die Kündigung der KGaA durch persönlich haftende Gesellschafter und Kommanditaktionäre, NZG 2000, 72-77
Veltins, Michael Hikel, Dieter A.	Zur Einschränkung bzw. Erweiterung der Informationsrechte des Kommanditisten, DB 1989, 465-468
Volhard, Rüdiger	„Siemens-Nold“: Die Quittung, AG 1998, 397-404
Voormann, Volker	Der Beirat im Gesellschaftsrecht, 2. Aufl., Köln 1990
Wagner, Gerhard	Bundesliga Going Public. Traumpaß oder Eigentor?, NZG 1999, 469- 478
Wawrzinek, Wolfgang	Unternehmensinterner Anlegerschutz im Recht der Publikumspersonengesellschaften, zugl. Diss., Berlin 1987

Werder, Axel v. — Der Deutsche Corporate Governance Kodex – Grundlagen und Einzelbestimmungen, DB 2002, 801-810

Werther, Fritz — Zur freien Rücklage im Jahresabschluss, insbesondere bei der Kommanditgesellschaft auf Aktien, AG 1966, 305-309

Westermann, Harm Peter — Die Holzmüller- Doktrin – 19 Jahre danach, Festschrift für Hans-Georg Koppensteiner zum 65. Geburtstag, Wien 2001, S. 259 ff.

Westermann, Harm Peter (Hrsg.) — Handbuch der Personengesellschaften, Loseblattsammlung, Stand 36. Lieferung August 2006, Köln 2006

Westermann, Harm Peter — Die geltungserhaltende Reduktion im System der Inhaltskontrolle im Gesellschaftsrecht, Festschrift für Walter Stimpel, Berlin, New Work, 1985, S. 69-92

Westermann, Harm Peter — Kautelarjurisprudenz, Rechtsprechung und Gesetzgebung im Spannungsfeld zwischen Gesellschafts- und Wirtschaftsrecht, AcP 175 (1975), 375-425

Westermann, Harm Peter — Vertragsfreiheit und Typengesetzlichkeit im Recht der Publikumspersonengesellschaften, zugl. Dissertation, Berlin, Heidelberg, New York, 1970; zit.: H.P. Westermann, Vertragsfreiheit

Westermann, Harm Peter (Hrsg.) — Erman, Kommentar zum BGB, 11. Aufl., Köln 2004

Westermann, Harm Peter/ Paefgen, Walter — Das Aktienrecht im Spiegel der 4. Auflage des Großkommentars, JZ 2003, 138-143

Wichert, Joachim — Die Finanzen der Kommanditgesellschaft auf Aktien, Frankfurt/Main 1999

Wichert, Joachim — Die GmbH & Co. KGaA nach dem Beschluss BGHZ 134, 392, AG 2000, 268-276

Wichert, Joachim — Satzungsänderungen in der Kommanditgesellschaft auf Aktien, AG 1999, 362-369

Wiedemann, Herbert — Gesellschaftsrecht, Band I, Grundlagen, München 1980

Wiedemann, Herbert — Rechtsethische Maßstäbe im Unternehmens- und Gesellschaftsrecht, ZGR 1980, S. 147–176

Wiedemann, Herbert — Verbandssouveränität und Außeneinfluss, in: Festschrift für Wolfgang Schilling, Berlin, New York 1973, S. 105-127

Wiesner, Wolfgang — Die Enthaftung ausgeschiedener persönlich haftender Gesellschafter einer KGaA, ZHR (148) 1984, 56-73

Wollburg, Ralph/ Gehling, Christian — Umgestaltung des Konzerns – Wer entscheidet über die Veräußerung von Beteiligungen einer Aktiengesellschaft?, Festschrift Otfried Lieberknecht zum 70. Geburtstag, S. 133-161

Würdinger, Hans — Aktienrecht und das Recht der verbundenen Unternehmen, 4. Auflage, Köln 1981

Zöllner, Wolfgang (Hrsg.) — Kölner Kommentar zum Aktiengesetz,
Band 1, §§ 1-57 AktG, 2. neubearbeitete u. erweiterte Auflage Köln, Berlin, Bonn, München 1988;
Band 5/1: §§ 179-240 AktG, 2. neubearbeitete u. erweiterte Aufl., Köln, Berlin, Bonn, München 1995;
Band 5/3, §§ 262-290 AktG, 2. neubearbeitete und erweiterte Auflage, Köln, Berlin, Bonn, München 2004

Zöllner, Wolfgang — Zur Problematik der aktienrechtlichen Anfechtungsklage, AG 2000, 145-157

Zöllner, Wolfgang — Die sogenannten Gesellschafterklagen im Kapitalgesellschaftsrecht, ZGR 1988, 392-440

Zöllner, Wolfgang — Die Schranken mitgliedschaftlicher Stimmrechtsmacht bei den privatrechtlichen Personenverbänden, Diss. München 1963

FSC
www.fsc.org
MIX
Papier | Fördert gute Waldnutzung
FSC® C083411

Kolibri 360 GmbH
Ferdinand-Jühlke-Straße 7
99095 Erfurt, Deutschland
produktsicherheit@kolibri360.de

Druck:
CPI Druckdienstleistungen GmbH
im Auftrag der
Kolibri 360 GmbH
Ferdinand-Jühlke-Str. 7
99095 Erfurt